JOHN
GRISHAM

JIM
McCLOSKEY

UNSCHULDIG

JOHN
GRISHAM

JIM
McCLOSKEY

UNSCHULDIG

TRUE CRIME STORYS

Aus dem Amerikanischen
von Bea Reiter und Imke Walsh-Araya

HEYNE

Die Originalausgabe erschien unter dem Titel
Framed. Astonishing True Stories of Wrongful Convictions
bei Doubleday, New York

MIX
Papier | Fördert gute Waldnutzung
FSC® C014496

Penguin Random House Verlagsgruppe FSC® N001967

Redaktion: Oliver Neumann
Umschlaggestaltung: Nele Schütz Design
unter Verwendung von Adobe Stock (Fotograf)
Satz: satz-bau Leingärtner, Nabburg
Druck und Bindung: GGP Media GmbH, Pößneck
Printed in Germany
ISBN 978-3-453-27514-0

www.heyne.de

Für Kate Germond und Paul Casteleiro
Seit über vierzig Jahren widmet ihr beiden Centurion und den Menschen,
die wir aus den Gefängnissen holen wollen, eure ganze Kraft und Stärke.
Centurion existiert nur dank eures beispiellosen Engagements
für die zu Unrecht Verurteilten.

JIM McCLOSKEY

Für Peter Neufeld und Barry Scheck,
Mitbegründer des Innocence Project,
und ihre unermüdlichen Mitstreiter.

JOHN GRISHAM

INHALT

VORWORT

JOHN GRISHAM

2006 habe ich *Der Gefangene* veröffentlicht, eine wahre Geschichte über den zu Unrecht verurteilten Ron Williamson, der beinahe hingerichtet worden wäre. Ein Sachbuch hatte ich vor diesem Titel nie in Erwägung gezogen, doch Rons Geschichte faszinierte mich. Rein vom Erzählerischen her gesehen war sie unwiderstehlich. Tragödie, Leid, Korruption, Verlust, ein in letzter Minute verhinderter Tod, ein gewisses Maß an Wiedergutmachung und ein Ende, das nicht unbedingt ein Happy End war, aber viel schlimmer hätte ausfallen können – es war alles vorhanden. Diese Geschichte wartete nur darauf, von einem Autor entdeckt zu werden. Bald wurde mir klar, dass jedes Fehlurteil ein eigenes Buch verdient hat.

Seit damals habe ich viele Rehabilitierte kennengelernt, samt ihren Familien, Anwälten, Unterstützern und ehemaligen Mithäftlingen. Diese Menschen sind etwas ganz Besonderes, denn sie haben es irgendwie geschafft, einen Albtraum zu überleben, den wir anderen uns nicht einmal vorstellen können. Die meisten von ihnen erzählen ihre Geschichte gern. Und alle sind fest entschlossen, das kaputte Justizsystem zu ändern und noch mehr Fehlurteile zu verhindern. Dutzende haben über ihr Martyrium geschrieben. Nicht wenige haben mich gebeten, das Schreiben für sie zu übernehmen.

Ich habe oft darüber nachgedacht, einige der eindrücklichsten Geschichten zu veröffentlichen, es wegen der dafür notwendigen Recherche aber gelassen. Es ist eine beängstigende Arbeit. Tausende Seiten mit Verhandlungsprotokollen, Polizeiberichten und Zeugenaussagen, die je nach Phase voneinander abzuweichen scheinen, Gefängnisakten, forensische Untersuchungen und von Anwälten und Richtern verfasste Anträge, Schriftsätze und Beschlüsse, von denen gefühlt Tonnen in den Archiven liegen. Romanautoren können es sich erlauben, faul zu sein, schließlich erfinden wir unsere Geschichten einfach. Sachbücher dagegen sind grausam, weil die Recherche fundiert sein muss. Man kann es sich nicht leisten, Fehler zu machen.

Jim McCloskey habe ich vor rund fünfzehn Jahren kennengelernt, als er mich bat, bei der jährlichen Gala von Centurion Ministries in Princeton eine Rede zu halten. Nachdem wir uns die Hand gegeben hatten, dauerte es keine zehn Minuten, bis wir uns gegenseitig Geschichten über zu Unrecht Verurteilte erzählten. Die von Jim sind immer die besseren, weil er sie selbst erlebt hat. Er ist Teil von ihnen. Er hat erreicht, dass diese Menschen rehabilitiert wurden, indem er auf der Suche nach der Wahrheit durch die gesamten Vereinigten Staaten gereist ist. Centurion hat bei etwa siebzig Haftentlassungen mitgearbeitet, und Jim stand fast immer vor dem Gefängnis, wenn seine Mandanten herauskamen und von ihren Familien in Empfang genommen wurden. Er war dabei, wenn sie entlassen wurden – und er war der Grund dafür.

Vor ein paar Jahren haben wir angefangen, über dieses Buch zu reden. Die Idee war einfach: Ich präsentiere fünf meiner Lieblingsgeschichten, Jim ebenfalls. Das erste Problem bestand darin, uns auf zehn zu beschränken, weil es so viele gibt. Das zweite Problem bestand darin, uns auf etwa zehntausend Wörter pro Kapitel zu beschränken. Da jede dieser Geschichten eine ganze

Bibliothek füllen könnte, wussten wir, dass keine leichte Aufgabe auf uns wartete. Wir vereinbarten, dass jeder von uns anfangen würde, ohne sich groß mit dem anderen abzustimmen.

Und dann begannen wir mit dem Schreiben.

Wir wollen mit diesem Buch das Bewusstsein für Fehlurteile schärfen und in kleinem Umfang dazu beitragen, weitere zu verhindern. Es soll einige der furchtbaren und herabwürdigenden Taktiken deutlich machen, mit denen die Behörden unschuldige Menschen verurteilen und ins Gefängnis bringen.

Wenn wir als Gesellschaft politisch den Mut hätten, unfaire Gesetze, Methoden und Verfahren zu ändern, könnten wir praktisch alle Fehlurteile verhindern.

JIM McCLOSKEY

Wie John bereits angemerkt hat, kennen und schätzen wir uns seit fünfzehn Jahren. Zusammengebracht hat uns das gemeinsame Interesse am Schicksal der Männer und Frauen in den Vereinigten Staaten, die einem höchst fehlerhaften Justizsystem zum Opfer gefallen sind und zu Unrecht zu einer lebenslangen Freiheitsstrafe oder zum Tod verurteilt wurden. John war so freundlich, das Vorwort zu meinem Lebensbericht *When Truth Is All You Have* zu schreiben, der 2020 bei Doubleday erschienen ist. Das Buch schildert Fälle unschuldig Verurteilter aus den vierzig Jahren, die Centurion Ministries nun schon gegen die Justiz unseres Landes kämpft, sowie meinen persönlichen Lebensweg, der Grund für mein Engagement in diesem Bereich gewesen ist.

Ich habe mich natürlich sehr geehrt gefühlt, als John mich gebeten hat, *Unschuldig* mit ihm zusammen zu schreiben. Wir waren uns schnell einig, dass jeder von uns über fünf reale Fälle berichten würde, in denen unschuldige Angeklagte eines Verbrechens schuldig gesprochen worden sind, mit dem sie nichts zu tun hatten. Bei »meinen« fünf Geschichten war ich selbst der Fallmanager und Hauptermittler, und es war eine Herkulesaufgabe für mich, sie aus den etwa siebzig Fällen auszuwählen, bei denen Centurion Unschuldige aus dem Gefängnis geholt hat. Zum Glück konnte ich beim Schreiben auf Centurions umfangreiches Archiv zugreifen, das im Lauf der Jahre entstanden ist. Das von mir verwendete Quellenmaterial beinhaltet unter anderem Verhandlungsprotokolle, Polizeiberichte, Schriftsätze, Rechtsgutachten, Gerichtsakten und Ermittlungsberichte von Centurion.

Der Untertitel von *Unschuldig* lautet, wie Sie wissen, *True Crime Storys*. Ich kann Ihnen versichern, dass Sie ungeachtet Ihres Hintergrunds nach der Lektüre jeder dieser Geschichten fragen werden: »Ist das wirklich passiert?« Die Antwort von uns Autoren lautet: »Ja, es ist wirklich passiert, und es passiert viel öfter, als Sie sich das vorstellen können.« Wir wollen und hoffen, dass diese Geschichten nicht nur ein fesselnder Lesestoff sind, sondern gleichzeitig den Mikrokosmos dessen abbilden, was in den Gerichtssälen der Vereinigten Staaten vor sich geht. Wir versuchen, die systematischen Schwachstellen in der Infrastruktur unseres Justizwesens ans Licht zu bringen, die schuld daran sind, dass Zehntausende unschuldige Menschen, deren Geschichten nicht erzählt werden, in Haft bleiben müssen.

Die einundzwanzig Menschen, die von diesen zehn Fehlurteilen betroffen waren, haben Jahrzehnte zu Unrecht im Gefängnis verbracht, bis die Wahrheit endlich ans Licht kam und sie freigelassen wurden. Vier von ihnen saßen im Todestrakt, zwei davon wurden wenige Tage vor der Hinrichtung rehabilitiert, einer tragischerweise hingerichtet. Unsere Leser wird es vielleicht überraschen, dass die ethnische Zugehörigkeit dieser einundzwanzig Personen in etwa ausgeglichen ist – zehn sind weiß, elf schwarz. Ein Beweis dafür, dass bei dieser Art von Ungerechtigkeit nicht nach der Hautfarbe unterschieden wird.

Nicht selten hatte die Polizei die wahren Täter von Beginn an direkt vor der Nase, und in zwei Fällen waren sie sogar die Hauptzeugen der Anklage. DNA spielte in mehreren Fällen eine wichtige Rolle, aber nicht in den meisten. Bei fast allen dieser Fälle liegen Falschaussagen von Polizisten und zivilen Zeugen vor. Zu den Verurteilungen kam es nicht aufgrund von unabsichtlichen Fehlern örtlicher Polizeiorganisationen oder Falschidentifikationen durch wohlmeinende Augenzeugen oder ehrlichen, aber fehlerhaften forensischen Untersuchungen.

Schuld daran waren vielmehr Fehlverhalten und Schikanen von Polizei und Staatsanwaltschaft, von Männern und Frauen, die wild entschlossen waren, einen Fall abzuschließen oder mithilfe einer ganzen Reihe illegaler Methoden eine Verurteilung zu erreichen – Anstiftung zum Meineid, geheime Absprachen mit Kriminellen als Gegenleistung für deren frei erfundene Zeugenaussage, Nötigung von Zeugen zur Falschaussage oder von Verdächtigen zu falschen Geständnissen, Beteiligung dubioser oder unfähiger Rechtsmediziner, Unterdrückung von entlastendem Beweismaterial seitens der Anklage und andere Vorgehensweisen, die die Justiz behindert und dazu geführt haben, dass das Leben Unschuldiger zerstört wurde und die wahren Täter ungeschoren davongekommen sind.

Jede dieser Geschichten ist eine nervenaufreibende Lektüre. Die meisten enden damit, dass Wahrheit und Gerechtigkeit siegen, allerdings mit immensen Folgen für die Rehabilitierten und deren Angehörige. Nach ihrer Freilassung stehen diese Menschen vor der beängstigenden Aufgabe, ihr Leben von vorn beginnen zu müssen. Es ist ein Beweis für die Widerstandsfähigkeit des Menschen, dass so viele von ihnen den Willen und die Fähigkeit dazu haben. Sie tun es ohne die Wut und den Hass der vergangenen Jahre, mit Vergebung im Herzen, mehr Wertschätzung für das Alltägliche im Leben, das für die meisten von uns selbstverständlich ist, und dem Wunsch nach einer friedlichen, ruhigen Existenz.

Wir hoffen, dass dieses Buch sowohl interessant als auch informativ für Sie ist und dass es Ihnen eine neue Perspektive auf die Fehlbarkeit unserer Justiz vermittelt – eine Perspektive, die Sie vor der Lektüre von *Unschuldig* vielleicht nicht hatten.

JOHN GRISHAM

DIE VIER AUS NORFOLK

Omar Ballards Mutter war eine drogensüchtige schwarze Prostituierte, die in Newark, New Jersey, auf der Straße anschaffen ging. Seinen Vater, einen Weißen, lernte er nie kennen. Seine Mutter hatte selten Lust zu tun, was Mütter normalerweise tun, und nur geringes Interesse an ihrem Sohn. Er wurde von einer Pflegefamilie zur nächsten weitergereicht, und so fühlte er sich magisch von den Straßen angezogen, aus denen er kam. Ballard war ein zorniges Kind und gab seiner Mutter die Schuld an seinen Problemen. Er geriet schnell in Wut, die häufig gegen Frauen gerichtet war. Das Leben eines Straßengangsters gefiel ihm, und innerhalb kurzer Zeit wurde er Teil des Verbrechens und der Gewalt in seinem Viertel. Er war fasziniert davon: Drogen und der Handel damit, Alkohol, Waffen, Sex, Überfälle, Schießereien, Schlägereien, Morde, Bandenkämpfe, der Nervenkitzel, ständig auf der Flucht vor der Polizei zu sein. Ein paarmal wurde er wegen Drogen und Trunkenheit festgenommen, aber alles nichts Ernstes.

Ballard brach die Schule ab und verließ New Jersey mit neunzehn. Er war pleite, arbeitslos und immer auf der Suche nach Streit. Irgendwann nahm er Kontakt zu einer alten Freundin von zu Hause auf, Tamika Taylor, einer achtzehnjährigen ledigen Mutter zweier Kinder, die in einem Stadtteil von Norfolk,

Virginia, lebte, in dem es billige Wohnungen gab. Das Viertel war auch bei Tausenden junger Matrosen beliebt, die auf dem nahen Marinestützpunkt stationiert waren, und galt als verhältnismäßig sicher. Mit der Ankunft von Omar Ballard änderte sich das allerdings schlagartig.

Sein erstes bekanntes Opfer in Norfolk war eine junge Weiße namens Melissa Morse. Er ging mit einem Baseballschläger auf sie los und verprügelte sie. Als andere ihre Schreie hörten, bildete sich ein Mob, der Ballard verfolgte. Er lief davon und flüchtete sich in die nahe gelegene Wohnung von Billy und Michelle Bosko, einem jungen Paar aus Pittsburgh. Billy war bei der Navy und seit sechs Wochen mit Michelle verheiratet. Ballard hatten sie erst vor Kurzem über gemeinsame Freunde kennengelernt. Die beiden ließen ihn herein, boten ihm etwas zu trinken an und unterhielten sich, als der Mob an die Tür schlug. Die Boskos konnten nicht glauben, dass ihr neuer Freund Omar zu einer solchen Tat fähig war, und Billy weigerte sich, seinen Gast auszuliefern. Die Leute gingen wieder, und einige Zeit später sagte Billy der Polizei, Omar sei unschuldig.

Zwei Wochen nach dem Angriff auf Melissa Morse – Billy verbrachte eine Woche an Bord der USS *Simpson* auf See – stand Ballard wieder vor der Wohnung der Boskos. Es war gegen Mitternacht, am 7. Juli 1997. Später gab er zu, betrunken, bekifft und auf der Suche nach Sex gewesen zu sein. Er klopfte an die Tür und sagte, er müsse telefonieren. Michelle, die nur ein T-Shirt und Unterwäsche trug, ließ ihn herein, zeigte ihm das Telefon und sagte, im Kühlschrank sei Bier. Es war schon spät, sie war gerade dabei, ins Bett zu gehen. Ballard folgte ihr. Er fiel über sie her und würgte sie, und als sie sich nicht mehr wehren konnte, vergewaltigte er sie. Nachdem er ejakuliert hatte, wischte er seinen Penis an einer Decke ab. Da wurde ihm schlagartig klar, dass er sich in ernsthafte Schwierigkeiten gebracht hatte. Er beschloss, Michelle umzubringen, damit sie ihn nicht verraten konnte, und holte ein Steakmesser aus der Küche. Als er ins Schlafzimmer zurückkehrte, kam sie gerade wieder zu Bewusstsein. Er stieß ihr das Messer dreimal in den Brustkorb und ließ sie auf dem Boden liegen. Dann wusch er sich im Bad die Hände, wischte mit seinem T-Shirt über die Türknäufe, um seine Fingerabdrücke zu entfernen, legte das Messer neben die Leiche, durchsuchte auf dem Weg nach draußen ihre Handtasche auf dem Küchentisch und nahm das Bargeld an sich.

Die fünfundsechzig Quadratmeter große Wohnung wurde bei der Tat nicht verwüstet. Mit der Hausarbeit hatte es Michelle, die in einem McDonald's arbeitete, immer sehr genau genommen. Billy würde am nächsten Tag nach Hause kommen, und alle Zimmer waren aufgeräumt und geputzt. Als Billy ihre Leiche am darauffolgenden Tag gegen siebzehn Uhr fand, war die Wohnung so sauber und ordentlich wie immer.

Nach einer gründlichen Untersuchung des Tatorts und sämtlicher Spuren, einschließlich der vaginalen Verletzungen des Opfers, deutete alles auf einen Einzeltäter hin, der die Wohnung ohne Einsatz von Gewalt betreten hatte. Bis auf die Fingerabdrücke von Billy und Michelle wurden keine anderen Abdrücke gefunden. Ermittler und Spurentechniker verbrachten zwischen dem Auffinden der Leiche und deren Abtransport über neun Stunden in der Wohnung der Boskos. Sie sahen sich jeden Zentimeter an, machten Videoaufnahmen und Dutzende Fotos und sammelten jedes potenzielle Beweisstück. Sie gingen sogar so weit, ein Zelt über der Leiche zu errichten, um einen Bedampfungs- und Pulvertest mit Cyanoacrylat (Sekundenkleber) durchzuführen – ein Versuch, latente Fingerabdrücke auf der Haut sichtbar zu machen. Die Ermittlungen am Tatort waren sehr ausführlich und ließen keinen Zweifel daran, dass Michelles Mörder allein gehandelt hatte.

Fast zwei Jahre nach der Vergewaltigung und dem Mord wurde Omar Ballards DNA endlich vom kriminaltechnischen Labor getestet. Die Spermaspuren auf der Decke stammten mit einer einundzwanzig Milliarden Mal höheren Wahrscheinlichkeit von Ballard als von einem Weißen, im Vergleich mit einem anderen Schwarzen lag die Wahrscheinlichkeit um 4,6 Milliarden Mal höher. Die Spermaspuren aus der Vagina des Opfers stammten mit einer dreiundzwanzig Millionen Mal höheren Wahrscheinlichkeit von Ballard als von einem Weißen, im Vergleich mit einem anderen Schwarzen lag die Wahrscheinlichkeit um zwanzig Millionen Mal höher. Das Blut, das man unter Michelles Fingernägeln gefunden hatte, ließ sich Ballards DNA zuordnen.

Die einzigen DNA-Spuren, die am Tatort gefunden wurden, hatten Michelle und ihr Mörder, Omar Ballard, hinterlassen.

Der dritte bekannte sexuelle Übergriff Ballards ereignete sich, zehn Tage nachdem er Michelle ermordet hatte. Dieses Opfer identifizierte ihn später, und schließlich wurde er für diese Tat verurteilt und ins Gefängnis geschickt. Allerdings wurde er nicht der Vergewaltigung und des Mordes an Michelle Bosko verdächtigt. Seine zahlreichen Verbrechen erweckten keinen Verdacht bei der Polizei von Norfolk, die im Fall Bosko ermittelte.

Fast zwei Jahre sollten vergehen, bis die Kriminalbeamten darauf aufmerksam wurden, dass Ballard in den Fall verwickelt war, und das nur, weil er die Tat im Gefängnis gestanden hatte. Erst dann wurde seine DNA getestet.

Einen derart naheliegenden Verdächtigen zu übersehen war unentschuldbar, doch die Polizei von Norfolk war viel zu beschäftigt, auch nur einen Gedanken an Omar Ballard zu verschwenden. Die Beamten arbeiteten fieberhaft daran, den Mord an Michelle Bosko einer ganzen Bootsladung unschuldiger Männer anzuhängen. Was ein klarer DNA-Fall hätte sein müssen, entwickelte sich innerhalb kurzer Zeit zu einer hektischen Ermittlung, die so von Inkompetenz strotzte, dass es mitunter nicht zu fassen war. Der Fall Bosko gilt als eines der größten Desaster in der Geschichte der amerikanischen Justiz. Arroganz und Unfähigkeit waren haarsträubend, die Folgen tragisch.

Als das kriminaltechnische Labor am 3. März 1999, zwanzig Monate nach dem Mord, Omar Ballards DNA identifizierte, hatten Polizei und Staatsanwaltschaft von Norfolk insgesamt *sieben* aktive oder ehemalige Angehörige der US-Navy ins Gefängnis gesteckt und der Vergewaltigung und des Mordes an Michelle Bosko beschuldigt. Alle sieben waren nach einer DNA-Analyse als Täter ausgeschlossen worden. Alle sieben waren durch Sachbeweise als Täter ausgeschlossen worden. Und bis auf eine Verurteilung wegen Trunkenheit am Steuer hatte keiner der Matrosen eine Vorstrafe.

Wie viele polizeiliche Ermittlungen, die irgendwann aus dem Ruder laufen, begann auch diese mit einer Vermutung. Es kommt häufig vor, dass ein Detective der Mordkommission den Tatort mustert, sich aufgrund eines Bauchgefühls und der angespannten Atmosphäre eine unausgegorene Meinung bildet, vielleicht sogar einen Verdächtigen benennt – und bald darauf marschiert die Polizei in die falsche Richtung.

Im Fall von Michelle Bosko entstand die falsche Vermutung, als die Leiche fotografiert wurde. Detective Judy Gray war die erste Ermittlerin am Tatort. Sie kam nach kurzer Zeit zu dem Schluss, dass Michelle ihren Mörder gekannt haben musste, da es allem Anschein nach keinen Einbruch gegeben hatte. Sie und ihr Partner sicherten den Bereich. Als die Spurentechniker eintrafen, kamen die Nachbarn aus ihren Wohnungen und sahen ungläubig zu. Gray trat vor die Tür und begann mit der routinemäßigen Befragung der Anwohner. Sie unterhielt sich eine Weile mit Tamika Taylor, Ballards alter Freundin, und fragte sie, wer Michelle getötet haben könnte. Tamika zögerte und wollte eigentlich nicht antworten, doch Gray war hartnäckig.

»Der Typ da drüben«, sagte Tamika schließlich und zeigte auf einen Matrosen namens Dan Williams (Nr. 1), der ebenfalls in dem Mietshaus wohnte. »Ich glaube, er war's.«

»Wie kommen Sie darauf?«, wollte Gray wissen.

»Na ja, er ist irgendwie besessen von ihr.«

Damit wurde Dan Williams zum Hauptverdächtigen für den Mord an Michelle Bosko. Tamika ruderte zurück und sagte, sie sei sich nicht sicher. Es gebe eine Menge verrückter Leute und so weiter. Außerdem erwähnte sie, dass die Polizei sich Omar Ballard genauer ansehen sollte. Aus irgendeinem Grund wurde jedoch darauf verzichtet.

Dan Williams und seine Frau lebten in einer kleinen Wohnung direkt neben den Boskos. Nachdem Billy seine Frau gefunden hatte, rannte er zu ihnen und hämmerte an die Tür. Dan wählte den Notruf und ging in die Wohnung der Boskos, wo Michelles Leiche lag. Die Ehepaare waren befreundet, die Männer bei der Navy, beide kinderlos. Nicole hatte Eierstockkrebs und würde bald sterben. Als Michelle ermordet wurde, lag Dan neben seiner Frau im Bett und schlief.

Detective Gray trat zu Dan und fragte ihn, ob er zum Polizeirevier fahren und dort ein paar Routinefragen beantworten könne. Grays Bauchgefühl sagte ihr, dass er der Mörder war, obwohl es bis auf Tamikas Misstrauen ihm gegenüber keine Beweise und kein Motiv gab. Dan war sofort einverstanden, was Gray in ihrem Verdacht bestärkte. Als er das Revier betrat, war die Polizei davon überzeugt, den Täter gefunden zu haben.

Hinter der Tür zur Wohnung der Boskos sammelten die Spurentechniker akribisch Beweise, die irgendwann, so hofften sie, zum Mörder führen würden. Vor der Tür setzten die Detectives eine verhängnisvolle Folge von Ereignissen in Gang, die sie von der mehr als deutlichen Spur abbringen würde, die Omar Ballard hinterlassen hatte.

Der nächste grobe Fehler auf dem Weg zu einem Fehlurteil ist häufig der Tunnelblick, der in der Regel nach der falschen Vermutung einsetzt. Die Detectives schnappen sich einen Verdächtigen, reden sich ein, den Richtigen zu haben, und gratulieren sich selbst dazu, so schlau gewesen zu sein. Dann ignorieren sie widersprüchliche Beweismittel und stürzen sich auf alles, was ihre Vermutung bekräftigen könnte. Wenn sie einen Verdächtigen so unter Druck setzen, dass er ein Geständnis ablegt, ist der Fall im Grunde genommen klar, und sie ersparen sich langwierige Ermittlungen. Faule Polizeibeamte lösen einen Fall häufig durch Vernehmungen. Wenn Hinweise auftauchen, die ihre Theorie schwächen, werden sie ignoriert. Wenn eindeutige Beweise (DNA) für die Unschuld des Verdächtigen gefunden werden, nachdem er verurteilt worden ist, weigern sie sich, das anzuerkennen, und behaupten weiterhin, er sei schuldig.

Dan Williams betrat das Revier der Polizei von Norfolk am Abend des 7. Juli gegen 18.30 Uhr, keine zwei Stunden nachdem Billy Bosko die Leiche seiner Frau entdeckt hatte und lange bevor die Untersuchung des Tatorts abgeschlossen war. Williams hatte keine Ahnung, dass er des Mordes verdächtigt wurde. Er war fünfundzwanzig Jahre alt, Highschool-Absolvent, ehemaliger Pfadfinder und von strengen Eltern erzogen worden, die ihm eingebläut hatten, Leuten mit Autorität zu gehorchen. Er war ruhig, leicht zu beeinflussen und alles andere als ein Unruhestifter, schon als Kind nicht. Vorstrafen hatte er nicht, und er war noch nie von der Polizei vernommen worden. Aufgrund seiner passiven, bescheidenen Art rechnete er nicht damit, aus dem Hinterhalt überfallen zu werden.

Die Vernehmung begann um zwanzig Uhr, und erwartungsgemäß wurden weder Ton- noch Videoaufzeichnungen angefertigt. Wie in jedem Polizeirevier waren Kameras und Aufnahmegeräte griffbereit, sie würden allerdings erst eingesetzt werden, wenn der Zeitpunkt stimmte. Das war noch nicht der Fall. Einige Teile der Vernehmung sollte niemand sehen. Williams verzichtete auf sein Recht zur Aussageverweigerung und einen Anwalt, ein unbedachter Fehler, den achtzig bis neunzig Prozent aller Unschuldigen begehen. Bei Tätern, die schuldig sind, ist es erheblich wahrscheinlicher, dass sie kein Wort sagen oder einen Anwalt verlangen.

Williams beantwortete ein paar einleitende Fragen von Detective Gray, während sich Detective Jack Horton Notizen machte. Außer den dreien war niemand im Raum. Bald wurde Williams klar, dass die Polizei ihn verdächtigte, was er aber nicht glauben konnte. Die Detectives fragten ihn, ob er freiwillig Blut-, Scham- und Kopfhaarproben abgeben und seine Unterwäsche aushändigen würde. Williams war sofort dazu bereit. Er hatte nichts zu verbergen. Er war auch mit einem Lügendetektortest einverstanden, ein weiterer Fehler. Menschen, die unschuldig sind, stimmen diesem Test zu, weil sie beweisen wollen, dass sie nichts verbrochen haben. Sie vertrauen der Polizei. Bemerkenswerterweise erlaubt das Gesetz der Polizei, hinsichtlich der Ergebnisse des Lügendetektortests zu lügen. Das Gesetz erlaubt der Polizei sogar, bei Vernehmungen von Verdächtigen hemmungslos zu lügen. Der Trick mit dem Lügendetektor ist besonders beliebt.

Um 21.45 Uhr wurde Williams an das Gerät angeschlossen und beantwortete dann die Fragen des Prüfers, der wissen wollte, was er am Tag vorher gemacht habe und ob er in letzter Zeit in der Wohnung der Boskos gewesen sei. Williams antwortete wahrheitsgemäß und bestand den Test mit dem Lügendetektor. Wie üblich wurde ihm allerdings gesagt, er sei durchgefallen, und die Cops hätten jetzt den Beweis dafür, dass er lüge. Um Mitternacht wurden Williams so viele Anschuldigungen von den beiden Detectives an den Kopf geworfen, dass er sie gar nicht mehr schnell genug abstreiten konnte. Der Umgangston wurde rauer. Die Stimmung war gereizt. Williams beharrte darauf, nichts über den Mord zu wissen – er habe nebenan mit seiner Frau im Bett gelegen, als es passiert sei. Gray log und sagte, sie hätten einen Zeugen, der ihn in der Wohnung der Boskos gesehen habe. Die Beamten wiederholten immer wieder, dass er von Michelle besessen gewesen sei und dass sie Zeugen hätten, die das bestätigen könnten. Williams war von seinen Eltern eingebläut worden, Polizisten Respekt entgegenzubringen, und er war fassungslos, als sie ihn mit diesen Anschuldigungen bombardierten. Sie glaubten wirklich, dass er den Mord begangen hatte! Er war verwirrt und konnte nicht mehr klar denken.

Je später es wurde, desto mehr Sorgen machte sich Williams' Frau, Nicole. Sie rief bei der Polizei an und versuchte herauszufinden, was passiert war, auch das ein Fehler. Als ihr niemand etwas sagen wollte, setzte sie sich ins Auto und fuhr hin. Zu Beginn der Vernehmung ging Detective Gray kurz aus dem Raum und sprach mit Nicole. Sie fragte sie, was die beiden am Abend vorher gemacht hätten. Die Cops dachten, dass Williams sich in der Nacht vielleicht aus der Wohnung geschlichen und den Mord begangen hatte. Doch Nicole versicherte Gray, dass ihr Mann die ganze Nacht geschlafen und die Wohnung zu keinem Zeitpunkt verlassen habe. In diesem Moment wusste die Polizei, dass Williams ein wasserdichtes Alibi hatte. Aber das war egal.

Um 0.30 Uhr verließ Detective Gray den Raum, und Horton, der es mit einem Gespräch von Mann zu Mann versuchte, drängte Williams dazu, ein Geständnis abzulegen. *Reden Sie es sich einfach von der Seele. Tun Sie's jetzt, das wird einen besseren Eindruck machen, als wenn Sie sechs Wochen auf die Ergebnisse der DNA-Analyse warten.* Williams beharrte darauf, unschuldig zu sein, und sagte, er sei müde und wolle nach Hause. Hortons Notizen zufolge gab Williams um 0.55 Uhr zu, dass er Michelle für attraktiv hielt. Das führte zu einem Schwall von Unterstellungen, nach denen er in sie vernarrt gewesen sei und mit ihr habe schlafen wollen.

Endlich machte die Vernehmung Fortschritte. Gray kam zurück, und beide Detectives wurden nicht müde, Williams' »Besessenheit« von dem Opfer zu betonen. Sie sagten, sie könnten beweisen, dass er am Abend vor dem Mord an Michelle in der Wohnung der Boskos gewesen sei. Williams war verwirrt, erschöpft und wollte schlafen. Immer wieder ließ er den Kopf auf die Tischplatte sinken, und jedes Mal wiesen ihn die Detectives an, sich wieder aufrecht hinzusetzen. Williams hielt an der Wahrheit fest und stritt ab, irgendetwas über den Mord zu wissen. Die Detectives fingen an, sein Erinnerungsvermögen infrage zu stellen, es war von Gedächtnisverlust und Bewusstseinsstörungen die Rede. Vielleicht sei er ja Schlafwandler, habe die Wohnung verlassen und das Verbrechen dann begangen.

Bei Vernehmungen, die sich länger hinziehen, ist diese Taktik nichts Ungewöhnliches. Die Cops suggerieren häufig Gedächtnisverlust, Bewusstseinsstörungen oder Schlafwandeln, ein Trick, der den Verdächtigen verunsichern soll. Und dann tun die Beamten so, als wären sie die Guten, die dafür sorgen, dass alles wieder in Ordnung kommt.

Schließlich hatten sie Erfolg damit. Um drei Uhr morgens, während die beiden Detectives immer noch auf ihn einredeten, begann Williams, sein Erinnerungsvermögen anzuzweifeln. Vielleicht hatte er tatsächlich einen Blackout gehabt. Vielleicht war er tatsächlich im Schlaf nach nebenan gegangen. Die Detectives hakten immer wieder nach, auf weitere Unterstellungen folgten weitere Anschuldigungen.

Um 4.35 Uhr verließ Horton den Raum, und Gray begann, an Williams' Gewissen zu appellieren, eine andere Taktik. Tue es ihm leid? *Michelle ist tot. Denken Sie an ihre Familie.* Und so weiter. Auch das funktionierte, denn plötzlich brach Williams zusammen und fing an zu weinen.

Um 4.51 Uhr, als Detective Glenn Ford den Raum betrat, änderte sich die Situation schlagartig. Ford, ein erfahrener Cop, war ein »harter Hund«, der sämtliche schmutzigen Tricks bei Vernehmungen beherrschte. Seine Taktik war rigoros, brutal, schonungslos und darauf angelegt, den Willen eines Verdächtigen zu brechen. Er war bekannt dafür, falsche Geständnisse zu erzielen.

Dan Williams hätte längst ein Schuldbekenntnis ablegen müssen, und Glenn Ford wollte dafür sorgen, dass sie es bekamen. Während Horton zusah und Notizen machte, stellte Ford seinen Stuhl direkt vor Williams und sagte, er wolle jetzt die Wahrheit hören. Er wisse, dass Williams lüge, und könne das auch beweisen. Es gebe Zeugen. Er redete eine Stunde lang ununterbrochen auf Williams ein. Er drohte ihm eine lange Haftstrafe an, versprach aber, Nachsicht zu zeigen, wenn Williams die Wahrheit sagte und gestand. (Ford und Horton stritten dies später unter Eid ab.) Er stieß ihm mehrfach den Zeigefinger in die Brust und beschimpfte ihn. (Auch das wurde später abgestritten.)

Williams hatte Angst und konnte schon lange nicht mehr klar denken. Nach neun Stunden Vernehmung war er kurz davor aufzugeben. Die Cops waren fest davon überzeugt, dass er schuldig war, und er würde diesen Raum erst verlassen, wenn er ihnen gab, was sie haben wollten. Er musste mit ihnen zusammenarbeiten, um sich zu retten.

Ford witterte den Sieg, und als sie um 5.41 Uhr eine Pause machten, sagte er zu Horton: »Er ist kurz davor, ein Geständnis abzulegen.« Williams wurde seit fast zehn Stunden vernommen, wehrte sich aber immer noch.

Jahre später, im Gefängnis, versuchte er zu erklären, warum er gestanden hatte. »Ich war völlig durcheinander. Zu dem Zeitpunkt konnte ich nicht mehr zwischen Gut und Böse unterscheiden. Ich war müde. Mir ging es nicht gut. Ich kam mir so hilflos vor und habe es einfach nicht mehr ausgehalten. Also habe ich ihnen gesagt, was sie hören wollten. Die Details habe ich erfunden. Ich wusste, dass ich Detective Ford nicht die Wahrheit erzählte, aber ich wollte einfach nur, dass die Vernehmung aufhörte.«

Um sieben Uhr morgens, nach elf Stunden Vernehmung, schalteten die Detectives endlich die Aufnahmegeräte ein. Williams, der verängstigt, erschöpft und völlig verwirrt war, gab ihnen, was sie haben wollten. Bei seinem Schuldbekenntnis erwähnte er viele der Details, die ihm in der Nacht von den Detectives unterstellt worden waren. Außerdem erwähnte er in seiner konfusen Schilderung der Tat Sachverhalte, die nicht der Wahrheit entsprechen konnten.

Das (erste) Geständnis enthielt folgende Details: Er war über den Flur zu Michelles Wohnungstür gegangen. Möglicherweise im Schlaf. Er war barfuß gewesen, allerdings wurden keine Abdrücke nackter Füße gefunden. Sie hatte ihn hereingelassen. Er war über sie hergefallen. Sie hatte zu schreien begonnen, allerdings hatte niemand Schreie gehört. Er hatte nicht ejakuliert, allerdings wurden sowohl am Opfer als auch auf der Decke Spermaspuren gefunden. Als er gegangen war, hatte sie immer noch geschrien. Er hatte sie nicht erwürgt, allerdings ergab die Obduktion, dass sie stranguliert worden war. Er hatte nicht auf sie eingestochen, allerdings wurden bei der Obduktion Einstiche mit einem Messer festgestellt, von denen jeder einzelne tödlich gewesen wäre. Er war allein gewesen, bei der Tat hatte ihm niemand geholfen. Zuerst hatte er sich nicht mehr erinnern können, wie er sie getötet hatte, doch dann war ihm eingefallen, dass er sie vielleicht mit einem Schuh auf den Kopf geschlagen hatte, allerdings wurden bei der Obduktion keine derartigen Verletzungen festgestellt. Den Schuh konnte er nicht beschreiben.

Der Schuh war besonders schön. Die Mordwaffe war Stunden vorher von Detective Gray erwähnt worden, die später zugab: »Vieles davon haben wir ihm eingeredet. Er hat Dinge zugegeben, die ich und Jack (Detective Horton) im Grunde genommen erfunden haben.«

Um 7.15 Uhr wurden die Aufnahmegeräte abgeschaltet, und die Detectives verließen den Raum. Williams durfte nicht gehen, daher streckte er sich auf dem Boden aus und schlief ein. Einige Zeit später warf Gray einen kurzen Blick in den Raum. Williams lag hysterisch lachend auf dem Boden, komplett der Realität entrückt.

Die Vernehmung war noch nicht vorbei. Die Cops waren etwas zu schnell gewesen, daher musste das Geständnis leicht abgeändert werden. Während sich Williams noch im Vernehmungsraum befand, las Detective Gray den Bericht über die Obduktion von Michelle Bosko. Dabei fielen ihr ein paar erstaunliche Unstimmigkeiten zwischen den Untersuchungsergebnissen der Rechtsmedizin und Williams' Schuldbekenntnis auf, insbesondere die Messerstiche und die Würgemale. Es gab keine Kopfwunden. Selbst einem Detective mit unterdurchschnittlicher Beobachtungsgabe wäre sofort klar geworden, dass Williams keine Ahnung hatte, worüber er redete.

Der Rechtsmediziner würde später aussagen, dass die Ergebnisse der Obduktion mit der ersten Theorie übereinstimmten, nach der das Verbrechen von einem Einzeltäter begangen worden war.

Um 9.25 Uhr kehrten Gray und Horton in den Vernehmungsraum zurück, weckten Williams, der immer noch auf dem Boden lag und nun schlief, und verlangten von ihm, sein schriftliches Geständnis zu unterschreiben. Nachdem er der Aufforderung gefolgt war, gingen sie wieder.

Um elf Uhr stürmte Detective Grey wutentbrannt in den Vernehmungsraum und forderte Williams erneut auf, die Wahrheit zu sagen. Sie teilte ihm mit, dass sie gerade aus der Rechtsmedizin komme, und beschrieb die Stichwunden und die Würgemale – ein Trick, der »den Zeugen kontaminieren« genannt wird und allgemein verpönt ist. Warum habe er mit keinem Wort erwähnt, dass er sie erwürgt und erstochen habe? Weil er gar nicht am Tatort war. Doch Gray war nicht zu bremsen. Sie machte mit ihren Anschuldigungen weiter, und schließlich gab Williams auf. Er begann zu reden, damit sie endlich den Mund hielt und ihn in Ruhe ließ. In seinem zweiten Geständnis gab er an, Michelle nicht mit einem Schuh getötet, sondern erwürgt und danach auf sie eingestochen zu haben, an den Stellen, die Gray ihm vorher beschrieben hatte.

Fünfzehn Stunden nachdem Dan Williams den Vernehmungsraum betreten hatte, konnte er ihn endlich verlassen. Er wurde ins Gefängnis gebracht und der Vergewaltigung und des Mordes angeklagt. Die Cops hatten den Fall schnell gelöst. Sie waren sich sicher, dass sie den Täter hatten, und endlich konnten alle eine Runde schlafen. Da sich die Ermittlungen auf die Vernehmung und nicht auf Beweise stützten, fiel niemandem auf, dass Williams keine Kratzer am Körper hatte, obwohl er freiwillig Blut- und Haarproben abgeliefert und auch einem Penisabstrich zugestimmt hatte. Scharfsinnigere Detectives wären zu dem Schluss gekommen, dass das Blut und die Haut, die man unter Michelles Fingernägeln gefunden hatte, ein eindeutiger Beweis für einen Kampf waren und dass der Täter Kratzer oder andere Verletzungen aufweisen musste.

Die Nachricht von dem Mord machte in Norfolk die Runde, vor allem in den Wohnblocks in der Nähe des Marinestützpunkts. Kurze Zeit später kam die Meldung, dass Dan Williams die Tat gestanden hatte. Omar Ballard war fassungslos, dass die Polizei nicht nach ihm suchte. Die Berichterstattung über die Tat verwirrte ihn, aber er war auch erleichtert, weil die Bluthunde bei der Polizei von Norfolk die falsche Witterung aufgenommen hatten. Doch Ballard verhielt sich nicht gerade unauffällig. Er war bereits auf der Suche nach seinem dritten Opfer.

Nachdem Dan Williams seine erste Nacht hinter Gittern verbracht hatte, wachte er verwirrt auf und wusste nicht genau, was er getan hatte. Als er begriff, was passiert war, widerrief er sein Geständnis und stritt alles ab. Seine Proteste verhallten ungehört.

Als Williams' Pflichtverteidiger das Schuldbekenntnis lasen, wussten sie, dass er in ernsthaften Schwierigkeiten steckte. Die Umstände, unter denen er es abgelegt hatte, waren egal, ebenso die Tatsache, dass es den Sachbeweisen widersprach – in einem Prozess würde es der Jury wahrscheinlich vorgelegt werden. Richter entscheiden sich nur selten dafür, Geständnisse nicht zu verwenden, und die Geschworenen überlegen nicht lange, wenn es darum geht, ihnen zu glauben. Die brutalen Vernehmungsmethoden der Polizei sind bei einer Verhandlung kein Thema. Die Detectives streiten sie einfach ab, und die Geschworenen halten es für ausgeschlossen, dass jemand ein Verbrechen gestehen würde, dass er oder sie nicht begangen hat.

Die Wahrheit sieht jedoch anders aus. Bei fast fünfundzwanzig Prozent aller mithilfe von DNA revidierten Fehlurteile liegen falsche Geständnisse vor, die von den ermittelnden Beamten erzwungen wurden. 1997 war es für die Polizei nur in sechs Bundesstaaten verpflichtend, die *gesamte* Vernehmung aufzuzeichnen, entweder als Audio- oder als Videoaufnahme. Virginia gehörte nicht dazu, doch infolge des Falls Bosko schreibt die Polizei von Norfolk inzwischen die Aufzeichnung von Vernehmungen vor.

Williams' Anwälte wussten, dass das Geständnis vor Gericht verwendet werden würde. Sie wussten auch, dass eine Verurteilung zur Todesstrafe wahrscheinlich war. Sie fingen sofort an, die Möglichkeit einer Absprache mit der Staatsanwaltschaft auszuloten, um das Leben ihres Mandanten zu retten, doch davon wollte Williams nichts wissen. Immer wieder sagte er zu seinen Anwälten, seinen Eltern und allen anderen, die es hören wollten, dass er Michelle nicht getötet habe. Er sei von der Polizei beschimpft, beleidigt und dazu gezwungen worden, ein falsches Schuldbekenntnis zu unterschreiben.

Zehn Tage nach dem Mord an Michelle Bosko schlug der Killer wieder zu. Omar Ballard vergewaltigte eine Vierzehnjährige, die ihn später identifizierte. Er wurde festgenommen und bekannte sich schuldig. Für die Detectives der Mordkommission war das weniger interessant. Sie hatten Michelles Mörder gefasst, und die Ermittlungen waren so gut wie abgeschlossen. Die Polizei war so träge, dass versäumt wurde, eine Routinedurchsuchung von Williams' Wohnung durchzuführen. Die Auswertung der DNA-Tests würde mehrere Wochen, vielleicht auch Monate dauern, aber ihrer Meinung nach gab es keinen Zweifel daran, dass sich die solide Polizeiarbeit als richtig erweisen würde.

Im November, vier Monate nach der Tat, schlug die Staatsanwaltschaft Williams einen Deal vor: Wenn er sich der Vergewaltigung und des Mordes schuldig bekannte, würde die Anklage nicht die Todesstrafe fordern. Williams würde lebenslänglich ohne die Möglichkeit einer vorzeitigen Entlassung bekommen. Seine Anwälte drängten ihn dazu, den Vorschlag anzunehmen, doch er beharrte auf seiner Unschuld.

Im November starb Nicole Williams an Eierstockkrebs. Ihr Mann durfte nicht an der Beerdigung teilnehmen. Sie war kein einziges Mal von Williams' Anwälten befragt worden.

Im Dezember, fünf Monate nach der Tat, hatte das kriminaltechnische Labor die DNA-Untersuchung von Williams' Blut, Sperma und anderem Genmaterial beendet. Polizei und Staatsanwaltschaft waren fassungslos – es gab keine Übereinstimmung. Williams war entlastet, was ihm und seinen Anwälten allerdings erst im April des folgenden Jahres mitgeteilt wurde. Im Januar, während die entscheidende Information immer noch unter Verschluss gehalten wurde, bot die Staatsanwaltschaft Williams erneut einen Deal an: Er sollte sich schuldig bekennen, dafür würde er lebenslänglich bekommen. Williams lehnte ab.

In den meisten Ländern würden Polizei und Staatsanwaltschaft eingestehen, was ihnen längst klar geworden war – sie hatten den falschen Täter festgenommen. Nicht so in Norfolk. Dort war man nicht bereit, einen Fehler zuzugeben. Von einem Tag auf den anderen gab es neue Theorien. Die DNA-Ergebnisse ließen sich erklären, denn: 1. Williams hatte die Tat begangen, aber ein Kondom benutzt, oder 2. Williams hatte die Tat begangen, aber nicht ejakuliert, und 3. Williams hatte Michelle vergewaltigt und auf sie eingestochen, aber es gab einen Komplizen, von dem die Spermaspuren stammten – und so weiter. Die Möglichkeit, dass Williams bei dem Mord gar nicht in der Wohnung gewesen war, wurde ausgeschlossen.

Die Jagd nach einem Phantom ging erst richtig los, als sich

die Polizei für eine neue Theorie entschied, bei der sich alles um einen Komplizen drehte. Als Verdächtiger bot sich ein Matrose namens Joe Dick an (Nr. 2). Dick wohnte bei Dan und Nicole Williams zur Untermiete im Gästezimmer, und da Dick während des Mordes in der Nähe des Tatorts gewesen war, musste er etwas damit zu tun haben. Als Dick am 12. Januar 1998 von Bord der USS *Saipan* ging, wurde er von der Polizei in Empfang genommen. Er hatte keine Ahnung, dass er ein Verdächtiger in einem Mordfall war, und es gab nicht den geringsten Hinweis darauf, dass er im Gefängnis landen würde.

Detective Ford wartete bereits auf ihn. Joe Dick hatte keine Chance.

Dick war ein introvertierter, in sich gekehrter Mensch, leicht zu manipulieren, sozial unbeholfen und schnell bereit, sich Autoritätspersonen unterzuordnen. Ein seltsamer Kerl, der nicht viele Freunde hatte. Es waren die denkbar schlechtesten Voraussetzungen, der Herausforderung zu begegnen, die ihn erwartete.

Gegen 10.10 Uhr wurde Dick in einen Vernehmungsraum gesetzt. Genau wie Williams hatte er keine Vorstrafen und war noch nie vernommen worden. Er war extrem nervös. Ford und Detective Don Brenner kamen herein und überredeten Dick, auf sein Recht zur Aussageverweigerung und einen Anwalt zu verzichten, ein furchtbarer Fehler, der zu seiner Verurteilung führen würde.

Nach ein paar Minuten stellte Ford Fragen über Michelle Bosko, Dan Williams und den Mord, und Dick erwiderte, er wisse nicht mehr als das, was er in der Zeitung gelesen oder auf der Straße gehört habe. Er sagte, er sei in der Mordnacht an Bord seines Schiffes gewesen. Ford behauptete, Beweise dafür zu haben, dass Dick nicht an Bord gewesen sei, daher wisse er, dass Dick lüge. Kurze Zeit später begann Ford zu brüllen und beschuldigte Dick, etwas mit dem Mord zu tun zu haben. Dick beteuerte, unschuldig zu sein. So ging es eine Weile hin und her. Ford sagte, sie hätten ein Geständnis von Dan Williams, und deutete an, dass Dick dadurch belastet werde. Was nicht der Fall war. Ein Komplize wurde in Williams' Geständnis mit keinem Wort erwähnt. Ford sagte, die Polizei habe DNA-Spuren, die seine Schuld bewiesen. (Detective Brenner würde später zugeben, dass dies nicht der Wahrheit entsprach.) Wie bereits erwähnt, war es der Polizei vom Gesetz her erlaubt, bei Vernehmungen ungehemmt zu lügen.

Schließlich schlug Ford einen Test mit dem Lügendetektor vor. Dick war sofort einverstanden, allerdings machte er sich Sorgen, weil er so nervös war und nicht mehr klar denken konnte. Er bestand den Test, doch Ford spielte wie immer mit gezinkten Karten. Er teilte Dick mit ernstem Gesicht mit, dass er den Test nicht bestanden habe, weigerte sich aber, ihm die Ergebnisse zu zeigen. Dick, der so naiv war, der Polizei zu vertrauen, war fassungslos. Er begann an sich zu zweifeln.

Ford folgte dem üblichen Schema: angebliche Beweismittel erfinden und dann maßlos übertreiben; die Schuld des Verdächtigen als Fakt darstellen; ein Nein als Antwort nicht gelten lassen; keinen Zweifel daran lassen, dass der Verdächtige den Raum erst verlassen wird, wenn er gestanden hat, egal wie lange es dauert; ein genanntes Alibi sofort abstreiten; den Verdächtigen kontinuierlich daran erinnern, dass er in ernsthaften Schwierigkeiten steckt; von Gedächtnisverlust, Bewusstseinsstörungen, Schlafwandeln, Träumen oder irgendetwas anderem sprechen, das den Verdächtigen verunsichert.

Dann ging es mit der Methode »guter Bulle, böser Bulle« weiter. Gegen 14.30 Uhr verließ Ford den Raum, und Detective Brenner wurde plötzlich ausgesprochen freundlich. Er beschwor

Dick, die Wahrheit zu sagen, sich alles von der Seele zu reden, sein Gewissen zu entlasten, dann werde er sich besser fühlen, *denken Sie an Michelles Familie,* und so weiter. Er versicherte Dick, dass sie alle Beweise hätten, die sie brauchten, und dass es jetzt an ihm sei, alles zuzugeben.

Dick war erheblich einfacher zu brechen als Dan Williams, da er weder psychisch noch emotional so stark war wie dieser. Nach vier Stunden Vernehmung war Dick völlig erschlagen. Er gab auf und bemühte sich nach Kräften, ein Verbrechen zuzugeben, über das er so gut wie nichts wusste. Jahre später versuchte er zu erklären, warum er es getan hatte: »Ich dachte, er (Ford) würde endlich den Mund halten, wenn ich ihm sagte, was er hören wollte. Ich war müde und frustriert und wollte einfach, dass Schluss ist. Ich habe nur aufgegeben, weil ich wusste, dass die DNA mich entlasten würde.«

Da er die genauen Tatumstände seines Verbrechens nicht kannte, erzählte Dick eine Geschichte, die so absurd war, dass die Detectives ihm nicht glaubten. Was aber kein Problem war. Sie verrieten ihm einige Fakten und zeigten ihm sogar ein Foto der toten Michelle am Tatort. Drei Stunden lang flickten sie mühsam eine Geschichte zusammen, dann überredeten sie Dick dazu, ihre Version zu verwenden. Trotz der geschickten Manipulation seitens der Detectives war Dicks Geständnis ein bizarrer Bericht, der erheblich von den am Tatort sichergestellten Beweismitteln abwich und nicht viel mit Dan Willams' Aussagen zu tun hatte, dessen Komplize er jetzt war.

Aber Glenn Ford war zufrieden. Wieder einmal hatte er einen Täter gefasst und ein Verbrechen aufgeklärt. Es hatte nur sechs Stunden und eine brachiale Vernehmungstaktik gebraucht, um den zweiten zu brechen. Joe Dick wurde ins Gefängnis gebracht, der Vergewaltigung und des Mordes angeklagt und ohne Möglichkeit, auf Kaution freizukommen, in Gewahrsam behalten.

Nach seiner Festnahme hatte sein Vorgesetzter auf der USS *Saipan,* Petty Officer Michael Ziegler, den Verdacht, dass Dick von der Polizei etwas angehängt worden war. Er kannte Dick gut und wusste, dass es nicht schwierig sein würde, ihn dazu zu bringen, ein Verbrechen zu gestehen, das er nicht begangen hatte. Ziegler überprüfte die Logbücher und stellte fest, dass Dick zum Zeitpunkt des Mordes an Michelle tatsächlich auf dem Schiff gewesen war. Officer Ziegler ging zum Ersten Offizier und erhielt die Anweisung, vollumfänglich mit Zivilbehörden, Staatsanwaltschaft und Verteidigern zusammenzuarbeiten. Ziegler wartete und wartete, doch niemand setzte sich mit ihm in Verbindung, um Dicks Alibi zu überprüfen. Später sagte er der *New York Times,* er habe »keinen Zweifel« daran gehabt, dass Dick in der Mordnacht im Dienst gewesen sei. Die Logbücher und Anwesenheitsnachweise wurden von der Polizei nie eingesehen.

Joe Dicks Eltern engagierten einen Anwalt aus Norfolk, Mike Fasanaro, der sich eine Kopie des Geständnisses beschaffte und schnell zu dem Schluss kam, dass sein neuer Mandant schuldig war. Er sagte den Eltern, dass »Joe ohne jeden Zweifel in sämtliche Aspekte des Falls verwickelt war«. Einige Monate vorher war einer seiner Mandanten mit der Giftspritze hingerichtet worden, was ihm sehr nahegegangen war. Er begann, an einem Deal mit der Staatsanwaltschaft zu arbeiten, um zu verhindern, dass Joe Dick in den Todestrakt kam.

Zwei Monate nach Dicks Geständnis hatte das kriminaltechnische Labor noch mehr schlechte Nachrichten für die Polizei und die Staatsanwaltschaft. Joe Dicks DNA stimmte nicht mit dem Blut, dem Sperma oder anderem genetischen Material überein, das am Tatort gefunden worden war.

Polizei und Staatsanwaltschaft hatten plötzlich eine neue Theorie: Das Verbrechen war von drei Männern begangen worden! Und der dritte Täter war immer noch flüchtig.

Inzwischen saß Omar Ballard für seine zweite bekannte Vergewaltigung im Gefängnis. Eine DNA-Analyse seines Bluts hätte den Mord an Michelle Bosko aufgeklärt, doch dafür waren Detective Ford und seine großartige Mannschaft viel zu beschäftigt. Anstatt nach glaubhaften Verdächtigen zu suchen, waren sie fest entschlossen, den dritten Täter zu finden, zu dem es allerdings keinerlei Hinweise gab. Die Beweismittel vom Tatort waren nutzlos, weil sie ignoriert wurden. Ford ließ sich davon nicht entmutigen und versuchte es mit einem weiteren schmutzigen Trick. Er bezahlte einen Knastspitzel dafür, Joe Dick auszuspionieren.

Mithäftlinge, die Falschaussagen machen, sind nach wie vor ein großes Problem in der amerikanischen Strafjustiz, denn Polizei und Staatsanwaltschaft setzen sie immer noch ein. Bei fünfundzwanzig Prozent aller mithilfe von DNA revidierten Fehlurteile wurden beim Prozess Knastspitzel benutzt, um einen Schuldspruch zu erreichen.

Der Spitzel, der mit Dick zusammen in eine Zelle gesteckt worden war, unterhielt sich so lange mit ihm, bis er von einem Bekannten Dicks namens Eric hörte – der Nachname fiel nicht. Es gab keinerlei Hinweise dafür, dass dieser Eric irgendetwas mit dem Mord an Michelle Bosko zu tun hatte, aber auf derart Nebensächliches achtete die Polizei nicht. Sie suchte schließlich nach dem dritten Täter. Der Spitzel gab den Namen weiter, und Glenn Ford war wieder im Geschäft. Er machte einen Matrosen namens Eric Wilson (Nr. 3) ausfindig und bat ihn, ins Polizeirevier zu kommen, um ein paar Fragen zu beantworten. Eric kannte Dan Williams und hatte Gerüchte über den Fall gehört.

Er nahm an, dass er vorbeischauen sollte, um den Cops zu sagen, was er wusste – allerdings war darunter nichts Neues.

Eric Wilson war noch nie von der Polizei vernommen worden und hatte keinerlei Vorstrafen, nicht einmal einen Strafzettel wegen zu schnellen Fahrens. Er kam aus einer Kleinstadt im Süden von Texas und war von seinen Eltern, strenggläubigen Baptisten, nach strikten Regeln erzogen worden. Nach einem mittelmäßigen Highschool-Abschluss war er zur Navy gegangen und wollte dort Karriere machen.

Um 10.10 Uhr wurde er in einen Vernehmungsraum geführt, wo er für die nächsten neun Stunden bleiben würde. Die Vernehmung durch Detective Ford lief nach dem üblichen Muster ab: Verzicht auf das Recht zur Aussageverweigerung und einen Anwalt; Routinefragen, die immer gezielter, immer argwöhnischer wurden; ein Lügendetektortest, bei dem der Verdächtige natürlich durchfiel – allerdings waren die Ergebnisse im Fall von Wilson nicht eindeutig; und dann die schweren Geschütze. Eric war zuerst fassungslos, als man ihm sagte, er habe den Test nicht bestanden, dann schockiert angesichts von Fords Verhalten. Er würde später aussagen, dass Ford »sehr aggressiv, sehr bedrohlich, sehr wütend, sehr laut« gewesen sei. Ford tippte ihm mit der Hand auf die Stirn und hörte erst auf, als er ihm versehentlich einen Finger ins Auge stieß. Ford bestreitet das. Sein Kumpel, Detective Jason Trezevant, nannte das Ganze »wahrscheinlich eine der lockersten Vernehmungen, bei denen ich in den letzten achtzehn Jahren dabei gewesen bin«.

Vermutlich stimmte das sogar.

Ford erhöhte den Druck, doch Eric knickte nicht ein und stritt jegliche Beteiligung an der Tat ab. Ford behauptete wie üblich, jede Menge Beweise zu haben, wurde aber nicht konkreter. Natürlich gab es keinen einzigen Sachbeweis, und Eric Wilson war in den absurden Geständnissen von Dan Williams und Joe Dick nicht erwähnt worden. Ein bezahlter Knastspitzel hatte lediglich den Namen »Eric« geliefert. Detective Ford war es irgendwie gelungen, den Zusammenhang herzustellen, und jetzt wurde Eric Wilson vorgeworfen, eine hübsche, junge Frau vergewaltigt und ermordet zu haben, die er gar nicht kannte. Ford zeigte Eric Fotos von Michelle vor und nach der Tat.

Vernehmungen der Polizei basieren auf der Schuldvermutung, und Ford wollte nicht akzeptieren, dass Eric die Tat abstritt. Nach vier Stunden stürmte er angewidert aus dem Raum. Detective Trezevant übernahm die Vernehmung und spielte den guten Bullen, der sich mit Eric über alles Mögliche unterhielt, nur nicht über das, was sie in diesen Raum gebracht hatte. Das Gespräch schweifte ab, und dann beging Eric den Fehler, einen Traum zu erwähnen, den er gehabt hatte. In seinem Traum befand sich eine junge Frau in einer Notlage, ihr wurde etwas Schlimmes angetan, aber er wusste nicht genau, was es war. Eric konnte die Frau nicht identifizieren, daher war Trezevant so nett und zeigte ihm ein Foto, auf dem Michelle gerade eine Brezel aß. Dann suggerierte er Eric, sie sei die Frau aus seinem Traum. Eric antwortete, ja, das wäre gut möglich.

Jetzt konnte es losgehen. Ford kam zurück und jagte dem Traum hinterher. Er wollte Details – wer war in dem Traum, was passierte mit Michelle, wo fand das Ganze statt und so weiter. Eric versuchte, die Lücken zu füllen, und wenn er es nicht konnte, bekam er jede Menge Hilfe von den Detectives. Langsam, nach mehreren Stunden, nahm der Traum Gestalt an. Eric, Dan Williams und Joe Dick fielen in der Wohnung der Boskos über Michelle her, hielten sie fest und vergewaltigten sie. Irgendwann war Ford den Traum leid und forderte Eric auf, mit dem Schwachsinn aufzuhören und ihm zu erzählen, was wirklich passiert sei. Eric war entsetzt bei dem Gedanken daran, dass er vielleicht nicht geträumt hatte. Vielleicht war er wirklich dort gewesen und falls ja, dann würde alles Sinn ergeben – der Lügendetektortest, die Beweise, von denen die Polizei gesprochen hatte, Fords Behauptungen und die Gewissheit, mit der er Erics Beteiligung an der Tat geschildert hatte. Verwirrt, verängstigt und keiner Gegenwehr mehr fähig, gestand Eric die Vergewaltigung, aber nicht den Mord.

Eric meinte später dazu: »Irgendwann geht es einem nur noch auf die Nerven. Und dann sagt man sich: ›Na ja, die Jungs sind ja angeblich die Guten. Vielleicht haben sie recht. Vielleicht habe ich es getan. Vielleicht stimmt etwas nicht mit mir, und deshalb erinnere ich mich auch nicht daran, es getan zu haben.‹ Und an dem Punkt fängt man an, ihnen zu erzählen, was sie hören wollen. Ich hätte alles getan – wirklich alles –, damit Detective Ford mich in Ruhe lässt.«

Er wurde in eine kleine Zelle des Polizeireviers gesteckt. Dort begriff er allmählich, was er gerade getan hatte.

Zwei Monate später teilte das kriminaltechnische Labor mit, dass Erics DNA nicht mit dem Blut, dem Sperma oder anderem genetischem Material übereinstimmte, das am Tatort gefunden worden war.

Die Polizei hatte plötzlich eine neue Idee: An dem Verbrechen waren *vier* Männer beteiligt gewesen! Ohne zu zögern, machten sich die Detectives auf die Suche nach dem vierten Täter. Anstatt sich auf die Sachbeweise zu stützen, beschlossen sie, einen der ersten drei Männer erneut zu vernehmen. Da Joe Dick am leichtesten zu beeinflussen war und sein Anwalt fieberhaft an einer Absprache mit der Staatsanwaltschaft arbeitete, nahm sich Detective Ford Dick vor. Schließlich gestand Dick, der verzweifelt darum kämpfte, seinen »Deal« und damit sein Leben zu retten, dass drei weitere Männer an der Tat beteiligt waren, insgesamt also sechs. Die Namen der anderen drei kenne er nicht, aber er sei sich sicher, dass einer von ihnen George heiße. Angesichts der Tatsache, dass Dick nicht wusste, wie die Mitglieder einer Bande hießen, die sich nur zusammengefunden hatte, um eine junge Frau zu vergewaltigen und umzubringen, hätten bei der Polizei die Alarmglocken schrillen müssen, aber sie brauchte dringend Ergebnisse. Dick war inzwischen fest davon überzeugt, schuldig zu sein, und bereit, alles zu sagen, was man von ihm hören wollte.

Im Laufe von Glenn Fords hektischen Ermittlungen wurde aus unerfindlichen Gründen ein ehemaliger Matrose namens Derek Tice (Nr. 4) zu »George«. Tice war ehrenhaft aus der Navy entlassen worden, aus Norfolk weggezogen und lebte inzwischen in Florida. Seine einzige Verbindung zum Fall Bosko war durch den verwirrten Verstand Joe Dicks entstanden. Er wurde von einem heldenhaften SWAT-Team festgenommen, der Vergewaltigung und des Mordes angeklagt und nach Virginia überstellt. Als er in Norfolk ankam, wo er bereits von Detective Ford erwartet wurde, war er ein nervöses Wrack.

Den Notizen von Detective Don Brenner zufolge begann die Vernehmung um 14.15 Uhr. Glenn Ford stellte ein paar einleitende Fragen und ließ Tice schriftlich bestätigen, dass er auf sein Recht zur Aussageverweigerung und einen Anwalt verzichtete, als hätte das keine großen Konsequenzen. Nach einigen weiteren Fragen forderte Ford Tice auf, ihm alles zu erzählen, was er über die Vergewaltigung und den Mord an Michelle Bosko wusste. Tice sagte, er wisse nur das, was er gehört habe, und er sei überrascht gewesen, als man Dan Williams (Nr. 1) festgenommen habe. Da sprang Ford auf, warf dabei seinen Stuhl um und brüllte Tice an, er solle aufhören zu lügen. Tice, der völlig perplex war und befürchtete, dass Ford handgreiflich werden könnte, blieb bei seiner Geschichte. Ford warf ihm vor zu lügen. Dann log Ford selbst und sagte: 1. Die anderen drei Angeklagten hätten vor, gegen Tice auszusagen, und behaupteten sogar, das Ganze sei seine Idee gewesen; 2. die Polizei habe Beweise, die Tice mit dem Verbrechen in Verbindung brächten; und 3. es gebe einen geheimen Zeugen, der bestätigen könne, dass Tice am Tatort gewesen sei.

Jahre später gab Ford zu, dass er vielleicht etwas laut geworden sei. Allerdings stritt er ab, Tice angedroht zu haben, man werde ihn mit der Giftspritze hinrichten. Tice hatte das anders in Erinnerung. Er beschrieb es später so: »Jedes Mal, wenn ich gesagt habe, ich war nicht dort und so, hat er mich einen Lügner genannt und gesagt, ich sei dort gewesen, er wisse das genau, und wenn ich ihm weiterhin Lügen erzählen würde, würde ich verurteilt werden und die Giftspritze bekommen. Ford hat gesagt: ›Sie werden sterben. Sie werden mit der Giftspritze hingerichtet werden. Dafür werden wir sorgen.‹«

Stunden vergingen, die zermürbende Vernehmung ging weiter. Derek Tice fragte sich, ob sich alle gegen ihn verschworen hatten. Dan Williams, Joe Dick, Eric Wilson, die Polizei, der geheime Zeuge. Er begann, an sich zu zweifeln, und verlor allmählich den Bezug zur Realität. Es ergab alles keinen Sinn. Und die ganze Zeit redete Ford auf ihn ein.

Fünf Stunden verstrichen, und Tice stritt immer noch jede Beteiligung an der Tat ab. Er war erschöpft, konnte aber nicht wissen, dass Ford bereit war, so lange weiterzumachen, bis er ein Geständnis hatte.

Um sechzehn Uhr wurde Tice in den Raum mit dem Lügendetektor gebracht und von Detective Will Sayre, dem »Experten« der Norfolker Polizei, an die Sensoren angeschlossen. Sayre hatte auch die Angeklagten Williams, Dick und Wilson getestet. Er führte die Analyse in Abwesenheit von Ford und Brenner durch und informierte Tice um 17.30 Uhr, dass er durchgefallen sei. Der Lügendetektor zeige eindeutig an, dass er sich in der Wohnung der Boskos aufgehalten habe und an der Vergewaltigung und dem Mord beteiligt gewesen sei.

Tice zufolge erklärte Sayre ihm, dass er zum Tod verurteilt werden würde und dass er, Sayre, bei der Hinrichtung dabei sein werde. (Sayre hat dies später abgestritten.) Außerdem habe Sayre gesagt, er wisse, dass Ford »etwas einschüchternd« sein könne und dass er gerne bereit sei zuzuhören, wenn Tice seine Schuld gestehen wolle.

An diesem Punkt nahm Tice sein Recht zu schweigen in Anspruch. Er informierte Sayre, dass er einen Anwalt haben wolle, woraufhin Sayre meinte, dass das vielleicht ratsam sei. Seinen Notizen zufolge erklärte Tice, er werde kein Wort mehr sagen, bis er mit einem Anwalt gesprochen habe.

Aus irgendeinem Grund wurde die Forderung nach dem Anwalt ignoriert. Um 19.30 Uhr wurde Tice wieder in den Vernehmungsraum gebracht. Ford und Brenner kamen herein und machten damit weiter, Tice unter Druck zu setzen. Anschuldigungen, Verleugnungen, Drohungen. Gebrüll und Beschimpfungen. Ford hatte ein Foto von Michelle mitgebracht. Er hielt es Tice vors Gesicht und fragte ihn, wie es ihm gehen würde, wenn es seine Tochter gewesen wäre (Tice hatte eine vierjährige Tochter). Tice musste daran denken, wie traumatisch es für sie sein würde, wenn ihr Vater hingerichtet wurde. Er begann zu weinen. Nach zehn Stunden hatten sie ihn endlich gebrochen.

Jahre später erinnerte er sich folgendermaßen daran: »Ich war allein, hatte Angst, und mir war übel. Ich hatte Kopfschmerzen. Ich dachte, Ford hätte die Wahrheit gesagt, dass die drei gegen mich aussagen würden, und ich dachte, der Lügendetektortest könnte gegen mich verwendet werden. Ich hatte Angst, dass Ford mich schlagen würde, wenn ich keine Aussage mache. Ich wollte unbedingt raus aus diesem Raum, ich hatte das Gefühl, in der Falle zu sitzen, und mir war klar, dass ein falsches Geständnis der einzige Ausweg war … Heute weiß ich, wie dumm das war.«

Tice' Schuldbekenntnis begann mit ein paar grundlegenden Fakten, die Ford ihm gegenüber zu Beginn der Vernehmung erwähnt hatte. Ford beharrte darauf, dass es weitere Täter gebe, mehr als nur vier, und wollte von Tice Namen haben. Dieser erwähnte einen Freund, Geoffrey Farris (Nr. 5), aber Ford behauptete, die Polizei wisse bereits von Farris. Wer noch? Tice, der wahllos Namen und Fakten aus der Luft griff, versuchte es mit einem anderen Freund, Rick Pauley (Nr. 6).

Tice' falsches Geständnis enthielt zahllose Ungereimtheiten, genau wie bei den anderen drei. Einer der eklatantesten Widersprüche war die Behauptung, dass er sich mit einem Klauenhammer Zugang zur Wohnung der Boskos verschafft habe. Es wurden keine Einbruchspuren gefunden, und Ford wusste das. Außerdem gab Tice an, dass er während der Vergewaltigung ejakuliert habe.

Um 1.30 Uhr, mehr als fünfzehn Stunden nach Beginn der Vernehmung, unterschrieb Derek Tice sein Geständnis. Dann wurde er ins Gefängnis gebracht. Drei Tage später stand in der Lokalzeitung, dass Williams, Dick, Wilson und Tice an Michelles Tür geklopft und sie nach einer Gruppenvergewaltigung erwürgt und erstochen hatten. Die Staatsanwälte ließen verlauten, es sei einer der schlimmsten Fälle, die sie je erlebt hatten.

Ford würde später abstreiten, Tice bei seinem Geständnis »geholfen« zu haben.

Im Gefängnis von Norfolk wurde Tice in der Abteilung untergebracht, in der auch Omar Ballard einsaß, den er nie getroffen hatte. In den nächsten Monaten würden die ständig wechselnden Theorien hinsichtlich der Täter um eine neue erweitert werden: Tice und Ballard hatten zusammen mit sechs anderen Männern ganz spontan eine Bande gebildet, die es nur für die Dauer der Vergewaltigung und des Mordes gegeben hatte und deren Mitglieder sich zum größten Teil gar nicht kannten.

Rick Pauley war ein ehemaliger Matrose und wohnte bei seinen Eltern in Norfolk. Er wurde kurz nach Tice' Geständnis festgenommen und in einen Vernehmungsraum gebracht. Dort beschuldigten ihn die Detectives Bobby Backman und Don Brenner wiederholt der Verbrechen, weigerten sich, ihm zu glauben, als er alles abstritt, behaupteten fälschlicherweise, Beweise zu haben, die ihn mit dem Tatort in Verbindung brächten, drohten ihm mit der Todesstrafe, wenn er nicht kooperiere, versprachen, Nachsicht walten zu lassen, wenn er es tue, teilten ihm mit, dass er den Lügendetektortest nicht bestanden habe, und ignorierten sein Recht zu schweigen, nachdem er einen Anwalt verlangt hatte. Nach fünf Stunden war Pauley kurz davor, aufzugeben und der Polizei irgendetwas zu erzählen, nur damit die Vernehmung aufhörte. Zu seiner Mutter sagte er später, dass es den Detectives fast gelungen wäre, ihm einzureden, er sei schuldig.

Doch Pauley weigerte sich zu gestehen, und irgendwann gaben die Cops auf. Er hatte Glück, denn Glenn Ford war gerade im Urlaub. Sein Anwalt sagte später, wenn Ford Dienst gehabt hätte, dann hätte Pauley gestanden.

Obwohl er kein Geständnis abgelegt hatte und es keine Beweise gab, die ihn mit dem Tatort in Verbindung brachten, wurde Pauley des Mordes und der Vergewaltigung angeklagt und ins Gefängnis von Norfolk gesteckt, wo er die nächsten zehn Monate verbringen würde.

Dann nahm sich die Polizei Geoffrey Farris vor, einen weiteren ehemaligen Matrosen, der in Norfolk lebte. Farris war noch nicht festgenommen worden, als er den Vernehmungsraum betrat, was sich aber bald ändern sollte. Glenn Ford, der aus dem Urlaub zurück war, erledigte die Formalitäten, was natürlich bedeutete, dass auf das Recht zur Aussageverweigerung und einen Anwalt wenig Wert gelegt wurde. Nachdem Farris zwei Stunden lang vernommen worden war und den Lügendetektortest selbstverständlich nicht bestanden hatte, verlangte er einen Anwalt und sagte kein Wort mehr. Ford informierte ihn, dass er wegen Vergewaltigung und Mordes festgenommen sei, dann wanderte Farris ins Gefängnis, wo er die nächsten zehn Monate bleiben würde.

Ende August 1998 hatte das kriminaltechnische Labor noch mehr schlechte Nachrichten für Polizei und Staatsanwaltschaft. Die am Tatort gefundene DNA stimmte nicht mit der DNA von Derek Tice, Rick Pauley und Geoffrey Farris überein. Die sechs Männer, die im Gefängnis saßen, wurden alle durch die DNA entlastet.

Die Polizei von Norfolk hatte plötzlich eine neue Theorie: In der Bande waren *sieben* Männer gewesen! Und der siebte Täter war noch auf freiem Fuß.

Da die letzten beiden Namen – Rick Pauley und Geoffrey Farris – von Derek Tice genannt worden waren, schien es nur logisch zu sein, dass er noch einen anderen in petto haben könnte. Gute Polizeiarbeit gebot es, Tice wieder unter Druck zu setzen.

Und es funktionierte. Am 27. Oktober, während einer weiteren Marathonsitzung mit Glenn Ford, rückte Tice mit dem Namen John Danser (Nr. 7) heraus. Wieder einmal machte sich die unfähige Truppe auf die Suche nach ihrem flüchtigen Spermalieferanten.

Auch John Danser war ein ehemaliger Matrose und kannte Williams (Nr. 1) und Tice (Nr. 4), aber keinen der anderen. Da er bei der Militärpolizei gedient hatte, war er nicht so leicht einzuschüchtern. Er wurde in seinem Haus nördlich von Philadelphia festgenommen, nach Norfolk überstellt und von Ford vernommen, der sein übliches Programm abspulte. Danser war mit einem Lügendetektortest einverstanden, und als man ihm sagte, er habe ihn nicht bestanden, verlangte er einen Anwalt. Doch die Vernehmung wurde fortgesetzt. Irgendwann zeigte Ford Danser ein Tatortfoto von Michelle und fragte, ob sie so ausgesehen habe, nachdem er sie vergewaltigt und auf sie eingestochen habe. Danser stritt weiterhin alles ab. Er hatte ein wasserdichtes Alibi – zum Zeitpunkt des Mordes war er zu Hause in Pennsylvania gewesen – und gab keinen Zentimeter nach. Ford behauptete, Beweise dafür zu haben, dass Danser zum Tatzeitpunkt in Norfolk gewesen sei, wollte aber wie immer nicht näher ausführen, welcher Art diese Beweise waren. Irgendwann gab Ford auf. Danser wurde ins Gefängnis gebracht und der Vergewaltigung und des Mordes angeklagt.

Zwei Monate später wurde vom kriminaltechnischen Labor ausgeschlossen, dass die DNA-Spuren am Tatort von ihm stammten.

Februar 1999. Die Behörden in Norfolk hatten sieben Matrosen im Gefängnis, aber nicht die Spur eines Beweises, sie vor Gericht zu bringen. Davon ließen sich die Staatsanwälte jedoch nicht abschrecken. Sie hatten vier falsche Geständnisse in der Schublade und waren fest entschlossen, sie auch zu benutzen.

Einen Monat früher hatte Dan Williams (Nr. 1) dem Druck endlich nachgegeben und einem Deal mit der Staatsanwaltschaft zugestimmt: Er bekannte sich schuldig und bekam dafür zweimal lebenslänglich ohne die Möglichkeit einer vorzeitigen Entlassung. Ähnliche Angebote hatte er mehrfach abgelehnt, doch am Vorabend seines Prozesses, in dem der Staatsanwalt die Todesstrafe fordern wollte, gab er nach. Nicole, die sein Alibi hätte bestätigen können, war tot. Seine Anwälte hatten keine eigenen Ermittlungen durchgeführt und waren sich sicher, dass Williams zum Tod verurteilt werden würde. Keine Jury würde glauben, dass er ein falsches Geständnis abgelegt hatte. Die Absprache mit der Anklage würde ihm das Leben retten, und er hatte das Gefühl, keine andere Wahl zu haben.

Joe Dick (Nr. 2) hatte einem ähnlichen Deal mit der Staatsanwaltschaft zugestimmt. Eric Wilson (Nr. 3) lehnte ab und widerrief sein Geständnis erneut. Er bestand auf einem Prozess. Derek Tice (Nr. 4) war versucht, einer Absprache mit der Anklage zuzustimmen, bekannte sich dann aber nicht schuldig.

Bevor sich die Polizei eine neue Theorie ausdenken und auf die Suche nach Nr. 8 gehen konnte, kam endlich Omar Ballard ins Spiel. Das änderte alles, ein bisschen jedenfalls. Aus dem Gefängnis heraus schrieb er einer Exfreundin einen Brief, in dem er gestand, Michelle getötet zu haben. Sie ging mit dem Brief zur Polizei, die ihn an die Staatsanwaltschaft weitergab, die versuchte, das Ganze geheim zu halten.

Eine schnelle DNA-Analyse nagelte Ballard fest. Die Polizei hatte endlich eine Übereinstimmung! Glenn Ford eilte ins Gefängnis, um seinen neuesten Verdächtigen zu befragen. Für Fords Verhältnisse würde es eine kurze Vernehmung werden. Keine Drohungen, keine falschen Lügendetektortests, keine seiner üblichen Taktiken. Innerhalb von Minuten gab Ballard alles zu. Er habe das Verbrechen begangen, allein, und empfinde Reue. Ballard beschrieb den Tatort und die Wohnung in allen Einzelheiten, und er war der erste und einzige der geständigen Verdächtigen, der die Mordwaffe beschreiben konnte, das Steakmesser mit Wellenschliff. Ford deutete an, dass noch andere an der Tat beteiligt gewesen seien, doch Ballard verneinte das. Ford ließ nicht locker und wiederholte seine Behauptung, woraufhin

Ballard wütend wurde. Er bestand darauf, allein gehandelt zu haben, aber Ford glaubte ihm nicht. Am Ende der auf Band aufgenommenen Aussage wurde Ballard von Ford gefragt, ob er noch etwas hinzufügen wolle. Ballard sagte: »Nein, nur, dass die vier Typen, die den Mund aufgemacht haben, dumm sind.«

In einer beeideten Erklärung schilderte Ballard die Vernehmung später so: »Ford stellte mir eine Reihe Suggestivfragen, um die Version der Tat zu bekommen, die er haben wollte. Er erzählte mir zum Beispiel irgendein Detail über den Mord an Michelle, dann stellte er mir eine Frage und ermunterte mich, in meiner Antwort das Detail zu erwähnen, von dem er gerade gesprochen hatte. Ich habe Ford wiederholt gesagt, dass ich die Tat allein begangen habe, aber er wollte, dass ich sage, die anderen Angeklagten seien daran beteiligt gewesen.« Einem Fernsehproduzenten erzählte Ballard später: »Detective Ford ist Abschaum. Er legt den Leuten Worte in den Mund und hört erst auf, wenn man akzeptiert, was er sagt. Und das ist die Schuld dieser vier Weißen: Sie haben akzeptiert, was er gesagt hat.«

Anstatt innezuhalten und das zuzugeben, was klar auf der Hand lag, anstatt den Fall noch einmal zu untersuchen und die Möglichkeit in Erwägung zu ziehen, dass sie sich vielleicht geirrt hatten, machten Polizei und Staatsanwaltschaft einfach weiter. Sie hatten schon zu viel Energie in ihre mit Lügen gespickten Ermittlungen gesteckt.

Sie entwickelten eine neue Theorie. Nun waren acht Männer an der Tat beteiligt, mit Omar als Anführer. Es spielte keine Rolle, dass in keinem der ersten vier Geständnisse eine aus acht Männern bestehende Bande oder die Anwesenheit eines Schwarzen bei der Tat erwähnt wurde, und es war auch nicht wichtig, dass im fünften Geständnis, dem von Omar, die Beteiligung anderer ausdrücklich abgestritten wurde.

Die Theorie der aus acht Mitgliedern bestehenden Bande lautete in etwa so: Sieben weiße Matrosen feierten in Dans Wohnung eine Party, obwohl dessen Frau Nicole nach einer Krebsoperation gerade erst aus dem Krankenhaus entlassen worden war. Sie beschlossen, nach nebenan zu gehen und Michelle zu vergewaltigen, da Billy auf See war. Aber Michelle wollte die Tür nicht aufmachen. Alle zusammen drückten sich später draußen auf dem Parkplatz herum, als Omar Ballard vorbeikam. Sie kannten ihn nicht, erzählten ihm aber trotzdem von ihrem Plan, Michelle zu vergewaltigen. Omar sagte, er könne sie reinbringen, da er Michelle kenne. Sie folgten Omar in die Wohnung, nachdem er Michelle überredet hatte, die Tür zu öffnen. Bei der Vergewaltigung wechselten sie sich ab, allerdings ist unklar, in welcher Reihenfolge. Ballard war der Einzige, der ejakulierte. Sie wechselten sich auch dabei ab, mit einem Messer auf sie einzustechen, allerdings ist unklar, wer als Erster und wer als Letzter zustieß. Die Tat geschah entweder im Wohnzimmer oder im Schlafzimmer. Das brutale Geschehen hatte natürlich zu Unordnung in der kleinen Wohnung geführt, aber die Bande war so rücksichtsvoll und räumte hinter sich auf, außerdem wischten die Männer natürlich jeden einzelnen Fingerabdruck weg.

Um dieses haarsträubende Szenario zu glauben, muss man auch eine lange Liste anderer verrückter Einfälle glauben, zum Beispiel: Joe Dick (Nr. 2) gelang es, trotz der strengen Sicherheitsvorkehrungen auf der USS *Saipan,* das Schiff zu verlassen, zur Wohnung der Boskos zu rennen, sich den anderen anzuschließen, von denen er einige überhaupt nicht kannte, die Tat zu begehen, zum Schiff zurückzurennen und die Sicherheitsvorkehrungen ein zweites Mal zu überlisten; John Danser (Nr. 7) schaffte die siebenstündige Autofahrt von seinem Haus in Pennsylvania zur Wohnung der Boskos in fünf Stunden, gesellte sich zur Bande, von deren Mitgliedern er nur zwei kannte, beging die Tat und raste dann wieder nach Hause; Geoffrey Farris (Nr. 5), der anhand von Verbindungsdaten nachweisen konnte, dass er zum Tatzeitpunkt mit seiner Freundin in Australien telefonierte, ließ den Hörer fallen, rannte von seinem Haus in Norfolk zur Wohnung der Boskos, schloss sich der Bande an und rannte dann wieder zurück, um das Gespräch mit seiner Freundin zu beenden. Zudem schafften es alle Täter irgendwie, so auf Michelle einzustechen, dass die Verletzungen annähernd identisch waren und die gleiche Tiefe aufwiesen. Der vielleicht unwahrscheinlichste Teil dieser Geschichte ist der Umstand, dass ein gewiefter Krimineller wie Omar Ballard ein derart abscheuliches Verbrechen mit ein paar Weißen zusammen begehen würde, die er gar nicht kannte.

Wie nicht anders zu erwarten, war die Theorie der aus acht Mitgliedern bestehenden Bande so absurd, dass sie gleich wieder zusammenbrach. Derek Tice (Nr. 4) widerrief sein Geständnis und weigerte sich, gegen die drei von ihm genannten Männer auszusagen. Daher blieb der Staatsanwaltschaft nichts anderes übrig, als die Anklage gegen Geoffrey Farris (Nr. 5), Rick Pauley (Nr. 6) und John Danser (Nr. 7) fallen zu lassen. Nachdem sie Monate im Gefängnis gesessen hatten, kamen sie endlich frei. Es gab keine Entschuldigung, keine Entschädigung, keine Erklärung, nichts. Trotzdem hatten sie noch Glück gehabt.

Nach Ballards Geständnis versuchte Dan Williams (Nr. 1), den Deal mit der Staatsanwaltschaft, bei dem er sich schuldig bekannt hatte, zu widerrufen, was vom Richter abgelehnt wurde. Joe Dick (Nr. 2) war inzwischen so davon überzeugt, dass er die Tat begangen hatte, dass er sogar einen Entschuldigungsbrief an Michelles Familie schrieb. Eric Wilson (Nr. 3) kam vor Gericht und wurde der Vergewaltigung schuldig gesprochen. Ausschlaggebend für das Urteil war sein Geständnis, das den Geschworenen vorgelesen wurde. Er saß siebeneinhalb Jahre im Gefängnis und wurde 2005 entlassen. Derek Tice (Nr. 4) wurde in zwei gesonderten Prozessen verurteilt und bekam lebenslänglich ohne die Möglichkeit einer vorzeitigen Entlassung. Bei den Prozessen von Wilson und Tice sagte Joe Dick für die Staatsanwaltschaft als Zeuge aus, war aber nicht glaubwürdig. Den auf Band aufgezeichneten Geständnissen hörten die Geschworenen allerdings sehr aufmerksam zu.

Williams, Dick und Tice wurden zu einer lebenslänglichen Freiheitsstrafe ohne die Möglichkeit einer vorzeitigen Entlassung verurteilt. Omar Ballard bot die Staatsanwaltschaft einen Deal an, der ihm die Giftspritze ersparte, was in einem Land, in dem Urteile mit Todesstrafe keine Seltenheit sind, schon ziemlich bemerkenswert ist. Ballard war ein abgebrühter Krimineller mit Vorstrafen wegen Gewaltdelikten und hatte den Mord an Michelle Bosko gestanden. In jedem anderen Fall hätten die Behörden auf einem aufsehenerregenden Prozess bestanden. Warum hat Ballard diese Chance bekommen? Die einzig mögliche Erklärung dafür ist, dass Polizei und Staatsanwaltschaft einen Mordprozess vermeiden wollten, in dem Ballards Anwälte das Recht gehabt hätten, den Geschworenen eine naheliegende Frage zu stellen: *Wie können Sie diesen Mann schuldig sprechen, obwohl bereits vier andere die Tat gestanden haben?* Für Polizei und Staatsanwaltschaft wäre ein solcher Prozess viel zu riskant gewesen. Deshalb schlossen sie einen Deal mit Ballard und schickten ihn lebenslänglich ins Gefängnis.

Das Endergebnis des Falls Bosko wurde nicht von der Wahrheit, sondern von Lügen bestimmt. Diese Lügen wurden von so vielen Leuten und aus so vielen Gründen erzählt, dass die Wahrheit keine Rolle mehr spielte. Die am Tatort zusammengetragenen harten Fakten änderten sich zu keiner Zeit, obwohl sie von Polizei und Staatsanwalt vorsätzlich ignoriert wurden. Es gab nur einen Täter, nur eine Übereinstimmung mit den DNA-Spuren. Omar Ballard hatte allein gehandelt, was er auch gestanden hatte.

2004 wurde Peter Neufeld, der Mitbegründer des Innocence Project in New York, gebeten, sich die Fehlurteile gegen die vier aus Norfolk anzusehen. Neufeld hatte von dem Fall gehört; bei Organisationen und Anwälten, die sich für zu Unrecht Beschuldigte einsetzen, war er zur Legende geworden. Er kannte keinen anderen Fall im Land, bei dem DNA-Analysen so viele Beschuldigte als Täter ausgeschlossen hatten, die dann trotzdem verurteilt wurden. In der überwiegenden Mehrheit von Fällen, bei denen ein Angeklagter mithilfe von DNA-Spuren entlastet wird, tun Staatsanwälte das, was sie tun sollten: Sie geben zu, dass sie den Falschen haben. »DNA übertrumpft das Geständnis«, sagt Neufeld. »Staatsanwaltschaft und Polizei haben sich im Fall Bosko derart irre, sittenwidrig und unverständlich verhalten, dass es dafür keinen Präzedenzfall gibt.«

Aber der Fall war zu groß für das Innocence Project. Deshalb wandte sich Neufeld an den bekannten Strafverteidiger George Kendall und bat ihn um Hilfe. Aufgrund der vielen Geständnisse war Kendall zunächst skeptisch, doch nach einigen Recherchen wuchs sein Interesse. Er war bereit, sich in der Sache zu engagieren, und überredete drei Großkanzleien, gemeinsam an dem Fall zu arbeiten. Seine Kanzlei, Holland & Knight, übernahm die Vertretung von Joe Dick. Skadden Arps, eine Großkanzlei mit über tausend Anwälten, die sich stark im Pro-bono-Bereich engagierte, wollte Dan Williams vertreten. Seinen Fall übernahm Don Salzman, ein Anwalt, der häufig pro bono für Justizopfer arbeitete. Bei Hogan & Hartson übernahm Des

Hogan die Vertretung von Derek Tice. Eric Wilsons Anwalt, Greg McCormack, hatte ein Gnadengesuch eingereicht und vertrat ihn auch weiterhin.

Die Kanzleien beschlossen zusammenzuarbeiten, um vollständige Begnadigungen durch den Gouverneur von Virginia zu erreichen. Sie suchten sich die besten Sachverständigen im Land und baten sie, gründlich und unabhängig zu arbeiten. Hoch qualifizierte und landesweit bekannte Fachleute für Tatortanalysen, DNA-Abgleiche, Vernehmungen, falsche Geständnisse und Gewaltverbrechen wurden hinzugezogen. Die drei Kanzleien waren ein starkes Team und setzten ihre beträchtlichen Ressourcen für das Projekt ein.

Alle Sachverständigen kamen zum gleichen Ergebnis: Omar Ballard hatte allein gehandelt, und die Geständnisse der vier aus Norfolk waren unter Zwang abgelegt worden und unglaubwürdig. Die vier Matrosen hatten nichts mit der Tat zu tun.

Die Anwälte trommelten eine unglaubliche Gruppe von Unterstützern zusammen. Vier ehemalige Generalstaatsanwälte von Virginia, drei davon Demokraten, einer Republikaner, baten den Gouverneur um die vollständige Begnadigung der vier Matrosen, ebenso wie fünfzehn ehemalige Richter und Staatsanwälte. Dreizehn Geschworene aus den Prozessen von Wilson und Tice unterschrieben beeidete Erklärungen, in denen sie zugaben, sich geirrt zu haben. Sie hatten das Gefühl, in den Prozessen getäuscht worden zu sein, da ihnen nichts von Ballards zahlreichen sexuellen Übergriffen oder Detective Fords erzwungenen falschen Geständnissen gesagt worden war. Am 6. Januar 2006 schrieb die *Virginian-Pilot,* die größte Zeitung im Großraum Norfolk: »Wenn Staatsanwaltschaft oder Polizei abgesehen von den Geständnissen auch nur einen eindeutigen Beweis dafür vorlegen können, der die verurteilten vier Männer belastet, sollten die Urteile Bestand haben. Falls nicht, sollte [der Gouverneur] sie begnadigen.«

Leitartikel in der *New York Times* und der *Washington Post* forderten eine Begnadigung der Männer.

Auf Bitten der Anwälte der vier Männer untersuchten sechsundzwanzig ehemalige Special Agents des FBI den Fall. Sie kamen alle zum gleichen Ergebnis: Ballard hatte allein gehandelt, die vier Geständnisse waren falsch. FBI-Beamte kommentieren solche Fälle nur sehr selten, und es ist noch ungewöhnlicher, wenn sie zustimmen, dass jemand zu Unrecht verurteilt wurde. In diesem Fall waren die ehemaligen Agents so überzeugt davon, dass sie an die Öffentlichkeit gingen. Am 10. November 2008 sagte Jay Cochran, ein ehemaliger stellvertretender Direktor des FBI, auf einer Pressekonferenz in Richmond: »Nach sorgfältiger Prüfung der Beweise sind wir zu einem eindeutigen Ergebnis gekommen: Die vier aus Norfolk sind unschuldig. Wir glauben, dass im Fall der vier Navy-Angehörigen ein tragischer Fehler gemacht wurde, und bitten Gouverneur Tim Kaine, die Männer sofort zu begnadigen.«

Am 6. August 2009 wurden Dan Williams, Joe Dick und Derek Tice von Gouverneur Kaine *unter Auflagen begnadigt*. Da Eric Wilson das Gefängnis bereits vier Jahre zuvor verlassen hatte, war eine Begnadigung in seinem Fall nicht notwendig, zumindest Kaines Meinung nach. Im Grunde genommen rechnete er die bereits im Gefängnis verbüßte Zeit auf das Strafmaß an. Nach über einem Jahrzehnt im Gefängnis wurden die Männer entlassen, allerdings galten sie offiziell immer noch als Kriminelle und Sexualstraftäter.

Die Begnadigungen zweiter Klasse waren für die Männer und ihre Unterstützer Erfolg und Misserfolg zugleich. Vollständige Begnadigungen hätten die Anklagen widerrufen und die Urteile aufgehoben, zudem wären sie das seltene Eingeständnis gewesen, dass Justiz und Polizei von Virginia versagt hatten. Bei einer vollständigen Begnadigung wären die Männer offiziell für unschuldig erklärt worden und hätten einen Neuanfang machen können.

Es dauerte, bis der Gerechtigkeit mit Unterstützung aus einer unerwarteten Ecke Genüge getan wurde. 2010 wurde Detective Glenn Ford der Erpressung überführt und von einem Bundesgericht zu zwölf Jahren Haft verurteilt. Fords Masche war so simpel wie brillant. Er bot Drogendealern, die mit langen Haftstrafen rechnen mussten, an, im Gegenzug für etwa tausend Dollar mit dem Staatsanwalt zu reden und ihm zu sagen, dass ein geringeres Strafmaß angebracht sei, weil der Drogendealer in Fords anderen Fällen wertvolle Hilfe geleistet habe. Weigerte sich der Beschuldigte, das Schmiergeld zu zahlen, drohte Ford, alles noch schlimmer zu machen. Es war schlicht und einfach Erpressung.

Während des Prozesses wies der Staatsanwalt Ford nach, dass er diese Masche bereits seit über fünfzehn Jahren durchzog. Während Ford als Norfolks bester Detective der Mordkommission für zahlreiche falsche Geständnisse und Fehlurteile verantwortlich war, hatte er auf diese Weise mindestens achtzigtausend Dollar in bar verdient.

Ford bekam weitere Probleme. Im Laufe der Jahre, während der Fall der vier aus Norfolk immer bekannter wurde, meldeten sich noch mehr Opfer und ihre Anwälte.

Die Anwälte waren enttäuscht von den Begnadigungen mit Auflagen, aber jetzt erst recht entschlossen, ihre Mandanten zu rehabilitieren. Sie stellten tonnenweise Anträge, während ihre Ermittler nach neuen Beweisen suchten.

2016 hob der Richter John A. Gibney die Urteile gegen Dan Williams und Joe Dick auf und rehabilitierte die Männer. In seiner äußerst pointierten Begründung schrieb Richter Gibney: »Aus den Beweisen geht in jeder Hinsicht hervor, dass Dan Williams und Joseph Dick die Vergewaltigung und den Mord, deren sie sich schuldig bekannt haben, nicht begangen haben, und kein Mensch, der noch bei Verstand ist, hätte sie aufgrund der vorliegenden Beweise verurteilen können.«

Im Februar 2017 beantragten die Anwälte der vier Männer deren vollständige Begnadigung. Einen Monat später gab Gouverneur Terry McAuliffe dem Antrag statt. Ein Sprecher kommentierte dies folgendermaßen: »Die Begnadigungen sind das Ende eines schweren Unrechts, unter dem diese vier unschuldigen Männer fast zwanzig Jahre lang zu leiden hatten.«

Die Vorstrafen der vier wurden gelöscht, ihre Namen aus den Datenbanken für Kriminelle und Sexualstraftäter entfernt. Sie wurden für *unschuldig* erklärt!

Das war allerdings noch nicht das Ende. Mit Unterstützung ihrer zahlreichen Anwälte kündigten die vier Zivilklagen gegen Norfolk und den Bundesstaat Virginia an. Weder Stadt noch Staat wollten sich auch nur in die Nähe eines Gerichts wagen. Im Dezember 2018 schlossen die Parteien einen Vergleich in Höhe von insgesamt 8,4 Millionen Dollar.

Fünfundzwanzig Jahre nach dem Mord.

Dan Williams lebt in Michigan, in der Nähe seiner Heimatstadt. Als seine Frau Nicole starb, saß er in Norfolk im Gefängnis und war der Vergewaltigung und des Mordes angeklagt. Er hat nie wieder geheiratet, keine Kinder und baut gerade ein Haus für sich. Zwölf Jahre seines Lebens hat er in verschiedenen Gefängnissen Virginias verschwendet. Seine Wut richtet sich gegen die Polizei und die beschämende Art, wie sie die vier Männer aus Norfolk behandelt hat.

»In meiner Kindheit wurde mir beigebracht, vor solchen Leuten Respekt zu haben«, sagt er.

Den Namen Glenn Ford will er nicht mehr hören und meint dazu nur: »Ich wünschte, er würde viel länger im Gefängnis sitzen müssen.«

Joe Dick lebt in der Nähe seiner Eltern in Maryland. Er hat mehrfach den Job gewechselt und Schwierigkeiten, eine Stelle zu behalten. Das, was ihm passiert ist, hat ihn gezeichnet, und er leidet unter traumatischem Stress. In den letzten Jahren hat er mehrere Therapien gemacht, mit mäßigem Erfolg. Von den vier Männern hat er am meisten gelitten. Er war für Glenn Ford am leichtesten zu brechen. Er war der Erste, der sich schuldig bekannt hat. Der Erste, der gegen die anderen ausgesagt hat. Im Gefängnis war Joe ein leichtes Ziel, und er wird immer noch von seinen Erinnerungen verfolgt.

Eric Wilson lebt mit Frau und Familie in einer Kleinstadt in Texas. Er hat siebeneinhalb Jahre im Gefängnis gesessen und versucht, jeden einzelnen Tag hinter sich zu bringen, ohne an das zu denken, was geschehen ist. Es ist unmöglich. Der Albtraum wird von allem Möglichen getriggert: dem Anblick eines Streifenwagens, einem Film im Fernsehen, in dem die Cops eine Tür eintreten oder ein Staatsanwalt einem Zeugen Vorhaltungen macht, dem argwöhnischen Blick eines Nachbarn, den er seit Jahren kennt. Er trauert um die Jahre, die er im Gefängnis verloren hat, und die Karriere bei der Navy, von der er einmal geträumt hat. Die Verurteilung von Glenn Ford war für ihn eine Befriedigung, doch allein der Gedanke an den Namen des Detective ruft Hass in ihm hervor.

Derek Tice lebt mit Frau und Familie in einer Kleinstadt in North Carolina. Er hat ohne Grund elf Jahre, zwei Monate und einen Tag im Gefängnis gesessen. Er hat eine gute Stelle und ist mit sich und der Welt im Reinen, aber er hat akzeptiert, dass er das, was in Norfolk passiert ist, nie vergessen wird. »Ich weiß, dass ich auch in zwanzig Jahren noch Flashbacks haben werde«, sagt er.

Omar Ballard sitzt seit fünfundzwanzig Jahren, ohne die Möglichkeit einer vorzeitigen Entlassung. Er macht sich keine Illusionen und weiß, dass er das Gefängnis nie wieder verlassen wird. In mehreren Interviews hat er im Laufe der Jahre wiederholt die volle Verantwortung für die Vergewaltigung und den Mord an Michelle Bosko übernommen. Er hat die Tat allein begangen und unzählige Male erklärt, dass die vier aus Norfolk unschuldig sind.

JIM McCLOSKEY

IM ZWEIFEL GEGEN DEN ANGEKLAGTEN

Clarence Lee Brandley hatte alles versucht.

Er hatte die besten Anwälte, zu denen der bekannte Strafverteidiger Percy Foreman aus Houston gehörte, trotzdem waren jetzt alle Rechtsmittel ausgeschöpft. Die Anträge auf Berufung waren alle abgelehnt worden, von sämtlichen Instanzen in Texas. Es gab kein Gericht mehr, an das er sich hätte wenden können. In den letzten sechseinhalb Jahren hatten er und seine engagierten Anwälte zwei Prozesse und eine zweitägige Beweisanhörung am Gericht von Conroe hinter sich gebracht. Sie hatten Beweise vorgelegt, die ihrer Meinung nach eindeutig waren und nicht nur seine Unschuld belegten, sondern auch den Rassismus, die Korruption und die undurchsichtigen Tricks des Gerichts, das ihn in den Todestrakt geschickt hatte.

Doch jetzt war die Zeit um. Am 6. Februar 1987 würde Richter Lynn Coker das Datum für die Hinrichtung von Clarence festlegen.

Als der Richter hereinkam, saß Clarence in Ketten gelegt am Tisch der Verteidigung neben seinem Hauptanwalt Mike DeGeurin, Partner der Kanzlei Foreman, und dessen jungem Kollegen Paul Nugent. Wie immer wirkte Clarence nach außen ruhig und gefasst. Sein Verhalten verriet nicht, wie es ihm wirklich ging. Er wollte seinen Gegnern nicht die Befriedigung geben, ihn verängstigt zu sehen. Aber er wusste, dass es das Ende war. Seine betagte Mutter, Minnie Ola, saß hinter ihm und schluchzte leise. Unter den Zuschauern im Saal befanden sich auch Richter Cokers Sohn, der seinen Vater in Aktion sehen wollte, und die wenigen Schwarzen, die vom Deputy des Sheriffs hereingelassen worden waren. Den meisten Schwarzen war der Zutritt verweigert worden.

Richter Coker fragte Clarence, ob er noch etwas zu sagen habe, bevor er das Datum festlege. Clarence sah dem Richter ins Gesicht, wartete eine gefühlte Ewigkeit und erwiderte dann laut und deutlich: »Euer Ehren, ich bin unschuldig.« Als Antwort kündigte Coker mit ausdrucksloser, sachlich klingender Stimme an, dass Clarence am 26. März 1987 hingerichtet werden würde. Es hörte sich an, als würde er den Wetterbericht verlesen.

Das Ganze hatte nur zwei Minuten gedauert. Unmittelbar danach wurde Clarence, immer noch in Ketten, aus dem Gerichtssaal geführt und in den Todestrakt der Texas State Penitentiary in Huntsville gebracht, knapp fünfzig Kilometer nördlich an der Interstate 45. Die Strafanstalt war ein beeindruckendes, festungsähnliches Backsteingebäude und 1849 als erstes Gefängnis von Texas eröffnet worden. Dort sollte Clarence auf seine Hinrichtung warten, die in nur sechs Wochen stattfinden würde.

In den 1980ern war Conroe, der Verwaltungssitz von Montgomery County im Süden von Texas, eine Kleinstadt mit etwa achtzehntausend Einwohnern und ein Mikrokosmos des Rassismus im Süden der Vereinigten Staaten. Schwarze wohnten ausschließlich in Dugan, einem vernachlässigten, verarmten Viertel, das zum größten Teil aus unscheinbaren, kleinen Häusern und nicht sehr stabil gebauten Hütten bestand. Ursprünglich hatten hier freigelassene Sklaven gelebt. Die wenigen Bewohner waren geradezu unterwürfig, was sie auch sein mussten. In Conroe hatten die Weißen das Sagen. Die Stadt war bekannt dafür, mit brutaler Gewalt gegen schwarze Männer vorzugehen, die zu Unrecht der Vergewaltigung weißer Frauen bezichtigt wurden.

In Dugan kannten alle die Geschichte von Bob White, dem fälschlicherweise vorgeworfen worden war, eine weiße Frau in deren Haus vergewaltigt zu haben, während ihr Ehemann auf Reisen war. Am 11. Juni 1941 saß White im überfüllten Gerichtssaal von Conroe neben seinen Anwälten, als der Ehemann seelenruhig zum Tisch der Verteidigung ging und White mit einem Achtunddreißiger in den Hinterkopf schoss. Eine Woche später stand der Ehemann wegen des Mordes an White vor Gericht. Auf Drängen des Staatsanwalts sprachen ihn die Geschworenen in weniger als zwei Minuten frei. Die Bewohner von Dugan wussten auch, was Joe Winters am 20. Mai 1922 vor dem alten Gerichtsgebäude von Conroe passiert war. Er war zu Unrecht der Vergewaltigung einer weißen Vierzehnjährigen angeklagt worden, die um Hilfe gerufen hatte, als ein Passant sie und Winters zusammen gesehen hatte. Winters wurde an einen Eisenpfosten gekettet, mit Petroleum übergossen und vor den Augen der Einheimischen bei lebendigem Leib verbrannt, während die Deputys des Sheriffs untätig herumstanden. Clarence Brandleys Großvater, Dennis »Putt« Brandley, war am helllichten Tag ohne ersichtlichen Grund von einem Einwohner Conroes erschossen worden. Als Putt nach dem ersten Schuss stöhnend am Boden lag, sahen die Leute ungerührt zu, wie der Täter noch zweimal abdrückte, um ihm den Rest zu geben. Der Schütze wurde nicht einmal festgenommen.

Als Clarence in den 1950ern und 1960ern in Conroe aufwuchs, herrschte im Süden noch die Rassentrennung. Im Kino der Stadt mussten alle Schwarzen auf dem Balkon sitzen, wenn sie sich einen Film anschauen wollten. Und wenn der Vater von

Clarence hin und wieder so viel Geld hatte, dass er Essen für seine Familie von einem Restaurant für Weiße kaufen konnte, musste er am Lieferanteneingang hinter dem Restaurant stehen und warten, bis es fertig war.

Clarence Brandleys Albtraum begann am Morgen des 23. August 1980, einem Samstag, als an der Highschool von Conroe ein Volleyballspiel der Regionalliga für Frauen stattfand. Kurz nach neun Uhr war das Team aus Bellville angekommen, das etwa eine Stunde Fahrt entfernt lag. Cheryl Dee Fergeson, eine hübsche Sechzehnjährige mit blonden Haaren und blauen Augen, war die Betreuerin des Teams. Ihre Mutter war ein Jahr zuvor an Krebs gestorben, daher lebte sie auf einer Ranch in der Gegend von Bellville allein mit ihrem Vater. Sie und ihr Freund, Frank Rodriguez, wollten heiraten, wenn sie beide mit der Highschool fertig waren. Ungefähr um 9.15 Uhr machte sich Cheryl auf die Suche nach einer Toilette. Laut den ersten Aussagen von drei weißen Hausmeistern der Highschool wurde sie zuletzt gesehen, als sie über eine Treppe zu einem Flur im ersten Stock ging und dann die Damentoilette betrat. Zu der Zeit, sagten die Hausmeister aus, hätten sie alle am Fuß der Treppe gestanden und auf ihren Vorgesetzten, Clarence Brandley, gewartet, damit er ihnen sagte, was sie als Nächstes tun sollten. Sie waren gerade damit fertig geworden, Tische und Stühle in der nahe gelegenen Schulmensa aufzustellen.

Als Cheryl nicht wieder in die Sporthalle kam, machte sich ihr Team Sorgen und fing an, nach ihr zu suchen. Das Turnier wurde um 10.40 Uhr unterbrochen, und alle Anwesenden beteiligten sich an der Suche. Eine Stunde später fanden Clarence und ein weiterer Hausmeister, Henry »Ickie« Peace, die Leiche des Mädchens in einem Lagerraum über der Bühne der Schulaula, versteckt unter Sperrholzplatten. Sie lag auf einer gelben Gymnastikmatte auf dem Rücken und war bis auf weiße Baumwollsocken nackt. Von der Flügeltür, die zur Bühne führte, bis zu der Damentoilette waren es nur wenige Schritte. Jemand hatte sie aus der Toilette durch die Tür auf die Bühne und dann über eine Treppe nach oben in den Lagerraum im Dachgeschoss getragen und die Leiche dort abgelegt. Ihre Kleidung entdeckte die Polizei zwei Tage später in einem Müllsack im Abfallcontainer der Highschool.

Am nächsten Tag wurde eine Obduktion durchgeführt. Der Rechtsmediziner für Harris County, Joseph Jachimczyk, kam zu dem Ergebnis, dass Cheryl vergewaltigt und durch Erdrosseln getötet worden war – mit einem Strangwerkzeug, das man ihr um den Hals gelegt hatte. Der Hals der Leiche wies an der Vorderseite einen elf Zentimeter langen und sechs Millimeter breiten Bluterguss auf. Die Fingernägel waren sauber und nicht abgebrochen, der Trizeps an beiden Oberarmen mit blauen Flecken übersät, was darauf hindeutete, dass sie von einem Täter festgehalten worden war, während ein anderer ihr die Kleidung heruntergerissen hatte. Vaginalabstriche ergaben Spermaspuren, aber Jachimczyk versäumte es, sie auf die Blutgruppe zu testen. Später sagte er aus, er habe die Abstriche nach dreißig Tagen weggeworfen, da niemand aus Conroe danach gefragt habe. Damals gab es noch keine DNA-Analyse, aber es war möglich, die Blutgruppe nicht nur anhand von Blut, sondern auch anhand von Körperflüssigkeit wie Schweiß oder Sperma zu bestimmen. Jedes anständige Labor hätte die Abstriche auf die Blutgruppe untersuchen und das Ergebnis mit der eines Verdächtigen vergleichen können – wenn die Abstriche nicht weggeworfen worden wären.

Für die Polizei waren Clarence und Ickie sofort verdächtig,

denn die beiden hatten die Leiche gefunden, was allerdings die Frage aufwarf: Warum hätten sie die Polizei dorthin führen sollen, nachdem sie sich so viel Mühe gegeben hatten, sie zu verstecken? Abgesehen davon wäre es für Ickie so gut wie unmöglich gewesen, Cheryl zu überwältigen und festzuhalten. Er war eins siebenundvierzig groß, extrem übergewichtig und trug eine Brille mit dicken Gläsern. Dennoch wurden beide noch am selben Tag ins Polizeirevier der Stadt gebracht, um eine Aussage zu machen, und dann ins Krankenhaus, um Blut- und Haarproben abzugeben. Als sie von einem Polizeibeamten wieder an der Highschool abgesetzt wurden, sagte der: »Einer von euch beiden wird dafür hängen.«

Dann sah er Clarence an und meinte: »Du bist der Nigger, also fällt die Wahl auf dich.«

Clarence Brandley war als eines von zehn Kindern in Dugan aufgewachsen und hatte seinen Abschluss an der Booker T. Washington High School gemacht, bevor er zur Army eingezogen worden war. Nach seiner Entlassung heiratete er zweimal und zeugte fünf Kinder. Zum ersten Mal seit seiner Zeit in der Army hatte er einen festen Job als Hausmeister, an der Highschool von Conroe, wo er nach einigen Monaten zum Leiter des Hausmeisterteams befördert wurde. Es ging aufwärts, und endlich kehrte Ruhe in sein Leben ein.

Das sollte sich jetzt ändern. Clarence spürte sofort, dass sich die Ermittlungen auf ihn konzentrierten. Keiner der drei Hausmeister, die gesehen hatten, wie Cheryl die Damentoilette betrat, wurde gebeten, Haar- und Blutproben abzugeben. Nur ihm wurden Fingerabdrücke abgenommen. Am Montag mussten er und Ickie einen Lügendetektortest in Houston ablegen. Beiden wurde gesagt, dass sie ihn bestanden hätten. Doch Clarence wusste, dass etwas nicht stimmte. Er war achtundzwanzig, alt genug, alles über den Rassismus zu wissen, der sowohl die örtliche Polizei als auch weiße, fanatische und ignorante Zivilisten dazu motivierte, unschuldige Schwarze zu verfolgen. Es lag auf der Hand, dass die Ermittler einen Mörder finden mussten, und zwar schnell. In einer Woche sollte die Schule wieder anfangen. Hysterische Eltern, die um die Sicherheit ihrer Kinder fürchteten, überschwemmten Schule und Polizei mit Anrufen und drohten, ihre Sprösslinge so lange aus der Schule zu nehmen, bis man den Killer festgenommen hatte.

Bezirksstaatsanwalt Jim Keeshan war nicht zufrieden damit, wie die polizeilichen Ermittlungen geführt wurden. Er war fassungslos, als er erfuhr, dass der Chef der Mordkommission Monty Koerner seinen Männern den Sonntag, also den Tag nach dem Mord, freigegeben hatte. Keeshan war vierzig und seit fünf Jahren Bezirksstaatsanwalt. Er war der Mann, der für Recht und Ordnung im County zu sorgen hatte, und so beschloss er, die Ermittlungen an die Texas Rangers zu übertragen. Am Donnerstagabend, dem 28. August, traf der fünfundfünfzigjährige Texas Ranger John Wesley Styles in Conroe ein. Da er die Aufgabe hatte, die örtliche Polizei in drei Countys zu unterstützen, zu denen auch Montgomery gehörte, kannte er die Polizei und die Staatsanwälte von Conroe. Sie waren froh darüber, dass er mit an Bord war. Das seit Langem bestehende Motto der Texas Rangers lautet: *One riot, one Ranger* – »ein Aufstand, ein Ranger«. Ein Ranger konnte sich auch dann durchsetzen, wenn andere das nicht konnten.

Styles war elf Jahre zuvor, 1969, zu den Rangers gegangen, nachdem er achtzehn Jahre lang Sheriff von Baylor County im Norden von Texas nahe der Grenze zu Oklahoma gewesen war.

Am Freitagmorgen meldete er sich bei Keeshan, wie immer mit einem großen weißen Stetson, Lederstiefeln und einem .45er Colt an der Hüfte. Styles war ein stämmiger Weißer, über eins achtzig groß, mit einem Bauch, der weit über seinen Dienstgürtel hing. Außer seiner imposanten Erscheinung sorgte auch seine tiefe, autoritäre Stimme dafür, dass er bei Befragungen regelrecht einschüchternd auf Zeugen wirkte.

Er verbrachte den Tag damit, sich von Keeshan und dessen Kollegen auf den neuesten Stand bringen zu lassen. Ungefähr um sechzehn Uhr verließ er deren Büros und ging mit mehreren Cops aus Conroe im Schlepptau zur Highschool. Dort, noch bevor er mit seinen Ermittlungen überhaupt begonnen hatte, rief er Clarence ins Büro des Direktors und nahm ihn wegen Mordes an Cheryl Fergeson fest. Am nächsten Tag stand auf der Titelseite des *Conroe Courier* in großen schwarzen Buchstaben die Schlagzeile HAUSMEISTER DER HIGHSCHOOL DES MORDES ANGEKLAGT. Der Artikel wurde von einem großen Foto begleitet, auf dem Clarence zu sehen war, wie er mit auf dem Rücken angelegten Handschellen und finsterem Gesichtsausdruck von einem Polizeibeamten ins Gerichtsgebäude gebracht wurde. Das beruhigte die Nerven von Conroes Einwohnern, insbesondere die der Eltern von Schülern.

Jetzt musste Styles Beweise finden, mit denen er die Festnahme rechtfertigen konnte. Am Samstagmorgen, dem 30. August, eine Woche nach dem Mord, traf er sich mit den Ermittlern der Polizei und den weißen Hausmeistern John Sessum, Gary Acreman und Sam Martinez zu einer Tatortbegehung auf dem Gelände der Highschool, um mit ihnen Schritt für Schritt nachzuspielen, was am Tag des Mordes geschehen war. Die drei Hausmeister waren eingeschüchtert und nervös, aber Styles und die Detectives halfen ihnen so lange auf die Sprünge, bis die Männer mit einer Darstellung der Ereignisse an jenem Tag dienen konnten, die Clarence Brandley in die Todeszelle bringen würde. Alle drei waren damit einverstanden, dass ihre Aussagen von der Polizei verfasst wurden. Dann sollten sie abgetippt und einige Tage später von den Männern unterschrieben werden. Die fertigen Aussagen waren so gut wie identisch und wurden drei Monate später als Grundlage für die Zeugenaussagen der Hausmeister vor Gericht verwendet. In der Verhandlung erzählten sie folgende Geschichte:

Alle drei hatten kurz vor acht Uhr zu arbeiten begonnen. Ihre erste Aufgabe, die Clarence ihnen zugewiesen hatte, bestand darin, Tische und Stühle in der Mensa aufzustellen, was etwa anderthalb Stunden dauerte und gegen 9.30 Uhr beendet war. Einige Minuten später – während sie darauf warteten, dass Clarence zurückkam und ihnen ihre nächste Aufgabe zuteilte – ging eine junge Weiße mit blonden Haaren die Treppe hinauf und verschwand in der Damentoilette. Die Hausmeister standen in unmittelbarer Nähe dieser Treppe. Martinez sagte, das Mädchen habe Jeans und einen breiten Ledergürtel mit irgendwelchen Verzierungen getragen, die vielleicht einn Namen darstellten.

Kaum hatte sie die Toilette betreten, so die Geschichte der drei, tauchte Clarence auf, der mehrere Rollen Klopapier in den Händen hielt. Als er die Treppe zum Flur vor der Damentoilette hochging, rief Acreman ihm zu, dass gerade ein Mädchen in der Toilette sei. Clarence erwiderte, er wolle gar nicht in die Damentoilette. Dann sagte er zu den Männern, sie sollten die Straße hinüber zu einem der Unterrichtsgebäude gehen und dort auf ihn warten. Auf dem Weg nach drüben begegneten sie zufällig Ickie Peace, der sich zu ihnen vor das Gebäude stellte. Dort warteten sie zusammen darauf, dass Clarence kam und die Tür aufschloss, damit sie drinnen weiterarbeiten konnten.

Ihren Aussagen zufolge kam Clarence etwa fünfundvierzig Minuten später, gegen 10.30 Uhr, aus dem Hauptgebäude, winkte Ickie zu sich und gab ihm die Schlüssel, damit die Männer sich an die Arbeit machen und dann nach Hause gehen konnten. Schätzungsweise eine Stunde später, etwa um 11.30 Uhr, war Clarence wieder da, überprüfte alles und sagte zu Acreman, Sessum und Martinez, sie könnten Schluss machen, was sie auch taten. Er und Ickie kehrten ins Hauptgebäude zurück. Sowohl Acreman als auch Sessum merkten in ihren beeideten Zeugenaussagen an, dass Clarence sich auffällig verhalten habe, als er in das Unterrichtsgebäude gekommen sei, um ihre Arbeit zu überprüfen. Er schien nervös gewesen zu sein und habe gewollt, dass sie sich beeilten und nach Hause gingen.

Die Geschichte ließ den Eindruck entstehen, dass Clarence kein Alibi hatte. Nachdem er die drei Hausmeister angewiesen hatte, zu dem Unterrichtsgebäude zu gehen und dort auf ihn zu warten, war er in dem Flur vor der Damentoilette allein gewesen, im Bewusstsein, dass sich dort gerade ein Mädchen aufhielt. Die Hausmeister dagegen hatten sich gegenseitig ein Alibi gegeben, da sie zu dem Zeitpunkt, wo das Mädchen verschwand, zusammen gewesen waren.

Bei seiner Aussage vor der Anklagejury und in seinem ersten Prozess gab Clarence an, Acreman habe direkt vor der Damentoilette gestanden, als er das erste Mal in den Flur oben gekommen sei. Martinez habe sich am Fuß der Treppe befunden, Sessum und Ickie irgendwo in der Mitte. Als er, Clarence, die Treppe nach oben gegangen sei, habe Acreman zu ihm gesagt, er solle die Damentoilette nicht betreten, weil dort gerade ein Mädchen sei. Er habe erwidert, dass er sowieso nicht dort hinwolle. Er gehe nie in die Damentoiletten, er schicke immer eine

Frau hinein, um nachzusehen, ob dort alles in Ordnung sei, was er an jenem Morgen bereits veranlasst habe. Das vermisste Mädchen habe er zum ersten Mal gesehen, als er und Ickie die Leiche entdeckt hätten.

Clarence sagte aus, dass er, nachdem er die Männer angewiesen habe, bei dem anderen Unterrichtsgebäude auf ihn zu warten, zwei Rollen Klopapier in die Herrentoilette gebracht habe. Dann habe er eine Pause in seinem Büro gemacht, wo er Radio gehört und geraucht habe. Er habe etwa zwanzig Minuten gewartet, bevor er zum Unterrichtsgebäude hinübergegangen sei und Ickie die Schlüssel gegeben habe, damit er den drei weißen Hausmeistern die Tür aufschließe. Mittlerweile sei es ungefähr zehn Uhr gewesen. Er habe die Männer nur deshalb warten lassen, um ihre Arbeitszeit auf einen halben Tag zu verlängern, damit sie genug Stunden für einen Tageslohn zusammenbekämen.

Er habe Ickie die Schlüssel gegeben und sei dann in sein Büro zurückgekehrt, wo er fast eine Stunde gewartet habe, bevor er noch einmal nach drüben gegangen sei, um sich die Arbeit der anderen Hausmeister anzusehen. Es sei alles in Ordnung gewesen, daher habe er Martinez, Acreman und Sessum nach Hause geschickt. Ungefähr um elf Uhr seien er und Ickie wieder ins Hauptgebäude gegangen, um die Schulmensa abzuschließen. Dort seien sie von drei Mädchen angesprochen worden, die gesagt hätten, eine Freundin von ihnen sei verschwunden. Er und Ickie hätten sich der Suche nach dem Mädchen angeschlossen. Fünfundzwanzig Minuten später hätten sie die Leiche gefunden.

Don Brown und George Morris waren Partner einer Kanzlei und hatten sich auf Strafrecht spezialisiert. Die Büroräume der Anwälte gingen auf den Platz vor dem Gerichtsgebäude in Conroe hinaus. Sie hatten den Fall aufmerksam in den Zeitungen verfolgt.

Beide waren liberal eingestellt, glaubten inbrünstig an die Grundrechte ihrer Mandanten und kämpften leidenschaftlich darum, ihnen Gerechtigkeit zu verschaffen. Als die Brandleys zu ihnen kamen und um Hilfe baten, übernahmen sie das Mandat pro bono. Ihnen war sehr wohl bewusst, dass das Justizsystem der Stadt von Rassismus durchdrungen war, und sie vermuteten, dass sie es hier mit einem klassischen Conroe-Fall zu tun hatten: Ein weißes Mädchen war vergewaltigt und ermordet worden, und die Tat wollte man wie so oft einem Schwarzen anhängen. Nachdem sie lange mit Clarence gesprochen hatten, waren Brown und Morris fest davon überzeugt, dass er unschuldig war.

Ihre Vermutung, dass Rassismus hinter dem Fall steckte, bestätigte sich sehr bald. Nachdem die beiden Anwälte ihre Häuser als Sicherheit verwendet hatten, konnten sie die Kaution in Höhe von dreißigtausend Dollar aufbringen, die am 5. September festgelegt worden war. Doch als sie die Kaution beim Sheriff hinterlegt hatten, weigerte sich dieser kategorisch, Clarence freizulassen. Das führte zu einer Besprechung im Büro von Richter Lee Alworth, bei der Bezirksstaatsanwalt Keeshan, Sheriff Gene Reaves und Don Brown anwesend waren. Reaves gab bereitwillig zu, dass die Kaution geleistet worden war. Und warum, fragte der Richter, habe er sich dann geweigert, Brandley aus dem Gewahrsam zu entlassen? Der Sheriff erwiderte: »Weil der verdammte Nigger hinter Gitter gehört.« Keeshan stimmte zu und wiederholte die Antwort des Sheriffs fast wörtlich: »Der verdammte Nigger gehört hinter Gitter.« Zu Browns Überraschung ordnete der Richter trotzdem an, dass Clarence freigelassen wurde, und zwar am nächsten Morgen. Wie sich herausstellte, war das nur ein Trick.

Hinter dem Rücken der Verteidigung und bevor Clarence aus dem Gefängnis entlassen werden konnte, taten sich Keeshan und

Richter Alworth zusammen und erhöhten die Kaution auf fünfundsiebzigtausend Dollar. Am nächsten Morgen stellte Keeshan einen Antrag auf Erhöhung der Kaution, dem ein von Richter Alworth unterschriebener Beschluss beigelegt war. Ohne die entsprechenden Formalien war das illegal. Brown regte sich fürchterlich auf und beantragte sofort, den Richter wegen Befangenheit abzusetzen. Um weitere Schritte diesbezüglich zu vermeiden, trat Richter Alworth freiwillig zurück, nannte Don Brown aber öffentlich »den widerwärtigsten Mann, den ich kenne«, und schimpfte: »Ich kann mir nicht vorstellen, dass irgendjemand Brown schätzt«. Dann rächte er sich an Brown und verfügte, dass Richter Sam Robertson Jr. aus Houston den Vorsitz in dem Fall übernehmen sollte. Robertson, der neunzehn Jahre als Staatsanwalt gearbeitet hatte, war bekannt dafür, dass er voreingenommen war und im Sinne der Anklage entschied. Als eine seiner ersten Amtshandlungen bestätigte Richter Robertson die Kaution in Höhe von fünfundsiebzigtausend Dollar, eine Summe, die die Anwälte nicht aufbringen konnten, und sorgte dafür, dass Clarence in den Monaten bis zum Prozess im Gefängnis bleiben musste.

Es dauerte eine Woche, bis die Geschworenen ausgewählt waren, neun Männer, drei Frauen, alle weiß. Der Prozess begann am Montag, dem 8. Dezember 1980. Acreman erzählte der Jury das, was er bereits in seiner beeideten Zeugenaussage geschildert hatte, mit zwei Änderungen. Jetzt behauptete er, Clarence sei dem Mädchen in einem Abstand von lediglich drei Metern gefolgt, als es die Treppe zur Damentoilette nach oben gegangen sei. Er selbst, so sagte er, habe fünfzehn Meter von ihr entfernt am Fuß der Treppe gestanden. Martinez und Sessum wiederholten die Geschichte, die in ihren beeideten Zeugenaussagen stand. Was Clarence sehr schadete, war die Aussage von Ickie Peace.

Ickie behauptete, Clarence habe ihm bei der Suche nach dem Mädchen bei drei verschiedenen Gelegenheiten gesagt, er solle nach oben ins Dachgeschoss gehen, bis Ickie die Leiche dort schließlich gefunden hatte. Damit deutete er an, Clarence hätte gewusst, wo die Leiche lag, weil er das Mädchen getötet hatte.

Danach informierten forensische Sachverständige von Verteidigung und Anklage die Geschworenen über die Haare und Spermaspuren, die man am Körper des Opfers gefunden hatte. Alle waren der Meinung, dass eine Haaranalyse und die Zuordnung zu bestimmten Verdächtigen unter Umständen nicht eindeutig sein würde, was auch auf die Untersuchung der Haare zutreffe, die man an der Leiche Cheryl Fergesons sichergestellt habe. An der Innenseite der Oberschenkel waren nicht identifizierte Haare von Weißen gefunden worden, ein braunes Körperhaar und ein rötlich braunes Schamhaar. Es wurde darauf hingewiesen, dass Clarence und Ickie Haarproben abgenommen worden waren, den drei anderen, weißen Hausmeistern aber nicht. Bezirksstaatsanwalt Keeshan sah keine Notwendigkeit dafür, er sagte, es wäre eine »unnötige Zumutung« für die Männer. Auch der Richter lehnte den Antrag der Verteidigung ab, ihnen zu Vergleichszwecken Haarproben abzunehmen. Ein Haar, das man auf einer von Cheryls Socken gefunden hatte, wurde unter dem Mikroskop mit den Haaren von Clarence verglichen, aber die Sachverständigen waren sich nicht einig, ob es sich dabei um ein Kopf- oder Schamhaar handelte.

Am Freitag, dem 12. Dezember, zog sich die Jury zur Beratung zurück.

Bill Srack war einer der Geschworenen. Er stammte nicht aus Conroe, sondern war in Houston aufgewachsen und arbeitete dort als Bauleiter für Shell Oil. 1971 hatten er und seine Frau ihr Haus in Houston verkauft und waren in eine ruhige Schlafstadt mit viel Grün südlich von Conroe gezogen. Srack war Republikaner und machte sich nicht viele Gedanken über Bürgerrechte oder den Rassismus der Justiz in Conroe. Der Fall Brandley hatte ihn nur am Rand interessiert, genau genommen hatte er ihm kaum Beachtung geschenkt, bis er als Geschworener für den Prozess ausgewählt wurde. Er saß zum fünften Mal in einer Jury. In Houston war er viermal Geschworener gewesen, zweimal an einem Bundesgericht und zweimal in Harris County.

Während der elf Stunden, in denen sich die Jury am Freitag beriet, und dann wieder am Samstagmorgen, als die Diskussion über ihre Entscheidung fortgesetzt wurde, sorgte Srack für Unruhe. Er war nicht davon überzeugt, dass Clarence unschuldig war, äußerte aber berechtigte Zweifel, von denen er sich nicht abbringen ließ. Später erklärte er, dass ihm die Hausmeister und insbesondere Acreman nicht sehr überzeugend vorgekommen seien und der Rechtsmediziner, der die Vaginalabstriche weggeworfen hatte, schon gar nicht. Er war nicht der Meinung, dass Keeshan die Schuld des Angeklagten hinreichend bewiesen hatte, was er den anderen Geschworenen von Anfang an deutlich machte. Die Atmosphäre heizte sich immer mehr auf. Jemand begann zu brüllen, es wurde immer lauter. Srack wurde mehrfach *»nigger lover«* genannt, vor allem von drei männlichen Geschworenen, die sich gegen ihn zusammengetan hatten. Wenn er sich hin und wieder in die Teeküche zurückzog, um kurz allein zu sein, drang aus dem direkt daneben liegenden Geschworenenzimmer erneut das Wort *»nigger lover«* an sein Ohr. Als er Freitagabend mit den anderen Geschworenen zusammen in einem Hotel abgesondert wurde, saß er am nächsten Morgen allein beim Frühstück, während die anderen zusammen aßen. Am Ende war er der einzige der zwölf Geschworenen, der für nicht schuldig stimmte.

Den anderen elf Geschworenen die Stirn zu bieten erforderte eine Menge Mut und setzte Srack ziemlich zu. Er war nicht Henry Fonda in *Die zwölf Geschworenen,* dem es gelang, die anderen umzustimmen. Dies war nicht Hollywood – für Srack war es die Hölle. In seinem ganzen Leben hatte er sich noch nie so gescholten und einsam gefühlt. Schließlich akzeptierte Richter Robertson die Tatsache, dass die Geschworenen sich nicht einigen konnten. Er bestellte die Männer und Frauen in den Gerichtssaal und entließ sie mit knappen Worten. In Hörweite zu den Anwesenden, einschließlich der Jury, die gerade im Hinausgehen war, befahl er Clarence aufzustehen. Dann informierte er ihn, dass er eine Kaution bis zur Wiederaufnahme des Verfahrens verweigern werde, da »meines Erachtens ausreichende Beweise vorliegen, aufgrund deren eine unvoreingenommene Jury Sie nicht nur des Mordes für schuldig befinden, sondern auch die Todesstrafe fordern würde«.

Als Bill Srack niedergeschlagen das Gerichtsgebäude verließ, hörte er, wie einer der anderen Geschworenen zur Presse sagte: »Da drüben ist der Scheißkerl.« Und es war noch nicht vorbei. Von dem Moment an, wo er am Samstag nach Hause kam, läutete sein Telefon ununterbrochen. Die Anrufe gingen noch monatelang weiter, Tag und Nacht. Manchmal schwiegen die Anrufer, manchmal nannten sie ihn *»nigger lover«,* manchmal drohten sie an, dass sie ihn schon »kriegen« würden. Irgendwann wurden die Anrufe seltener, doch der Stress, den Srack und seine Frau monatelang ertragen mussten, war fast nicht auszuhalten.

Sracks Gegenstimme sorgte auch nach Jahren noch für Nachteile. Ende der 1980er gab er seinen Job bei Shell Oil auf und bewarb sich auf eine Stelle als Einkäufer für Montgomery County. Er kam in die engere Wahl und wurde von einem aus drei Richtern bestehenden Ausschuss befragt, dem auch Jim Keeshan angehörte, der Ende 1985 zum Richter ernannt worden war. Keeshan löcherte Srack mit einer Flut von Fragen nach dessen Votum in Brandleys Prozess sieben Jahre zuvor. Neben anderen beißenden Kommentaren und Fragen zweifelte Keeshan Sracks Verstand an und sprach ihm die Fähigkeit ab, mit Menschen umgehen zu können, da er sich damals trotz der Bitten seiner Mitgeschworenen stur an seine abweichende Meinung geklammert habe. Natürlich bekam Srack die Stelle nicht. Es war nur eine von vielen bitteren Pillen, die er schlucken musste, weil er seinem Gewissen gefolgt war.

Die Anwälte Brown und Morris hatten die Nase voll von Richter Robertsons allzu offensichtlicher Bevorzugung der Anklage und forderten ihn auf zurückzutreten. Seine Befangenheit sei einfach zu belegen, erklärten sie ihm und deuteten an, dass sie demnächst einen offiziellen Antrag einreichen wollten. Um einen Skandal zu vermeiden, trat Robertson zwei Tage später zurück, genau wie Richter Alworth vor dem Prozess im November. Am nächsten Tag erhielt der erst vor Kurzem zum Richter ernannte John Martin den Vorsitz über den zweiten Prozess. Da er Strafverteidiger gewesen war und sowohl Brown als auch Morris gut kannte, freuten sich die beiden über die Entscheidung. Sie sahen es als gutes Omen für das neue Jahr, 1981, während sie sich auf den Prozess vorbereiteten.

Sie hatten keine Ahnung. Es dauerte nicht lange, bis Richter Martin sein wahres Gesicht zeigte. Bei einer Besprechung im Richterzimmer vor dem Prozess schimpfte er mit Brown, als wäre dieser ein Kind, und sagte: »Halten Sie verdammt noch mal den Mund, damit Jim Keeshan reden kann.«

Doch am Vorabend des Prozesses bekam die Geschichte der drei Hausmeister den ersten Riss. Brown erhielt einen Anruf von John Payne, dessen Bruder Ed im selben Trailerpark wie seine

Tochter Cynthia lebte, die mit dem Hausmeister Gary Acreman verheiratet war. Ed hatte John erzählt, dass Acreman sehr nervös gewesen und unruhig auf und ab gegangen sei, nachdem er am Tag des Mordes an Cheryl Fergeson nach Hause gekommen sei. Acreman habe ihm, Ed, gesagt, dass in der Highschool ein Mädchen ermordet und ihre Kleidung in den Müllcontainer der Schule geworfen worden sei. Das war eine brisante Information, denn Acreman hatte der Polizei immer erzählt, er habe nicht gewusst, dass in der Schule ein Mädchen ermordet worden sei, weil Brandley ihn an dem Tag früher nach Hause geschickt habe. Im ersten Prozess hatte er das Gleiche ausgesagt. Acreman behauptete, erst von dem Mord erfahren zu haben, als er am Sonntagmorgen darüber in der Zeitung gelesen habe. Die Polizei hatte Cheryls Kleidung erst am Montag im Müllcontainer gefunden. Wie konnte Acreman dann wissen, wo sie war?

Als Brown endlich mit Ed Payne reden konnte, hatte dieser die Geschichte bereits dementiert und weigerte sich, darüber zu sprechen. Brown erzählte Bezirksstaatsanwalt Keeshan von John Paynes Anruf, aber Keeshan lächelte nur und sagte, er könne die Schuld des Angeklagten »hinreichend« beweisen und sehe keine Notwendigkeit, Ed Payne zu befragen. Die Hausmeister Acreman, Martinez und Ickie Peace sagten im zweiten Prozess im Wesentlichen das Gleiche aus wie im ersten. Sessum sträubte sich und wollte nicht aussagen, daher rief ihn keine der Parteien in den Zeugenstand.

Dieses Mal jedoch hatte Keeshan einen neuen Zeugen für die Anklage, einen schwarzen Teenager namens Danny Taylor.

Taylor erzählte den Geschworenen, dass er im Sommer 1980 kurze Zeit in der Highschool gearbeitet habe. Eines Tages sei er zufällig mit Clarence zusammen unterwegs gewesen, als eine Gruppe weißer Schülerinnen an ihnen vorbeigegangen sei. Unmittelbar darauf, so Taylor, habe Clarence gesagt: »Ich weiß nicht, was ich tun würde, wenn ich eine von denen mal allein erwische.« Richter Martin ließ die Aussage zu, trotz der lautstarken Einsprüche der Verteidigung, die argumentierte, das sei nicht wahr, und selbst wenn es wahr gewesen wäre, beschädige es den Eindruck, den die ausnahmslos weißen Geschworenen vom Angeklagten hätten, unwiderruflich. Clarence beriet sich kurz mit seinen Anwälten und sagte ihnen, dass der Überraschungszeuge gefeuert worden sei, weil er beider Chef mit einem Fleischermesser bedroht habe. Der Richter ließ zwar zu, dass diese Information ins Protokoll aufgenommen wurde, aber der Schaden war angerichtet.

Ranger Styles sagte aus, er habe den Hausmeistern Acreman, Sessum und Martinez nur deshalb keine Haar- und Blutproben abnehmen lassen, weil sie »keinen Kontakt« zu dem Opfer Cheryl Fergeson gehabt hätten.

Die Anklage wies immer wieder mit Nachdruck darauf hin, dass Brandley der Mörder sein müsse, weil er der Einzige gewesen sei, der Schlüssel zu der Flügeltür habe, die vom Flur mit den Toiletten zur Bühne in der Schulaula führe. Es spielte keine Rolle, dass die Tür häufig sperrangelweit offen stand oder dass andere Mitarbeiter Generalschlüssel besaßen oder dass nie geprüft worden war, ob die Tür zum Zeitpunkt des Mordes abgeschlossen war oder nicht. Clarence' Anwalt Morris rief David Harris in den Zeugenstand, den Vorgesetzten des Hausmeister- und Reinigungspersonals, der angab, ein kompletter Schlüsselsatz sei immer noch im Besitz von Clarence Robinson, Brandleys weißem Vorgänger als Teamleiter der Hausmeister. Die Schlüssel habe er der Highschool nie zurückgegeben. Robinsons Sohn, James Dexter Robinson, hatte kurze Zeit als Hausmeister an der Schule gearbeitet, aber einen Monat vor dem Mord gekündigt.

Keiner der beiden Männer wurde befragt oder als Verdächtiger betrachtet.

Die Anwälte Brown und Morris waren der Meinung, dass es nicht im Interesse ihres Mandanten war, ihn aussagen zu lassen. Der von ihm geschilderte zeitliche Ablauf hatte den Zeugenaussagen der anderen Hausmeister im ersten Prozess widersprochen, aber die damaligen Geschworenen hatten deren Version geglaubt. In ihrem Plädoyer konzentrierte sich die Verteidigung auf die dilettantischen und voreingenommenen Ermittlungen der Polizei, die nicht identifizierten Haare von Weißen, die man an der Innenseite der Oberschenkel des Opfers gefunden hatte, die Unvereinbarkeit der Aussagen, dass Clarence die Leiche versteckt, gleichzeitig aber auch gewollt habe, dass Ickie sie fand, und die Möglichkeit, dass Cheryl Fergeson von zwei Tätern getötet worden war, was die Blutergüsse an ihren Oberarmen nahelegten.

Im Plädoyer der Anklage verstieg sich Keeshan zu der Theorie, dass Clarence von Leichen fasziniert sein könnte, weil er noch einen Teilzeitjob in einem Beerdigungsunternehmen hatte. Keeshan sagte: »Wir wissen, dass der Täter sich nicht vor einer Leiche geekelt hat. Er ist dort geblieben und hat dem Opfer die Kleidung ausgezogen. Er hatte Geschlechtsverkehr mit dem Opfer, allem Anschein nach als es bewusstlos oder bereits tot war.« Als Morris begriff, worauf Keeshan mit seiner grotesken Theorie hinauswollte, erhob er vehement Einspruch, aber Richter Martin erlaubte dem Staatsanwalt fortzufahren.

In seinem Plädoyer stellte Keeshan Clarence nicht nur als Vergewaltiger und Mörder dar, sondern auch als Nekrophilen, der nach jungen weißen Mädchen gierte und mit »animalischer Brutalität« über Cheryl Fergeson hergefallen war. Der Rassismus in seiner Tirade war nicht zu überhören. Am Ende flehte Keeshan die Geschworenen geradezu an: »Helfen Sie mit, unsere Stadt wieder zu einem sicheren und schönen Ort zu machen, an dem es sich zu leben lohnt! Zu einem Ort, an dem Ihre Kinder und Enkel zu einer Schulveranstaltung gehen können, ohne Angst davor haben zu müssen, dass irgendein Monster ein Verbrechen wie dieses begeht!« Kurze Zeit später zogen sich die Geschworenen zur Beratung zurück. Noch am selben Tag – Freitag, der 13. Februar – einigte sich die Jury nach nur einer Stunde Beratung auf ein Urteil: Clarence Lee Brandley war des Mordes schuldig.

Am nächsten Tag hatte die Jury die Aufgabe, über lebenslange Haft oder die Todesstrafe zu entscheiden. Dazu wurden neue Zeugen gehört. Jo Ellen Parrish, eine neunzehnjährige Schwarze, sagte für die Anklage aus. Sie sei im März 1979 in einem Club in Dugan namens Doll House gewesen. Nach Schließung des Clubs sei sie von Clarence, der eine abgesägte Schrotflinte hinten in seinem Hosenbund getragen habe, gezwungen worden, ihn zu seinem Haus zu begleiten, wo er allein gelebt habe.

Sie seien im Schlafzimmer gewesen, als ihr Freund wütend an die Tür gehämmert habe, weil er nach ihr gesucht habe. Clarence habe die Hände um ihren Hals gelegt und sie gewürgt, deshalb habe sie nicht schreien können. Die Beschreibung dessen, was passierte, nachdem ihr Freund wieder gegangen war, hörte sich verwirrend und widersprüchlich an. Sie behauptete, Clarence habe sie zum Sex zwingen wollen, es sei aber »nichts passiert«. Dann habe er für sie gekocht und sei »ganz nett« zu ihr gewesen. Irgendwann, so sagte sie, sei sie, nur mit ihrer Unterwäsche und einem Hausmantel von Clarence bekleidet, aus dem Haus gerannt und habe bei einer Freundin übernachtet. Am nächsten Morgen sei sie nach Hause gegangen und habe ihrem Freund erklärt, dass sie nur deshalb über Nacht weggewesen sei, weil Clarence versucht habe, sie zu vergewaltigen.

Ihr Freund habe sie zur Polizei gebracht, wo sie eine Aussage gemacht habe.

Trotz Parrishs Anschuldigungen wurde nie Anklage erhoben, was darauf schließen lässt, dass die Polizei sie nicht glaubwürdig fand. Doch jetzt, in der Prozessphase, in der das Strafmaß festgelegt wurde, war ihre Aussage ausgesprochen nachteilig. Nachdem Parrish Clarence vorgeworfen hatte, sie vergewaltigt zu haben, hatte die Polizei seine Wohnung durchsucht und eine nicht funktionsfähige, verrostete Schrotflinte sichergestellt, die seine Mutter vor Jahren gefunden hatte. Clarence hatte sich damals des unerlaubten Waffenbesitzes schuldig bekannt und büßte immer noch eine Bewährungsstrafe von drei Jahren ab, was keinen guten Eindruck machte. Für das Kreuzverhör wollte die Verteidigung vom Bezirksstaatsanwalt Parrishs Aussage von damals bekommen, außerdem eine zweite, die sie gemacht hatte, nachdem Clarence im August 1980 festgenommen worden war. Keeshan erwiderte, sein Büro könne die Dokumente nicht finden, und damit hatte die Anklage das letzte Wort.

Am Schluss seines Plädoyers sagte Keeshan zu den Geschworenen, das Verbrechen an Cheryl Fergeson sei die »Tat einer Bestie« gewesen.

Die Jury brauchte fünfundvierzig Minuten, um sich auf die Todesstrafe zu einigen.

Im März 1981 wurde Clarence von den Deputys des Sheriffs in den Todestrakt der Ellis Unit in Huntsville gebracht. In einigen Monaten würde er dreißig werden. Das Wort »verängstigt« beschreibt nicht annähernd, wie er sich fühlte. Während der Prozesse in einem Bezirksgefängnis zu sitzen ist eine Sache, aber der Todestrakt ist etwas ganz anderes.

Clarence musste sich nackt ausziehen, dann wurde er am ganzen Körper rasiert und bekam einen Satz weißer Kleidung, die

»Uniform« der Todeskandidaten. Das Einzige, womit er sich von den anderen unterschied, war die Nummer 680 auf seiner Kleidung, die zu seinem Namen wurde. In seiner drei auf einen Meter großen Zelle befanden sich ein Bett und eine Toilettenschüssel. Die Bibel wurde zu seinem ständigen Begleiter, eine Zuflucht, die ihm Inspiration und Kraft gab. Er vermisste seine Familie, vor allem seine Mutter, der das Schicksal ihres Sohnes das Herz brach. Zu seiner Zwillingsschwester Florence und seinen jüngeren Brüdern Tim und Ozell hatte er ein besonders enges Verhältnis. Sie hatten zu viert bei Minnie Ola gelebt, nachdem sie sich vom Vater der Kinder hatte scheiden lassen und von Houston wieder nach Dugan gezogen war.

Clarence saß im Gefängnis, aber seine Anwälte kämpften weiter. Don Brown beantragte die Wiederaufnahme des Verfahrens mit der Begründung, sie hätten Aussagen von neuen Zeugen. Richter Martin lehnte zwar die meisten der von Brown vorgeschlagenen Zeugen ab, ließ aber trotz Keeshans vehementer Einsprüche Oscar Johnson zu, den Besitzer des Beerdigungsinstituts, in dem Clarence gearbeitet hatte. Johnson sagte dem Richter, dass Clarence bei seiner Arbeit dort nicht mit Leichen zu tun gehabt habe. Er habe lediglich einfache Tätigkeiten verrichtet. Für die Leichen sei ausschließlich er, Johnson, zuständig. Brown argumentierte dem Richter gegenüber, Keeshan habe dies gewusst, den Geschworenen aber das Gegenteil erzählt, um Clarence als nekrophil darzustellen. Brandleys Antrag auf Wiederaufnahme des Verfahrens wurde trotzdem abgelehnt, daher bestand der nächste Schritt darin, die oberste Instanz des Staates Texas in Strafsachen anzurufen, den Court of Criminal Appeals, kurz CCA.

Im Frühjahr 1981 tauchte der nächste Riss in der Beweisführung der Anklage auf. Das *Houston City Magazine* veröffentlichte eine Reportage, in der das Verhalten von Polizei und Staatsanwalt und die Plausibilität des Jury-Urteils infrage gestellt wurde. Der Artikel enthielt auch ein Interview mit Ickie Peace, der brisante Informationen preisgab. Zum ersten Mal wurde öffentlich, dass ein Beamter der Polizei von Conroe zu Clarence gesagt hatte, da er der Nigger sei, werde er hängen, und das in Ickies Anwesenheit. Ickie sagte, er habe Keeshan davon erzählt, und der habe ihm geraten, den Mund zu halten, weil sonst vielleicht die Anklage gefährdet sei. Außerdem gab Ickie zu, dass er bei den Prozessen gelogen habe, als er abstritt, zu einer Aussage gezwungen worden zu sein, mit der er Clarence belastete. Das deckte sich mit dem, was er kurz nach der Festnahme von Clarence gegenüber Lorna Hubbell, einer Ermittlerin der Verteidigung, geäußert hatte.

Ickie hatte Hubbell erzählt, er wisse nicht, was in seiner beeideten Aussage stehe, die er direkt nach der Tat gemacht habe, weil er weder lesen noch schreiben könne. Und die Polizei habe ihn ohnehin dazu gezwungen. Ranger Style habe ihn mit seiner Notfallkette, die er um den Hals getragen habe, gewürgt, um dafür zu sorgen, dass er nicht aus der Reihe tanze. Doch obwohl Ickie dem Reporter dies alles erzählt hatte, weigerte er sich, der Verteidigung gegenüber eine beeidete Aussage zu machen, in der er die Misshandlungen durch die Polizei beschrieb.

Das Jahr 1981 zog sich hin, und die Angestellten des Gerichts, insbesondere Peggy Stevens, die für Gerichtsprotokolle zuständige Sachbearbeiterin, vereitelten die Versuche von Brown und Morris, die in der Verhandlung vorgelegten Beweise zu bekommen: die blutbeschmierte Kleidung des Opfers, die Haare, die man am Körper des Opfers sichergestellt hatte, Tatortfotos und dergleichen. Sie brauchten sie für den Antrag auf Wiederaufnahme des Verfahrens. Ende des Jahres nahmen sich Clarence'

Angehörige neue Anwälte, da sie frustriert darüber waren, dass es mit der Berufung so langsam voranging, und nicht verstanden, dass Brown und Morris keine Schuld an der Verzögerung traf. Es gelang ihnen, fünfundzwanzigtausend Dollar aufzutreiben, um Percy Foreman zu beauftragen, einen Anwalt aus Houston, der sich einen Namen damit gemacht hatte, Mandanten zu vertreten, die im Fokus der Öffentlichkeit standen, beispielsweise Earl Ray, den Mörder von Martin Luther King Jr.

Zunächst hatten Brown und Morris das Gefühl, dass man sie aufs Abstellgleis schieben wollte. Sie hatten Clarence in zwei Prozessen quasi pro bono vertreten. Aber sie glaubten so unerschütterlich an seine Unschuld, dass sie einverstanden waren, mit der Kanzlei Foreman zusammenzuarbeiten, nachdem der Anwalt zugesagt hatte, das Honorar gerecht aufzuteilen.

Manche Mitarbeiter des Gerichts wussten, warum Brown die in der Verhandlung vorgelegten Beweise immer noch nicht erhalten hatte, und einige von ihnen waren deshalb höchst beunruhigt. Nacheinander und unabhängig voneinander setzten sich drei davon mit Brown in Verbindung und vereinbarten ein heimliches Treffen, um ihm zu sagen, was vor sich ging. Sie wollten nicht länger schweigen, obwohl sie Angst hatten, ihre Stelle zu verlieren, wenn herauskam, dass sie geredet hatten. Der Erste, der sich meldete, war Frank Robin, seit Kurzem Jim Keeshans stellvertretender Bezirksstaatsanwalt. Er erzählte Brown im Vertrauen, dass die entscheidenden Beweise aus dem Büro der Gerichtsstenografin Mary Johnson verschwunden seien, als diese einige Wochen zuvor die Verhandlungsprotokolle zusammengestellt habe. Richter Martin, Bezirksstaatsanwalt Keeshan und Peggy Stevens arbeiteten zusammen, um den Vorfall zu vertuschen und die Verteidigung hinzuhalten. Falls das Verschwinden der Beweise jemals ans Licht komme, werde Keeshan sagen, dass einer der Hausmeister den Karton mit den Beweisen versehentlich weggeworfen habe.

Kurze Zeit nachdem Clarence in den Todestrakt geschickt worden war, kündigte Janet Dial, Richter Martins Sekretärin. Ihr gefiel es nicht, dass ihr Chef und Keeshan immer vertrauter miteinander umgingen. An fast jedem Morgen des zweiten Prozesses von Clarence sah sie, wie Keeshan in Richter Martins Büro ging und sich mit ihm hinter verschlossener Tür beriet. Das passte ihr nicht.

Nicht lange nachdem Brown mit dem stellvertretenden Bezirksstaatsanwalt Robin gesprochen hatte, bekam er einen Anruf von Janet, die sagte, dass sich die Gerichtsstenografin Mary Johnson an einem abgelegenen Ort in der Nähe des Sees von Conroe mit ihm treffen wolle. Janet solle mitkommen. Brown nahm seinen Partner Morris mit, und die vier unterhielten sich in Marys Auto. Die Anwälte fühlten sich, als würden sie sich mit Deep Throat treffen, dem Informanten in der Watergate-Affäre.

Die völlig verängstigte Mary erzählte ihre Geschichte unter der Voraussetzung, dass die Anwälte nie verrieten, dass sie die Quelle war. Als sie am Montagmorgen, dem 11. Januar 1982, zur Arbeit erschienen sei, so sagte sie, war übers Wochenende der Karton mit den Beweisen verschwunden. Da sie befürchtete, man würde sie dafür verantwortlich machen, und ihr klar war, welche Folgen das Fehlen der Beweise haben würde, habe sie sofort mit ihrem Chef, Richter Martin, gesprochen. Zu ihrer Überraschung habe er sie angewiesen, kein Wort über die Sache zu verlieren, vor allem nicht der Verteidigung gegenüber, weil die Anwälte »das Ganze nur unnötig aufblasen« würden. Sie sagte, Keeshan habe Schlüssel zu ihrem Büro. Eines Abends, als sie bis in die Nacht hinein gearbeitet habe, habe sie den Schlüssel in der Tür gehört. Keeshan sei mit seinem Ermittler Charlie

Ray hereingekommen. Überrascht, sie anzutreffen, hätten sie irgendeine Entschuldigung vorgebracht und seien hastig wieder verschwunden.

Sie wusste auch, dass Keeshan das Verschwinden der Dokumente einem Hausmeister anhängen wollte, falls es herauskam, was geradezu lächerlich war, denn die Hausmeister durften ihr Büro nicht betreten. Sie putzte es selbst.

Nachdem Mary geendet hatte, erzählte Janet den Anwälten, dass Richter Martin und Bezirksstaatsanwalt Keeshan sich während des Prozesses jeden Morgen getroffen hatten. Mary bestätigte das. Sie habe mitbekommen, wie die beiden »Beschlüsse und Einsprüche geübt haben, damit sie sie vor Gericht durchsetzen können«.

Brown und Morris hatten genug gehört. Ohne ihre Informanten zu nennen, ließen sie die Bombe platzen und setzten Richter Martin unter Druck, so wie sie es bei seinen Vorgängern, Richter Alworth und Richter Robertson, getan hatten. Sie verfassten einen Antrag auf Absetzung des Richters wegen Befangenheit und konfrontierten ihn in seinem Büro mit dem Inhalt, bei dem es in erster Linie um seine Absprachen mit Keeshan ging, mit denen das Verschwinden der in der Verhandlung vorgelegten Beweise vertuscht werden sollte. Eine Woche später sagte Richter Martin zu einem Reporter der Lokalzeitung, dass er den Fall Brandley abgebe, weil er »Kenntnis von einigen verschwundenen Beweisen« gehabt habe. Auf diese Art konnte er die Angelegenheit herunterspielen und entging einer öffentlichen Demütigung.

Den Fall übernahm ein vierter Richter aus Conroe, Lynn Coker. Seine erste Amtshandlung bestand darin, einen Antrag der Verteidigung abzulehnen, die eine Anhörung verlangte, um die Wahrheit über das Verschwinden der Prozessbeweise herauszufinden. Dadurch ersparte er seinem Kollegen John Martin eine genaue Untersuchung darüber, welche Rolle dieser bei der Sache gespielt hatte.

Im Januar 1983 legte Don Brown beim Court of Criminal Appeals Berufung ein. In seinem Antrag schilderte er detailliert andauerndes standeswidriges Verhalten des Richters und des Bezirksstaatsanwalts sowie die Unfähigkeit der Polizei, was zur Verurteilung eines Unschuldigen geführt habe. Er reichte das Dokument allein ein, sein Partner George Morris war krank und würde bald an Lungenkrebs sterben.

Zwei lange Jahre später, im Mai 1985, lehnte der CCA den Antrag auf Wiederaufnahme des Verfahrens ab. Die Entscheidung bestätigte, dass die strafrechtliche Verfolgung von Clarence Brandley rechtens und das Verhalten von Richter Martin und Bezirksstaatsanwalt Keeshan nicht zu beanstanden war.

Der nächste Schritt der Strafverfolgung bestand darin, ein Datum für die Hinrichtung festzulegen. Obwohl Richter Martin drei Jahre zuvor von dem Fall abgezogen worden war, drängte er Richter Coker aus dem Verfahren und bestand darauf, das Datum höchstpersönlich zu bestimmen. Das war seine Rache; er wollte es allen heimzahlen. Um Peggy Stevens seine Anerkennung für zwanzig Jahre treue Dienste in der Verwaltung des Gerichts zu zeigen, wählte er ihren Geburtstag am 16. Juni 1986 als den Tag, an dem Clarence sterben sollte. Die Hinrichtung wurde allerdings aufgeschoben, da die Verteidiger von Clarence entlastendes Beweismaterial fanden, das einen neuen Verdächtigen ins Spiel brachte. Dies führte im Sommer 1986 zu einer Anhörung, bei der die Anwälte von Clarence Beweise vorlegten, die ihrer Meinung nach einen neuen Prozess rechtfertigten.

Inzwischen arbeitete Mike DeGeurin, Percy Foremans Partner in der Kanzlei, als Hauptanwalt von Clarence, nach wie vor mit tatkräftiger Unterstützung von Don Brown. DeGeurin war intelligent, talentiert, sympathisch und bei seinen Kollegen hoch angesehen. Er konnte ausgesprochen gut mit Menschen umgehen und Zeugen dazu bringen, ihm zu sagen, was sie wussten, sowohl im Zeugenstand als auch im Gespräch.

Die Staatsanwaltschaft geriet erstmals unter Druck, als DeGeurin einen Anruf von W. B. Etheridge bekam, einem Anwalt aus Conroe, der ihm mitteilte, seine Mandantin Brenda Medina habe ihm vor Kurzem erzählt, dass ihr Exfreund James Dexter Robinson, der Vater ihres Kindes, am Tag von Cheryl Fergesons Tod zu ihr gesagt habe, er habe in der Highschool ein Mädchen getötet. Ihre Leiche habe er so gut versteckt, dass er genug Zeit gehabt habe, die Stadt zu verlassen und in seine Heimatstadt Greenville in South Carolina zurückzukehren.

Etheridge informierte DeGeurin außerdem darüber, dass er mit Brenda zusammen zu dem neuen Bezirksstaatsanwalt Peter Speers (der Nachfolger von Keeshan) gegangen sei, dem sie ihre Geschichte ebenfalls erzählt habe. Speers hatte DeGeurin nicht davon unterrichtet, wozu er rechtlich gesehen verpflichtet gewesen wäre. Das war ein ungeheuerliches Fehlverhalten: Speers hatte das Geständnis eines Mannes ignoriert, für dessen Verbrechen jemand anderes sterben sollte. Er hatte dieses Geständnis dem Anwalt des Verurteilten gegenüber verheimlicht. Und er hatte keinen Versuch unternommen, das Geständnis auf seine Richtigkeit zu überprüfen. DeGeurin war außer sich vor Wut.

Bei der Beweisanhörung sagte Brenda als Zeugin für die Verteidigung aus und erzählte Richter Coker dieselbe Geschichte. Auch James Robinson sagte aus, nachdem er von Richard Reyna, einem Ermittler der Anwälte, überredet worden war, nach Conroe zu kommen und »seinen Namen reinzuwaschen«.

Robinson hatte bis zum 29. Juli 1980 als Hausmeister an der Highschool von Conroe gearbeitet. Im Zeugenstand gab er zu,

Brenda erzählt zu haben, dass er ein Mädchen getötet habe, aber das sei Monate vor dem Mord an Fergeson gewesen. Er habe diese Geschichte erfunden, um Brenda bei einem Streit Angst zu machen. Außerdem behauptete er, dass er Conroe am 6. August verlassen habe, um in seine Heimatstadt zurückzukehren, siebzehn Tage bevor Cheryl getötet wurde.

Robinson hatte einem Test mit dem Lügendetektor zugestimmt. Der Sachverständige, der den Test durchgeführt hatte, sagte im Zeugenstand, dass Robinson, als er gefragt worden sei, ob er Fergeson getötet habe, viereinhalb Minuten lang geschwiegen habe, bevor er »na ja, vielleicht habe ich es getan und vergessen« geantwortet und dann schnell »nein, dazu wäre ich gar nicht fähig – ich bin unschuldig« hinzugefügt habe.

Gary Acreman überraschte die Verteidigung, als er aussagte, James Robinson sei am Morgen des 23. August in die Highschool gekommen. Acreman gab an, James habe bei ihm vorbeigeschaut und gesagt: »Arbeite nicht zu viel.« Acreman behauptete, er habe nie jemandem davon erzählt, weil er es »vergessen« habe. Ed Payne, der seine Aussage mittels einer elektronischen Sprechhilfe machte, da er nach einer Krebserkrankung keinen Kehlkopf mehr hatte, bestätigte, was er seinem Bruder John während der Prozesse erzählt hatte: dass Acreman an dem fraglichen Tag sehr nervös nach Hause gekommen sei und ihm erzählt habe, dass am Morgen ein Mädchen in der Highschool getötet worden sei und er gesehen habe, wie die Kleidung des Mädchens in einen Müllcontainer geworfen worden sei.

John Sessum, einer der drei Hausmeister, die am Tag des Mordes zusammen gearbeitet hatten, sagte zum ersten Mal aus, dass Acreman »bestimmt drei oder vier Minuten« mit Cheryl Fergeson gesprochen habe, bevor sie in die Damentoilette gegangen sei. Nachdem Clarence alle zum Unterrichtsgebäude geschickt habe, sei Acreman dreißig oder vierzig Minuten lang verschwunden gewesen. Sessum sagte ferner aus, dass Acreman ihm vor dem ersten Prozess geraten habe, nicht zu erwähnen, dass er, Acreman, mit dem Mädchen gesprochen habe. Dann fügte Sessum hinzu, dass er Angst vor dem Texas Ranger gehabt habe, der ihm beim ersten Prozess mit Gefängnis gedroht habe, falls er etwas anderes aussagen würde als das, was in seiner beeideten Zeugenaussage nach der Tatortbegehung in der Highschool stehe.

Die Verteidigung war der Meinung, dass sich ihre Zeugen bei der Beweisanhörung gut geschlagen hatten, und deshalb verhalten optimistisch. So war es ein Schock und eine große Enttäuschung, als der CCA am 22. Dezember 1986 eine Wiederaufnahme des Verfahrens ablehnte. Das Gericht stimmte Richter Cokers Entscheidung zu, dass die Zeugen der Verteidigung nicht glaubwürdig waren. Der Fall war abgeschlossen. Daher legte Richter Coker am 6. Februar 1987 als neues Datum für die Hinrichtung den 26. März 1987 fest.

Zu der Zeit kam ich ins Spiel. Clarence' Bruder Ozell hatte mich im November 1986 in der *Today Show* gesehen, zusammen mit Nate Walker, den Centurion gerade aus dem Gefängnis geholt hatte. Er bat mich, nach Houston zu kommen und seinem Bruder zu helfen. Nachdem ich die Unterlagen zu dem Fall gelesen hatte, stellte mich Ozell DeGeurin und Paul Nugent, einem neuen Anwalt der Kanzlei, vor. Wir unterhielten uns mehrere Stunden in ihrem Büro. Dann baten sie mich, das Verteidigerteam bei dem verzweifelten Versuch zu unterstützen, Clarence das Leben zu retten. Nugent überließ mir eine kleine Wohnung über der Garage seines Hauses, und DeGeurin lieh mir den alten Chevy seiner Mutter.

Uns blieben nur noch drei Wochen. Der Ermittler Richard Reyna und ich machten uns an die Arbeit. Ich trug einen schwarzen

Anzug und meinen weißen Priesterkragen, Richard gebügelte Jeans und Cowboystiefel. Am 7. März fuhren wir zu Sessums Trailer, der am Stadtrand von Conroe stand. Falls Robinson und Acreman das Mädchen getötet hatten, könnte Sessum Augenzeuge gewesen sein, und vielleicht würde er jetzt, da die Hinrichtung kurz bevorstand, mit uns reden. Im Verlauf der nächsten zehn Tage sagte er uns tatsächlich, Stück für Stück, wer Cheryl Fergeson getötet hatte und wie es passiert war.

Acreman und Robinson hatten die Tat begangen.

Sessum schilderte, wie er und Martinez am Fuß der Treppe gestanden und Cheryls Hilfeschreie gehört hätten, als Acreman und Robinson sie in die Damentoilette in der Nähe der Treppe gezerrt hätten. Seitdem habe er Albträume und starke Schuldgefühle, weil er dem Mädchen nicht geholfen habe. »Ich bin schuld an ihrem Tod. Ich hätte sie retten können, wenn ich nach oben gegangen wäre.« Er hatte einen Entschluss gefasst: »Ich habe ein unschuldiges Mädchen in den Tod gehen lassen. Aber ich werde nicht zulassen, dass einem unschuldigen Mann das Gleiche passiert. Was soll ich tun?« Am St. Patrick's Day erzählte Sessum in einer auf Video aufgenommenen Aussage, was wirklich geschehen war.

Am selben Tag fuhren Richard und ich zu Acreman. Als wir ihn informierten, dass Sessum ihn des Mordes an Fergeson beschuldige, begann er, unkontrolliert zu zittern, und erklärte sich bereit, ebenfalls eine auf Video aufgenommene Aussage zu machen. Darin bestritt er jegliche Beteiligung an der Tat und gab Robinson die ganze Schuld daran. Sowohl Sessum als auch Acreman entlasteten Clarence und erklärten, er sei zehn Minuten nach der Tat erschienen.

DeGeurin und Nugent legten die Videos Richter Coker vor, und am 20. März, sechs Tage vor der geplanten Hinrichtung, ordnete Coker widerstrebend an, diese auszusetzen. Zwei Wochen später war Sessum Gast in der Nachrichtensendung *60 Minutes* und erzählte Harry Reasoner und der ganzen Nation, was er gesehen hatte. Zu diesem Zeitpunkt hatte Acreman auf Drängen der Ermittler des Bezirksstaatsanwalts seine Video-Aussage widerrufen, allerdings behauptete er nach wie vor, gesehen zu haben, wie Robinson die Kleidung des Mädchens in den Müllcontainer geworfen habe. Die Staatsanwaltschaft ignorierte Sessums Aussage und Acremans Angaben zu der Tat und weigerte sich zuzugeben, dass sie sich geirrt hatte. Speers war fest entschlossen, das Urteil gegen Clarence aufrechtzuerhalten.

Zum ersten Mal entschied der CCA jedoch zugunsten von Clarence. Es gewährte ihm eine weitere Beweisanhörung und ernannte einen neuen Richter, der in dem Fall verhandeln sollte. Die Wahl fiel auf Perry Pickett, der nach dreißig Jahren als Richter in Midland County im Westen von Texas in den Ruhestand gegangen war und jetzt beim CCA als Gastrichter einzelnen Fällen zugewiesen wurde. Pickett, ein strenger und mutiger Jurist, war im Zweiten Weltkrieg aus einem Gefangenenlager der Nazis entkommen und hatte sich so lange hinter den feindlichen Linien in Italien versteckt, bis die Alliierten das Gebiet befreiten. Seine erste Amtshandlung bestand darin, am Gericht von Conroe einen Termin zur Entscheidung über die Verlegung anzusetzen. Er hörte sich die Aussagen zahlreicher Zeugen an, schwarzer und weißer, einschließlich des unerschrockenen Bill Srack, zweier prominenter schwarzer Geistlicher aus Conroe und der couragierten Janet Dial. Alle hatten etwas zu dem Rassismus und den Seilschaften zu sagen, von denen die Justiz in Conroe durchdrungen war, sowohl aus heutiger Sicht als auch unter dem historischen Aspekt.

Am Ende der Sitzung verkündete Richter Pickett: »Hier liegt eine äußerst brisante Situation vor, die einer fairen Rechtsprechung nicht förderlich ist. Im Interesse der Gerechtigkeit muss dieser Fall nach Galveston County verlegt werden.« Er ordnete an, dass eine Woche später, am 28. September 1987, eine erneute Beweisanhörung stattfinden solle. Die Zuschauer im Gerichtssaal brachen in lauten Jubel aus, und die anwesenden Afroamerikaner ließen ihren seit langer Zeit verdrängten Gefühlen freien Lauf. Sie wussten, dass gerade etwas Richtiges und Gutes für Farbige passiert war, vielleicht zum ersten Mal in diesem Gerichtsgebäude. Und Clarence Brandley konnte endlich aufatmen, als sein Fall von Conroe nach Galveston verlegt wurde.

Richter Picketts Beweisanhörung behandelte jeden Aspekt des Falls. Zwei Wochen lang ließ er im Gericht von Galveston sechsundvierzig Zeugen aussagen, um zu entscheiden, ob Brandley ein faires Verfahren bekommen hatte und ob es genügend neue Beweise gab, die einen weiteren Prozess rechtfertigten.

Sessum schilderte, wie Acreman und Robinson das Mädchen gepackt und in die Damentoilette gezerrt hatten. Ed und John Payne berichteten von Acremans verdächtigem Verhalten, als er am Tag des Verbrechens nach Hause gekommen war. Drei neue Zeugen, die wie Acreman für ein Taxiunternehmen arbeiteten, erzählten, wie sie sich einmal in der Zentrale über den Mord an der Highschool unterhalten hätten und Acreman plötzlich gerufen habe, Clarence habe es nicht getan, und er wisse, wer es gewesen sei. Zwei andere Zeugen sagten dem Richter, sie hätten Robinson drei Tage vor dem Mord in Conroe gesehen. Es wurde bewiesen, dass das Blut auf der Bluse des Opfers von jemandem mit Blutgruppe A stammte und dass sowohl Robinson als auch Acreman Blutgruppe A hatten. Cheryl Bradford, eine Volleyballspielerin, die an dem Turnier teilgenommen hatte, sagte aus, gesehen zu haben, wie zwei Weiße, auf die die Beschreibung von Acreman und Robinson passe, in aller Eile die Sporthalle verlassen hätten, zwanzig bis dreißig Minuten nachdem Cheryl Fergeson ihr im Flur auf dem Weg zur Damentoilette begegnet sei. Der Zeugin lief es nach eigenen Angaben kalt über den Rücken, als sie in *60 Minutes* ein Foto von Robinson sah. Sie glaubte, dass er einer der Männer war, die aus der Sporthalle gelaufen waren.

Am 19. November 1987 legte Richter Pickett seine Stellungnahme vor, in der er dem CCA empfahl, Clarence aufgrund seiner Tatsachenfeststellung einen neuen Prozess zu gewähren. Er schrieb: »Das Gericht ist zu der Überzeugung gelangt, dass Clarence Lee Brandley kein faires Verfahren bekommen hat und das Verbrechen, für das er zurzeit im Todestrakt sitzt, nicht begangen hat.« Er führte weiter aus: »Die bei der Beweisanhörung gehörten Zeugenaussagen belegen eindeutig, dass Gary Acreman und James Dexter Robinson die Hauptverdächtigen sind und wahrscheinlich den Tod von Cheryl Lee Fergeson verschuldet haben.« Er kritisierte das Verschwinden der in der Verhandlung vorgelegten Beweise, unter anderem Haare eines Weißen, die in der Nähe ihrer Vagina sichergestellt worden seien, weshalb ein Vergleich mit Robinsons und Acremans Haaren nicht mehr möglich sei. Keeshans Aussage, er habe keine Notwendigkeit gesehen, Acreman oder den anderen weißen Hausmeistern Haar- oder Blutproben abzunehmen, weil es eine »unnötige Zumutung« für sie gewesen wäre, fand Pickett äußerst fragwürdig. Ebenso wenig beeindruckt war er von Ranger Styles' Antwort auf die gleiche Frage: »Ich habe es nicht angeordnet, und es wurde auch nicht gemacht, warum, weiß ich nicht.«

Richter Pickett zitierte glaubwürdige Details aus den Zeugenaussagen von Mary Johnson, Janet Dial und Frank Robin und gelangte zu der Feststellung, dass Richter Martin und Bezirksstaatsanwalt Keeshan beim Prozess von Clarence regelmäßig geheime Ex-parte-Gespräche durchgeführt und sich abgesprochen hätten, um das Verschwinden der in der Verhandlung vorgelegten Beweise zu vertuschen. Die Aussagen von Richter Martin und Peggy Stevens, in denen sie dies bestritten, bezeichnete er als »nicht wahrheitsgemäß« und »nicht glaubwürdig«. Mary Johnson zahlte einen hohen Preis für ihre mutige und ehrliche Aussage gegen ihren Chef Richter Martin. Kurze Zeit nachdem Richter Pickett seine Stellungnahme vorgelegt hatte, wurde sie von Martin gefeuert. Zudem war sie im Gerichtsgebäude nicht mehr gern gesehen, da ehemalige Kollegen ihr mangelnde Loyalität gegenüber dem Rechtsapparat von Conroe vorwarfen. Ihre Karriere als Gerichtsstenografin in Montgomery County war vorbei.

Die Ermittlungsmethoden und die Einstellung von Ranger Styles wurden von Richter Pickett scharf kritisiert. Ickie Peace und Sessum schilderten die Drohungen und Einschüchterungsversuche, mit denen er sie zu falschen Zeugenaussagen gedrängt hatte. Beide gaben an, immer noch Angst vor ihm zu haben. Sessum wurde Gefängnis angedroht, falls er nach der Tatortbegehung an der Highschool nicht kooperiere. Ickie erzählte, Styles sei eines Abends zu ihm nach Hause gekommen und habe ihn zum Polizeirevier von Conroe gefahren. Styles habe ihn bis 1.30 Uhr dort behalten, geschlagen und mit der Halskette gewürgt, die er, Ickie, getragen habe. Als Ickie sich beim Büro des Bezirksstaatsanwalts darüber beschwert hatte, war ihm gesagt worden, er habe »Halluzinationen« und »bilde sich das alles nur ein«.

Sam Martinez dagegen blieb bei seiner Zeugenaussage und sagte Richter Pickett, dass er, Martinez, schon beim ersten Mal – damit meinte er die Tatortbegehung mit Ranger Styles – alles »richtig« gemacht habe. Er gab nie zu, das, was Sessum gesehen hatte, auch gesehen zu haben, obwohl er direkt neben diesem gestanden hatte, als Cheryl in die Damentoilette gezerrt worden war. Grund dafür war vielleicht die Tatsache, dass Martinez' Vater als Hausmeister am Gericht arbeitete. Martinez wollte sich wohl nicht mit dem mächtigen Keeshan anlegen, um den Job seines Vaters nicht zu gefährden.

Der Richter erklärte in aller Deutlichkeit, dass Styles »Scheuklappen« getragen habe, als er Clarence noch vor Beginn seiner Ermittlungen festgenommen habe. Dies führe »zwangsläufig zu der Schlussfolgerung, dass die Ermittlungen nicht durchgeführt wurden, um das Verbrechen aufzuklären, sondern dazu, die Schuld des Antragstellers zu belegen«. Der Richter fügte hinzu, Styles' »Einschätzung, dass er den Täter bereits gefasst hatte, machte es ihm unmöglich, andere Spuren zu verfolgen, die das hätten widerlegen können«.

Das Gericht nahm auch Zeugenaussagen hinsichtlich des rassistischen Klimas auf, das bei den beiden Prozessen von Clarence sowie bei den gesamten Ermittlungen und den Verfahren nach den Prozessen geherrscht hatte. Richter Pickett verwies auf die Tatsache, dass die Staatsanwaltschaft von Montgomery County in internen Dienstanweisungen empfahl, bei der Auswahl der Jury alle potenziellen schwarzen Geschworenen zu streichen, wenn eine schwarze Person unter Anklage stand. Bill Srack beschrieb seine erschütternden Erfahrungen als Geschworener und die Folgen. Andere Zeugen gaben an, dass Polizeibeamte und Staatsanwälte häufig das Wort *»nigger«* benutzten und dass Rassismus bei Gericht an der Tagesordnung sei.

Abschließend stellte Richter Pickett Folgendes fest: »In den dreißig Jahren, in denen dieses Gericht den Vorsitz über Justizangelegenheiten innehatte, hat kein anderer Fall so deutlich gezeigt, welche schockierenden Folgen es haben kann, wenn rassistische Vorurteile, falsche Aussagen, Einschüchterung von Zeugen und bereits im Vorfeld tendenziöse Ermittlungen im Spiel sind und Beamte, aus welchen Motiven auch immer, aus den Augen verloren haben, was richtig und gerecht ist.« Dann empfahl er dem CCA, einen neuen Prozess für Mr. Brandley anzusetzen.

In Texas kann nur der CCA ein Urteil aufheben und die Wiederaufnahme eines Verfahrens anordnen. Es dauerte zwei weitere Jahre, bis das Gericht am 13. Dezember 1989 zu einer Entscheidung gelangte, mit der es sämtliche Tatsachenfeststellungen von Richter Pickett bestätigte. Das Gericht ordnete die Wiederaufnahme des Falls an und kam zu dem Schluss, dass die »konstruierte« Ermittlung zu einer »Zersetzung der Justiz« geführt und die Staatsanwaltschaft »falsche« und »inhärent unglaubwürdige« Beweise vorgelegt hatte, indem sie Beweise zugunsten des Angeklagten unterdrückte. Bezirksstaatsanwalt Speers wollte trotzdem nicht nachgeben und legte beim Obersten Gerichtshof der Vereinigten Staaten Beschwerde ein. Sie wurde ohne Kommentar abgewiesen.

Erst jetzt beschloss Speers, Clarence nicht noch einmal vor Gericht zu bringen. Sämtliche Anklagepunkte wurden fallen gelassen. Am 23. Januar 1990 wurde Clarence aus dem Todestrakt des Gefängnisses entlassen. Er war ein freier Mann.

Der Fall hatte mittlerweile landesweit Aufmerksamkeit erregt. Clarence' Entlassung wurde nicht nur von seiner Mutter, seinen Geschwistern und vielen Unterstützern, schwarzen und weißen, gefeiert, sondern auch von Presse, Rundfunk und Fernsehen.

Clarence gründete eine kleine Baptistengemeinde und diente ihr als Pastor. Als er seinen Lebensunterhalt damit nicht mehr bestreiten konnte, versuchte er es mit allem Möglichen, bis er eine Stelle als Mechaniker bei den Verkehrsbetrieben von Houston fand, wo er dreizehn Jahre blieb. Schließlich zog er mit seiner langjährigen Partnerin Dorothy Moore in eine Kleinstadt in Montgomery County, wo er sich zur Ruhe setzte. Am 2. September 2018, drei Wochen vor seinem siebenundsechzigsten Geburtstag, starb Clarence an einer Lungenentzündung.

Für die Zeit, die er unschuldig im Todestrakt gesessen hatte, bekam Clarence nie eine Entschädigung. Er reichte mehrere Klagen gegen die Behörden ein, die für das Fehlurteil verantwortlich waren. Sie wurden alle mit der Begründung abgelehnt, dass die Beteiligten Immunität genössen. 2011 wurde ihm eine Kompensation nach dem texanischen Entschädigungsgesetz für Fehlurteile verweigert, weil er sie angeblich zu spät beantragt hatte. Wie zum Hohn verlangte Texas fünfundzwanzigtausend Dollar von ihm, nachträglich zu zahlen für Kindesunterhalt während der neuneinhalb Jahre, in denen er unschuldig im Gefängnis saß. Sein Wochenlohn wurde jahrelang gepfändet.

Es ist eine interessante Fußnote zu dem Fall, dass die verschwundenen Prozessbeweise wieder aufgetaucht sind. Als Charlie Ray, der ehemalige Ermittler von Bezirksstaatsanwalt Keeshan, im Januar 2018 starb, fand seine Familie einen Karton mit den Beweisen aus dem Brandley-Prozess in der Garage. Ray hatte eines Abends mit Keeshan Mary Johnsons abgeschlossenes Büro betreten, die jedoch noch arbeitete. An einem Wochenende kurz darauf verschwanden die Beweise aus ihrem Büro. Der Karton mit den Beweisen wurde dem derzeitigen Bezirksstaatsanwalt Brett Ligon übergeben. Bis heute wissen wir nicht, was in dem Karton war und was mit dem Inhalt geschehen ist. Wir wissen aber, dass Ligon die Texas Rangers und die Polizei von Conroe – also die Behörden, die für das Fehlurteil verantwortlich waren, das Clarence in den Todestrakt brachte – einbestellt hat, damit sie prüften, ob irgendeiner der Beweise noch einmal analysiert werden konnte.

Bei Clarence' Trauerfeier hatte ich die Ehre, einer der Redner zu sein. Ich habe zu den Anwesenden gesagt, dass Clarence einer der tapfersten Männer war, die ich gekannt habe. Er geriet keine Sekunde lang in Panik, während der Tag der Hinrichtung immer näher rückte und es keine ersichtlichen Fortschritte bei seinem Fall gab. Er blieb stark angesichts der fast sicheren Exekution für ein Verbrechen, das er nicht begangen hatte. Es hätte nicht viel gefehlt, eine Woche nur, und er wäre hingerichtet worden. Doch er hat sein Schicksal mit so viel Würde und Mut akzeptiert, dass es uns allen, die wir fieberhaft daran gearbeitet haben, ihn zu retten, Ansporn und Inspiration war. Seine Gelassenheit angesichts dieser Situation hat uns alle tief beeindruckt.

Clarence war ein guter und ein gütiger Mann. Ein anständiger Mann. Er war bescheiden und zurückhaltend. Falls er die Menschen, die ihm unrecht getan haben, gehasst hat, ist mir das nie an ihm aufgefallen. Von Anfang bis Ende, selbst nach all den Ungerechtigkeiten, die ihm während seiner Haft und in den Jahren nach seiner Entlassung zugefügt wurden, hat er sich nie etwas anmerken lassen. Er wurde von allen, die ihn kannten, sehr geschätzt.

Acreman und Robinson sind wegen der Vergewaltigung und des Mordes an Cheryl Fergeson nie angeklagt worden.

JOHN GRISHAM

EIN EINGESPIELTES TEAM

Die erste dokumentierte Obduktion von Bedeutung war die Julius Cäsars im Jahr 44 v. Chr. Der römische Feldherr hatte die Loyalität seiner Kollegen unterschätzt, und als er sich dreist zum Diktator auf Lebenszeit ernannte, nahmen sie ihm das sehr übel. Sie griffen sich ein paar Messer und fielen im Sitzungssaal des Senats über ihn her. Eine Meute aus etwa sechzig Verschwörern stach auf Cäsar ein, der nicht nur überrascht, sondern auch wehrlos war. Sie ließen ihn blutüberströmt liegen, flohen vom Tatort und fingen wie alle Politiker sofort an, ihre Beteiligung zu dementieren oder anderen die Schuld zu geben.

Aus Gründen, die nie bekannt wurden, ordnete jemand mit Macht und Einfluss eine Obduktion an, obwohl offensichtlich war, was sich ereignet hatte. Obduktionen waren nichts Neues; die Griechen hatten schon vor fünfhundert Jahren Leichen seziert.

Vor den Augen eines großen Publikums machte sich der berühmte Arzt Antistius an die grausige Aufgabe und bestätigte nach kurzer Zeit, was ohnehin klar war: Cäsar war an massivem Blutverlust gestorben. Die Leiche wies dreiundzwanzig Stichwunden auf.

Im 16. Jahrhundert sammelte der wissensdurstige Leonardo da Vinci Leichen und sezierte mindestens dreißig davon, doch nicht um Verbrechen aufzuklären oder Krankheiten zu erforschen, sondern um jeden einzelnen Teil des menschlichen Körpers zu verstehen und darstellen zu können. Auch sein Konkurrent Michelangelo legte hin und wieder Meißel und Pinsel aus der Hand, griff zum Skalpell und führte eigene Versuche durch.

Seit dem Mittelalter waren Obduktionen in Europa und Asien nichts Besonderes mehr, wurden aber in Zusammenhang mit Untersuchungen der Polizei eher selten durchgeführt. Im 19. Jahrhundert, als die Bevölkerung der Vereinigten Staaten fast so schnell anstieg wie ihre Mordrate, entwickelten sie sich zu einem nützlichen Werkzeug bei strafrechtlichen Ermittlungen. Bei fast jedem Mord ist die Leiche die beste Spurenquelle. Pathologen in Amerika wurden immer besser darin, an den sterblichen Überresten der Opfer nach Hinweisen zu suchen.

Der 1936 gegründete amerikanische Pathologenverband unternahm die ersten ernst zu nehmenden Anstrengungen, die Ausübung des Berufs zu reglementieren, und legte Standardanforderungen für die Qualifikation fest. Das Fachgebiet wuchs stetig, die Kriminalität auch, und ab 1940 war es bei amerikanischen Strafverfahren allgemein üblich, dass der Arzt, der die Obduktion durchführte, vom Pathologenverband anerkannt sein musste, wenn er vor Gericht aussagen sollte. Der Bedarf an Rechtsmedizinern stieg, und es gab immer mehr wissenschaftliche Erkenntnisse. Die Richtlinien und Bestimmungen des Verbands wurden zunehmend erweitert. Mit der Zeit übernahm die National Association of Medical Examiners (NAME) die Zulassung von Rechtsmedizinern.

Die NAME war auch für Beschwerden über ihre Mitglieder zuständig, und wie in allen medizinischen Fachgebieten gab es jede Menge schwarze Schafe. 1992 sorgte ein berühmt-berüchtigter Rechtsmediziner namens Ralph Erdmann wegen der hohen

Zahl von Obduktionen, die er eigenen Angaben zufolge übernommen hatte, landesweit für Aufsehen. Er arbeitete in Texas auf dem Land und führte Obduktionen für etwa vierzig Countys durch, die es sich nicht leisten konnten, einen eigenen Rechtsmediziner zu beschäftigen. Erdmann half gern. Er machte sogar Hausbesuche und fuhr überallhin, wo er gebraucht wurde. In den meisten Countys gab es keine geeigneten Räumlichkeiten für eine Obduktion, daher improvisierte Erdmann. Er sezierte Leichen auf Parkplätzen, in Garagen und Hinterhöfen. Bei Polizei und Staatsanwaltschaft war er sehr beliebt, weil er seine Gutachten so formulieren konnte, dass sie die Schuldvermutung der Anklage stützten. Erdmann hielt sich für den »Quincy des Texas Panhandle«, nach dem von Jack Klugman verkörperten Rechtsmediziner aus der Fernsehserie *Quincy*. Seine schlampige Arbeit und die Beschwerden von Strafverteidigern wurden ihm irgendwann zum Verhängnis. Als schließlich Ermittlungen zu Erdmann angestellt wurden, kam heraus, dass er bei mindestens zwei Dritteln seiner Obduktionen die Leiche nicht einmal geöffnet hatte.

Er führte durchschnittlich dreihundert Obduktionen im Jahr durch und behauptete, einmal seien es sogar vierhundertachtzig gewesen – eine erstaunliche Anzahl.

Die Richtlinien der NAME sehen vor, dass ein Rechtsmediziner nicht mehr als zweihundertfünfzig Obduktionen im Jahr durchführen sollte. Sind es mehr als dreihundertfünfundzwanzig, verweigert die NAME dem Institut, an dem der betreffende Rechtsmediziner arbeitet, die Zulassung.

Wenn man bedenkt, dass für eine Obduktion in der Regel zwischen zwei bis vier Stunden benötigt werden und zudem ein Bericht geschrieben werden muss und andere Formalitäten zu erledigen sind, sind Erdmanns Zahlen außergewöhnlich.

Sein Pensum war jedoch nur ein Tropfen auf den heißen

Stein, vergleicht man es mit dem eines Rechtsmediziners, der in den 1990ern in Mississippi am Werk war. Er hatte den Spitznamen »Leichenkönig« und arbeitete über Jahre hinweg bei achtzig Prozent der Mordfälle in diesem Bundesstaat mit, womit er den Markt beherrschte. Er prahlte damit, eintausend Obduktionen im Jahr durchzuführen. Manchmal sogar eintausendfünfhundert oder noch mehr.

Das Maximum waren angeblich zweitausend Obduktionen in einem Jahr.

Sein Name war Dr. Steven Hayne.

Er wurde 1942 in Los Angeles geboren, schloss das Medizinstudium an der Brown University 1976 ab und spezialisierte sich dann auf Pathologie. Er arbeitete einige Jahre in Krankenhäusern verschiedener Bundesstaaten und nahm 1985 eine Stelle als ärztlicher Direktor eines Labors in Rankin County, Mississippi, an. Nebenbei begann er, Obduktionen durchzuführen, für vierhundert Dollar pro Leiche.

Sein Timing hätte nicht besser sein können. Aufgrund der geringen Bezahlung und einiger anderer Probleme gab es in Mississippi keinen beim Staat angestellten Rechtsmediziner. Wenn ein Coroner Tod durch Fremdeinwirkung vermutete, war es seine Pflicht, für eine Obduktion zu sorgen. Allerdings gab es keine zentralen staatlichen Leichenhallen oder Institute, die sich der Toten hätten annehmen können, und auch keine staatliche Behörde oder Stelle, die Obduktionen überwachte und regelte. Alle zweiundachtzig Coroner in den Countys mussten einen Pathologen anrufen und um eine Obduktion betteln. Da praktisch alle Pathologen Obduktionen und die geringe Bezahlung dafür hassten und zudem die unerfreuliche Aussicht bestand, vor Gericht in den Zeugenstand treten zu müssen, blieben andauernd Leichen liegen, die auf eine Untersuchung warteten.

Und hier kam Dr. Hayne ins Spiel. Er witterte eine günstige Gelegenheit und ließ alle wissen, dass er Aufträge für Obduktionen entgegennehme. Für ihn war die Rechnung ganz einfach: Mit Fließbandarbeit ließ sich eine Menge Geld verdienen. Hayne fing an, mehrere Obduktionen im Monat durchzuführen, schnell, leistungsorientiert und mit der freundlichen Service-Mentalität eines Autoverkäufers. Schon bald sezierte er eine Leiche am Tag, und das war erst der Anfang. Er bot seine Dienste mittels Mundpropaganda an, und Coroner, Polizeibeamte, Sheriffs und Staatsanwälte waren froh, dass sie ihm ihre Leichen schicken konnten. Außerdem schaltete er Anzeigen in Mitteilungsblättern und Newslettern der Polizei. 1988 führte er dreihundertzwanzig Autopsien durch. 1990 waren es bereits eintausendzweihundert.

Dr. Hayne war nicht nur ein unglaubliches Arbeitstier, sondern auch ein hervorragender Zeuge für die Staatsanwaltschaft. Umgänglich, wortgewandt und intelligent, beeindruckte er die Geschworenen über Jahre hinweg mit einer sehr effektiven Kombination von Leutseligkeit und medizinischem Wissen. Er warf mit hochgestochenen wie mit verständlichen Begriffen um sich und sprach klar und deutlich, ohne jeden Akzent. Er hörte sich anders an als die Leute in Mississippi. Er kam aus Kalifornien, hatte an der Brown University und anderen weit entfernten Orten studiert. Anwälte wissen schon seit Jahren, dass Einheimische umso beeindruckter von einem Sachverständigen sind, je weiter dessen Anreise zum Gericht ist. Nachdem Hayne gewissenhaft geübt hatte, konnte er diese Rolle schließlich perfekt spielen.

Wenn Hayne nicht am Obduktionstisch oder im Gerichtssaal stand, arbeitete er als Direktor des Labors am Rankin Medical

Center und leitete eine auf Nierenkrankheiten spezialisierte Praxis. Außerdem war er als Gutachter bei Zivilverfahren tätig und führte private Obduktionen durch.

Als er später zu seinem übermenschlichen Arbeitspensum befragt wurde, erklärte er: »Ich brauche in der Regel nur zwei bis drei Stunden Schlaf. Außerdem arbeite ich nicht fünf, sondern sieben Tage die Woche. Ich mache nie Urlaub. Ich arbeite also erheblich mehr und effektiver als die meisten anderen Leute. Das ist für mich Segen und Fluch zugleich, aber so ist es nun mal, und ich arbeite wirklich sehr, sehr hart. Ich kann stundenlang arbeiten und mache nicht viele Fehler. Ich glaube, meine Karriere spricht für sich selbst.«

Es gab jedoch Fehler, und zwar eine ganze Menge.

Als Hayne den Markt für Obduktionen aufrollte, wurden erstaunlich viele Leichen bei ihm angeliefert. Es war nicht ungewöhnlich, dass sechs oder sieben auf sein Skalpell warteten, und häufig wurden sie wie Brennholz in der Einfahrt seiner kleinen Leichenhalle gestapelt. Ein Beamter, der sich das Ganze einmal angeschaut hatte, sagte: »Es sah aus wie eine Obduktionsfabrik. Es gab keinerlei Sicherheitsvorkehrungen.« Ein ehemaliger Beamter äußerte sich folgendermaßen: »Hayne versuchte ständig, Zeit zu sparen. Beweismittel wurden häufig falsch beschriftet. Es kam auch vor, dass sie unbrauchbar wurden, weil sie falsch verpackt und gelagert wurden. Für den Umgang mit Chemikalien oder biologischem Material gab es keine Schutzmaßnahmen.« Ein Polizist beschrieb die Leichenhalle als »Wurstfabrik«. Ein Polizeichef schilderte, dass er einmal fünf Leichen nebeneinander liegend gesehen habe, alle aufgeschnitten, alle in unterschiedlichen Phasen der Untersuchung. Er machte sich Sorgen wegen kontaminierter Beweismittel. Ein Beamter bezweifelte, dass Hayne alles selbst machte. Er sagte: »Ich habe nie geglaubt, dass Steve so viele Obduktionen durchgeführt hat, wie er behauptet hat. Er ist nie der Gesündeste gewesen. Das hätte er gar nicht durchziehen können.«

Auch wenn nicht klar ist, ob er die Leichen tatsächlich seziert hat oder nicht, verschickte Dr. Hayne Rechnungen dafür. Sein Honorar erhöhte er nach kurzer Zeit auf eintausend Dollar pro Obduktion, zuzüglich dreihundertfünfzig Dollar pro Stunde, wenn er bei Gericht als sachverständiger Zeuge aussagen sollte. Aus ganz Mississippi wurden Leichen zu ihm gebracht, und schließlich war er de facto der offizielle Rechtsmediziner des Bundesstaates. Da er jedes County getrennt abrechnete und es keine zentralisierte Buchhaltung gab, wusste nur Hayne selbst, wie viele Obduktionen er tatsächlich durchführte und wie viel Geld er damit verdiente.

Seine Fürsprecher hielten ihn für eine echte Bereicherung des Bundesstaates. Er bot eine Dienstleistung an, die nur wenige andere Ärzte übernehmen wollten. Staatsanwälte waren begeistert von ihm, weil er sich im Zeugenstand gut machte, Geschworene überzeugen konnte und kreativ vorging, wenn es galt, Beweise zu finden, mit denen die Anklage ihre Schuldvermutung bestätigen konnte.

Bis heute weiß niemand, wie viele Fehlurteile mit einem Skalpell in den Händen von Dr. Steven Hayne begonnen haben.

Eines der ersten hatte seinen Anfang am 15. September 1990 mit der Entführung und dem Mord an einem dreijährigen Mädchen namens Courtney Smith.

Courtney lebte mit ihrer Mutter, Großmutter, ihren zwei Schwestern und drei Onkeln in einem schäbigen, blau angestrichenen Haus in einer Armeleutegegend von Brooksville, einer öden Kleinstadt in Mississippi. In dem Viertel gab es nur Schotterstraßen, die sich wie ein Gitter durch die heruntergekommenen, lange vor 1990 gebauten Gebäude zogen. Einige der schmalen Häuser waren gut instand gehalten und hatten einen frischen Anstrich, Blumenkästen und Rasenflächen. Die meisten jedoch waren verwahrlost und baufällig. Ein paar standen leer. Auf einigen Grundstücken waren größere Häuser errichtet worden, in denen mehrere Generationen einer Familie lebten. Dazwischen standen willkürlich verstreut ein paar Trailer. Das Viertel war zwar arm, aber es gab nur wenige schwere Verbrechen. Viele der Bewohner sperrten Türen und Fenster nachts nicht ab, und manche Gebäude hatten überhaupt keine Schlösser.

An diesem Samstag aßen Courtney und ihre fünfjährige Schwester Ashley bei ihrer Großmutter und ihrer Urgroßmutter zu Abend, dann gingen sie nach Hause, was nur wenige Minuten dauerte. Es war Spätsommer, das Wetter heiß und schwül, und die Nachbarn und deren Kinder hielten sich im Freien auf. Sie saßen auf der Veranda ihrer Häuser, grillten und spielten auf der Straße. Ihre Mutter, Sonya Smith, badete die Mädchen und schickte sie ins Bett. Sie zog Courtney ein mit einer Ente und dem Wort MISSISSIPPI bedrucktes T-Shirt an. Als die Mädchen schliefen, machte sich Sonya zurecht und verließ das Haus. Schließlich war Samstag, und sie ging gern in die Bars und Kneipen am Ort. Sonyas Mutter Ruby hatte versprochen, auf die Mädchen aufzupassen. Im Haus befanden sich außer ihr Tony, Sonyas Bruder, und einer der drei Onkel der Mädchen, die bei ihnen wohnten.

Ruby wurde bald langweilig, und sie ging mit ein paar Freundinnen aus. Onkel Tony war auf dem Sofa eingenickt. Die Mädchen lagen in ihren Betten. Es war nichts Ungewöhnliches, dass sich die Mitglieder der Familie dabei abwechselten, auf die Kinder aufzupassen. Tanten, Onkel, Großeltern, Cousins, Cousinen und Nachbarn, alle halfen mit.

Um Mitternacht herum öffnete ein Mann aus dem Viertel die unverschlossene Tür, betrat das Haus und schlich sich am Sofa vorbei, auf dem Tony schnarchte. Er warf einen Blick in das erste Schlafzimmer, sah dort zwei kleine Mädchen, hob Courtney hoch, ohne sie zu wecken, und verließ das Haus wieder. Er ging mit ihr einen kurzen Weg hinunter, der von den Gebäuden wegführte. In der Nähe eines Teichs legte er sie auf den Boden, unsicher, was er als Nächstes tun sollte. Als er einen Finger in ihre Vagina einführte, wachte sie auf und fing an zu weinen. Sie wollte sich nicht beruhigen, daher würgte er sie und warf sie in den Teich. Courtney schlug um sich und versuchte verzweifelt, sich über Wasser zu halten. Als ihr Kopf nicht mehr auftauchte, ging der Killer zu seinem Auto und fuhr weg.

Am Sonntagmorgen suchte Sonya Smith nach ihrer Tochter. Sie ging davon aus, dass sie bei einer anderen Familie war. Zuerst machte sie sich keine Sorgen, weil es gang und gäbe war, dass Kinder über Nacht bei Freunden oder Angehörigen blieben. Doch am späten Nachmittag war klar, dass Courtney tatsächlich vermisst wurde. Um zwanzig Uhr wurde die Polizei gerufen. Bald suchten Hunderte Leute nach dem Mädchen.

Am Montagmorgen sah der Polizeichef die Leiche eines Kindes, die teilweise unter Wasser im Teich lag. Er holte sie heraus und legte sie am Ufer ab. Das Kind, ein kleines Mädchen, trug ein Enten-T-Shirt mit dem Aufdruck MISSISSIPPI und wies offene Wunden an Unterleib und Kopf auf. Er wickelte die Leiche in die Jacke eines anderen Polizisten und wartete auf die Männer des Sheriffs.

Als Erster traf Deputy Ernest Eichelberger am Tatort ein, trotz seines ungewöhnlichen Nachnamens ein stämmiger Afroamerikaner, der seit fünf Jahren bei der Polizei arbeitete. Als Chief Deputy war er der Stellvertreter des Sheriffs und übernahm die Rolle des leitenden Ermittlers. Er wusste, dass ein Kind vermisst wurde, und holte Courtneys Vater, der seine Tochter identifizierte.

Dann übergab Eichelberger die Leiche dem Coroner des Countys, der sie sofort zu Dr. Steven Hayne schickte. Dieser führte die Obduktion noch am selben Abend durch und kam zu dem Ergebnis, dass das Mädchen gewürgt worden war, aber sehr wahrscheinlich durch Ertrinken gestorben sei. Sexueller Missbrauch lag vor, Schamhaare oder Spermaspuren waren jedoch nicht zu finden, sodass er davon ausging, dass der Killer keinen Geschlechtsverkehr erzwungen hatte. An ihrem rechten Handgelenk fand Hayne ein paar Blutergüsse, die vielleicht von menschlichen Zähnen stammten, was er aber nicht mit Gewissheit sagen konnte. Nach einigen Tests war er der Meinung, dass die Blutergüsse in etwa zum Zeitpunkt des Todes entstanden waren. Einige andere Verletzungen rührten möglicherweise von den Bissen eines Tiers her.

Hinsichtlich der von einem Menschen verursachten Bissverletzungen hatten Dr. Hayne und die Ermittler Glück. Zu der Zeit lebte in Mississippi einer der besten Sachverständigen für Bissspuren, der phänomenale Dr. Michael West.

Dr. West, der eine Zahnarztpraxis in der Kleinstadt Hattiesburg betrieb, war irgendwie zum Sachverständigen geworden und bei einigen der spektakulärsten Prozesse des Bundesstaates ins Rampenlicht gerückt. Fast über Nacht entwickelte er sich nicht nur zum Experten für Bissspuren, sondern auch noch für Ballistik, Analyse von Schusswunden, Wundmuster, Hämatome, Muster von Werkzeugspuren, Brandstiftung, Glasbruch und durch Fingernägel verursachte Kratzwunden. Bei fast jedem Fall führte sein Freund und Helfer Dr. Hayne die Obduktion durch und zog dann Dr. West hinzu, um die Beweise zu sichern.

Nachdem Dr. Hayne die Obduktion des Mädchens beendet hatte, rief er Dr. West an und bat ihn, so schnell wie möglich in die Leichenhalle zu kommen. Es habe wieder einen Mord gegeben, und aus irgendeinem Grund habe der Killer sein Opfer gebissen.

Dr. West ließ sich Zeit. Am späten Montagabend beschloss der Bestatter, dem die Leichenhalle gehörte, die Einbalsamierung vorzunehmen, ohne jemandem Bescheid zu geben.

Am nächsten Morgen untersuchte Dr. West die frisch einbalsamierte Leiche und war wie sein Freund der Meinung, dass die Bissspuren am Handgelenk von menschlichen Zähnen stammten. Er schnitt die Haut mit den Verletzungen heraus, untersuchte sie und schrieb einen kurzen Bericht. Für seine Mühe stellte er dem County fast dreitausend Dollar in Rechnung. Er informierte den Coroner, dass er gern bereit sei, weitere Unterstützung zu leisten, sobald der Sheriff einen Verdächtigen habe.

Verdächtige gab es jede Menge. Deputy Eichelbergers Ermittlungsmethode bestand darin, erst einmal alle festzunehmen, ins Gefängnis zu werfen und darauf zu warten, dass die Wahrheit ans Licht kam. Der erste Verdächtige war Courtneys angeheirateter Großonkel, ein Mann namens Mickens, von dem bekannt war, dass er gern einmal einen zu viel trank und dann häufig Frauen unsittlich berührte. Für Eichelberger war das Beweis genug dafür, dass Mickens etwas mit der Vergewaltigung und dem Mord an dem Kind zu tun hatte. In den Abendnachrichten war zu sehen, wie der fassungslose Verdächtige in Handschellen abgeführt wurde, während eine Reporterin mit dramatischer Stimme die abscheulichen Details »seiner« Verbrechen schilderte, die jetzt nicht nur einen Mord, sondern auch eine brutale Vergewaltigung, eine Kopfwunde und einen Schnitt am Mund umfassten.

Dann nahm Eichelberger Courtneys Onkel fest: Tony, Ernest und William Smith, die alle des Mordes verdächtigt wurden, obwohl es nicht den geringsten Beweis dafür gab. Onkel Tony hatte auf dem Sofa gelegen und tief und fest geschlafen, als der Killer das Haus betreten hatte und mit Courtney auf dem Arm wieder gegangen war. Die drei Männer hatten gerade ihre Nichte verloren, die sie über alles geliebt hatten. Jetzt wurden sie beschuldigt, sie getötet zu haben, und saßen im Gefängnis.

Eichelberger hatte gerade erst angefangen. Als Nächstes ließ er William McCarthy und David Harrison festnehmen, zwei Männer, die nichts mit dem Verbrechen zu tun hatten. Aber da sie Freunde von Ruby, der Großmutter, waren und sich in der betreffenden Nacht in der Nachbarschaft aufgehalten hatten, waren sie verdächtig genug, beschuldigt und ins Gefängnis geworfen zu werden.

Dann ließ er John Hodge (der Freund von Sonya Smith), den Nachbarn Robert Goodwin und Lee Harris (ein Freund von Onkel Tony) festnehmen.

Bei seiner zehnten Festnahme hatte Eichelberger endlich Glück, obwohl es ihm gar nicht auffiel. Er stieß eher zufällig auf den Mörder und nahm ihn in Gewahrsam. Justin Johnson, ein fünfunddreißigjähriger Einheimischer, war bekannt dafür, sich sonderbar zu verhalten, die Gesellschaft anderer zu meiden und öfter einmal festgenommen zu werden. Man hatte ihn mehr als einmal beschuldigt, spätabends in Häuser eingebrochen zu sein und Frauen entweder bedroht oder belästigt zu haben. Die Cops wurden auf ihn aufmerksam, weil mehrere Nachbarn berichteten, sie hätten seinen blau-weißen Buick Electra um Mitternacht herum in der Nähe des Teichs parken sehen. Johnsons Alibi war wenig überzeugend. Als Eichelberger ihn im Gefängnis fragte, ob er vorher schon einmal festgenommen worden sei, antwortete Johnson: »Ja, für etwas Ähnliches. Versuchte Vergewaltigung. Ist gar nicht so lange her.«

Jeder erfahrene Detective und vielleicht sogar ein gewöhnlicher Streifenpolizist hätte sich jetzt auf Johnson konzentriert, aber Eichelberger ließ sich von einem anderen vielversprechenden Verdächtigen ablenken: Levon Brooks.

Johnson wurde später wieder freigelassen. Achtzehn Jahre sollten vergehen, bis ihn ein anderer Detective das nächste Mal zum Mord an Courtney Smith befragte.

Levon Brooks wurde zum Hauptverdächtigen, weil er gelegentlich einen Ohrring trug. Er lebte in Mahon, einer nahe gelegenen Stadt, und war nicht oft in Brooksville. Die Familie Smith kannte er gut, weil er und Sonya vor Jahren kurz zusammen gewesen waren und sich noch gut verstanden. Levon war ein umgänglicher Typ, der praktisch mit jedem gut auskam. Er liebte das Nachtleben, die Clubs, die Frauen und ganz besonders ausgefallene Kleidung und die neueste Mode. Der goldene Ohrring war etwas Neues und zementierte seinen Ruf als Mann, der seiner Zeit voraus war. Er hatte einen Job im Santa Barbara, einem Nachtclub in der Nähe seiner Wohnung, bei dem er ordentlich verdiente, regelmäßige Arbeitszeiten hatte und eine Menge Mädchen kennenlernte. Levon war zweiunddreißig, Junggeselle, sah gut aus und hatte einen hohen Frauenverschleiß. Er schaffte es, zu allen Exfreundinnen ein entspanntes Verhältnis zu haben.

An dem Samstagabend, an dem Courtney Smith entführt und ermordet wurde, hatte Levon Dienst im Santa Barbara, dreizehn Kilometer vom Haus des Mädchens in Brooksville entfernt.

Zahlreiche Zeugen für sein Alibi würden beim Prozess schwören, dass er dort war und Drinks mixte, in der Küche kochte, die Tanzfläche im Auge behielt und wie immer mit den anwesenden Frauen flirtete. Ihre Aussagen konnten jedoch nicht mit dem wissenschaftlichen Gutachten mithalten, das die Drs. Hayne und West zurechtbastelten und den Geschworenen vorlegten.

Die Ohrring-Theorie entstand, weil die Ermittler Courtneys fünfjährige Schwester Ashley für die einzig mögliche Zeugin der Entführung hielten. Als sie nach einigen Tagen feststellten, dass sie keine Hinweise hatten, dafür aber ein Gefängnis voller »Verdächtiger« und zunehmend Druck, das Verbrechen aufzuklären, beschlossen sie, sich auf die kleine Ashley zu konzentrieren und sie so lange auszufragen, bis sie sich an irgendetwas erinnerte.

Die Befragung von Kindern – vor allem wenn sie durch ein Gewaltverbrechen traumatisiert sind – ist ein fragiler, komplizierter Prozess, der von qualifizierten Experten mit psychiatrischer Ausbildung durchgeführt werden sollte. Fünf Tage nach dem Mord an Courtney, am Tag nach der Beerdigung, wurde Ashley erstmals befragt. Der Beamte hatte keinerlei Kenntnisse in Psychiatrie, Psychologie oder Therapie. Es war ein Cop aus Brooksville, der einmal eine Kindersendung im Fernsehen moderiert hatte und deshalb der Meinung war, mit Kindern umgehen zu können.

Die Befragung war ein Desaster und hätte der Polizei bewusst machen müssen, dass Ashley besser in Ruhe gelassen werden sollte. Sie sagte, ihr Onkel Tony habe ein Messer gezogen, um die Einbrecher zu erstechen. Gleich darauf war es dann eine Pistole. Was sie sagte, war mitunter kurios und absurd. So behauptete sie zum Beispiel, der Entführer sei mit Courtney in einem Flugzeug geflohen. Bei der nächsten Befragung versuchte sie, den oder die Entführer zu beschreiben: Es sei ein Schwarzer namens

Shavon gewesen, dann hieß er plötzlich Travon und war mit ihrer Mutter zusammen aufs College gegangen. Travon hatte zuerst einen Komplizen, dann zwei, einer von ihnen weiß, der andere schwarz. Später war es ein einzelner Weißer namens Clay, der erst einen Strumpf über dem Kopf getragen hatte, dann aber eine Halloween-Maske. Bei einer weiteren Befragung fügte sie Details hinzu: Die Kidnapper hätten mit Courtney zusammen das Haus verlassen, seien dann aber mit Kartoffelchips und Getränken wiedergekommen. Einer von ihnen habe sie geneckt und gesagt: »Ha, ha, wir haben deine Schwester«, ein anderer habe ihr eine Tasche voll Geld gezeigt.

Die Wahrheit war, dass Ashley während der Entführung die ganze Zeit geschlafen und erst am nächsten Morgen beim Aufwachen bemerkt hatte, dass ihre Schwester nicht da war. Von dem Moment an bis zu ihrer ersten Befragung fünf Tage später hatte sie kein einziges Mal behauptet, den Entführer gesehen zu haben. Erst als die Polizei anfing, mit ihr über Details zu reden, beflügelte das ihre Fantasie.

Eine Vierteldollarmünze im Ohr zu tragen war bei manchen Schwarzen immer mal wieder ein kurzlebiger Trend. Als Ashley gefragt wurde, ob der Entführer eine Münze im Ohr gehabt habe, nutzte sie die Gelegenheit und stimmte zu. Ja, der Mann habe tatsächlich einen Vierteldollar im Ohr gehabt.

Die scharfsinnigen Detectives vermuteten, dass der Vierteldollar in Wirklichkeit ein Ohrring gewesen sein könnte. Levon Brooks war einer der wenigen Schwarzen aus der Gegend, der 1990 Ohrringe trug.

Endlich hatten die Cops einen richtigen Verdächtigen. Sie zeigten Ashley Fotos von schwarzen Männern und manipulierten die Reihenfolge, um Brooks verdächtiger wirken zu lassen. Sie identifizierte ihn und fügte hinzu, dass er Courtney mit einem

Strumpf die Augen verbunden habe – zwei Details, die zuerst von der Polizei und nicht von Ashley erwähnt worden waren.

Die Sache mit dem Ohrring hatte wenig Substanz, doch nur so konnte man Brooks mit dem Verbrechen in Verbindung bringen. Er war zum Tatzeitpunkt nicht in der Nähe gewesen, genau genommen war er noch nie in dem Haus gewesen, in dem Sonya Smith zu der Zeit wohnte. Er kannte weder Courtney noch Ashley. Er hatte keine Vorstrafen wegen einer Sexualstraftat, und es hatte noch nie eine Anklage oder einen Verdacht wegen Kindesmissbrauchs gegen ihn gegeben.

Auch als sich die Ermittlungen allmählich auf Levon Brooks konzentrierten, hatten die Detectives noch anderweitig zu tun.

Am 23. September kam Dr. West mit seinem Werkzeugkasten und einem Sack Abdruckmasse in die Stadt. Er fing mit den zehn Männern im Gefängnis an, von denen keiner einen Anwalt hatte, und überredete sie, einem Zahnabdruck zuzustimmen. Kein Anwalt, der etwas taugt, würde eine derartige Prozedur ohne richterliche Anordnung oder Anhörung gestatten, aber ein ordentliches Verfahren und rechtlicher Schutz waren nebensächlich. Die »Verdächtigen« hatten das Gefühl, dass sie keine andere Wahl hatten und kooperieren mussten.

Aus unerfindlichen Gründen steckte Dr. West auch Sonya Smith, der Mutter des Opfers, einen Löffel mit Abdruckmasse in den Mund und stellte damit ein Zahnmodell her. Niemand hatte auch nur im Entferntesten angedeutet, dass Sonya etwas mit dem Mord zu tun haben könnte, und niemand hatte die geringste Ahnung, warum man sie verdächtigen sollte, ihrer Tochter ins Handgelenk zu beißen.

Insgesamt ließen sich zehn »Verdächtige« einen Zahnabdruck abnehmen, darunter auch der Mörder, Justin Johnson. Am nächsten Tag teilte Dr. West der Polizei mit, dass er seine Untersuchungen beendet habe und alle zehn als Verursacher der Bissspuren ausschließe.

Nachdem der erste Schwung an Verdächtigen entlastet war, konzentrierte sich Eichelberger auf Levon Brooks. Er ließ ihn wegen Mordes festnehmen und informierte Dr. West, dass er einen Hauptverdächtigen habe. Dann fuhren Eichelberger und ein zweiter Deputy mit Brooks die zwei Stunden nach Hattiesburg zu Dr. Wests Zahnarztpraxis, wo der elfte Abdruck angefertigt wurde.

Am nächsten Morgen rief Dr. West die Ermittler an und sagte ihnen genau das, was sie gehofft hatten. Seiner Meinung nach war Levon Brooks der einzige Mensch auf der Welt, der die Bissspuren an dem Opfer hinterlassen haben konnte. In seinem Bericht schrieb er: »Das Gebiss eines gewissen Levon Brooks hat ohne jeden Zweifel die an der Leiche der Courtney Smith festgestellten Bissspuren verursacht.«

Ohne jeden Zweifel. Das war ein brandneuer Standard für die Forensik und für Aussagen von Sachverständigen vor Gericht, der von Dr. West erstellt wurde und in den nächsten Jahren häufig von ihm benutzt werden würde. Verteidiger erhoben manchmal, aber beileibe nicht immer Einspruch gegen den potenziell vernichtenden Ausdruck. Die Richter – von denen die wenigsten über Kenntnisse wissenschaftlicher Grundsätze verfügten und die meisten nur ein geringes Interesse daran hatten, sich auf diesem Gebiet weiterzubilden – wiesen die Einsprüche ab und ließen West gewähren. Die Geschworenen kannten den Unterschied sowieso nicht. Wurde der Oberste Gerichtshof von Mississippi angerufen, fand er so gut wie immer einen Grund, den Ausdruck für zulässig zu erklären.

Vor West galt für sachverständige Zeugen in Verhandlungen, dass sie ihre Schlussfolgerungen mit einem »hinreichenden Maß« an medizinischer oder wissenschaftlicher Gewissheit treffen mussten. West dagegen konnte ungeniert behaupten, dass es keinen Zweifel an seinen Ergebnissen gebe.

Die Staatsanwaltschaft hatte jetzt alles, was sie brauchte, um Levon Brooks wegen Mordes vor Gericht zu bringen: 1. das verwirrte und in Teilen bizarre Geplapper der traumatisierten, fünf Jahre alten Schwester des Opfers, 2. die manipulierte Identifizierung des Täters auf Fotos, die demselben Kind vorgelegt worden waren, 3. ein Test mit dem Lügendetektor, den Brooks angeblich nicht bestanden hatte, und 4. Dr. Wests eindeutiges Gutachten zu den Bissspuren.

Der Prozess begann am 13. Januar 1992, ungefähr sechzehn Monate nach dem Mord. Die Anklage wurde durch den gewählten Bezirksstaatsanwalt Forrest Allgood vertreten, einen entschiedenen Anhänger der Todesstrafe. Bei diesem Verfahren hatte Allgood das Team Hayne und West zum ersten Mal beauftragt, doch in den folgenden Jahren würden sie noch häufig miteinander zu tun haben. Nur wenige andere Staatsanwälte, wenn überhaupt welche, arbeiteten so oft mit den beiden zusammen wie er.

Im Eröffnungsplädoyer legte Allgood seinen Fall dar. Da er mit Ausnahme der Bissspuren keine anderen Sachbeweise hatte, verließ er sich stark auf diese. Allgood sagte zu den Geschworenen: »Er hat seine Spuren in Form von Bissverletzungen an ihrem Arm hinterlassen. Meine Damen und Herren Geschworenen, die Anklage wird beweisen, dass Levon Brooks dieser Mann gewesen ist.«

Die erste Zeugin der Anklage war Ashley Smith, inzwischen sieben Jahre alt. Sie war völlig verängstigt, wie jedes Kind es gewesen wäre, und der Richter machte es ihr nicht leichter. Er fragte sie als Erstes eine Weile aus und drohte ihr dann an, sie werde es »mit dem Teufel zu tun bekommen«, wenn sie nicht die Wahrheit sage.

Dem Kind erst einmal einen Heidenschreck einzujagen war wohl eine seltsame Strategie.

Allgoods Fragen waren kurz und präzise, leicht zu verstehen und entlockten Ashley eingespielte Antworten. Von ihren bisherigen Fantasien, Ungereimtheiten und widersprüchlichen Geschichten war nicht mehr die Rede. Erst beim Kreuzverhör fragte der Verteidiger nach den Geschichten, die Ashley ganz am Anfang erzählt hatte. Wie war das mit den schwarzen und weißen Männern, die ihre Schwester entführt hatten? Wie war das mit der Flucht im Flugzeug? Und Onkel Tony hatte die bösen Männer mit einem Messer verfolgt, oder war es eine Pistole gewesen? Und waren die Männer mit Kartoffelchips oder einer Tasche voll Geld zurückgekommen?

Ashleys Antworten wurden immer wirrer, wie bei ihren ersten Befragungen, und sie büßte schnell an Glaubwürdigkeit ein.

Allgood war das egal, hatte er doch, was er wollte. In seinem Schlussplädoyer vier Tage später behauptete er den Geschworenen gegenüber dreist: »Von Anfang an hat das kleine Mädchen nur den Angeklagten als den Mann identifiziert, der in ihr Schlafzimmer gekommen ist und ihre Schwester mitgenommen hat. Nur ihn.«

Dr. Hayne sagte aus, Courtney sei vermutlich durch Ertrinken in Süßwasser gestorben, die Leiche habe aber Hämatome am Kopf und Verletzungen an der Innenseite der Vagina aufgewiesen. Spermaspuren seien nicht gefunden worden. Er erklärte den Geschworenen, dass die Verletzungen am Handgelenk vermutlich von menschlichen Zähnen stammten, und gab an, in dieser Sache Dr. Michael West konsultiert zu haben, der der gleichen Meinung gewesen sei. Dann führte Hayne aus, die Bissverletzungen seien dem Mädchen zum Zeitpunkt des Todes oder kurz danach zugefügt worden. Daher sei die Person, die Courtney gebissen habe, auch die Person, die sie getötet habe.

Experten, die den Fall später überprüften, waren einhellig der Meinung, dass das Gutachten des Sachverständigen schwere Fehler aufwies. Bei einer Leiche, die so lange im Wasser gelegen habe wie die Courtneys, sei es praktisch unmöglich, die Herkunft von Bissspuren zu bestimmen. Außerdem könne man in einem solchen Fall nicht feststellen, ob dem Opfer die Bisse vor oder nach dem Tod zugefügt worden seien.

In der Verhandlung wurden weitere unbegründete und reißerische Sachverhalte vorgebracht. Als Haynes die Verletzungen in der Vagina des Opfers beschrieb, sagte er den Geschworenen, diese könnten von einem Finger oder einem Penis verursacht worden sein. Völlig unvermittelt fragte Allgood: »Könnte es auch ein Besenstiel gewesen sein?«

Ein Besenstiel?

Bis jetzt hatte niemand einen Besenstiel erwähnt. Am Tatort war keiner gefunden worden. In den Berichten war nie die Rede davon gewesen. Bei den Ermittlungen war es zu keinem Zeitpunkt und nicht einmal andeutungsweise um einen Besenstiel gegangen.

Doch als Allgood sich aus heiterem Himmel einen einfallen ließ, stimmte Hayne sofort zu und sagte, ja, die Verletzungen hätten von einem Besenstiel stammen können.

Die Verteidigung erhob Einspruch gegen die Einführung eines derart reißerischen Details, der vom Richter jedoch abgewiesen wurde. Infolgedessen stellten sich die Geschworenen jetzt vor, wie Levon Brooks das Kind mit einem Besenstiel vergewaltigte. Da es keine Spermaspuren gab, hatte er vielleicht nicht seinen Penis, sondern etwas anderes benutzt. Warum nicht einen Besenstiel?

Das grauenhafte Bild hatte sich endgültig in den Köpfen der Geschworenen festgesetzt, als Allgood in seinem Schlussplädoyer die Jury an den frei erfundenen Besenstiel erinnerte.

Am vierten Prozesstag trat Dr. West in den Zeugenstand und verbrachte die ersten dreißig Minuten seiner Aussage damit, dem Richter und den Geschworenen einzureden, er sei einer der landesweit führenden Experten für forensische Zahnmedizin. Er beschrieb sich selbst als »erfahrenen Kriminaltechniker« und prahlte mit einem Auftritt in einer bekannten Talkshow. Er behauptete, in dreizehn Bundesstaaten als sachverständiger Zeuge bei Gericht ausgesagt zu haben, dann ratterte er alle dreizehn herunter, um sämtliche Anwesenden zu beeindrucken. Sein ellenlanger Lebenslauf war ein eindeutiger Beweis für die Bandbreite und das Ausmaß seiner Fachkenntnisse. Dort waren mehrere Dutzend Artikel aufgelistet, die West über die Analyse von Bissspuren geschrieben und veröffentlicht hatte. Allerdings waren sehr wenige, wenn überhaupt welche von anderen Sachverständigen und Wissenschaftlern begutachtet worden. West gab an, enge Verbindungen zu Scotland Yard, der Royal Canadian Mounted Police und Strafverfolgungsbehörden in aller Welt zu haben, einschließlich des »israelischen Geheimdienstes«. Dann ging er eine Liste mit Orten durch, an denen er Vorlesungen gehalten hatte – unter anderem in China –, die selbstverständlich mit der »FBI-Akademie in Quantico in Virginia« endete.

Die Verteidigung stellte ein paar halbherzige Nachfragen zu seinen Referenzen, aber der Richter winkte ab. Da Dr. West in so vielen anderen Bundesstaaten als Sachverständiger zugelassen sei und ausgesagt habe, müsse er ja etwas von seinem Fach verstehen. Irgendwo habe sich irgendein anderer Richter bestimmt die Zeit genommen, seine Qualifikationen zu überprüfen.

Dr. West konnte loslegen. Allgood nahm sofort sein größtes Problem in Angriff: Die Leiche war einbalsamiert worden, bevor West sie untersucht hatte. Überhaupt kein Problem. Als West mit seiner Erklärung fertig war, hatte er den Geschworenen eingeredet, dass die Einbalsamierung sogar dazu beigetragen hatte, die Haut zu erhalten, und es irgendwie auf wundersame Weise einfacher gemacht hatte, die Bissspuren Levon Brooks zuzuordnen.

Dann beeindruckte er die Geschworenen mit seiner Analyse von Levons Zähnen. Anhand von vergrößerten Fotos und Gipsmodellen legte er ausführlich und systematisch dar, wie er den Täter identifiziert hatte. Er benutzte Wörter wie *Frakturen, Fissuren, Schneidekanten, L-förmige Kurven, Verblendschalen* und *geriffelte Inzisalkante.* Er erklärte die charakteristischen Merkmale von menschlicher Haut abhängig von der Körperregion. Zähne hinterlassen je nach Haut unterschiedliche Abdrücke.

Aus irgendeinem Grund hatten die Gipsmodelle von Levons Zähnen nicht ausgereicht. West brauchte mehr Details, daher suchte er ihn kurz vor dem Prozess im Gefängnis von Noxubee County auf und überredete ihn, den Mund aufzumachen. Er drückte ihm ein Stück Hüpfknete auf den Oberkiefer, eine Knetmasse auf Silikonbasis, die als Spielzeug verkauft wird. Anschließend nahm er sie kurz in Augenschein und behauptete, sie zeige mehr von Brooks oberen Schneidezähnen als das Gipsmodell.

Dr. West erklärte den Geschworenen, dass die Bissspuren an Courtneys Handgelenk winzig seien, kaum wahrnehmbar, und von einer Durchschnittsperson nicht gesehen werden könnten. Zum Glück, wenigstens für die Anklage, hatte West eine Antwort parat. Er hatte eine Untersuchungsmethode entwickelt, mit der er das Problem lösen konnte. West behauptete, mithilfe einer gelben Brille und der UV-Lampe einer bestimmten Marke Verletzungen und Abdrücke sehen und finden zu können, die sonst unsichtbar waren. Sein Verfahren hatte er »West-Phänomen« genannt. Damit entdecke er Spuren, die alle anderen Ermittler übersehen hätten.

Nachdem West seine Arbeit und Untersuchungen beschrieben und die Geschworen mit seinen Fachkenntnissen, seiner Eloquenz, seiner Erfahrung, seiner umgänglichen Art und zuweilen sogar seiner Bescheidenheit beeindruckt hatte, holte er zum vernichtenden Schlag aus. Er äußerte die abschließende Meinung, dass die Bissspuren an Courtneys Handgelenk »ohne jeden Zweifel« von Levon Brooks stammten.

Die Verteidigung erhob keinen Einspruch. Der Richter schwieg.

Die Staatsanwaltschaft konnte keine anderen glaubwürdigen Beweise vorlegen. Vom kriminaltechnischen Labor sagte niemand aus, weil es kein biologisches Material gab, das Brooks mit der Tat in Verbindung brachte. Die Geschworenen entschieden sich dafür, den Sachverständigen Hayne und West zu glauben und nicht den Zeugen, die Brooks Alibi bestätigten, er habe zum Zeitpunkt der Entführung im Nachtclub gearbeitet. Nach fünf Tagen mit Zeugenaussagen und heftigen Diskussionen der Anwälte wurde Levon Brooks des Mordes schuldig gesprochen.

Zwei Tage später verurteilten ihn die Geschworenen zu lebenslänglich ohne die Möglichkeit einer vorzeitigen Entlassung. Dann wurde er in die Mississippi State Penitentiary gebracht, die berüchtigte Strafanstalt in Parchman.

Nach einigen Monaten kehrte wieder Normalität in Brooksville ein. Der Mörder war verurteilt und weggesperrt, die Leute fühlten sich sicher und beruhigten sich allmählich wieder.

Doch Anfang Mai schlug der Killer wieder zu, fast auf die

gleiche Art. Der zweite Mord war dem an Courtney so ähnlich, dass irgendjemand von der Polizei hätte anfangen müssen, Fragen zu stellen.

Das Opfer war Christine Jackson, auch sie drei Jahre alt. Sie lebte mit ihrer Mutter Gloria und einigen Geschwistern in einer baufälligen Baracke an einer Schotterstraße in einem abgelegenen Teil des Countys, nicht allzu weit von Courtney Smith entfernt. Gloria, die nicht gerade eine fürsorgliche Mutter war, hatte ständig Ärger mit dem Jugendamt, da es Bedenken wegen des Kindeswohls gab. Christine und ihre Geschwister bekamen häufig nichts zu essen und wurden vernachlässigt. Glorias Liebhaber kamen und gingen, aber einer, Kennedy Brewer, zog bei ihr ein und versuchte, mit den Rechnungen und den Kindern zu helfen. Er war erst neunzehn und auf der Suche nach einem festen Job.

Am Samstagabend, dem 2. Mai 1992, ließ Gloria die Kinder bei Kennedy und zog mit ein paar Freundinnen durch die Nachtclubs. Als Erstes gingen sie ins Santa Barbara, ihren Lieblingsclub, inzwischen ohne seinen langjährigen Mitarbeiter Levon Brooks, der gerade die ersten drei Monate seiner Haftstrafe abgesessen hatte. Gloria kam gegen 0.30 Uhr nach Hause, Kennedy und ihre drei Kinder schliefen bereits. Sie weckte ihren Freund, dann hatten sie Geschlechtsverkehr in einem anderen Raum. Anschließend legten sie sich im Schlafzimmer ins Bett.

Justin Johnson hielt sich ganz in der Nähe auf. Er lebte etwa eineinhalb Kilometer entfernt bei seinen Eltern und beschloss, nachts einen langen Spaziergang zu machen, ohne bestimmtes Ziel. Jahre später, als er beide Morde gestand, sagte er, er sei Stimmen gefolgt, die ihn zu einer kleinen Hütte an der Straße geführt hätten. Die Stimmen hätten ihm befohlen, ein kaputtes Fenster nach oben zu schieben, ins Innere zu greifen und ein Kind zu nehmen, das auf dem Boden geschlafen habe. Gloria und Kennedy wurden nicht geweckt, auch Christine und ihre Geschwister schliefen weiter. Johnson trug Christine in den Wald, und als sie wach wurde, setzte er sie ab, nahm sie an der Hand und ging mit ihr tiefer in die Dunkelheit hinein. In der Nähe eines kleinen Flusses blieben sie stehen. Da kehrten die Stimmen mit aller Macht zurück und befahlen ihm, »sie zu missbrauchen, ihr wehzutun und die Leiche loszuwerden«. Er zog sie aus und vergewaltigte sie, ejakulierte, würgte sie und warf sie in das Flüsschen. Dann fing er an zu weinen und sprang ins Wasser, um das Mädchen zu retten, aber es war bereits flussabwärts getrieben worden. Frierend und durchnässt, saß er lange am Ufer des Flüsschens, weinte und versuchte, den Stimmen in seinem Kopf zuzuhören. Irgendwann kehrte er nach Hause zu seinen Eltern zurück.

Als Gloria am Sonntagmorgen bemerkte, dass ihre Tochter nicht da war, rief sie sofort Freunde, Nachbarn und Familienmitglieder an. Als ein Deputy eintraf, suchten bereits zwei Dutzend Leute nach Christine.

Gloria und Kennedy erzählten dem Deputy von der Nacht. Sie waren sich sicher, dass Christine am Fußende des Betts gelegen hatte, nachdem sie schlafen gegangen waren. Als sie aufwachten, war sie nicht mehr da. Es gab keinerlei Hinweise darauf, dass sich jemand gewaltsam Zutritt verschafft hatte, allerdings hatte keine der Türen ein Schloss.

Der Weg zu einem Fehlurteil beginnt oft mit einer falschen Vermutung am Tatort. Der Deputy, der die Situation einschätzte, kam zu dem Schluss, dass der Täter ein Insider sein musste, weil es keine Einbruchspuren gab. Die einzigen Erwachsenen im Haus waren Gloria und Kennedy.

Deputy Eichelberger kam schnell zu dem Schluss, dass das Bauchgefühl seines Kollegen richtig sein musste. Von dem

Moment an war Kennedy Brewer der Hauptverdächtige. Es gab keinen Hinweis auf ein Motiv. Keine Beweise. Noch keine Leiche. Und keine Erklärung dafür, wie er es hätte anstellen sollen, aufzustehen, das Kind zu nehmen, es wegzutragen, zu vergewaltigen, die Leiche wegzuschaffen und sich dann wieder ins Bett zu legen, ohne dass Gloria aufwachte.

Wie üblich führte die falsche Vermutung zu einem Tunnelblick. Die Ermittler konzentrierten sich auf Kennedy. Sie hatten den Täter.

Die Suche ging erfolglos weiter, bis ein Polizeihubschrauber am Mittwoch, vier Tage nach dem Mord, die Leiche entdeckte. Sie schwamm immer noch im Flüsschen und war offenbar gerade erst an die Oberfläche getrieben. Der Coroner des Countys schickte die Leiche zu Dr. Hayne, der die Obduktion durchführen sollte.

Den Ermittlern fielen die Ähnlichkeiten zwischen den beiden Morden zwar auf, aber sie glaubten nicht, dass die Taten etwas miteinander zu tun hatten. Die Begründung dafür war ganz einfach. Levon Brooks konnte Christine Jackson nicht getötet haben, weil er in Parchman im Gefängnis saß.

Wie beim Fall Brooks sammelte die Polizei die üblichen Verdächtigen ein und brachte sie für Tests ins Krankenhaus. Sechs Männer, darunter Kennedy Brewer und Justin Johnson, gaben freiwillig Blut-, Speichel- und Urinproben ab, außerdem Körper-, Kopf- und Schamhaare. Niemandem fiel etwas Ungewöhnliches auf, mit der Ausnahme der vielen Kratzer an den Armen von Justin Johnson. Einer Krankenschwester sagte er, die Verletzungen habe er sich selbst beigebracht.

Es war nicht wichtig, denn die Polizei war bereits ihrem einzigen Verdächtigen auf der Spur: Kenneth Brewer, der hartnäckig beteuerte, unschuldig zu sein.

Dr. Hayne kam zu dem Schluss, dass Christine erwürgt und vergewaltigt worden war. Er fand Spermaspuren. Außerdem stellte er zahlreiche Abschürfungen an Armen und Beinen fest, die er für Bissspuren hielt. Daher musste er natürlich Dr. West hinzuziehen. Die Zusammenarbeit der beiden klappte hervorragend, denn West war bereits in der Leichenhalle und half bei der Obduktion. Er war selbstverständlich ebenfalls der Meinung, dass es sich bei den Wunden um Bisse handelte.

Wieder einmal hatte ein Vergewaltiger in Mississippi zugebissen.

West fuhr zu seiner Praxis in Hattiesburg und traf sich dort mit dem Sheriff von Noxubee County, der ein paar Verdächtige mitgebracht hatte. West fertigte Zahnabdrücke von Kennedy Brewer und zwei weiteren Männern an.

Christines Mutter Gloria war ebenfalls mitgekommen; auch sie ließ sich einen Zahnabdruck abnehmen. Niemand wusste, warum. Wie beim ersten Fall bestand kein Verdacht, dass die Mutter ihre Tochter aus dem Haus gebracht, vergewaltigt, gewürgt, gebissen, getötet und in das Flüsschen geworfen hatte und dann in ihr Bett zurückgekehrt war.

Bei dem Ausflug zur Praxis von Dr. West war der Mörder, Justin Johnson, nicht dabei. Die Polizei bat ihn nicht, einen Zahnabdruck abzugeben. An sich spielte das keine Rolle, denn inzwischen leitete West die Ermittlungen quasi. Er wusste, dass die Polizei Kennedy Brewer verdächtigte und dass es an ihm war, den Fall zum Abschluss zu bringen.

Eine Woche später war es so weit. In einem Brief an den Sheriff schrieb Dr. West: »Die Bissspuren an der Leiche von Christine Jackson wurden ohne jeden Zweifel von Kennedy Brewer verursacht.«

Da der Polizei inzwischen Blut- und Speichelproben von Justin Johnson vorlagen, wäre der nächste Schritt gewesen, sie mit den Spermaspuren an Christines Leiche zu vergleichen. Das geschah nicht, jedenfalls nicht zu dem Zeitpunkt. Sechzehn Jahre würden vergehen, bevor die Proben geprüft wurden. Und bis dahin hätten nur wenige Tage gefehlt, und Kennedy Brewer wäre mit der Giftspritze hingerichtet worden.

1992 war die DNA-Technologie noch nicht sehr weit entwickelt. Sie wurde zwar zur Lösung von Kriminalfällen eingesetzt, in Mississippi aber eher selten.

Damals wurde vor allem mit der Bissspuranalyse gearbeitet, die eine lange, umstrittene Geschichte hatte. Die Mehrheit der seriösen Wissenschaftler und Rechtsmediziner hielt sie für ausgesprochen unzuverlässig. Sie galt als »Pseudowissenschaft«, genau wie Abgleiche von Haaren, Schuhabdrücken, Blutspritzern, Glasbruch und andere übereinstimmende »Beweise«. Da das Verfahren jedoch schon seit Jahrzehnten bei Prozessen verwendet wurde, hatten Bissspuren vor Gericht Bestand.

2001 legte man fünfundzwanzig bekannten Bissspurexperten vier identische Sätze von Bissspuren vor, mit der Bitte, sie mit sieben Zahnmodellen zu vergleichen. Die Fehlerquote lag bei erstaunlichen 63,5 Prozent. Lediglich ein Drittel der Fachleute konnte die Bissspuren den Zähnen richtig »zuordnen«. Fast alle waren weiterhin als Berater und Sachverständige in Fällen mit Bissspuren tätig, als hätte die Studie keinerlei Bedeutung.

Die Bissspuranalyse basiert auf drei Annahmen. 1. Die Zähne eines Menschen sind einzigartig und hinterlassen Abdrücke, die man zurückverfolgen kann. 2. Die Haut, in die gebissen wurde, weist unterscheidbare Verletzungen auf. 3. Entsprechend ausgebildete Experten können die Verletzungen untersuchen und feststellen, wer sie verursacht hat.

Für keine dieser Annahmen gibt es wissenschaftliche Belege. 2009 hat die National Academy of Science (NAS) erklärt, dass die Bissspuranalyse als forensisches Spezialgebiet nicht wissenschaftlich abgesichert ist. Erst 2022 hat das National Institute of Standards and Technology (NIST) festgestellt, dass Haut die Details eines Bisses nicht abbilden und erhalten kann und dass außerdem Analysten ziemlich schlecht sind, wenn es darum geht, Zahnabdrücke der Person zuzuordnen, von der der Biss stammt. In vielen Fällen waren die Ergebnisse so widersprüchlich, dass sich die Analysten nicht einmal darauf einigen konnten, was ein Biss war und was nicht.

Die Berichte der NAS und des NIST stimmen mit anderen Untersuchungen überein. 2016 hat die Texas Forensic Science Commission erklärt, die Bissspuranalyse sei so wenig fundiert, dass sie in Strafprozessen nicht länger zugelassen werden sollte. Auch der President's Council of Advisors on Science and Technology riet von der weiteren Verwendung ab.

Zur Hölle mit der Wissenschaft! In einigen Bundesstaaten ist die Bissspuranalyse immer noch erlaubt. Sie wird von Staatsanwälten benutzt, von Sachverständigen erläutert, von Richtern zugelassen, von Geschworenen geglaubt und von Berufungsgerichten anerkannt.

Kennedy Brewer nützten die späteren Untersuchungen bei seinem Prozess natürlich nichts. Nachdem Dr. West als Sachverständiger vor Gericht zugelassen worden war und sich als einer der führenden forensischen Zahnmediziner des Landes vorgestellt hatte, sagte er mehrere Stunden lang aus. Wie bei der Verhandlung im Fall Brooks benutzte er vergrößerte Fotos der

Bissspuren und Modelle von Kennedys Zähnen, um zu belegen, dass er seine Analyse gewissenhaft und präzise durchgeführt hatte. Dann erläuterte er seine »Direktvergleich-Methode«, die vorsah, ein Zahnmodell des Verdächtigen in das Muskelfleisch des Opfers zu drücken.

Die Obduktion war auf Video aufgenommen worden, doch der Richter ließ nicht zu, dass es den Geschworenen gezeigt wurde, da er es für »schädlich« hielt. Im Hintergrund plärrte Musik, Gespräche zwischen Hayne und West und deren Assistenten waren ebenfalls aufgezeichnet worden, außerdem »pietätloses« Verhalten der beiden Mediziner. Jahre später sah sich ein anderer Experte für Bissspuren das Video an und kommentierte es folgendermaßen: »Dr. West hat Kennedy Brewers Zahnmodell mehrfach direkt auf Christine Jacksons Leiche aufgesetzt, und das mit so viel Druck, dass er sichtbare Spuren verursacht hat.«

Die Bissspuren, die als Beweis für Kennedy Brewers Schuld herhalten mussten, waren erst durch die von West erfundene »Direktvergleich-Methode« entstanden.

Am 24. März 1995, nach nur eineinhalb Stunden Beratung, wurde Kennedy von den Geschworenen schuldig gesprochen. Zwei Tage später verurteilten sie ihn zum Tod. Der Richter setzte ein Datum für die Hinrichtung in zwei Monaten fest und beendete die Farce von Prozess mit den an Kennedy gerichteten Worten: »Möge Gott Ihrer Seele gnädig sein.«

Ab 1995 erregte das Team Hayne und West reichlich Aufmerksamkeit, die allerdings nicht immer positiv war. Verteidiger beschwerten sich lauthals über die beiden, und Reporter wühlten sich durch ihre Fälle. Sie fanden jede Menge sensationelles Material.

Bei einem Fall von 1991 sagte Dr. West aus, dass er mittels seines unglaublichen UV-Licht-Verfahrens eine Abschürfung an der Leiche des Opfers den Schnürsenkeln des Angeklagten habe zuordnen können. Er schaffte es auch, ein unsichtbares Muster auf dem Handballen des Angeklagten dem Schultergurt an der Tasche des Opfers zuzuordnen. Bei einem Vergewaltigungsfall ordnete er Verletzungen an der Vagina des Opfers den Zähnen des Angeklagten zu. Dann, mittels des West-Phänomens, fand er auch noch Abdrücke auf der Hand des Angeklagten, die zu dem Schraubenzieher passten, mit dem er angeblich das Opfer bedroht hatte. Bei einem anderen Fall ordnete er Hämatome am Unterleib des Opfers einem Paar Wanderstiefel zu. Im Fall *Louisiana gegen Keko* war das Opfer tot, einbalsamiert und vierzehn Monate lang begraben gewesen, bevor die Leiche exhumiert wurde. Hayne und West fanden schnell eine Bissverletzung, die sie aus irgendwelchen Gründen bei der Autopsie übersehen hatten. Mit seiner gelben Brille und dem speziellen UV-Licht stellte Dr. West fest, dass der Biss dem Opfer ungefähr zum Zeitpunkt des Todes und »ohne jeden Zweifel« von Tony Keko (dem Angeklagten) zugefügt worden war. Die Verteidiger stellten einen erfolgreichen Antrag auf Wiederaufnahme des Verfahrens und zweifelten Wests Qualifikation als Sachverständiger an. Zu der Zeit war er bereits vom Pathologenverband suspendiert worden. Als der zuständige Richter West nicht wieder als Sachverständigen zulassen wollte, ließ die Staatsanwaltschaft die Anklage schließlich fallen. Tony Keko verbrachte zwei Jahre unschuldig im Gefängnis. Der Mord an seiner Frau wurde nie geklärt.

Und dann gab es da noch den berüchtigten Mortadella-Sandwich-Fall. 1993 aß eine ältere Frau namens Amy Ware gerade ein Sandwich, als jemand bei ihr einbrach und sie ausraubte und ermordete. Die Polizei fand das halb aufgegessene, mit Mortadella belegte Sandwich und fror es ein. Die Leiche wurde zu Dr. Hayne gebracht, der die Obduktion durchführen sollte. Er zog Dr. West hinzu, der das Sandwich aus irgendeinem Grund erst mehrere Monate später untersuchte und die Zahnabdrücke dem Hauptverdächtigen Calvin Banks zuordnete. Seinem Gutachten zufolge stammten sie nicht von Amy Ware, dem Opfer. Allerdings hatten sich Hayne und West nicht abgesprochen, daher wusste West nicht, dass Hayne bei der Obduktion die Reste eines halben Sandwiches im Magen des Opfers gefunden hatte. Wenn Amy Ware die Hälfte des Sandwichs verspeist hatte – der Beweis dafür befand sich in ihrem Magen –, wie war es dann möglich, dass die Zahnabdrücke auf der anderen Hälfte nicht von ihr stammten? War es plausibel, dass Calvin Banks vor oder nach dem Mord an ihr ein- oder zweimal hineingebissen und den Rest zurückgelassen hatte? West machte Fotos des gefrorenen Sandwichs, dann warf er es aus unerfindlichen Gründen weg.

Forrest Allgood klagte Calvin Banks wegen des Mordes an Amy Ware an. West sagte aus und überzeugte die Geschworenen davon, dass die Zahnabdrücke im Sandwich von Calvin Banks verursacht worden waren. Die Jury glaubte ihm und verurteilte Banks. Der Oberste Gerichtshof von Mississippi bestätigte, dass eine Bissspuranalyse als Beweismittel zulässig war, hob das Urteil aber auf, weil West das Sandwich weggeworfen hatte, bevor es von der Verteidigung in Augenschein genommen werden konnte.

1992 wurde Georgia Kemp, eine andere ältere Frau, von der Feuerwehr tot in ihrem Haus aufgefunden. Ermittler bestätigten, dass der Brand absichtlich gelegt worden war, offenbar um den Mord zu vertuschen. Hayne stellte bei der Obduktion Stichverletzungen als Todesursache fest. Er behauptete auch, Ms. Kemp sei vergewaltigt worden, obwohl keine biologischen Beweise dafür zu finden waren. In seinem Bericht erwähnte er keine Bissverletzungen. Ms. Kemps Leiche wurde einbalsamiert und beerdigt.

Nach kurzer Zeit fiel der Verdacht auf Eddie Lee Howard, einen Arbeitslosen, der in der gleichen Gegend wie das Opfer wohnte. Er hatte eine Vorstrafe wegen eines Sexualdelikts, was es erheblich wahrscheinlicher machte, dass er das Verbrechen begangen hatte. Er wurde wegen Mordverdachts festgenommen, aber die Polizei brauchte mehr Beweise. Daher ließ man die Leiche exhumieren und schickte sie wieder zu Dr. Hayne, der sie dieses Mal etwas gründlicher untersuchen sollte. Jetzt fand er natürlich mehrere Bissverletzungen, die er beim ersten Mal irgendwie übersehen hatte, und zog West hinzu. Dieser fertigte einen Abdruck von Howards Zähnen an. Voilà! Die Bissverletzungen stammten ohne jeden Zweifel von Howard.

Forrest Allgood klagte Eddie Lee Howard wegen des Mordes an. Beim Prozess bestand Howard darauf, sich selbst zu vertreten, mit vorhersehbarem Ergebnis. Er wurde zum Tod verurteilt. Wieder bestätigte der Oberste Gerichtshof von Mississippi, dass eine Bissspuranalyse als Beweismittel zulässig war, hob das Urteil aber auf, weil Howard beim Prozess keinen Anwalt gehabt hatte. Bei seinem zweiten Prozess hatte er dann einen, wurde aber trotzdem schuldig gesprochen.

Eddie Lee Howard saß sechsundzwanzig Jahre lang im Todestrakt und wurde erst 2020 mithilfe von DNA-Analysen entlastet. Der Mord wurde nie aufgeklärt.

Der Oberste Gerichtshof von Mississippi hat zwar die Urteile gegen Calvin Banks und Eddie Lee Howard aufgehoben, zeigt aber sonst wenig Mitleid mit Angeklagten, die behaupten, Opfer fragwürdiger forensischer Methoden zu sein. Die Verurteilung von Levon Brooks bestätigte der Gerichtshof mit acht zu eins Stimmen und sprach sich wieder einmal für die Bissspuranalyse aus. Er vertrat die Ansicht, dass Beweismittel dieser Art »bei

Gerichten in Mississippi allgemein zulässig« seien, und bezeichnete sie als so verlässlich wie Fingerabdrücke und DNA. Der einzige Richter, der anderer Meinung war, nannte die Bissspuranalyse unzuverlässig, subjektiv und nicht wissenschaftlich fundiert. Außerdem kritisierte er Dr. West aufs Schärfste und legte eine Zusammenfassung der immer länger werdenden Liste von dessen haarsträubenden Behauptungen vor.

Kennedy Brewer hatte beim Obersten Gerichtshof genauso wenig Glück. Sein Urteil wurde mit einer einstimmigen Entscheidung bestätigt, und Kritik an Dr. West schmetterten die Richter mit folgender Begründung ab: »Aus den Akten geht hervor, dass Dr. West über die notwendigen Kenntnisse, Fähigkeiten, praktischen Erfahrungen und Ausbildungen verfügte, um als Sachverständiger für forensische Zahnmedizin vor Gericht aussagen zu können.«

Wie in den meisten anderen Bundesstaaten werden die Richter in Mississippi leider gewählt, und zwar alle. Angefangen bei den einfachen Richtern an Gerichten der ersten Instanz – ungelernte Juristen, die nicht einmal einen Highschool-Abschluss haben müssen – bis hin zu den neun Mitgliedern des Obersten Gerichtshofs. Die Wahlen werden häufig von knallharten politischen und finanziellen Interessen beeinflusst, wobei die Agenda unter dem Deckmantel von Recht und Ordnung versteckt wird. Während Wests Karriere als Sachverständiger wurden seine Qualifikationen und Methoden nur selten von den Mitgliedern des Obersten Gerichtshofs infrage gestellt. Der Richter, der im Fall von Levon Brooks anderer Meinung gewesen war, musste es mit einem gut situierten Kollegen aufnehmen, der ihn bei den nächsten Wahlen in einem Fernsehspot diffamierte und behauptete, er sei »der einzige Richter, der dafür gestimmt hat, die Verurteilung eines Mörders aufzuheben, der ein dreijähriges Mädchen getötet hat«.

Der Abweichler verlor seinen Sitz am Gerichtshof.

Der Oberste Gerichtshof billigte die Arbeit von Hayne und West immer wieder und bestätigte ein zweifelhaftes Urteil nach dem anderen. Die wachsende Flut an Beschwerden von Verteidigern, Reportern, anderen Sachverständigen und sogar Beamten der Strafverfolgungsbehörden schien er gar nicht zu bemerken.

Doch bei einem haarsträubenden Fall wurde es selbst dem Obersten Gerichtshof von Mississippi zu viel.

Im Fall *Mississippi gegen Tyler Edmonds* war der Angeklagte ein dreizehnjähriger Junge, der als Erwachsener für einen Mord verurteilt wurde. Die Anklage wurde wieder einmal von Forrest Allgood vertreten, der natürlich die Todesstrafe forderte. Sein wichtigster Zeuge war Dr. Hayne, der den Geschworenen erzählte, aufgrund des Winkels, mit der die Kugel in den Bauch des Opfers eingedrungen war, sei er der Meinung, dass nicht ein Täter, sondern zwei den Abzug des Gewehrs betätigt hätten. Seine Aussage passte genau zu Allgoods verworrener Theorie hinsichtlich des Verbrechens. Wie immer trat Hayne im Zeugenstand so souverän auf, dass die unbedarften Geschworenen ihm glaubten und Tyler Edmonds schuldig sprachen.

In einem seltenen Fall richterlichen Heldenmuts hob das Oberste Gericht das Urteil auf, mit der Begründung, dass Hayne ganz offensichtlich sein Fachgebiet überschritten habe. Beim zweiten Prozess, in dem Haynes absurde Zwei-Hände-am-Abzug-Theorie mit keinem Wort mehr erwähnt wurde, sprachen die Geschworenen Tyler frei. Nach fünf Jahren hinter Gittern durfte er das Gefängnis verlassen.

Ein kalifornischer Anwalt namens Christopher Plourd war außer sich vor Wut, als sein unschuldiger Mandant für den Mord an einer Kellnerin gleich zweimal verurteilt wurde. Plourds Mandant saß zehn Jahre im Gefängnis und wäre fast hingerichtet worden. Das Beweismaterial gegen ihn bestand einzig und allein aus der Zeugenaussage eines örtlichen Zahnarztes, der ein Gutachten zu Bissverletzungen angefertigt hatte. Nachdem das Urteil gegen seinen Mandanten aufgehoben worden war, beschloss Plourd, die Quacksalberei ans Licht zu bringen. Er und ein Freund namens James Rix, der nichts mit dem Fall zu tun hatte, dachten sich eine verdeckte Operation aus. Sie benutzten alte Fotos von angeblichen Bissverletzungen an der Brust des Opfers und ließen von einem Zahnarzt ein Gipsmodell von Rix' Zähnen anfertigen. Dann sah sich Plourd unter den sogenannten führenden forensischen Zahnmedizinern des Landes um und entschied sich rein zufällig für Dr. Michael West. Er rief West an, erzählte ihm eine erfundene Geschichte und engagierte ihn als Berater. Anschließend schickte er West die Fotos, das Modell von Rix' Zähnen und einen Scheck über siebenhundertfünfzig Dollar. Zwei Monate später bekam er von West ein Gutachten und ein zwanzigminütiges Video, in dem er den Zuschauer durch seine genaue Untersuchung führte. Die Bissverletzungen seien ohne jeden Zweifel von den Zähnen (von Rix) verursacht worden.

Obwohl das Ganze komplett erfunden und eine Falle war, ist das Video erstaunlich. West ist ein selbstsicherer, souveräner Experte und redet wie ein Sachverständiger, der bei vielen Prozessen ausgesagt hat und weiß, wie man Laien ein komplexes Thema nahebringt. Er erklärt seine Untersuchung mit zahnmedizinischen Fachbegriffen und wirkt glaubwürdig. Man kann gut nachvollziehen, warum die Geschworenen den Eindruck hatten, dass er wusste, wovon er sprach.

Plourd ging mit dem Schwindel an die Öffentlichkeit und tat alles, um auf West und dessen Pseudowissenschaft aufmerksam zu machen. Noch ein Jahrzehnt später versuchten zahlreiche

Verteidiger in Mississippi zu verhindern, dass West in ihren Prozessen als sachverständiger Zeuge aussagte.

Es war vergeblich.

2001 beantragten Brewers Anwälte beim Obersten Gerichtshof von Mississippi die Durchführung eines DNA-Abgleichs. Das Ergebnis war verblüffend. Die Spermaspuren, die man an der Leiche des Mädchens gefunden hatte, stammten nicht von Kennedy Brewer, sondern von einem anderen Mann.

Seine Anwälte rannten wieder zum Gericht und bestanden darauf, dass die Anschuldigungen fallen gelassen wurden und ihr Mandant sofort aus dem Gefängnis kam. Inzwischen wurden routinemäßig DNA-Analysen durchgeführt, um zu Unrecht Verurteilte freizubekommen, und in praktisch jedem Fall genügten die Tests, sie zu entlasten.

In Mississippi allerdings nicht. Der Oberste Gerichtshof wollte nicht glauben, dass Brewer unschuldig war, und stellte, nebst anderen Absurditäten, fest, dass »die DNA-Analyse nicht schlüssig beweist, dass Brewer das Opfer nicht ermordet hat« und dass es genügend andere Beweise gebe, die Brewers Tatbeteiligung belegten. Der einzige andere Sachbeweis war Dr. Wests Aussage zu den Bissspuren.

Anstatt den Fall wieder aufzurollen und zu versuchen, den Killer zu finden – die Polizei hatte Haar-, Blut- und Speichelproben von mehreren Verdächtigen, einschließlich Justin Johnsons –, verkündete Forrest Allgood, dass er Kennedy erneut wegen des Mordes und der Vergewaltigung anklagen werde. Fünfzehn Jahre nach dem Verbrechen und nachdem er durch eine DNA-Analyse entlastet worden war, sollte sich Kennedy einem zweiten Prozess stellen. Er wurde aus dem Todestrakt von Parchman in das Bezirksgefängnis von Noxubee County verlegt, wo er fast sechs

Jahre bleiben musste, weil Forrest Allgood den Prozess immer wieder verzögerte.

2007 wurde Anwälten des Innocence Project in New York erlaubt, weitere DNA-Analysen durchzuführen. Mehrere Kartons mit Beweismitteln wurden an ein Labor in Kalifornien geschickt, wo sie untersucht werden sollten. Die Forensiker verglichen Wangenabstriche aus dem Fall Brooks, unter anderem einen von Justin Johnson, mit den Samenspuren an Christines Leiche. Fünfzehn Jahre nach der Tat war das Verbrechen endlich aufgeklärt.

Der Täter war Justin Johnson. Er wurde festgenommen und gestand nach kurzer Zeit den Mord an Christine Jackson. Er führte die Ermittler zu dem Haus, in dem Kennedy und Gloria einst mit ihren Kindern gelebt hatten, zeigte ihnen das kaputte Fenster, sagte, er habe einen Blick hineingeworfen, einen Mann und eine Frau im Bett gesehen und zwei Mädchen, die auf dem Boden schliefen. Dann beschrieb er, wie er Christine durch das Fenster gehoben habe, ohne sie zu wecken.

Als die Polizei fragte, ob er auch etwas mit einem früheren Mord zu tun habe, gestand Johnson, Courtney Smith getötet zu haben. Er erinnerte sich daran, dass er mit seinem Wagen zu einem Teich im Wald gefahren und zu einem Haus in der Nähe gegangen war, das er durch die unverschlossene Tür betreten hatte. Dann war er an einem Mann vorbeigegangen, der auf einem Sofa ein Nickerchen gemacht hatte, hatte zwei kleine Mädchen schlafend in einem Zimmer entdeckt und die jüngere der beiden aus dem Haus in den Wald gebracht, wo er sie getötet und ihre Leiche in den Teich geworfen hatte.

Zehn Tage später betrat Kennedy Brewer einen bis auf den letzten Platz besetzten Gerichtssaal und stand dann dem Richter gegenüber, der ihn dreizehn Jahre zuvor mit den Worten »möge

Gott Ihrer Seele gnädig sein« in den Todestrakt geschickt hatte. Dieses Mal sagte der Richter lediglich: »Sie sind hiermit entlastet. Sie können gehen.«

Keine Erklärung. Keine Entschuldigung.

Einen Monat später wurde Levon Brooks im selben Gerichtssaal von allen Vorwürfen gegen ihn freigesprochen.

Zusammen haben die beiden Männer über dreißig Jahre hinter Gittern verbracht. Der Bundesstaat Mississippi hat jedem fünfzigtausend Dollar für jedes im Gefängnis verbrachte Jahr zugesprochen, die Summe aber auf die maximal zulässigen fünfhunderttausend Dollar begrenzt.

Vier weitere Jahre vergingen, bevor die blamierten Behörden in Noxubee County den Mut hatten, Justin Johnson vor Gericht zu bringen. Er bekannte sich des Mordes in zwei Fällen schuldig und wurde zu lebenslänglich ohne die Möglichkeit einer vorzeitigen Entlassung verurteilt. Im Gerichtssaal beschrieb er, wie er die beiden Mädchen entführt und umgebracht hatte. Christine hatte er vergewaltigt, Courtney nicht.

Gebissen hatte er keines der Mädchen.

JIM McCLOSKEY

DER LETZTE ABEND IN FREIHEIT

Mark Jones, in Corpus Christi in Texas geboren, wurde in zwei Monaten einundzwanzig Jahre alt. Er stand kurz davor, seine große Liebe Dawn Burgett zu heiraten, eine hübsche Zwanzigjährige, deren Vater beim Militär war. Die Hochzeit sollte am Samstag, dem 1. Februar 1992, stattfinden. Jones hatte bei der Operation Desert Storm als Funker gedient und war jetzt in Fort Stewart in Hinesville, Georgia, stationiert. Die beiden wollten in der Kapelle des Stützpunktes heiraten.

Es sollte keine kleine Feier werden. Dawn und ihre Mutter hatten einhundertfünfzig Gäste eingeladen. Marks Mutter war von den Florida Keys hergefahren, sein Vater, der an den Rollstuhl gefesselt war, aus Texas. Familie und Freunde waren aus Tennessee angereist, wo die Burgetts herstammten. Dawns Eltern vergötterten Mark geradezu; er war für sie wie ein Sohn.

Am 31. Januar fand eine Probe in der Kapelle statt, danach fuhren sechzehn Familienmitglieder und Freunde zu einem gemeinsamen Abendessen ins Restaurant Golden Corral in Hinesville. Aufgrund einer Verwechslung bei der Reservierung konnten sie erst um 20.15 Uhr Platz nehmen, trotzdem waren alle bestens gelaunt und freuten sich auf die Hochzeit am nächsten Tag.

Unter den Gästen befanden sich auch zwei von Marks Kameraden vom Stützpunkt, Kenneth Gardiner und Dominic Lucci.

Der einundzwanzigjährige Kenny war ebenfalls aus Texas und vor fünf Monaten nach Fort Stewart gekommen, nachdem er in Deutschland stationiert gewesen war. Davor hatte auch er an der Operation Desert Storm teilgenommen, als Mechaniker für Fahrzeuge und Panzer. Der zweiundzwanzigjährige Dominic, den alle »Dino« nannten, war in Cleveland, Ohio, geboren worden und aufgewachsen. Nach einem einjährigen Einsatz in Korea war er nach Fort Stewart versetzt worden, wo er in der Küche arbeitete. Es sollte seine letzte Station sein; er wollte die Army bald verlassen.

Nach dem Essen traten einige der jungen Leute auf den Parkplatz des Golden Corral hinaus und überlegten, was sie mit dem angebrochenen Abend anfangen sollten. Kenny und Dino wollten mit Mark zusammen einen Nachtclub besuchen, um dort seine letzte Nacht als Junggeselle zu feiern. Mark, der nie Alkohol trank, zögerte. Eigentlich wollte er nach Hause, aber Dawn drängte ihn, sich seinen Freunden anzuschließen, und schlug sogar einen lokalen Club vor, in dem gerade ein Bikini-Wettbewerb stattfand.

Um 21.30 Uhr trennten sie sich. Dawn ging nach Hause zu ihren Eltern, während die drei Soldaten zu dem Nachtclub mit dem Bikini-Wettbewerb fuhren.

Am Eingang des Clubs wollte man Marks Ausweis sehen, und da er noch keine einundzwanzig war, wurde ihm der Zutritt verweigert. Dino hatte einen Ersatzplan parat: ein Striplokal in Savannah namens Tops Lounge, das er schon einmal besucht hatte. Da Mark und Kenny sich in Savannah nicht auskannten, überließ Kenny Dino seinen Wagen, einen brandneuen, zweitürigen Chevrolet Cavalier, ein Geschenk von Kennys Vater. Sie nahmen den einzigen Weg, den Dino kannte: siebenundsiebzig Kilometer auf der I-95, dann die Ausfahrt Route 204/Abercorn Street und schließlich nach Osten auf den Victory Drive zur Tops Lounge.

Während die drei Soldaten nach Savannah fuhren, ging der fünfunddreißigjährige Stanley Jackson, ein Schwarzer, durch die Straßen eines gefährlichen Viertels von Savannah, das von den Einheimischen »Hazard County« genannt wurde und Zentrum des Drogenhandels der Stadt war. Um 22.05 Uhr, an der Ecke 33rd und East Broad Street, wurde er mit mehreren Schüssen getötet.

James White, ebenfalls ein Schwarzer, war achtunddreißig Jahre alt, verheiratet und Vater von acht Kindern. Er arbeitete als Busfahrer und engagierte sich als Hilfspastor in einer kleinen schwarzen Baptistengemeinde in Savannah. Zu dem Zeitpunkt, wo die Schüsse fielen, stand er vor seiner Haustür und wollte gerade aufschließen. Als er Schüsse hörte, drehte er sich in die Richtung um, aus der sie kamen. Er sah Funken auf der Straße, dann ein Auto, das scheinbar aus dem Nichts auftauchte und mitten auf der Kreuzung mit kreischenden Reifen anhielt.

Als er von der Polizei am Tatort befragt wurde, sagte er, er habe zwei Männer gesehen, die sich aus dem Wagen gelehnt und mit Gewehren auf das Opfer geschossen hätten. Das Auto der Killer sei nur wenige Sekunden auf der Kreuzung stehen geblieben und dann mit hoher Geschwindigkeit davongefahren, auf der East Broad Street nach Norden. Eineinhalb Kilometer entfernt hörte ein Polizeibeamter die Schüsse, fuhr in die Richtung, aus der sie kamen, und erreichte den Tatort kurz vor 22.10 Uhr. Fünf Patronenhülsen wurden sichergestellt. Tests ergaben später, dass alle Hülsen aus ein und demselben AK-47-Sturmgewehr stammten. Ein Haus in der Nähe wies zahlreiche Einschüsse auf, zum Glück war sonst niemand getroffen worden.

Bei der Obduktion wurden keine Kugeln oder Kugelsplitter in Jacksons Leiche gefunden, aber er war sechsmal von Kugeln getroffen worden, die seinen Körper durchschlagen hatten. Die

Todesursache waren Knochenfragmente der Wirbelsäule, die beide Lungenflügel durchbohrt und schwere Blutungen verursacht hatten. Die toxikologische Untersuchung ergab eine »erhebliche Menge« Kokain in Jacksons Blut, zudem hatte er eine selbst gemachte Crack-Pfeife bei sich. Zum Zeitpunkt seines Todes war er auf Bewährung, weil er in einem Drogenhaus von Savannah von einem verdeckten Ermittler Crack hatte kaufen wollen.

Die drei weißen Soldaten hatten von der Schießerei nichts mitbekommen. Sie kamen gegen 22.15 Uhr in der Tops Lounge an, wo Mark wieder seinen Ausweis zeigen musste, dieses Mal dem Türsteher des Clubs. Ein Taxifahrer und ein ankommender Gast bekamen mit, dass den jungen Männern der Zutritt verweigert wurde, und machten ihnen den Vorschlag, es beim Club Asia zu versuchen, einem anderen Striplokal. Die Soldaten ließen sich den Weg beschreiben und fuhren los, Richtung Norden auf der East Broad, bis sie den Tatort erreicht hatten und vor einer Straßensperre der Polizei anhalten mussten. Einer der Beamten erklärte ihnen, wie sie zu dem Club gelangten, und wies sie an weiterzufahren. Da die drei immer noch nicht genau wussten, welche Route sie nehmen sollten, fragten sie noch einen Cop, der in seiner Freizeit als Sicherheitsbeamter bei einem Supermarkt arbeitete, und schließlich eine uniformierte Polizeibeamtin, Deborah Evans, die gerade die Straße überqueren wollte. Als sie endlich im Club saßen, bestellten sich Kenny und Mark eine Cola. Dino entschied sich für ein Bier und einen Soju, einen koreanischen Schnaps.

Sie ahnten nicht, was ihnen bevorstand.

Officer Deborah Evans stand am Bordstein, weil sie zusammen mit James White, dem Augenzeugen des Mordes an Stanley Jackson, die Straße überqueren wollte. Sie sollte White vom Tatort zum Polizeirevier von Savannah bringen – »die Kaserne«

genannt –, damit die Detectives seine Aussage aufnehmen konnten. Es war kurz nach 22.30 Uhr, dreißig Minuten nach den Schüssen auf Jackson.

Nachdem die Soldaten weitergefahren waren, sagte White zu Evans, dass ihr Wagen »so ausgesehen« habe wie der Wagen der Mörder. Und dann war plötzlich die Hölle los. Evans forderte sofort Verstärkung an und fuhr zum Club Asia. Innerhalb weniger Minuten hatten mehrere Polizeibeamte die drei Männer aus dem Club geholt. Sie mussten sich vor dem Gebäude aufstellen, damit White, der aus der Kaserne herübergebracht worden war, sie sah und als die Schützen identifizieren konnte. Er konnte es nicht.

Auf dem Parkplatz durchsuchte die Polizei mit Kennys Einverständnis das Auto, fand aber nichts, was sich als Beweis hätte verwenden lassen – keine Waffen, keine Munition, keine verschossenen Patronenhülsen, keine Kratzer oder Dellen von ausgeworfenen Patronenhülsen, nichts, was den Wagen oder die Soldaten mit dem Mord an Jackson oder einem anderen Verbrechen in Verbindung brachte.

Das Auto wurde später abgesaugt und auf Schmauchspuren untersucht, ohne Ergebnis.

Trotzdem wurden die drei jungen Männer um 22.50 Uhr in die Kaserne gebracht, um dort vernommen zu werden. Mehrere Detectives und ihre Chefs eilten in die Kaserne, um bei den Ermittlungen zu helfen. Der Chef der Abteilung Gewaltdelikte D. Everette Ragan und der stellvertretende Bezirksstaatsanwalt David Lock übernahmen die Leitung der Ermittlungen.

Die jungen Männer wurden getrennt voneinander zwei Stunden lang vernommen, in denen die Polizei Druck ausübte und Lügen erzählte, um ein Geständnis zu bekommen. Jedem wurde vorgemacht, die beiden anderen hätten gestanden, daher würde es sich strafmildernd auswirken, wenn auch er gestehe.

Alle drei beteuerten ihre Unschuld und erzählten übereinstimmend, wo sie sich tagsüber und abends in der Zeit vor der Vernehmung aufgehalten hatten. Um drei Uhr morgens fuhren Polizeibeamte zur Tops Lounge und befragten den Türsteher, der sich Marks Ausweis hatte zeigen lassen. Dieser bestätigte das Alibi der Soldaten und sagte den Beamten, alle drei hätten sich große Mühe gegeben, ihn zu überreden, sie in das Lokal zu lassen, mit der Begründung, dass Mark am nächsten Tag heiraten werde. Er beschrieb sie als »einfach drei Jungs, die sich in einer Tittenbar amüsieren wollten«.

Dino ließ sich nicht einschüchtern und drohte, das Revier zu verlassen. Er wurde mit Handschellen an einen Stuhl gekettet und in einen Abstellraum gesteckt. Als er die Tür eintrat, wurde er verhaftet. Mark brach in Tränen aus, als man ihm sagte, er sei wegen Mordes festgenommen.

Währenddessen befand sich James White in einem anderen Teil des Gebäudes und gab dem jungen Detective Harvey Middleton seine Aussage zu Protokoll. In dieser hieß es zweimal, dass Gardiners Auto »so aussah« wie der Wagen der Schützen, doch am Schluss der Aussage änderte er die Formulierung, sodass es hieß, das Auto der Soldaten sei »ein und derselbe« Wagen wie der der Schützen gewesen. Darüber hinaus hatte White zuerst angegeben, er glaube, die Schützen seien entweder Weiße oder Kreolen gewesen; in seiner Aussage später waren es Weiße.

Middleton bekam, was er wollte – der Augenzeuge hatte das Fahrzeug der Täter identifiziert. Doch Whites erste Beschreibung des Wagens am Tatort war ganz anders gewesen und passte nicht auf Gardiners Auto. Er hatte zu Middleton gesagt, das Auto der Schützen sei ein älteres Modell gewesen, »1985 bis 90«, mit getönten Scheiben, »hinten größer und vorn kleiner«. Gardiners Wagen, Modelljahr 1992 und neu, sah überhaupt nicht so aus – er wirkte vorn groß, hinten klein und hatte keine getönten Scheiben.

Die drei jungen Männer waren nicht die üblichen Verdächtigen. Keiner von ihnen war vorher mit zivilen Polizeiorganisationen oder der Militärpolizei in Berührung gekommen – keine Festnahmen, keine Vorstrafen, keine Probleme, nichts. Keiner der drei nahm Drogen, keiner trank zu viel. Es gab keine Verbindung der Soldaten zu Jackson. Die jungen Männer hatten weder Motiv, Mittel noch Gelegenheit, ein so abscheuliches Verbrechen zu begehen.

Obwohl lediglich das Tatfahrzeug identifiziert worden war, beschlossen D. Everette Ragan und David Lock irgendwann nach zwei Uhr morgens, die drei Soldaten wegen Mordes festzunehmen, und ließen sie in das Bezirksgefängnis von Chatham County bringen.

1991 waren über vierzig Prozent von Savannahs schätzungsweise einhundertvierzigtausend Einwohnern schwarz. Trotzdem lag die politische Macht ausschließlich in den Händen von Weißen, so wie immer. Zwischen den durchweg weißen Stadtvätern im Rathaus und den politisch aktiven Schwarzen, die sich in der Bürgerrechtsbewegung und in kirchlichen Gruppen engagierten, kam es zunehmend zu ethnischen Spannungen. In Savannahs verkalkter Stadtverwaltung gab es sehr wenig Platz für ethnische Diversität oder gegenseitiges Verständnis.

In den letzten Jahren hatte eine landesweite Crack-Epidemie zu einer Explosion von Gewaltverbrechen geführt, da Drogenbanden in den meisten Großstädten brutale Morde verübten. In Savannah tat sich diesbezüglich die ausschließlich aus Schwarzen bestehende Rickie-Jivens-Gang hervor. Die Mordrate der Stadt hatte sich innerhalb von zwei Jahren verdreifacht, von einundzwanzig Toten im Jahr 1989 auf neunundfünfzig im Jahr 1991. Als Ende Januar 1992 Stanley Jackson an der Ecke 33rd und East Broad erschossen wurde, hatte es bereits fünf Morde in Savannah gegeben, was hochgerechnet zweiundsiebzig Tötungsdelikte für das gesamte Jahr ergeben würde.

Vertreter der schwarzen Gemeinden zeigten sich zunehmend enttäuscht von Polizei und Staatsanwaltschaft und waren der Meinung, dass sie bei Fällen, in denen die Opfer Schwarze waren, nicht die gleichen Anstrengungen unternahmen wie bei jenen, in denen es um Weiße ging. Die Situation hatte sich Mitte September 1991 zugespitzt. Ein Sechzehnjähriger, der von zu Hause weggelaufen war und Mitglied der Jivens-Gang werden wollte, hatte in Ardsley Park, dem gehobenen weißen Viertel von Savannah, willkürlich einen Mann und dessen Hund erschossen. Die wohlhabenden Bewohner waren schockiert und hatten Angst. Als Reaktion darauf veranstalteten Bürgermeister John Rousakis und Polizeichef David Gellatly Pressekonferenzen und trafen sich persönlich mit den Bewohnern von Ardsley Park, denen sie versicherten, dass der Killer seine gerechte Strafe bekommen werde. Mit den Ermittlungen zu dem Fall wurden etwa zwanzig Detectives betraut.

Die Vertreter der schwarzen Gemeinden Savannahs waren außer sich vor Wut angesichts der unterschiedlichen Reaktion der Offiziellen auf den Mord an dem Weißen im Vergleich zu den siebenunddreißig schwarzen Mordopfern im gleichen Jahr. Sie hielten Pressekonferenzen ab und fragten, warum sich kein Vertreter der Stadtverwaltung bei ihnen blicken lasse oder auch nur seine Betroffenheit zum Ausdruck bringe.

Bei den Wahlen im November konnten sie ihre Wut dann zeigen. Der demokratische Bürgermeister Rousakis, der sich für seine sechste aufeinanderfolgende Amtszeit wählen lassen wollte, erlitt eine überwältigende Niederlage. Er musste sich der zugezogenen New Yorkerin Susan Weiner geschlagen geben, die in der zweihundertjährigen Geschichte Savannahs als erste Frau und zudem erst zweite Person aus den Reihen der Republikaner Bürgermeisterin wurde. Die *Savannah Morning News,* führende Zeitung der Stadt, schrieb Weiners sensationellen Sieg den schwarzen Wählern zu, die zu den Republikanern übergelaufen waren. Die Kriminalität in Savannah war das Hauptthema ihres Wahlkampfs gewesen. Die Plakate ihrer Kampagne, die überall in der Stadt angebracht waren, wiesen keinen Text auf, nur Einschusslöcher.

Der Mord an Stanley Jackson ereignete sich in einer aufgeheizten Atmosphäre entlang ethnischer Konfliktlinien – Jackson war ein Schwarzer, der laut einem Augenzeugen, der sich selbst als »Reverend« bezeichnete, von mindestens zwei Weißen erschossen worden war, und jetzt waren der Polizei durch puren Zufall drei junge weiße Soldaten in den Schoß gefallen. Wenn sich genügend Beweise finden ließen, die drei Männer zu verurteilen, konnte man den schwarzen Wählern demonstrieren, dass schwarze Opfer für Polizei und Staatsanwaltschaft genauso wichtig waren wie weiße, so das Kalkül der Behörden. Mark, Kenny und Dominic waren die perfekten Sündenböcke. Die drei jungen Soldaten würden keine Gerechtigkeit erfahren. Sie würden auf dem Altar der Politik geopfert werden.

Die Polizei von Savannah fand schnell heraus, wie sie Fernsehkameras zu ihrem Vorteil nutzen konnte. Sie benachrichtigte die Medien, und irgendwann nach zwei Uhr morgens warteten Kamerateams von Fernsehsendern vor der Kaserne, um die Soldaten zu filmen, wie diese auf dem Weg zum Gefängnis in Handschellen herausgeführt wurden. Jacksons Leiche war noch nicht abtransportiert, aber am Tatort befanden sich bereits mehrere

Kamerateams. Der stellvertretende Bezirksstaatsanwalt machte sich die vierte Gewalt, bis dahin ein Feind, zu einem neuen Freund, indem er den Medien Zugang verschaffte. (Später, während des Prozesses, waren TV-Kameras im Gerichtssaal zugelassen, was in Savannah zu der Zeit nur selten vorkam. Der Prozess war während der gesamten Dauer auf sämtlichen Fernsehkanälen der Aufmacher.)

Mark, der immer noch fassungslos war und nicht verstehen konnte, was ihm und seinen Freunden passiert war, rief Dawn irgendwann zwischen zwei und drei Uhr morgens per R-Gespräch im Haus ihrer Eltern an. Er bat sie, nicht böse auf ihn zu sein, und verblüffte sie mit der Neuigkeit, dass sie in Savannah im Gefängnis saßen, »weil die glauben, dass wir jemanden ermordet haben«. Dawn geriet in Panik und raste zum Hotel von Marks Mutter. Dort hämmerte sie an die Tür und erzählte ihr, wo Mark und seine Freunde waren und warum.

Sie setzten sich ins Auto und fuhren fünfzig Minuten bis ins Zentrum von Savannah, wo sie vor Tagesanbruch ankamen. Überraschend erlaubte man ihnen, durch eine Glasscheibe hindurch mit allen drei Männern gleichzeitig zu sprechen. Im Gefängnis gab Dawn jemand Marks blaues Jackett, und das ist das Einzige, was ihr von dem Besuch in Erinnerung geblieben ist.

Am späteren Morgen kritzelte Dawn etwas auf ein Blatt Papier und klebte es an die Tür der Kapelle im Stützpunkt. Sie hatte Folgendes geschrieben: DIE HOCHZEIT VON DAWN BURGETT UND MARK JONES FINDET AUFGRUND EINES NOTFALLS IN DER FAMILIE NICHT STATT.

Am 6. Februar, eine Woche nach ihrer Festnahme, fand ein Termin zur Festsetzung der Kaution für die drei Männer statt. Dinos Großvater betraute den örtlichen Strafverteidiger Bill Cox mit der Vertretung seines Enkels. Er stellte auch die Mittel zur

Verfügung, um John Watts Sr. als Anwalt von Kenny und Watts Sohn, John Watts Jr., als Anwalt von Mark zu verpflichten. Die Kaution wurde auf dreißigtausend Dollar für jeden Angeklagten festgesetzt. Mitte April, als die Familien das Geld für die Kaution zusammenhatten, wurden Kenny und Dino aus dem Gefängnis entlassen und blieben auch während des Prozesses in Freiheit. Mark dagegen musste die Verhandlung im Gefängnis abwarten, da seine Familie die Kaution nicht aufbringen konnte.

Die gerichtliche Voruntersuchung, bei der die Staatsanwaltschaft Beweise dafür vorlegen musste, dass ein Prozess gerechtfertigt war, wurde für den 26. Februar angesetzt. Bis dahin wurde der politische Druck immer größer. Am 19. Februar kamen über zweihundert Menschen aus den schwarzen Vierteln der Stadt zusammen, unter ihnen Stanley Jacksons Freunde und Familie, und hielten an der Kreuzung 33rd und East Broad mit Kerzen eine Mahnwache ab. Die Sprecher kritisierten, dass keine Vertreter der Stadt erschienen waren, während auf der anderen Seite »alle zur Stelle waren, als in Ardsley Park jemand gestorben ist«.

Am nächsten Tag nahmen dreißig Menschen, die auch bei der Jackson-Mahnwache dabei gewesen waren, an einer Sitzung der Stadtverwaltung teil. Obwohl die Tagesordnung keine Einlassung der Gruppe enthielt, billigte Bürgermeisterin Weiner, die im zweiten Monat ihrer Amtszeit war, dem Sprecher der Gruppe, Reverend Leonard Small, Redezeit zu. Small rügte die Vertreter der Stadt dafür, Fälle mit schwarzen Opfern anders zu behandeln als jene mit weißen Opfern, wofür er den Mord in Ardsley Park als Beispiel nannte, und forderte ein Ende von Savannahs »institutionellem Rassismus«. Dann betete er für »ethnische Einheit« und »Gleichbehandlung in Savannah«.

Eine Woche später gab der Zeuge White zum ersten Mal an, dass er Jacksons Mörder identifizieren könne, und deutete auf

Gardiner und Jones. Er sagte, als er ihre Gesichter beim Termin zur Festsetzung der Kaution gesehen habe, sei ihm plötzlich klar geworden, dass *sie* Jackson erschossen hätten. »Ganz sicher«, fügte er hinzu. Der Staatsanwaltschaft lieferte das natürlich ein starkes Argument für die Anklage gegen die jungen Männer. Der stellvertretende Bezirksstaatsanwalt Lock hatte jetzt einen Augenzeugen, der zwei der Soldaten als Schützen und den Wagen Gardiners als Fahrzeug der Killer identifiziert hatte.

Die Staatsanwaltschaft versuchte, Dino gegen seine Freunde auszuspielen. Sie erklärte, da er nur der Fahrer gewesen sei und nicht geschossen habe, komme er mit zwanzig Jahren wegen vorsätzlicher Tötung davon, wenn er gegen Jones und Gardiner aussage und sie als die Schützen identifiziere. Er weigerte sich.

Am Vorabend des Prozesses versuchte es die Staatsanwaltschaft noch einmal, diesmal mit einem erheblich besseren Vorschlag. Sie bot ihm achtzehn Monate wegen fahrlässiger Tötung an, wenn er seine Mitangeklagten belastete. Dino überlegte keine Sekunde und lehnte ab. Jahre später sagte er, er hätte »meine Freunde und mich auf keinen Fall für etwas verkauft, was keiner von uns getan hat«.

Der Prozess begann am 9. November 1992. Die Jury bestand aus neun weißen und drei schwarzen Geschworenen sowie zwei schwarzen Ersatzgeschworenen.

Die Staatsanwaltschaft stützte ihren Fall vor allem auf die Aussage von James White, der seinen Augenzeugenbericht ein wenig aufpeppte und den Geschworenen mitteilte: »Ich konnte sie gut sehen. Ich habe sie direkt angeschaut.« Als er von Lock gefragt wurde, ob er sich wirklich sicher sei, dass »die Personen, die Sie im Gerichtssaal identifiziert haben, dieselben Personen sind, die Sie in jener Nacht auf der Kreuzung gesehen haben«, antwortete er: »Ich bin mir da ganz sicher.«

Seine Aussage zum Tathergang passte allerdings nicht ganz zu dieser Gewissheit, denn er betonte, alles sei sehr schnell gegangen und er habe Todesangst gehabt. Am Abend der Schießerei, so sagte er aus, sei er nach einem Gottesdienst nach Hause zurückgekehrt. Als er vor seiner Haustür nach dem Schlüssel gesucht habe, habe er Schüsse gehört, die von der Kreuzung 33rd und East Broad zu ihm gedrungen seien. Er habe sich umgedreht und einen Blick in Richtung der Kreuzung geworfen, wo Funken wie »Feuer« von der Straße aufgestoben seien. Dann sei ein Auto in Sicht gekommen und habe mitten auf der Kreuzung angehalten. Er habe »Schüsse aus den Waffen« kommen sehen, abgegeben von zwei Männern, die sich aus den Fenstern auf der Beifahrerseite gebeugt und auf das Opfer geschossen hätten. Ob die Schüsse aus einer oder aus zwei Waffen abgefeuert worden seien, wisse er nicht. Gleich darauf sei der Wagen mit quietschenden Reifen davongerast.

Er sei traumatisiert gewesen, habe gedacht, er sei »in einem Kriegsgebiet«. Die Schießerei habe höchstens »drei bis vier Sekunden« gedauert. Währenddessen habe er sich an die Tür gedrückt und drei- oder viermal dagegen gehämmert, damit seine Frau Suzette ihm öffnete. Als sie schließlich zur Tür gekommen sei, sei er so »bestürzt und erschüttert« gewesen, dass er sie gebeten habe, den Notruf zu wählen, weil er selbst nicht hätte sprechen können.

Acht Monate vor dem Prozess, nämlich am 6. März 1992, hatte Staff Sergeant Sylvia Wallace, die wie die drei Soldaten in Fort Stewart stationiert war, Detective Middleton gegenüber eine Aussage gemacht, die sie in der Verhandlung unter Eid wiederholte. Ihre verworrene Geschichte ging so: Sie und Mark Jones waren am Freitagmorgen, dem 31. Januar 1992, vor den Kasernen ins Gespräch gekommen, und zwar nach dem Abschluss einer Inspektion des Bataillons, zu der alle im Kampfanzug erschienen waren. Als sie Jones fragte, was er am Wochenende vorhabe, antwortete er, dass er »nach Savannah fahren will, bevor er am Samstag heiratet, weil es es da jemanden in Savannah gibt, den er erschießen wird«. Als sie ihn fragte, wer das sei, sagte er: »Da ist ein Schwarzer, den ich erledigen muss.«

Beim Kreuzverhör gestand Wallace, dass sie zu der Zeit, wo Jones diese rassistische Bemerkung angeblich gemacht hatte, nicht näher beschriebene »Probleme« gehabt habe. Diese Probleme hätten in Kombination mit Stress dazu geführt, dass sie bis auf ihre Ausgehuniform alles kaputt gemacht habe, was sie an die Army erinnerte, und nach einundzwanzig Jahren Dienst in den Ruhestand getreten sei. Mark war fassungslos, als sie den Zeugenstand betrat und das frei erfundene »Gespräch« zwischen ihnen beschrieb. Er kannte sie kaum. Sie waren im selben Bataillon, aber in unterschiedlichen Kompanien. Sie war doppelt so alt wie er. Das Verhältnis zwischen ihnen war seiner Meinung nach freundlich, aber sehr oberflächlich gewesen.

Marks Kompaniechef und einer von Marks Zimmergenossen widersprachen Wallace' Aussage. Sie sagten aus, Mark sei an dem fraglichen Tag beurlaubt gewesen, damit er sich auf seine Hochzeit vorbereiten könne. Außerdem habe es keine Inspektion gegeben.

Mit seiner nächsten Zeugin, Private First Class Heather Radford – einundzwanzig Jahre alt, alleinerziehende Mutter eines sechs Monate alten Babys –, versuchte der stellvertretende Bezirksstaatsanwalt Lock erneut, die jungen Männer als Rassisten darzustellen. Sie und Kenny Gardiner waren zur gleichen Zeit in Saudi-Arabien und Deutschland stationiert gewesen, bevor sie im September 1991 nach Fort Stewart versetzt worden waren. Die beiden waren locker befreundet, mehr aber nicht.

Neben anderen brisanten Fragen wollte Lock von Radford wissen, ob sie sich daran erinnere, seinen beiden Ermittlern bei einer Befragung einen Monat vorher Folgendes gesagt zu haben: »Gardiner hat mir erzählt, dass er Nigger hasst, Punkt, fertig. Er würde immer sagen, dass er Nigger hasst, weil sie sich alles unter den Nagel reißen wollen, die Party, die Musik, die Frauen. Er sagte, er würde sich gern schwarz anziehen und sie umbringen.« Radford bestritt, den Ermittlern so etwas gesagt zu haben.

Beim Kreuzverhör der Verteidigung sagte sie aus, nach dem Gespräch mit den beiden Ermittlern habe sie auch mit Lock gesprochen. Dabei habe Lock immer wieder suggeriert, dass Gardiner so etwas gesagt habe – er hasse alle Schwarzen und wolle sie töten. Lock habe sie unter Druck gesetzt und fünf- oder sechsmal gefragt, ob Gardiner dies zu ihr gesagt habe. Sie habe darauf beharrt, dass dem nicht so sei.

Um ihre Aussage zu widerlegen, rief Lock seine beiden Ermittler, J. D. Smith und Glen Kessler, in den Zeugenstand. Beide erklärten, Radford habe ausgesagt, dass Gardiner diese Bemerkungen gemacht habe. Beim Kreuzverhör gab Smith zu, dass sie die Befragung nicht aufgezeichnet und Radfords Aussage auch nicht protokolliert hatten.

Da Lock kein Motiv für den Mord konstruieren konnte und ihm sehr wohl bewusst war, dass es keine Verbindung zwischen den Angeklagten und Stanley Jackson gab, beschloss er, die Soldaten nicht nur als Rassisten hinzustellen, sondern auch als gefährliche Adrenalin-Junkies. In der Verhandlung wurde darauf hingewiesen, dass sie gern Dungeons & Dragons spielten. Lock versuchte, den Geschworenen den Eindruck zu vermitteln, das Rollenspiel hätte die drei Soldaten dazu angeregt, nach Savannah zu fahren und den Mord zu begehen. Er erinnerte die Jury daran, dass der Verteidigungsexperte von D&D gesagt habe, es sei das

Ziel aller D&D-Spieler, das Gute über das Böse triumphieren zu lassen. Und er stellte die These auf, dass die Angeklagten möglicherweise in diese von Drogen geplagte Gegend von Savannah gefahren waren, weil sie »das Böse vernichten wollten«.

In seinem Schlussplädoyer sagte Lock zu den Geschworenen: »Diese jungen Männer waren auf der Suche nach einem Nervenkitzel. Bei diesem Fall ist es nicht notwendig, das Motiv nachzuweisen, aber wir gehen davon aus, dass sie im Grunde genommen Adrenalin-Junkies sind. Sie haben auf eine kranke Art nach einem Nervenkitzel gesucht.« Er kam immer mehr in Fahrt: »Es war die perfekte Tarnung ... Wenn jemand von Ihnen einfach so irgendeinen Menschen töten wollte, würden Sie es vielleicht in einer solchen Gegend tun. Ich würde Ihnen sogar vorschlagen, es dort zu tun. Dann würde es nämlich vielleicht für einen Mord im Drogenmilieu gehalten werden. Nur ein weiterer Drogentoter. Niemand würde nach einem anderen Täter suchen.« Aus Rollenspiel-Fans Adrenalin-Junkies zu machen war ein völlig absurder Schachzug, der jeder Grundlage entbehrte.

Als die Verteidigung an der Reihe war, stützten sich die Anwälte auf die wasserdichten Alibis und zahlreichen Beweise, sowohl Dokumente als auch Zeugenaussagen, die belegten, dass der zeitliche Ablauf für den Mord nicht funktionierte und dass die Angeklagten keine Rassisten waren.

Ein Privatdetektiv sagte aus, wenn er sich an die Geschwindigkeitsbegrenzungen halte, brauche er auf derselben Route zweiundfünfzig Minuten für die siebenundsiebzig Kilometer vom Golden Corral, wo das Abendessen mit Familie und Freunden stattgefunden hatte, zur Tops Lounge. Fahrzeit und Entfernung wurden von der Anklage nicht bestritten.

Sechs Zeugen – vier Gäste beim Abendessen und zwei Kellnerinnen – gaben an, dass die Angeklagten den Parkplatz des Golden Corral um 21.30 Uhr oder ganz kurz davor verlassen hätten. Wenn sie direkt zur Ecke 33rd und East Broad gefahren wären, um dort jemanden zu erschießen, hätten sie nicht vor 22.15 Uhr dort ankommen können. Und nach der Tat hätten sie einen Umweg machen müssen, um die Waffen und die Munition loszuwerden, bevor sie an der Tops Lounge angekommen wären, die sieben Minuten mit dem Auto vom Tatort entfernt lag. Zudem hätten sie ziemlich abgebrühte Killer sein müssen, um sich so zu verhalten, dass der Türsteher sie als »einfach drei Jungs, die sich in einer Tittenbar amüsieren wollten«, beschrieb. Lock weigerte sich, die Aussagen der Kellnerinnen zu akzeptieren, und beharrte darauf, dass die Soldaten gegen 21.15 Uhr losgefahren sein mussten. Sie hätten es jedoch so oder so nicht geschafft, bis 22.05 Uhr am Tatort zu sein.

Den Vorwurf, die jungen Männer seien Rassisten, die Selbstjustiz geübt hätten, konterte die Verteidigung mit jeder Menge Beweisen dafür, dass dem nicht so war.

Ein Colonel der U.S. Army hatte auf Bitten des Kommandierenden Generals des Stützpunkts bereits drei Tage nach der Festnahme von Kenny Gardiner ein Profil des jungen Mannes erstellt. Daraus ging hervor, dass Kenny »ein guter Soldat« sei und »zu keiner Zeit Disziplinarstrafen gegen ihn verhängt worden sind … er tut, was ihm befohlen wird, und ist nie zu spät oder gar nicht zum Dienst erschienen.« Zusammenfassend wurde festgestellt, dass »keine Anzeichen für Rassismus bei Gardiner vorliegen«.

In dem Bericht wurde auch erwähnt, dass seine beiden Stubenkameraden schwarz waren und Kenny sich ihnen zufolge nie rassistisch oder abwertend verhalten hatte. Einer davon, Sullie Kinnie, sagte den Geschworenen, dass er mit Kenny nie ein Problem gehabt habe und dass Kenny nicht gern ausgegangen sei, stattdessen habe er »am liebsten gelesen«.

Wenige Tage nach der Festnahme der Soldaten durchsuchten sowohl Kennys Kompanieführer als auch Detective Middleton Kennys Unterkunft in der Kaserne und den Trailer, den er sich mit Dino teilte, wenn er keinen Dienst hatte. Es wurde nichts gefunden, was auf Vorurteile gegenüber Schwarzen schließen ließ oder beweiskräftig gewesen wäre: keine Hassliteratur oder andere Lektüre, die mit Kriminalität oder gewalttätigem Verhalten zu tun hatte, lediglich Comics und Science-Fiction-Taschenbücher.

Auch Mark Jones konnte dem Gerichtsprotokoll zufolge nicht einmal ein Hauch von Rassismus nachgewiesen werden. Zum einen stammte er aus einer Familie, deren Mitglieder unterschiedlicher Hautfarbe waren: Sein Stiefvater war ein schwarzer Jazzmusiker. Der Bericht der Army über Mark, der kurz nach seiner Festnahme erstellt wurde, beschrieb ihn als »naiv und gutgläubig … mit einer positiven Einstellung« und als jemanden, der »seine Aufgaben effizient erfüllt«. Es hieß weiter, dass »PV2 Jones zu keiner Zeit Anzeichen für Vorurteile gegenüber anderen ethnischen Gruppen erkennen ließ« und dass es »keine wesentlichen Probleme mit Sergeant Davenport gibt, einem schwarzen Amerikaner, mit dem er seit zwei Jahren gewissenhaft und zuverlässig zusammenarbeitet«.

Sergeant Davenport sagte, die Vorstellung, dass Mark einen Mord begehen würde, sei »absurd«. Bei dem Termin zur Festsetzung der Kaution gab er zu Protokoll, dass er seit über zwei Jahren, auch während ihrer gemeinsamen Zeit in Saudi-Arabien und im Irak, Marks Gruppenführer sei und dass Mark »nicht gewalttätig ist und nie Ärger mit anderen hat«. Er besuchte Mark dreimal im Gefängnis, bevor er zu seinem nächsten Einsatz nach Deutschland abreisen musste.

Marks schwarzer Stubenkamerad Aaron McAbee sagte in der Verhandlung aus, Mark habe ihn zu seiner Hochzeit eingeladen und sich ihm gegenüber nie rassistisch geäußert. Es sei oft vorgekommen, dass Soldaten aller Hautfarben – Weiße, Schwarze und Latinos – auf Mark und Aarons Stube zusammen ferngesehen hätten. Eric Bibbs, Marks schwarzer Vorgesetzter, der während der Operation Desert Storm mit ihm gedient hatte, erzählte den Geschworenen, Mark sei »nicht böse oder gewalttätig«. Die Hautfarbe eines Menschen sei ihm gleichgültig.

Über Dominic Luccis Einstellung zu Schwarzen ist nicht viel in den Akten zu finden. Aus welchem Grund auch immer, die Anklage unternahm keinen Versuch, ihn als Rassisten darzustellen. Special First Class Sergeant Marinaro war Dinos Vorgesetzter, nachdem dieser im Oktober 1991 nach einem einjährigen Korea-Einsatz in Fort Stewart stationiert worden war. Als Marinaro in der Woche nach Dinos Festnahme von der Polizei befragt wurde, sagte er, er glaube nicht, dass Lucci »ein Rassist« sei.

Die Verteidigung wies auch darauf hin, dass bei der gründlichen Untersuchung des Wagens der Angeklagten und ihrer Unterkünfte keine belastenden Beweise gefunden wurden. (Weder die Polizei noch die Staatsanwaltschaft hatte eine Erklärung dafür, wo oder wann oder wie es den Soldaten gelungen war, Waffen und Munition loszuwerden, oder warum in ihrem Wagen keine verwertbaren Beweise dafür gefunden wurden, dass sie mit Sturmgewehren aus dem fahrenden Auto geschossen hatten.) Darüber hinaus hatten alle drei keine Vorstrafen, nahmen keine Drogen, kannten das Opfer nicht und hatten weder ein Motiv noch die Mittel, noch die Gelegenheit, Stanley Jackson zu töten.

Die Angeklagten selbst sagten nicht aus. Ihre Anwälte waren der Meinung, genügend Beweise für ihre Unschuld vorgelegt zu haben. Sie hielten es nicht für notwendig, das Risiko einzugehen, dass Lock die jungen Männer im Zeugenstand verwirrte und provozierte.

Kurz bevor sich die Jury zur Beratung zurückzog, berichtete eine weiße Geschworene dem Richter, eine schwarze Geschworene habe während der zwei Wochen des Prozesses kein Geheimnis daraus gemacht, dass sie den Vater des Opfers kenne und die Angeklagten für schuldig halte. Die schwarze Geschworene wurde von ihrer Pflicht entbunden und durch einen nachrückenden schwarzen Geschworenen ersetzt, der zwei Straßen von der Stelle entfernt wohnte, wo Jackson erschossen worden war. Dieser Geschworene gab zu, gehört zu haben, »wie Nachbarn darüber geredet haben, wie es passiert ist und so … man hört ständig was anderes.« Die Verteidiger lehnten den Geschworenen ab, aber Richter Perry Brannen beließ ihn in der Jury.

Die Beratung der Geschworenen begann am 19. November 1992 um 15.30 Uhr. Um 23.51 Uhr wurde das Urteil verkündet: Alle drei Angeklagten waren des Mordes schuldig.

Kaum hatten die Geschworenen den Gerichtssaal verlassen, handelte Richter Brannen, der den Fall schnell abschließen wollte, die Festsetzung des Strafmaßes innerhalb von neun Minuten ab. Zeugen sagten nicht aus, und die Anwälte sprachen nur für ein paar Minuten. Um 0.05 Uhr am 20. November, lediglich vierzehn Minuten nach dem Schuldspruch der Geschworenen, verurteilte der Richter die drei Männer zu einer lebenslänglichen Freiheitsstrafe. Er gab später zu, dass die Nationalgarde für den Fall, dass die Soldaten freigesprochen würden, in Bereitschaft gestanden habe. Während des gesamten Prozesses hatten Savannahs Behörden gewaltsame Unruhen befürchtet, ähnlich denen in Los Angeles, die nach dem Freispruch der Polizisten im Fall Rodney King ausgebrochen waren.

Die Verteidiger waren genauso entsetzt von dem Schuldspruch wie alle anderen auf ihrer Seite und arbeiteten pro bono weiter, um nach Beweisen zu suchen, mit denen sie gegen das Urteil angehen konnten. Sechs Geschworene gaben beeidete Erklärungen ab, in denen sie die Überzeugung äußerten, die Soldaten hätten kein faires Verfahren bekommen, da es während der Beratung der Jury zu Übergriffen gekommen sei. Einer der Geschworenen, ein schwarzer Anwalt namens Murphy Cooper, habe diejenigen, die für einen Freispruch gewesen seien, eingeschüchtert und als Rassisten bezeichnet. Er habe gesagt, dass es zu gewalttätigen Auseinandersetzungen in Savannah kommen könne, ähnlich denen in Los Angeles sieben Monate zuvor, falls die Jury die Soldaten nicht einstimmig schuldig spreche. Zudem behauptete Cooper fälschlicherweise, alle Geschworenen, die für einen Freispruch stimmten, würden später im Gerichtssaal namentlich genannt werden und müssten daher mit Racheaktionen seitens der Schwarzen rechnen.

1994 wies der Oberste Gerichtshof von Georgia einen Antrag auf Berufung auf der Grundlage der beeideten Erklärungen der Geschworenen ab und entschied, dass Geschworene nach den Gesetzen des Bundesstaates nicht das Recht hätten, ein von ihnen abgegebenes Urteil anzuzweifeln, es sei denn, es lägen »außergewöhnliche Umstände« vor, was auf diesen Fall aber nicht zutreffe.

Die drei Soldaten verbrachten die folgenden siebzehn Jahre im Gefängnis. 2009 begann Centurion Ministries mit Ermittlungen zu dem Fall, nachdem es mehrere Jahre lang eine Fülle von Material zu dem Verfahren geprüft hatte. Auf der Suche nach neuen Beweisen befragte Centurion bis 2012 unzählige Zeugen. Die jungen Männer bekamen neue Anwälte, Peter Camiel aus Seattle, der früher schon andere Mandanten von Centurion vertreten hatte, und Steve Sparger aus Savannah.

Ganz oben auf der Zeugenliste stand James White, dessen Aussage schon immer fragwürdig gewesen war. Die Polizei hatte die Entfernung von Whites Haustür in der East Broad Street bis zu der Stelle, an der das Auto mitten auf der Kreuzung angehalten hatte, mit zweiundzwanzig Metern ausgemessen. Es war eine dunkle, mondlose Nacht gewesen, mit unzureichender Straßenbeleuchtung.

Diese Rahmenbedingungen sowie der Umstand, dass White nur wenig Zeit gehabt hatte, die Schießerei zu beobachten, und sich dabei auch noch in einem schwer traumatisierten Zustand befand, in dem er um sein Leben fürchtete, machten eine zuverlässige Aussage eher unwahrscheinlich.

Centurion fand White und seine Frau Suzette schließlich in einem Zimmer eines billigen Motels an der Interstate 85 knapp außerhalb von Newnan, Georgia, etwa fünfzig Kilometer südwestlich des Flughafens von Atlanta. Sie waren obdachlos und hatten ihre weltlichen Besitztümer überall in dem Zimmer aufgetürmt. Centurion traf sich innerhalb eines Jahres dreimal mit den Whites und versuchte, die beiden näher kennenzulernen und die Umstände in Erfahrung zu bringen, unter denen James seine Zeugenaussage gemacht hatte. Irgendwann gaben die Whites beschämt zu, dass James in der Verhandlung gelogen hatte. Seitdem wurden sie von ihrem Gewissen geplagt. Schließlich gaben sie im Januar 2011 beeidete Erklärungen ab, und James widerrief seine Zeugenaussage. (Suzette starb leider 2012 mit einundfünfzig Jahren an einem Herzinfarkt.)

2011 suchte Centurion Heather Radford in ihrem Haus in Pennsylvania auf. Sie arbeitete zu der Zeit seit acht Jahren als Wärterin in einem Bundesgefängnis und war mit einem Kollegen verheiratet. Radford zögerte zunächst, doch nachdem wir ihr unser Ansinnen erklärt und Fotos der drei Männer gezeigt hatten, war sie einverstanden, mit uns zu sprechen. Sie sagte, ihre Zeugenaussage habe ihr in den vergangenen achtzehn Jahren viele schlaflose Nächte bereitet, da sie nicht eindeutig genug gewesen sei, die Aussagen der Ermittler zu widerlegen, die als Zeugen für die Staatsanwaltschaft aufgetreten waren. Die Verurteilung der drei Soldaten war für sie ein »Hohn auf die Gerechtigkeit«.

Radford konnte sich noch gut daran erinnern, dass sie vor den beiden Ermittlern Angst gehabt und sich als junge, alleinerziehende Mutter mit einem kleinen Kind wehrlos und verletzlich gefühlt hatte. Nach ihrer Aussage sei sie fix und fertig gewesen: »Ich bin nicht damit klargekommen, dass ich vielleicht an Kenneths Verurteilung schuld war.« Nachdem sie mit ihrem Mann gesprochen hatte, gab sie eine beeidete Erklärung ab und war bereit, als Zeugin auszusagen, falls es notwendig sein sollte. Ihre Erklärung von 2011 stellt klar, dass sich Kenny ihr gegenüber nie abfällig über Schwarze geäußert hat.

Als Centurion mit Sylvia Wallace in ihrem Zuhause in North Carolina redete, gab sie zu, vier verschiedene Versionen ihres Gesprächs mit Jones erzählt zu haben. Außerdem seien die Aussagen von Marks Kompaniechef und seinem Stubenkameraden, die ihrer widersprachen, richtig. Eine Erklärung für die unterschiedlichen Geschichten hatte sie nicht. Während unseres Besuchs bei ihr – selbst dann, wenn es nicht um ihre Zeugenaussage vor Gericht ging – platzte sie unvermittelt mit Sätzen heraus wie: »Ich kann nicht zurücknehmen, was ich gesagt habe!«, oder: »Ich kann nicht ändern, was ich im Gerichtssaal gesagt habe!«, oder: »Ich habe nicht gelogen, und das, was ich gesagt habe, kann ich nicht zurücknehmen!« Warum das so impulsiv aus ihr herausbrach, ist schwer zu verstehen und lässt sich nur damit erklären, dass es ein Hinweis auf ihr schlechtes Gewissen war.

2010, nachdem Centurion einen Antrag auf Einsicht in öffentlich zugängliche Daten gestellt hatte, fanden wir schließlich den entscheidenden Beweis in den Polizeiakten. Zwischen sechshundert Seiten zu dem Fall lag ein einseitiger Bericht der Polizei von Savannah, der später »Yamacraw-Bericht« genannt werden sollte.

Darin ging es um einen Vorfall, der sich am 1. Februar 1992 um ein Uhr morgens zugetragen hatte, zwei Stunden *nach* der Festnahme der drei Soldaten. Er ereignete sich in Yamacraw Village, einem der ärmeren Viertel Savannahs. Zwei Weiße mit Militärhaarschnitt, die halb automatische Waffen bei sich hatten und zwei Autos fuhren – einen weißen Chevy-Pick-up und einen silbernen, zweitürigen Ford Thunderbird neueren Baujahrs – »drohten damit, Schwarze zu erschießen, die an Straßenecken herumlungerten«. Der Bericht war den Verteidigern der inhaftierten Soldaten achtzehn Jahre lang vorenthalten worden.

Im Namen ihrer Mandanten stellten die Anwälte Camiel und Sparger im Mai 2012 einen Antrag, in dem sie Beweise für die »tatsächliche Unschuld« der Soldaten darlegten und aufzeigten, dass die Polizei Beweise unterdrückt hatte, die auf deren Unschuld hindeuteten.

Dies führte im Juli 2013 zu einer Beweisanhörung vor Richterin Sarah Wall am Wheeler County Superior Court in McRae im Süden von Georgia. Die Kleinstadt mit fünftausendsiebenhundert Einwohnern liegt in der Nähe des Gefängnisses, in dem die Soldaten während der Anhörung einsaßen.

Bei der Anhörung kamen die Eltern der Männer zum ersten Mal seit dem Prozess vor einundzwanzig Jahren wieder zusammen. Kennys Eltern, Marks Mutter und Dinos Vater und Onkel waren angereist. Sie hatten alle die gleiche Hoffnung und wollten ihre Söhne nach Hause bringen. Unter den Zuschauern befand sich auch Dawn Burgett, die ihre Unterstützung für Mark und seine Mitangeklagten zeigen wollte.

Bei der Anhörung sagte Harvey Middleton, damals der recht unerfahrene leitende Ermittler in dem Fall, der 2013 bei der Polizei von Miami Beach arbeitete, zur Richterin: »Mr. Whites Identifizierung der Täter war nie zu hundert Prozent sicher. Er hat uns nie eine hundertprozentige Identifizierung gegeben.«

Der stellvertretende Bezirksstaatsanwalt Lock sagte aus, die Detectives »bezweifelten, dass er [White] in der Lage ist, die Täter zu identifizieren«. Das erklärt, warum die Polizei zögerte, selbst als White um eine Gegenüberstellung bat. Er wurde auch nie aufgefordert, die Soldaten auf den Fotos zu identifizieren, die man in jener Nacht von den Männern gemacht hatte.

Locks und Middletons Aussagen bestätigten zum ersten Mal in der zweiundzwanzigjährigen Geschichte des Falls, dass die Polizei Zweifel hatte. Sie widersprachen White, der in der Verhandlung ausgesagt hatte, er sei sich »ganz sicher«, dass Jones und Gardiner die Schützen seien.

Dieser Umstand war eine eindeutige Zuwiderhandlung gegen die Entscheidung des Obersten Gerichtshofs der Vereinigten Staaten im Fall *Brady gegen Maryland,* wonach Staatsanwaltschaft und Polizei verpflichtet sind, der Verteidigung jegliches entlastende Material vor dem Prozess zukommen zu lassen.

Warum hatte White in der Verhandlung gelogen? Bei der Anhörung 2013 und in seiner beeideten Erklärung hat er Folgendes ausgesagt:

> Ich habe gelogen, weil mich alle gedrängt haben zu sagen, dass es die Jungs gewesen sind. Der Druck, sie als Täter zu identifizieren, war ungeheuer groß. Um mich dazu zu bringen, sie zu identifizieren, haben die Polizisten mir gesagt, dass

die Soldaten in der Stadt herumgefahren sind und Schwarze getötet haben und dass sie das getan haben, weil sie etwas gegen Schwarze haben. Sie haben gesagt, wenn ich sie nicht identifiziere, würde es Unruhen in der Stadt geben. Sie haben gesagt, sie wissen, dass die Jungs schuldig sind, aber dass sie sie nicht vor Gericht bringen können, wenn ich sie nicht identifiziere, und dass sie mit dem Mord davonkommen werden, wenn ich sie nicht identifiziere. Sie haben gesagt, dass sie meine Hilfe brauchen und dass die Stadt meine Hilfe braucht.

Meine Frau und ich sind von vielen Schwarzen angerufen worden, die mich aufgefordert haben, »das Richtige« zu tun. Ich erinnere mich vor allem an Reverend Matthew Brown [ein bekannter schwarzer Pastor aus Savannah], der angerufen und gesagt hat, dass die Polizei die Richtigen festgenommen hat und dass es an der Zeit ist, aufzustehen und etwas zu tun. Er hat auch gesagt, dass es Unruhen und Krawalle in der Stadt geben würde, wenn die Jungs nicht verurteilt werden. Und Reverend Brown hat gesagt, er würde mich einladen, demnächst in seiner Kirche zu sprechen. [Er hat es nie getan.]

Meine Frau Suzette hat mich angefleht, nicht zu lügen. Aber ich hatte Angst, dass mir und meiner Familie etwas passiert, wenn ich die Jungs nicht identifiziere. Wir hatten damals acht Kinder, die alle in unserem Haus in der East Broad Street wohnten. Vor der Verhandlung habe ich der Polizei und dem Staatsanwalt gesagt, dass ich niemanden identifizieren kann und dass ich nicht aussagen will. Sie haben gesagt, wenn ich in der Verhandlung nicht das aussage, was ich bei der Beweisanhörung ausgesagt habe, würden sie mich wegen Meineid vor Gericht bringen und ins Gefängnis werfen.

> Ich bin fast durchgedreht. Ich hatte Angst, weil ich nicht von meiner Familie, von meiner Frau und den Kindern, getrennt sein wollte. Also habe ich darüber nachgedacht und mir gesagt, dass ich in dem Punkt weiter lügen muss … Ich habe gewusst, dass ich lüge, als ich zwei von ihnen als die Mörder von Stanley Jackson identifiziert habe. Doch zu meinem großen Bedauern und zu meiner Schande habe ich es getan, aus Angst … Als Mann des Evangeliums weiß ich, dass im zweiten Buch Mose steht, man soll kein falsches Zeugnis ablegen. Man soll nicht töten, nicht stehlen und kein falsches Zeugnis ablegen gegen andere Menschen. Aber das habe ich getan. Es schmerzt und quält mich seit Jahren. Seit mindestens einundzwanzig Jahren. Es tut mir so leid.

Der zweite im Antrag genannte Verstoß gegen *Brady* war die Unterdrückung des Yamacraw-Polizeiberichts, in dem stand, dass andere Weiße in den ärmeren Vierteln Savannahs herumgefahren waren, um Schwarze an Straßenecken mit halb automatischen Waffen zu erschießen, und zwar in derselben Nacht, in der Jackson getötet wurde. Die Staatsanwaltschaft wusste auch, dass am 21. Oktober 1991, einige Monate vor dem Mord an Stanley Jackson, zwei Weiße, die einen kleinen roten Pick-up fuhren, etwa eine Stunde nach Mitternacht auf zwei Schwarze geschossen hatten. Das erste Opfer wurde durch einen Bauchschuss tödlich verwundet, als es vor seinem Haus aus seinem Wagen stieg. Wenige Minuten vorher war vier Straßen weiter ein anderer Schwarzer von einem Schuss in den Arm getroffen worden, als er vor seinem Haus sein Auto verlassen hatte. Zeugen gaben der Polizei gegenüber an, die Täter seien zwei Weiße Mitte zwanzig oder Anfang dreißig gewesen. Sie wurden als gepflegt und gut gekleidet beschrieben. Die Fälle wurden nie aufgeklärt.

Obwohl Lieutenant Ragans Name auf dem Yamacraw-Bericht stand, behaupteten er und Sergeant Steven, der zweite Ermittler in dem Fall, sie könnten sich nicht daran erinnern, den Bericht gesehen zu haben. Bei der Beweisanhörung räumten sie jedoch ein, dass dieses Dokument Informationen enthielt, denen die Polizei hätte nachgehen müssen.

Lock gestand in seiner Zeugenaussage, dass es bei den Besprechungen mit Ragan und den anderen Detectives in der Tatnacht vor allem darum gegangen war, mehr belastende Beweise gegen die Soldaten zu bekommen.

Ronald Holmes, ein Schwarzer, sagte bei der Anhörung dazu aus, wie lange man brauchte, um vom Restaurant Golden Corral in Hinesville zum Tatort und zur Tops Lounge zu gelangen. Dies sollte der Richterin vor Augen führen, wie unmöglich die Zeitangaben der Staatsanwaltschaft gewesen waren. Holmes hatte vierzehn Jahre als Taxifahrer in Hinesville gearbeitet. Er fuhr vier- bis sechsmal die Woche von Hinesville nach Savannah. Er sagte, dass es sechsundsechzig Kilometer vom Golden Corral bis zum Tatort seien und dass die schnellste Fahrt über die kürzeste Strecke mindestens sechsundvierzig Minuten gedauert habe, wobei er durchschnittlich fünfzehn Stundenkilometer schneller gewesen sei als die Geschwindigkeitsbegrenzung auf den Highways. Falls die drei Männer direkt zum Hazard County in Savannah gefahren wären, mit Sturmgewehren und Munition und der Absicht, wahllos jemanden zu erschießen, hätten sie sich allerdings weitgehend an die Geschwindigkeitsbegrenzung halten müssen, um an einem verkehrsreichen Freitagabend nicht die Aufmerksamkeit der Highway Patrol auf sich zu ziehen.

Drei ehemalige Sergeants und ein ehemaliger Beamter der Polizei von Hinesville mit zwanzig Jahren Diensterfahrung sagten aus, Sylvia Wallace habe jedem von ihnen eine andere Version ihres Gesprächs mit Jones erzählt. Keine davon stimmte mit der überein, die sie bei der Verhandlung zu Protokoll gegeben hatte.

Die Verteidiger ließen insgesamt zweiundzwanzig Zeugen aussagen und legten als Sachbeweise den Widerruf von James Whites Geständnis, die Zeugenaussage von Detective Middleton und den unterdrückten Yamacraw-Bericht der Polizei von Savannah vor. Die Vertreter des Bundesstaates Mississippi hatten nur einen Zeugen, David Lock, der die Anklage vertreten hatte. Centurion war der Meinung, überzeugende Argumente für einen neuen Prozess genannt zu haben, und glaubte, die Anhörung sei bestens verlaufen.

Wir irrten uns.

Die Soldaten waren fassungslos, als Richterin Wall im August 2014, ein Jahr nach der Anhörung, ihre Entscheidung bekannt gab und eine Wiederaufnahme des Verfahrens ablehnte. Hinsichtlich des Yamacraw-Berichts stellte sie fest, »da die Antragsteller diese Behauptung nicht in der Verhandlung vorgebracht und bei der Berufung nicht als Fehler benannt haben, ist dieser Antrag aus verfahrensrechtlichen Gründen von einer Prüfung in der Sache durch dieses Gericht ausgeschlossen«.

Das war komplett widersinnig. Wie hätten die Verteidiger den Bericht beim Prozess von 1992 oder in der Berufung von 1993 bis 1994 verwenden können, wenn sie erst 2010 von ihm erfahren hatten? In Bezug auf Whites Unfähigkeit, eine eindeutige Identifizierung der Täter vorzunehmen, wurde die gleiche Begründung vorgebracht. Bis 2013 hatten nur Polizei und Staatsanwaltschaft davon gewusst. Es liegt in der Natur der Sache, dass ein Verstoß gegen *Brady* in der Regel irgendwann nach der Verurteilung des Angeklagten entdeckt wird.

Die ersten Fortschritte wurden im November 2014 gemacht, als der Oberste Gerichtshof von Georgia mit einer einstimmigen

Entscheidung von neun zu null den Fall an Richterin Wall zurückverwies und anordnete, in der Sache und der Wesentlichkeit der Unterdrückung des Yamacraw-Berichts und Whites Unfähigkeit zu einer eindeutigen Identifizierung des Täters zu entscheiden. Sechzehn Monate später, im März 2016, lehnte Wall den Antrag erneut ab. Dieses Mal entschied sie, dass die Anklage den Yamacraw-Bericht nicht etwa unterdrückt habe, sondern keinen Grund hatte, ihn der Verteidigung zugänglich zu machen, weil es keinen Anhaltspunkt darauf gab, dass er irgendetwas mit dem Mord an Jackson zu tun hatte.

In Bezug auf White räumte die Richterin ein, dass die Identifizierung der Antragsteller als die Schützen ein wesentlicher Teil der Beweisführung der Anklage gewesen war. Sie bestätigte auch, dass jegliche Informationen, die die Glaubwürdigkeit seiner Zeugenaussage in der Verhandlung beeinträchtigten, »möglicherweise entlastendes Beweismaterial für die Anklage« waren. Sie zweifelte dennoch seinen Widerruf an. Middletons Aussage, dass White die Soldaten während der gesamten Ermittlungen nie eindeutig identifiziert habe, erwähnte sie überhaupt nicht. Dieser zur Sache gehörige Fakt, der mit Sicherheit entlastend war und die Glaubwürdigkeit von Whites Zeugenaussage in der Verhandlung beeinträchtigte, wurde einfach verschwiegen.

Die Verteidiger legten natürlich Beschwerde gegen Richterin Walls Entscheidung ein und wandten sich erneut an den Obersten Gerichtshof von Georgia. Am 9. November 2017 bekamen die Soldaten endlich, worum sie sich in den letzten sechsundzwanzig Jahren bemüht hatten – Gerechtigkeit und die Aufhebung der Urteile. Der Oberste Gerichtshof setzte Walls Ablehnung außer Kraft, wieder mit einer einstimmigen Entscheidung von neun zu null, und stellte fest, dass »angesichts aller betreffenden Umstände das Ergebnis des Verfahrens dadurch beeinflusst wurde, dass die Anklage es versäumt hat, der Verteidigung den Yamacraw-Bericht zugänglich zu machen«.

Das Gericht führte ferner aus, dass der Yamacraw-Bericht »Beweis dafür ist, dass andere Personen mit ähnlichem Aussehen eine rassistisch motivierte Gewalttat ähnlich jener, der Jackson zum Opfer fiel, angedroht hatten« und dass »das Verfahren sehr wohl anders hätte ausgehen können, wenn die Geschworenen darüber informiert worden wären, dass sich in der gleichen Nacht außer den Angeklagten noch andere Personen in der Gegend aufgehalten hatten, um rassistisch motivierte Gewalttaten zu verüben«.

In seiner Begründung wies der Oberste Gerichtshof von Georgia zudem auf andere entlastende Umstände hin, insbesondere die Tatsache, dass die Angeklagten bis 21.15 oder 21.30 Uhr an einem Abendessen teilgenommen hatten, das »über fünfzig Minuten Fahrt entfernt« vom Ort der Schießerei um zweiundzwanzig Uhr stattgefunden hatte, und dass die Beweisführung der Anklage »stark abhängig« gewesen sei von Whites Identifizierung der Angeklagten: »Die Ermittler führten aber keine Gegenüberstellung durch, weder in Person noch in Form von Fotos. Die Mordwaffe wurde nie sichergestellt. Im Fahrzeug der Angeklagten wurden keine Waffen gefunden, auch keine Patronenhülsen aus einer automatischen Waffe. Abgesehen davon fand der Spurentechniker, der auf der Suche nach Schmauchspuren das Innere des Fahrzeugs mit einem Staubsauger reinigte, keine solchen.«

Da Richterin Wall dieselben Beweismittel vorgelegt worden waren, war die Entscheidung des Obersten Gerichtshofs von Georgia ein Hinweis darauf, dass es starke Vorbehalte hinsichtlich der Schuld der Soldaten hatte. Walls Entscheidungen hatten den Sieg der Gerechtigkeit vier Jahre lang hinausgezögert.

Endlich kam der Tag, auf den die drei Männer und ihre Familien so lange gewartet hatten. Am Mittwoch, dem 20. Dezember 2017, versammelten sich alle in dem inzwischen renovierten Gerichtssaal in Savannah, wo die Männer fast sechsundzwanzig Jahre zuvor zu einer lebenslänglichen Haftstrafe verurteilt worden waren.

Angeklagte, deren Urteile von einer höheren Instanz aufgehoben werden, haben ein Recht darauf, aus dem Gefängnis entlassen zu werden, während sie darauf warten, ob die Staatsanwaltschaft sie erneut vor Gericht bringt oder nicht. Vom juristischen Standpunkt aus gesehen, sind sie zu diesem Zeitpunkt angeklagt, aber nicht verurteilt. Wie bei ihrer ursprünglichen Festnahme müssen sie jedoch über die finanziellen Mittel verfügen, die vom Richter festgelegte Kaution hinterlegen zu können.

Unter den Zuschauern im Gerichtssaal befanden sich Marks Mutter, die fünfundsechzig Jahre alte Deborah McGill, Kennys sechsundsiebzig Jahre alte Mutter Betty, Dinos achtundsiebzig Jahre alter Vater Roger und sein Onkel Burt. Alle waren den weiten Weg von Texas oder Ohio hergefahren. Alle hofften, dass sie ihre Söhne oder Neffen nach Hause mitnehmen konnten, wenn der Richter eine Kaution in angemessener Höhe festlegte.

Als die drei Männer nun in Handschellen hereingeführt wurden, ging ein Raunen durch den Gerichtssaal. Sie trugen weiße Gefängnisoveralls und waren mit Bauch- und Fußketten gefesselt. Die Jahre im Gefängnis hatten ihre Spuren hinterlassen und sie vorzeitig altern lassen. Sie setzten sich neben Peter Camiel und Steve Sparger an den Tisch der Verteidigung. Während die Anwesenden darauf warteten, dass der Richter seinen Platz einnahm, war es so still, dass man eine Stecknadel hätte fallen hören.

Alle waren etwas überrascht, aber erleichtert, als der Bezirksstaatsanwalt zum Richter sagte: »Die Festlegung der Kaution überlässt die Anklage dem Ermessen des Gerichts.« Das bedeutete, dass er nicht vorhatte, gegen die Höhe der Kaution zu protestieren. Die Männer waren schon fast zu Hause.

Centurion wusste, dass die Familien eine Kaution in der Höhe, die vermutlich vom Richter festgesetzt werden würde, nicht aufbringen konnten. Deshalb hatten wir mit einem Unterstützer aus New York vereinbart, dass dieser eine Kaution bis zu einer Höhe von einhunderttausend Dollar übernehmen würde, dreiunddreißigtausend Dollar für jeden Angeklagten. Falls nötig, stand er bereit und würde das Geld sofort an das Büro des Sheriffs von Chatham County überweisen.

Als der Richter die Kaution auf dreißigtausend Dollar für jeden der drei festlegte, überwies der Unterstützer unmittelbar darauf die Summe. Wir hatten ihm zugesagt, dass er das Geld nach Abschluss des Verfahrens wiederbekomme.

Die Anspannung wuchs, denn jetzt waren wir davon überzeugt, dass die ehemaligen Soldaten noch vor Ende des Tages ohne Auflagen freigelassen werden würden und mit ihren Familien nach Hause fahren konnten, um dort die Entscheidung des Bezirksstaatsanwalts hinsichtlich eines neuen Prozesses abzuwarten. Und so kam es auch. Um 15.32 Uhr verließen die drei das Bezirksgefängnis von Chatham County – in von Centurion gestellten T-Shirts mit dem Aufdruck ICH BIN UNSCHULDIG.

Die Männer wurden im Eingangsbereich des Gefängnisses von zahllosen Unterstützern empfangen, die sie unter lautem Jubel begrüßten. Marks Mutter, Deborah, umarmte ihren Sohn und wollte ihn gar nicht mehr loslassen, während sie rief: »Bis auf seine Geburt ist das der schönste Tag in meinem Leben!« Abgesehen von dem Teil mit der Geburt fühlten wir anderen uns genauso, als wir die drei umarmten, einen nach dem anderen, und den Moment auf Fotos festhielten.

Der Sheriff war so nett und erlaubte uns, den Eingangsbereich für eine spontane Party zu nutzen. Am Abend feierten wir im Haus von John Watts Jr. weiter, Mark Jones' ehemaligem Prozessanwalt aus Savannah, der Centurion tatkräftig dabei unterstützt hat, seinen ehemaligen Mandanten aus dem Gefängnis zu holen. Auch Dinos Prozessanwalt Bill Cox und Kennys ehemaliger Anwalt John Watts Sr. waren an jenem Abend dabei. Bei der Anhörung 2013 hatten alle drei als Zeugen ausgesagt. Bill Cox hatte mir Tränen in die Augen getrieben, als er zu Richterin Wall sagte: »Ich werde bis in mein Grab der festen Überzeugung sein, dass die Jungs es nicht getan haben. Ich denke sogar beim Zähneputzen an sie. Ich werde sie nie vergessen.«

Am nächsten Tag fuhren alle nach Hause. Es würde das erste Weihnachten seit 1991 sein, das Mark, Kenny und Dino in Freiheit und mit ihren Familien zusammen feiern konnten.

Jetzt gab es nichts mehr für uns zu tun. Wir konnten nur abwarten, ob der Bezirksstaatsanwalt einen zweiten Prozess anstrengen würde oder nicht. Es gab keine Beweise mehr gegen die drei, doch manchmal versucht ein Staatsanwalt alles, um nicht das Gesicht zu verlieren. Es dauerte sieben Monate, aber dann gab der Bezirksstaatsanwalt schließlich bekannt, dass er die ehemaligen Soldaten nicht wieder vor Gericht bringen, sondern den Richter bitten werde, alle Anklagepunkte gegen sie fallen zu lassen und das Verfahren einzustellen. Am 18. Juli 2018 war es dann so weit.

Das Damoklesschwert über ihren Köpfen war endlich weg. Zum ersten Mal konnten die drei durchatmen, weil sie wussten, dass der Albtraum zu Ende war. Jetzt konnten sie ihr Leben noch einmal von vorn beginnen.

Doch dieses neue Leben wurde von ihrer Zeit im Gefängnis überschattet. In den sechsundzwanzig Jahren hinter Gittern waren alle drei mustergültige Häftlinge gewesen und hatten so gut wie nie Disziplinarmaßnahmen erhalten. Das war ungewöhnlich und eigentlich noch nie da gewesen, vor allem über einen so langen Zeitraum hinweg. Nur eines von vielen Beispielen: Dino hat mehrere Jahre lang als stellvertretender Küchenchef für Gouverneur Sonny Perdue gearbeitet und einmal sogar an Thanksgiving mit dem Gouverneur und dessen Familie zusammen am Tisch gesessen.

Warum haben diese Männer in all den Jahren nicht aufgegeben, obwohl sie sich nie sicher sein konnten, je wieder freizukommen? Alle drei hatten die gleiche Antwort auf diese Frage: weil ihre Familien felsenfest an ihre Unschuld glaubten und sie unerschütterlich unterstützten und liebten, vom Tag der Festnahme bis zum Tag ihrer Freilassung. Mark hatte seine Mutter, Deborah McGill (sein Vater war 1995 gestorben). Kenny hatte seine Mutter Betty und seinen Vater Carroll, der 2015 starb. Dino hatte seinen Vater Roger und seinen Onkel Burt (seine Mutter Gayle war 1995 gestorben). Ohne diese Unterstützung hätten die Männer nicht überlebt, insbesondere nicht in den ersten Jahren ihrer Gefangenschaft.

Hoffnung war ein weiterer Faktor, allerdings nie als Konstante, eher wie eine flackernde Kerze, die einfach nicht erlöschen will. Kenny hatte sich mehr oder weniger in sein Schicksal ergeben, bis Centurions Ermittlungen an Fahrt gewannen. Er bekam ein wenig Hoffnung, die jedoch wieder schwand, als Richterin Wall zweimal eine Wiederaufnahme des Verfahrens ablehnte. Die zweite Entscheidung des Obersten Gerichtshofs von Georgia sorgte dann dafür, dass seine Hoffnung auf Freiheit endlich wuchs.

In den ersten Jahren nach seiner Verurteilung glaubte Dino, das System würde seinen Fehler einsehen und ihre Unschuld bestätigen. Er war fest davon überzeugt, dass die Gerichte schon bald die Wahrheit erkennen und ihre Fehlentscheidung korrigieren würden. Außerdem hatte er einen Traum, der ihn lange nicht aufgeben ließ: Wenn die Wahrheit ans Licht gekommen war, wollten er und seine beiden Freunde eine Klage über mehrere Millionen Dollar anstrengen. Es dauerte eine ganze Weile, bis sich diese Illusion in Luft auflöste und er die Realität akzeptierte.

Hinzu kam, dass der Bewährungsausschuss seine Anträge immer wieder ablehnte und er acht Jahre bis zur nächsten Prüfung warten musste. Zudem lehnten die Gerichte die Berufungen immer wieder ab. *Okay,* beschloss er eines Tages, *das war's,* obwohl er noch nicht ganz aufgegeben hatte. Es war sein Kampfgeist, der Centurion beeindruckte, als er 2003 in seinem zweiten Brief schrieb: »Sie haben mir gesagt, dass ich mich in zwei Jahren noch einmal melden soll. Zwei Jahre sind vergangen, und dieses Mal lasse ich ein Nein als Antwort nicht gelten. Wenn McCloskey inzwischen in den Ruhestand gegangen ist, schicken Sie eben jemand anders her, um uns zu helfen.«

Doch die zweimalige Ablehnung der Berufung durch Richterin Wall war zu viel. Dino hatte beschlossen, sich mit einer Plastiktüte über dem Kopf das Leben zu nehmen, falls auch der Oberste Gerichtshof von Georgia gegen sie entschieden hätte. Wenn das geschehen wäre, hätte er im Gefängnis bleiben müssen, und er wollte nicht weitere Jahrzehnte ohne Hoffnung auf Freiheit leben.

Mark gibt offen zu, dass er sein Schicksal akzeptiert hatte, als Unschuldiger im Gefängnis zu leben und dort auch zu sterben, als die Berufungen abgelehnt wurden und eine Entlassung auf Bewährung in weiter Ferne lag. Er war entschlossen, das Beste aus einer schlimmen Lage zu machen, und fand »Trost« im Gefängnisalltag, indem er andere Häftlinge unterrichtete, Sport machte und sich mit Brettspielen die Zeit vertrieb.

Zu Beginn der Beweisanhörung 2013 bekam er wieder Hoffnung. Obwohl er nicht glaubte, dass Richterin Wall zu seinen Gunsten entscheiden würde, war er sich nach der Anhörung sicher, dass es beim Obersten Gerichtshof anders sein würde, vor allem, als es den Fall wieder an sie zurückverwies und mit einer einstimmigen Entscheidung von neun zu null anordnete, in der Sache zu entscheiden.

Von 2013 bis zu dem Zeitpunkt, wo sie für den Termin zur Festsetzung der Kaution im Dezember 2017 nach Savannah verlegt wurden, waren Mark, Kenny und Dino zusammen untergebracht, nicht nur im selben Gefängnis, sondern im selben Schlafsaal, in den ausschließlich Veteranen aufgenommen wurden. Das gab ihnen ein Gefühl der Sicherheit und ließ Vertrauen darauf entstehen, dass die Justiz vielleicht ja doch für sie entscheiden würde. In den letzten vier Jahren im Gefängnis machten sie eine Ausbildung zum Blindenschrift-Transkribierer und wandelten englische Texte in Brailleschrift für Blinde um. Diese Arbeit führten sie bis zu ihrer Verlegung in das Bezirksgefängnis von Chatham County aus.

Trotz der gegenseitigen Unterstützung und des Beistands ihrer Familien hatten die sechsundzwanzig Jahre, in denen sie unschuldig hinter Gittern saßen, tiefe Spuren bei den Männern hinterlassen. Keiner von ihnen hatte eine weitere Ausbildung oder spezielle Fähigkeiten. Wie sollten sie die sechsundzwanzig fehlenden Jahre in ihrem Lebenslauf erklären, wenn sie eine Bewerbung für einen Job schrieben?

Mit etwas Glück und dank der guten Beziehungen eines Beraters beim örtlichen Veteranen-Verband bekam Dino eine Vollzeitstelle mit Sozialleistungen bei diesem Verband. Er lebt allein in dem Haus, in dem er aufgewachsen ist. Mark und Kenny teilen sich ein Haus mit vier Schlafzimmern in Corpus Christi, Texas, das Mark vor Kurzem gekauft hat. Kenny bezahlt Miete. Beide sind als Lieferservice-Fahrer bei Domino's Pizza angestellt.

Während ihrer Zeit im Gefängnis wurden die Männer nur unzureichend medizinisch behandelt. Nach seiner Entlassung lag Mark wegen einer bakteriell verursachten spinalen Meningitis, Corona und doppelseitiger Lungenentzündung zwei Monate im Krankenhaus. Er hat wie durch ein Wunder überlebt, ist seitdem aber auf einem Ohr taub. Kenny leidet an einer Arthrose in Fußgelenken, Knien, Hüften und Schultern, die sich weiter verschlechtert. Bei Dino wurde vor Kurzem Diabetes diagnostiziert, außerdem hat er sich einer Leistenbruch- und Gallenblasenoperation unterziehen müssen.

Alle drei leiden an einer posttraumatischen Belastungsstörung. Sie haben Albträume vom Gefängnis. Kenny träumt, dass er wieder einsitzt oder zurückmuss und nie wieder herauskommt. Dino träumt, dass jemand in seine Zelle kommt und ihn aufweckt. Er hat Flashbacks, die von bestimmten Gerüchen oder von Schlüsselklappern ausgelöst werden. Mark liegt in seinen Träumen in der Gefängniszelle und träumt davon, dass sein Urteil aufgehoben wurde, nur um dann in seinem Traum aufzuwachen und festzustellen, dass das nicht geschehen ist. Kenny und Dino haben immer noch im Hinterkopf, dass sie vielleicht »wieder ins Gefängnis geworfen werden«. Sie können diese Angst nicht abschütteln.

Die Männer leiden an Depressionen, Angstzuständen und erhöhter Stressbelastung, vor allem wenn sie in einer fremden Umgebung auf ihnen unbekannte Menschen treffen. Dino, vor seiner Festnahme ein lustiger, geselliger Typ, hat Schwierigkeiten, wenn er sich mit anderen unterhalten will. Er sagt, das Gefängnis habe »die Fähigkeit, mit anderen Menschen zu reden, bei mir verschwinden lassen«. Er verzweifelt daran, dass ihm aufgrund seiner Zeit im Gefängnis Kinder und ein Familienleben versagt geblieben sind.

Kenny war schon immer etwas schüchtern und ein Einzelgänger, aber diese Tendenzen haben sich deutlich verstärkt. Bis auf Mark hat er keine Freunde. Wenn er mit jemandem spricht, den er nicht kennt, »schießt« seine Anspannung so in die Höhe, dass seine »Knie zu zittern beginnen«. Er glaubt, es wird noch ein paar Jahre dauern, bis er es wieder mit einer Beziehung versuchen kann. In seiner Freizeit bleibt er abends zu Hause, sieht Zeichentrickserien im Fernsehen oder liest Fantasy- und Science-Fiction-Romane, alles Gewohnheiten, die aus der Zeit vor seiner Haftstrafe stammen.

Am meisten macht Mark bis heute zu schaffen, dass er seine ehemalige Verlobte Dawn Burgett, die er seine »große Liebe« nennt, nicht heiraten konnte. Beide bedauern, dass sie keine Kinder miteinander haben konnten. Er sagt, sie zu verlieren war »ein schwerer Preis, der durch nichts wiedergutzumachen ist«. Sie sind bis heute befreundet und telefonieren regelmäßig miteinander.

Nach einigen Jahren im Gefängnis hatte Mark, der glaubte, es wäre das Beste für sie beide, die Beziehung mit Dawn beendet, und zwar »auf eine ziemlich unschöne Art«, wie er es beschrieb. Das Ganze hatte Dawn das Herz gebrochen. Sie hat viele Jahre gebraucht, um die Panikattacken und Depressionen zu überwinden, die nach der traumatischen Trennung von Mark begonnen hatten. Sie hat zweimal geheiratet, erst ihre zweite Ehe wurde glücklich.

Aber es gibt auch gute Nachrichten. Im Frühjahr 2023 wurden Mark und Kenny ehrenhaft aus der Army entlassen, was ihnen Zugang zu Leistungen für Veteranen verschafft. Dino war bereits vorher ehrenhaft entlassen worden, weil er offiziell schon vor seiner Verurteilung aus der Army ausgeschieden war.

Finanziell kommen die ehemaligen Soldaten zurecht. Zum 1. August 2022 hat der Bundesstaat Georgia jedem eine Million Dollar als Entschädigung für die zu Unrecht im Gefängnis verbrachte Zeit zugesprochen. Diese Summe wird für die nächsten zwanzig Jahre monatlich in steuerfreien Beträgen von 2612 Dollar ausgezahlt, was für jeden Mann nach Abzug der Anwaltshonorare 31 344 Dollar pro Jahr ergibt.

Es ist unmöglich, die drei heute anzusehen und sich nicht vorzustellen, was gewesen wäre, wenn damals alles anders verlaufen wäre. Was gewesen wäre, wenn der Türsteher der Tops Lounge Mark hineingelassen hätte, obwohl er noch nicht ganz einundzwanzig war. Was gewesen wäre, wenn die drei Soldaten nicht zufällig genau in dem Moment, wo James White mit der Polizistin Deborah Evans am Bordstein stand, an der Straßensperre am Tatort angehalten hätten. Wie viel Schmerz und Leid wäre dadurch verhindert worden? Wer weiß, wie das Leben von Mark, Kenny und Dino dann verlaufen wäre.

JOHN GRISHAM

UNBEKANNTE MÄNNLICHE PERSON NR. 1

Chester ist die älteste Stadt in Pennsylvania. Sie geht auf das Jahr 1682 zurück, wo William Penn an den Ufern des Delaware River landete und das Gebiet für die britische Krone beanspruchte. Er gab der neuen Kolonie ihren Namen und gründete die Stadt Philadelphia.

Anfang des 20. Jahrhunderts war Chester eine florierende Industriestadt, in der Schiffe gebaut und Textilien, Autos und andere Konsumgüter produziert wurden, aber um die Mitte des Jahrhunderts hatten die meisten Fabriken geschlossen, und die Bevölkerung hatte sich halbiert. Wie viele andere postindustrielle Großstädte des sogenannten *rust belt* (»Rostgürtels«) hatte Chester mit Arbeitslosigkeit, Umweltverschmutzung, Armut, Korruption und Kriminalität zu kämpfen.

Heute ist die Hälfte der Gebäude in der Innenstadt mit Brettern verbarrikadiert. 2022 meldete Chester Insolvenz an.

Die meisten Viertel gilt es nachts zu meiden. Besonders gefährlich ist das westliche Stadtgebiet. Mittendrin, an der Ecke West 10th Street und Clover Lane, lebte einst eine Schwarze namens Henrietta Nickens allein in einer kleinen Zweizimmerwohnung im Erdgeschoss eines älteren Wohnblocks. Sie war siebzig Jahre alt, alleinstehend und hatte eine Tochter, einen Sohn und zwei Enkeltöchter, die in der Nähe lebten. Sie hangelte sich mithilfe einer kleinen Rente von Monat zu Monat, erübrigte aber immer ein paar Dollar, wenn jemand eine warme Mahlzeit oder Lebensmittel brauchte. Ms. Nickens war unwahrscheinlich großzügig und ließ auch Fremde nicht hungern. Gesundheitlich war sie angeschlagen, sie litt an einer durch Arteriosklerose ausgelösten Herzkrankheit und einem Lungenemphysem.

Am Abend des 9. Oktober 1997 kochte Ms. Nickens für ihre Tochter Carlotta und ihre Enkelin Niena. Carlottas Lebensgefährte Rufus McKinney gesellte sich ebenfalls zu ihnen. Sie aßen gegen 18.30 Uhr zu Abend, setzten sich danach ins Wohnzimmer, spielten Karten und sahen fern, wobei viel gelacht und geredet wurde, wie so oft. Gegen 20.30 Uhr gingen die drei Gäste nach Hause, und Henrietta schloss ihre Tür für die Nacht ab. Zuverlässig wie immer rief Carlotta ihre Mutter kurz vor dreiundzwanzig Uhr an, um ihr eine gute Nacht zu wünschen. Carlotta wusste, dass ihre Mutter im Wohnzimmer darauf wartete, dass um dreiundzwanzig Uhr auf Channel 6 *Action News* begann, eine Nachrichtensendung, auf die sie großen Wert legte.

Dieses Gespräch sollte ihr letztes sein.

Irgendwann im Laufe der Nacht brach der Täter, der nach wie vor lediglich »unbekannte männliche Person Nr. 1« genannt wird, in Henriettas Wohnung ein, schlug sie in ihrem Schlafzimmer nieder und vergewaltigte sie. Mehrere Schläge mit stumpfer Gewalt auf den Kopf führten aufgrund ihrer Vorerkrankungen zum Tod.

Als sie am nächsten Morgen nicht ans Telefon ging, war Carlotta beunruhigt. Gegen vierzehn Uhr betrat sie gemeinsam mit Rufus und Niena die Wohnung, wo sie Henrietta leblos in dem kleinen Gang auffand, von dem Wohnzimmer, Badezimmer und Schlafzimmer abgingen. Sie trug keine Unterwäsche, diese wurde auf dem Boden neben ihrem Bett gefunden. Arme und Gesicht waren voller Blut. Quer über ihre Leiche spannte sich eine Telefonschnur, neben ihrem Körper lag ein Besenstiel. Ihre Unterkieferprothese hing teilweise aus dem Mund. Das Schlafzimmer war verwüstet worden.

Entsetzt wich Carlotta zurück und rief die Polizei.

Der Tatort war ein einziges Chaos. Henriettas Bett, Laken und die Schlafzimmerwände waren blutbespritzt. Ein Handtuch, das zwischen Bett und Wand lag, war mit Blut durchtränkt. Überall waren Gegenstände verstreut. Ein Plastikhocker mit einem kaputten Bein lag in der Nähe des Betts. Offensichtlich war die unbekannte männliche Person Nr. 1 durch die hintere Tür hereingekommen, die offen stand und zersplittert war. Die Polizei fotografierte einen Teil-Schuhabdruck auf dem Küchenboden. Henriettas Handtasche war noch da, sie war augenscheinlich nicht geöffnet worden. Der Fernseher war ausgeschaltet und in den Gang gestellt worden.

Die unbekannte männliche Person Nr. 1 war offenkundig keine Leuchte unter den Verbrechern, die auf den Straßen von Chester ihr Unwesen trieben. Irgendwann im Laufe des Überfalls entledigte sich der Täter einer grünen Jacke, Größe XXXL, und legte sie auf den Fernseher. Als er fertig war, floh er aus der Wohnung und vergaß im Eifer des Gefechts, die Jacke mitzunehmen. Die Ermittler beschlagnahmten sie selbstverständlich, um sie verschiedenen Tests zu unterziehen.

Am darauffolgenden Tag, dem 11. Oktober, wurde eine Obduktion durchgeführt, bei der mehrere Schnittverletzungen und andere Wunden an Augen, Wangen, Lippen und Kinn von Henrietta festgestellt wurden. Die Vulva wies leichte Blutergüsse auf, und es wurde »Sperma im Rektum« gefunden, obwohl am

Anus keine Verletzungen erkennbar waren. Der Rechtsmediziner war der Meinung, dass die Verletzungen ohne Vorerkrankungen nicht tödlich verlaufen wären.

Das dem Opfer entnommene Sperma wurde an das kriminaltechnische Labor des Bundesstaates geschickt, wo es auf einer langen Warteliste landete. Neun Monate sollten vergehen, bevor die Ergebnisse in Chester vorlagen.

Eine harmlose Erklärung für das Sperma im Rektum war kaum vorstellbar. Henrietta war schon älter, alleinstehend, gesundheitlich angeschlagen und hatte keinen Lebensgefährten. Ihre Tochter Carlotta, die täglich mit ihr sprach und über jeden Aspekt ihres Lebens Bescheid wusste, war sich absolut sicher, dass ihre Mutter keine Liebhaber hatte.

Niena war damals achtzehn Jahre alt und mit dem neunzehnjährigen Sam Grasty liiert. Sam wohnte in der Nähe, kannte ihre Mutter und Großmutter und war schon mehrmals bei Henrietta zu Gast gewesen. Zwischen Niena und Sam kriselte es, weil sie schwanger war und ihn für den Vater hielt. Sam war sich da nicht so sicher. Ihre Beziehung verschlechterte sich weiter, weil Sam die Vaterschaft schließlich bestritt und in der Geburtsurkunde nicht genannt werden wollte.

An dem Tag, wo Henriettas Leiche gefunden wurde, erklärte Niena der Polizei, dass Sam »es vielleicht war«. Ab diesem Zeitpunkt konzentrierten sich die Ermittlungen auf Samuel Grasty. Abgesehen von Nienas absurder Behauptung, er habe ihre Großmutter getötet, gab es weder glaubwürdige Beweise noch ein Motiv. Welchen Grund hätte ein Neunzehnjähriger, der eine Beziehung mit einer Achtzehnjährigen hatte, ihre siebzigjährige Großmutter zu überfallen, anal zu vergewaltigen und zu Tode zu prügeln?

Sollte die Polizei Hinweise auf ihn gehabt haben, wurde jedenfalls nichts davon bekannt. In den Berichten, Protokollen und Aussagen der Polizei findet sich nichts, was auf ein Motiv hindeutet, abgesehen von einer möglichen Racheaktion an Niena, die behauptete, er sei der Vater ihres Kindes.

Trotzdem wurde Sam Grasty zum Hauptverdächtigen. Fünfundzwanzig Jahre später sitzt er immer noch eine lebenslange Freiheitsstrafe ab – wegen eines von der unbekannten männlichen Person Nr. 1 begangenen Mordes.

Die Ermittlungen wurden von einem Detective geleitet, der kurz zuvor von der Abteilung für Rauschgiftkriminalität zur Mordkommission gewechselt war und sein erstes Tötungsdelikt bearbeitete. Er kannte die Gegend und konnte auf die übliche Auswahl an Informanten und Spitzeln zurückgreifen.

An einem Ort wie Chester gab es keinen Mangel an Kleinkriminellen, Verbrechern, die die Straßen unsicher machten, Drogenhändlern und Suchtkranken. Die meisten waren bereits mit dem Gesetz in Konflikt gekommen und kannten sich aus. Ein schweres Verbrechen wie Mord oder Vergewaltigung oder auch eine Drogenrazzia waren für die Szene von Interesse, weil sich gewisse Chancen boten. Eine Frau namens Lisa Foley war die Erste, die auf der Bildfläche erschien und den Ermittlern angebliche Insiderinformationen anbot. Ihre Geschichte war wenig plausibel, aber die Polizei wollte sie unbedingt glauben. Lisa erklärte, dass sie gerade in einem leer stehenden Gebäude eine sexuelle Handlung vorgenommen habe – vielleicht für Geld –, als sie zufällig ein interessantes Gespräch mithörte. Um welchen Sexualakt es sich genau handelte, blieb unklar, aber große Konzentration erforderte er offensichtlich nicht, wenn Lisa nebenbei einige Männer auf dem Gehsteig vor dem leer stehenden Gebäude belauschen konnte.

Das große Wort führte angeblich der fünfzehnjährige Rick McElwee, einer der wenigen Weißen, die in dem Viertel lebten. Er hatte ein Drogenproblem und rauchte täglich Marihuana, seit er dreizehn geworden war. Außerdem handelte er mit Kokain und wurde von der Polizei beobachtet. Lisas Aussage zufolge sprach McElwee über den Mord an Henrietta. Außer ihm seien Sam Grasty, Derrick Chappell, fünfzehn Jahre alt, und Morton Johnson, achtzehn Jahre alt, dabei gewesen. Angeblich beschwerten sie sich bei McElwee, weil er nicht mit ihnen zusammen in die Wohnung eingebrochen war, als sie Ms. Nickens überfallen und beraubt hatten.

Es gab keinen Polizeibericht, der näher auf das Gespräch mit Lisa einging.

Die Ermittler bearbeiteten ihre Kumpel bei der Abteilung für Rauschgiftkriminalität und erfuhren, dass McElwee Drogen an verdeckte Ermittler verkauft hatte, die Vorwürfe gegen ihn jedoch fallen gelassen worden waren. Die Ermittler nahmen ihn aufgrund dieser Vergehen fest und brachten ihn auf das Polizeirevier. Dort befragten sie ihn zu dem Mord an Ms. Nickens. Später wurde behauptet, sie hätten den Jungen erst in Anwesenheit seiner Mutter wegen des Mordes vernommen. Zwei Stunden lang beteuerte McElwee seine Unschuld, während die Polizei damit drohte, wegen Mordverdachts gegen ihn zu ermitteln. Als er mit seiner Mutter das Polizeirevier schließlich verließ, waren beide völlig eingeschüchtert.

Im Laufe des nächsten Monats setzte die Polizei McElwee immer weiter unter Druck und presste ihm letztendlich das erfundene Geständnis ab, in den Mord an Henrietta Nickens verwickelt gewesen zu sein.

Rick McElwee wurde zum Hauptzeugen. Zumindest der ersten Version seiner Erzählung nach stand er am 9. Oktober um zweiundzwanzig Uhr auf der West 10th Street vor Ms. Nickens' Wohnung Schmiere, während Sam Grasty, Derrick Chappell und Morton Johnson durch die hintere Tür in die Wohnung einbrachen. Ihr Motiv sei Raub gewesen. Sie seien fünf bis zwanzig Minuten in der Wohnung geblieben und hätten dreißig Dollar entwendet, die sie durch drei geteilt hätten, wobei McElwee nichts abbekommen habe. Sam Grasty habe die Seniorin geschlagen. Ein Sexualverbrechen sei nicht erwähnt worden.

Nachdem seine Aussage zu Protokoll genommen worden war, wurde McElwee des Mordes, des Einbruchs, der Körperverletzung und der Anal-Vergewaltigung beschuldigt. Es wurde nie geklärt, wieso er eines Sexualdelikts beschuldigt wurde, wo er die Wohnung, zumindest laut seiner eigenen frei erfundenen Geschichte, doch nie betreten hatte. Wieder gab es bei der Polizei kaum Unterlagen, die das begründet hätten.

Als Gegenleistung für seine Kooperation und dafür, dass er Grasty, Chappell und Johnson drangehängt hatte, wurde ihm eine verkürzte Strafe von sechs bis zwölf Jahren angeboten. Außerdem bekannte er sich einiger Drogendelikte schuldig, wobei er die Strafe dafür zeitgleich mit der für Mord, Einbruch und Vergewaltigung absitzen sollte.

Abgesehen von der Tatsache, dass Rick McElwee jeden Tag bekifft war, hatte er einen IQ von neunundsechzig, war also intellektuell leicht eingeschränkt. Im Termin zur Festsetzung des Strafmaßes im Jahr 1998 nahm sein Anwalt Bezug auf das Gutachten eines gewissen Dr. Rowkos, dem zufolge sich McElwees kognitive Fähigkeiten im unteren Bereich einer Entwicklungsstörung bewegten, was seine Lernfähigkeit und sein Handlungsvermögen stark beeinträchtige. Er sei leicht beeinflussbar und bedürfe großer Aufmerksamkeit, Akzeptanz und Fürsorge.

Die polizeilichen Ermittlungen und die spätere Anklage gegen Grasty, Chappell und Johnson basierten nahezu ausschließlich auf der erfundenen Aussage von Richard McElwee.

Am 13. November informierte Carlotta Nickens die Polizei darüber, dass jemand versucht habe, in einem Geschäft in der Nachbarschaft einen Rentenscheck ihrer Mutter einzulösen. Sollte die Polizei den Vorfall näher untersucht haben, gibt es zumindest keine Unterlagen darüber.

Wochenlang sprachen die Ermittler mit den drei Verdächtigen, die jegliche Beteiligung an dem Verbrechen vehement bestritten. Sie hatten Alibis für die Nacht vom 9. Oktober. Sie hatten keine nennenswerten Vorstrafen, auch wenn Niena gegenüber der Polizei behauptete, ihr Freund Sam Grasty sei ein kleinkrimineller Drogenhändler. Die drei Verdächtigen arbeiteten uneingeschränkt mit der Polizei zusammen, kamen aufs Polizeirevier, wenn sie dazu aufgefordert wurden, und stellten Haar- und Blutproben zur Verfügung.

Am 2. Dezember 1997 durchsuchte die Polizei, mit ordnungsgemäßen Beschlüssen ausgestattet, die Wohnungen der drei Verdächtigen. Die Ermittler waren auf der Suche nach Schuhen, die zu dem in der Küche vorgefundenen Abdruck passten, sowie nach irgendeinem Hinweis darauf, dass die von der unbekannten männlichen Person Nr. 1 zurückgelassene Jacke Sam Grasty gehörte. Sie hofften auf Fotos, auf denen Sam sie trug. Sobald sie Grasty als Hauptverdächtigen ausgemacht hatten, redeten sie sich ein, die Jacke habe ihm gehört, und zeigten allen möglichen Zeugen Fotos von »Sams Jacke«, wie sie sie nannten.

In Grastys Wohnung beschlagnahmte die Polizei fünf Paar Schuhe und andere Gegenstände. Bei Morton Johnson wurde nur ein Paar Reebok-Sportschuhe gefunden. In Chappells Wohnung tauchte nichts von Belang auf.

Falls der mysteriöse Schuhabdruck mit einem der Schuhe von Grasty oder Johnson übereinstimmte, erwähnte die Polizei das nicht. Hätte es eine Übereinstimmung gegeben, wären die Beamten logischerweise hocherfreut über das zusätzliche Beweismaterial gewesen. Es gab keine Übereinstimmung, was die Behörden aber weder den Verdächtigen noch ihren Anwälten mitteilten.

Bei den Durchsuchungen wurden weder Fotos noch andere Beweise gefunden, die der Polizei bei ihrem verzweifelten Versuch halfen zu beweisen, dass die grüne Jacke Grasty gehörte.

Am 9. Juli 1998, neun Monate nach dem Mord, erstattete das kriminaltechnische Labor des Bundesstaates Pennsylvania Bericht über die Ergebnisse der DNA-Tests des Spermas aus dem Rektum des Opfers. Die drei Verdächtigen – Grasty, Johnson und Chappell – wurden ebenso wie McElwee als Verursacher *ausgeschlossen.* Das Sperma war von der unbekannten männlichen Person Nr. 1 hinterlassen worden, die nie identifiziert werden sollte.

An diesem Punkt hätten die meisten Strafverfolger ihre Ermittlungen vorübergehend eingestellt und den Fall noch einmal überprüft. Es war offensichtlich, dass die Polizei von Chester auf der falschen Fährte war. Eindeutige biologische Beweise hatten soeben jegliche Schuldtheorie entkräftet und standen einer weiteren Strafverfolgung und letztendlich auch einer Verurteilung im Weg. Die erfundene Aussage von Richard McElwee wurde als Lüge entlarvt.

Doch für die Polizei in Chester stand angesichts ihrer schlampigen Arbeit zu viel auf dem Spiel. So unglaublich es klingt, aber die Gesetzeshüter änderten einfach ihre Strategie und stellten jetzt im Großen und Ganzen folgende Behauptung auf: Das Opfer wurde nicht beraubt, vergewaltigt, niedergeschlagen und ermordet, es wurde lediglich beraubt, niedergeschlagen und ermordet. Es gab keine Vergewaltigung.

Keine Vergewaltigung? Der Geschlechtsverkehr war also einvernehmlich? Eine schwer herzkranke siebzigjährige Witwe mit einem Lungenemphysem, die soweit bekannt weder Sexualpartner noch enge männliche Freunde hatte, stimmte ungeschütztem Analverkehr zu, entweder vor dem Abendessen mit ihrer Familie oder irgendwann danach?

Die Theorie war so absurd, dass es geradezu lächerlich war, aber sie ermöglichte es der Polizei, weiter gegen Grasty, Johnson und Chappell zu ermitteln. Sie brauchten Zeugen und fanden jede Menge. Ihre bevorzugte Methode war, sich Jugendliche herauszupicken, die ohnehin in Schwierigkeiten steckten und daher besonders leicht manipulierbar waren. Die Beamten schüchterten die jungen Leute ein, logen ihnen etwas vor und drohten mit einer Strafanzeige. Sie zeigten ihnen sogar Fotos des Tatorts, um sie einzuschüchtern und zu einer Falschaussage zu bewegen, die Grasty, Chappell und Johnson belastete.

Will Morgan war zum Zeitpunkt des Mordes zwölf Jahre alt. Achtzehn Monate später, mit vierzehn, saß er wegen eines Diebstahls in einer Jugendstrafanstalt ein, als die Polizei unangekündigt auftauchte und ihn mitnahm.

Auf dem Revier wurde er zum Mord befragt. Die Polizisten zeigten ihm Fotos des Tatorts, unter anderem eine Aufnahme des Opfers mit der Telefonschnur. Sie beschuldigten Will, zum Zeitpunkt des Mordes zusammen mit Sam Grasty, Derrick Chappell und Morton Johnson in der Wohnung gewesen zu sein. Wie üblich zeigten die Ermittler Will ein Foto der grünen Jacke und bezeichneten sie als »Sams Jacke«. Will sagte, er sei sich nicht sicher, sie schon einmal gesehen zu haben.

Die Polizeibeamten sprachen daraufhin in Wills Abwesenheit mit seiner Mutter und behaupteten, ihr Sohn habe Informationen zu dem Mord und solle besser mit ihnen zusammenarbeiten, sonst »könnte es sehr schlecht für ihn ausgehen«.

Will wusste nichts über den Mord. Er hatte entsetzliche Angst, vor Gericht gestellt zu werden, wenn er den Polizeibeamten nicht genau das sagte, was sie hören wollten, also tat er ihnen den Gefallen. Er log etwas zusammen und behauptete, Grasty habe davon gesprochen, dass er bald jemanden ausrauben werde. Da er, Grasty, diese Person kenne, würde er nicht verdächtigt werden.

Später widerrief Will Morgan seine Aussage und gab eine beeidete Erklärung ab, der zufolge die Geschichte nicht stimmte.

Boyd Burke, ein weiterer Jugendstraftäter, befand sich wegen einer Schießerei in Gewahrsam. Als er von der Polizei befragt und bedroht wurde, fiel ihm plötzlich ein, dass er über Informationen verfügte. Seiner absurden Geschichte zufolge hatte er zufällig mit Sam Grasty in der Schlange an einem vollen Schnellimbiss gestanden. Grasty hatte das wohl für eine gute Gelegenheit gehalten, einen Mord zu gestehen, also erzählte er Boyd davon. Als Boyd allerdings in Grastys Verhandlung in den Zeugenstand gerufen wurde, stritt er alles ab und behauptete, sich nicht erinnern zu können, mit den Ermittlern gesprochen oder eine Aussage gemacht zu haben. Trotzdem gelang es der Staatsanwaltschaft, die Falschaussage über die Aussage eines Ermittlers als Beweismittel einzuführen.

Boyd wurde ein Foto von »Sams Jacke« gezeigt, die er aber nicht erkannte. Also befragten die Ermittler einen weiteren jugendlichen Straftäter, den fünfzehnjährigen Lanier Moore.

Sie zeigten Lanier die Akte und die Fotos und erzählten ihm, irgendwelche Leute hätten der Polizei gegenüber behauptet, er wisse einiges über die Straftat. Ein Beamter drohte ihm mit einer

Anklagejury, vor der er als Zeuge aussagen müsse. Wenn er dort lüge, mache er sich des Meineids strafbar. Die Ermittler warfen ihm vor, Informationen zurückzuhalten, und wollten ihn wegen Strafvereitelung zur Rechenschaft ziehen, sobald sie Grasty, Chappell und Johnson dingfest gemacht hatten. Sie zeigten ihm ein Foto des Opfers mit der Telefonschnur und drängten den Jungen, damit herauszurücken, was Sam Grasty und die anderen beiden ihm von dem Mord erzählt hatten. Lanier blieb standhaft und antwortete, er habe mit niemandem über den Mord gesprochen. Als ihm ein Foto von »Sams Jacke« gezeigt wurde, erklärte er, er kenne sie nicht.

Monate vergingen, dann ein Jahr. Rick McElwee saß seine sechs- bis zwölfjährige Haftstrafe ab. Im September 1999, fast zwei Jahre nach dem Mord, wurde schließlich Anklage gegen Grasty, Chappell und Johnson erhoben, und sie wurden verhaftet. Alle drei wurden des Mordes, Mordes mit bedingtem Vorsatz, Totschlags, Einbruchs, Hausfriedensbruchs und der Verabredung zur Begehung der genannten Straftaten beschuldigt.

In Pennsylvania wird eine vorsätzliche und geplante Tötung als Mord bestraft *(first-degree murder)*. Eine Tötung bei der Begehung einer anderen Straftat gilt als Mord mit bedingtem Vorsatz *(second-degree murder)*. Alle anderen Tötungsdelikte werden als *third degree murder* bezeichnet.

Da es an objektiven und biologischen Beweisen gegen Grasty, Chappell und Johnson mangelte, hatte es die Staatsanwaltschaft nicht leicht. Sie musste sich beinahe ausschließlich auf die Aussage von Rick McElwee stützen.

Die alles entscheidende Frage, die sich der Staatsanwaltschaft stellte, war: Von wem stammte das Sperma? Jedenfalls ganz eindeutig nicht von den drei jungen Männern, die des Mordes beschuldigt wurden und jetzt den Geschworenen gegenübertreten mussten.

Bei der Vertuschung ihrer fragwürdigen Methoden schreckte die Staatsanwaltschaft nicht davor zurück, den Ruf der verstorbenen Henrietta Nickens, die immer großzügig gewesen war, allein und bescheiden gelebt, sich stets um Freunde und Familie gekümmert hatte und eines schrecklichen Todes gestorben war, in den Dreck zu ziehen.

Die Staatsanwälte stellten eine Reihe erstaunlicher Fantasieszenarien zusammen, die geradezu rekordverdächtig waren. Um die objektiven Beweise zu erklären und Richter und Geschworene davon zu überzeugen, dass die unbekannte männliche Person Nr. 1 irgendwie eine sexuelle Handlung an dem Opfer vorgenommen, es aber nicht getötet hatte, präsentierten die Staatsanwälte in den öffentlichen Gerichtsverhandlungen und in verschiedenen Schriftsätzen tatsächlich folgende Theorien:

ABSURDES SZENARIO NR. 1

Am 9. Oktober 1997 kam es irgendwann, bevor ihre Tochter, ihre Enkelin und Rufus McKinney um 18.30 Uhr zum Abendessen eintrafen, zu einvernehmlichem, ungeschütztem Sex zwischen Henrietta Nickens und der unbekannten männlichen Person Nr. 1. Nachdem ihre Gäste weg waren, ging sie zu Bett und wurde später von Grasty, Chappell und Johnson überfallen, beraubt und zu Tode geprügelt.

Dieses Szenario konnte unmöglich der Realität entsprechen. Das Sperma wäre Henrietta Nickens aus dem Rektum gelaufen, als sie das Abendessen zubereitete und ihre Gäste bewirtete. In der Unterwäsche, die neben ihrem Bett gelegen hatte, fanden sich aber keine Spuren von Sperma.

Jahre später sagte Alan Keel, ein Experte für forensische Biologie, DNA- und Tatortanalyse, in einem Termin zur Prüfung von neu aufgetauchten Beweisen aus, dass das Sperma um den Zeitpunkt des Todes herum im Rektum des Opfers hinterlassen worden war. Es wurden keinerlei Spuren in Unterwäsche oder Hauskleid gefunden. Wäre das Opfer nach dem Geschlechtsverkehr herumgelaufen und hätte sich bewegt, wäre das Sperma in Unterwäsche oder Kleidung gelaufen.

Alan Keel: »Die Tatsache, dass sich noch eine so große Menge an Sperma im Rektum befand, als der Abstrich genommen wurde, und dass kein aus dem Rektum herausgelaufenes Sperma gefunden wurde … beweist meiner Meinung nach, dass das Sperma um den Zeitpunkt des Todes herum hinterlassen wurde. Es gab keine nennenswerte Aktivität mehr, nachdem das Sperma hinterlassen worden war.«

Außerdem hatte Ms. Nickens seit vielen Jahren weder enge männliche Freunde noch eine Beziehung.

ABSURDES SZENARIO NR. 2

Carlotta hatte mindestens viermal ausgesagt, ihre Mutter habe jeden Abend um dreiundzwanzig Uhr die Nachrichten gesehen und sei dann zu Bett gegangen. Sie, Carlotta, habe sie jeden Abend kurz vor dreiundzwanzig Uhr angerufen, um ihr eine gute Nacht zu wünschen, so auch am 9. Oktober. In McElwees Version der Geschichte beobachtete er jedoch, wie die drei Männer um zweiundzwanzig Uhr in die Wohnung eindrangen. Abgesehen von der Uhrzeit besagte dieses Szenario, dass zu irgendeinem Zeitpunkt, nachdem die Gäste um 20.30 Uhr gegangen und bevor die Eindringlinge um zweiundzwanzig Uhr eingebrochen waren, das Opfer die unbekannte männliche Person Nr. 1 zum Analverkehr in die Wohnung gelassen hatte. Nachdem sich diese Person entfernt hatte, soll Henrietta Nickens um zweiundzwanzig Uhr von den drei Männern überfallen worden sein.

Dieses Szenario konnte sich auch aus den für das absurde Szenario Nr. 1 genannten Gründen kaum so zugetragen haben.

Shirletta Moore war eine gute Freundin von Henrietta gewesen und hatte in der Nähe gewohnt. Sie besuchten sich oft und vertrauten einander. Shirletta half Henrietta mit ihrem Papierkram, brachte sie zum Arzt und kochte für sie. Als die Polizei sie fragte, ob das Opfer irgendwelche Partner gehabt habe, antwortete sie: »Ganz sicher nicht.« Henrietta sei zu alt und zu krank für irgendwelche romantischen Abenteuer gewesen. Shirletta war sich sicher, dass sie davon erfahren hätte, wenn Henrietta irgendwen bei sich in der Wohnung gehabt hätte. Die einzigen Besucher außerhalb ihrer Familie seien sie – Shirletta –, Rufus McKinney und Sam Grasty gewesen.

ABSURDES SZENARIO NR. 3

Nachdem die drei jungen Männer das Opfer totgeprügelt hatten, bekamen sie es plötzlich mit der Angst zu tun und fürchteten, von der Polizei aufgespürt zu werden. Deshalb verließen sie die Wohnung, fuhren mitten in der Nacht an irgendeinen Ort in Chester, wo sie ein frisch benutztes Kondom fanden, mit dem sie an den Tatort zurückkehrten, um es in das Rektum des Opfers zu entleeren. Ein derart raffiniertes Manöver musste die Polizei unweigerlich auf die falsche Fährte führen.

Dieses Szenario spottet jeder Analyse.

Wo in Chester oder anderswo lässt sich ein frisch benutztes Kondom mit intaktem Inhalt auftreiben?

Hier widersprechen sich die falschen Erzählungen der Staatsanwaltschaft. Laut Rick McElwee, dem Hauptzeugen, war es bei diesem Verbrechen sein Job, Schmiere zu stehen und gegebenenfalls zu warnen, falls die Polizei auftauchte. Er sagte in allen vier Verhandlungen aus und hatte sichtlich Mühe, seine erfundenen Details nicht durcheinanderzubringen. Allerdings blieb er dabei, er habe die drei Männer kommen und die Wohnung des Opfers durch die hintere Tür betreten sehen. Er habe gesehen, wie sie die Tür eintraten, hineingingen, sich fünf bis zwanzig Minuten drinnen aufhielten und dann durch dieselbe Tür herauskamen.

McElwee erwähnte in den Verhandlungen und sonstigen Terminen mit keinem Wort, dass die drei Männer weggegangen, zurückgekommen und wieder weggegangen wären.

ABSURDES SZENARIO NR. 4

Nachdem sie Ms. Nickens niedergeschlagen und ihr dreißig Dollar gestohlen hatten, verließen die drei Männer die Wohnung, aber nur vorübergehend. Auf der Straße trafen sie zufällig die unbekannte männliche Person Nr. 1, bei der es sich um eine Art »Auftragsvergewaltiger« handelte, und überredeten sie, mit ihnen die Wohnung zu betreten, die der Person unbekannt war, und Ms. Nickens anal zu vergewaltigen, als sie entweder bereits tot war oder im Sterben lag, und während die übrigen Männer selbstverständlich warteten und vielleicht sogar zusahen.

Wo fängt man bei einer derart abstrusen Geschichte überhaupt an?

Noch einmal: McElwee, der so effizient Schmiere gestanden hatte, erwähnte mit keinem Wort, dass die drei Männer weggegangen und zurückgekommen waren oder dass ein vierter Mann, der Unbekannte, mit ihnen zurückgekommen war.

Wie hatten es die drei Männer, die gerade eine Frau schwer verletzt und vielleicht getötet hatten, geschafft, die unbekannte männliche Person Nr. 1 zu überreden, mitzukommen und eine Vergewaltigung zu begehen, während drei Zeugen zusahen?

Und was war mit der grünen Jacke? In der fiktiven Welt der Staatsanwaltschaft hatte Sam Grasty sie beim Betreten der Wohnung getragen, sie dort ausgezogen, auf den Fernseher gelegt und zurückgelassen. Aber das gleich mehrmals? Als er in diesem wirren Szenario kam und ging, vergaß Sam jedes Mal seine grüne Jacke? Hatte irgendeiner der Mitangeklagten bemerkt, dass er die grüne Jacke zurückgelassen hatte?

ABSURDES SZENARIO NR. 5

Nachdem sie die Frau zu Tode geprügelt hatten, verließen die drei Männer die Wohnung endgültig. Natürlich ohne die hintere Tür zu schließen, die sie gerade eingetreten hatten. Nachdem sie abgezogen waren, erschien die unbekannte männliche Person Nr. 1 auf der Bildfläche, betrat die Wohnung und missbrauchte das Opfer, das entweder bereits tot war oder im Sterben lag.

Das sind nicht die Gedankenspiele eines verwirrten Autors. In Sam Grastys Verhandlung erklärte der Staatsanwalt den Geschworenen:

> Es ist frustrierend, dass wir nicht wissen, ob Mrs. Nickens an dem besagten Tag Verkehr mit jemandem hatte, bevor ihre Tochter zum Abendessen kam. Wir wissen nicht, ob sie in dieser Nacht vergewaltigt wurde. Wir wissen nicht, ob vielleicht jemand aus der Nachbarschaft oder einer der drei [Grasty, Chappell, Johnson], die dort eingebrochen waren, irgendwo ein gebrauchtes Kondom aufgetrieben hat, um die Polizei in

> die Irre zu führen. Wir wissen nicht, wie es dort hingekommen war. Wir wissen nicht, ob sie überhaupt vergewaltigt wurde. Und da wir nicht wissen, ob sie vergewaltigt wurde, bedeutet die Tatsache, dass die DNA dieses Angeklagten [Grasty] nicht mit der des Spermas übereinstimmt, nicht, dass er nicht an dem Verbrechen mit Raub, Diebstahl und Mord beteiligt war. Es bedeutet lediglich, dass er Mrs. Nickens nicht vergewaltigt hat, wenn sie überhaupt vergewaltigt wurde.

Die drei Verfahren wurden voneinander abgetrennt, und es wurden Verhandlungstermine angesetzt, die einige Monate auseinanderlagen. Im Januar 2000 war Derrick Chappell als Erster an der Reihe. Vor der Verhandlung wurde ihm allerdings ein Deal angeboten: Wenn er sich des Mordes schuldig bekannte und mit der Staatsanwaltschaft gegen seine beiden Mitangeklagten zusammenarbeitete, sollte er eine Haftstrafe von sechs bis zwölf Jahren bekommen. Da er bereits im Gefängnis saß, musste er in diesem Fall noch ungefähr vier Jahre absitzen, dann war er ein freier Mann. Derrick beteuerte weiterhin seine Unschuld, weigerte sich, seine ebenfalls unschuldigen Freunde ans Messer zu liefern, und schlug das Angebot aus. Er wurde wegen Mordes mit bedingtem Vorsatz, Einbruchs, Diebstahls, Hausfriedensbruchs und Verabredung zur Begehung einer Straftat zu einer lebenslangen Freiheitsstrafe ohne die Möglichkeit der vorzeitigen Entlassung verurteilt. Samuel Grasty war als Nächster dran, aber die Geschworenen konnten sich nicht darauf einigen, ihn wegen Mordes zu verurteilen. Der Staatsanwalt schrieb in aller Eile eine neue Anklage zusammen, und drei Monate später stand er wegen Mordes mit bedingtem Vorsatz erneut vor Gericht. Er wurde für schuldig befunden und bekam lebenslang ohne die Möglichkeit der vorzeitigen Entlassung.

Als Morton Johnsons Verhandlung im Dezember 2001 begann, hatte er bereits fünfzehn Monate in Untersuchungshaft gesessen und kannte die Urteile, die in den Verfahren gegen Sam Grasty und Derrick Chappell bereits ergangen waren. Er war bei ihren Verhandlungen nicht dabei gewesen, da er sich geweigert hatte, mit der Staatsanwaltschaft zusammenzuarbeiten. Die drei Angeklagten waren standhaft geblieben und hatten einander nicht denunziert. Was hätten sie auch sagen sollen? Sie wussten nichts, weil sie mit dem Verbrechen nichts zu tun hatten.

Die Staatsanwaltschaft hatte Morton denselben Deal angeboten, aber er hatte – wie Derrick – abgelehnt. Hätte sich Morton auf die Absprache eingelassen und schuldig bekannt, hätte er ein paar weitere Jahre im Gefängnis gesessen und wäre – wie McElwee – vor zwanzig Jahren freigekommen.

Aber weil er nicht schuldig war, wollte er nicht gestehen, weigerte sich zu kooperieren und sitzt bis heute ohne die Möglichkeit der vorzeitigen Entlassung im Gefängnis.

Die Verfahren gegen Grasty und Chappell waren eine weiße Angelegenheit. Richter, Staatsanwälte, Polizeibeamte, Zeugen und Verteidiger waren allesamt weiß, genau wie der Großteil der Geschworenen. Bei der Prüfung des Sachverhalts verließen sich die Geschworenen auf den Hauptzeugen der Staatsanwaltschaft, Rick McElwee, der ebenfalls weiß war.

Morton traute der Justiz nicht und sah für sich keine Chance. Als er aber erfuhr, dass der Richter in seinem Verfahren Afroamerikaner war, schöpfte er Hoffnung. R.C. Wright war der einzige Schwarze unter den zwölf Richtern. Mortons Anwalt Guy Smith war ein Strafverteidiger, der als gewieft und knallhart galt. Bei der Besprechung der Prozessstrategie kamen er und Morton zu dem Schluss, dass die Aussichten bei einem schwarzen Richter besser waren als bei einer weißen Jury.

Und es gab noch einen Grund. Morton hatte bereits mehrmals wegen kleinerer Vergehen vor Richter Wright gestanden und sich schuldig bekannt. Da der Richter ihm damals geglaubt hatte, ging Morton davon aus, dass er ihm auch Glauben schenken würde, wenn er erklärte, unschuldig zu sein.

Er und Guy Smith entschieden sich für einen Prozess ohne Geschworene. Sie brauchten keine Jury.

Morton sagte zu seiner eigenen Verteidigung aus und hatte ein solides Alibi. Am Abend des 9. Oktober hatte er bis 20.30 Uhr gearbeitet und war mit dem Bus nach Hause gefahren, wo er mit seiner Mutter und deren Lebensgefährten wohnte. Danach war er die ganze Nacht zu Hause geblieben. Seine Mutter bestätigte dies. Diese Geschichte stand jedoch in krassem Gegensatz zu der erfundenen Version, die Rick McElwee Richter Wright aufgetischt hatte. Irgendwann fragte der Richter, der sichtlich Probleme hatte, die beiden grundverschiedenen Schilderungen zu verstehen, Morton: »Können Sie sich erklären, warum [McElwee] diese Aussagen über Sie machen oder Sie dieser Tat beschuldigen sollte?« Morton sagte, er habe keine Ahnung.

Warum? Wie wäre es mit der offensichtlichen Tatsache, dass McElwee nicht des Mordes beschuldigt werden wollte und sich deshalb für den deutlich milderen Deal entschieden hatte?

Es lässt sich unmöglich sagen, ob Richter Wright einfach unerfahren oder naiv oder beides war. Wahrscheinlich war er nach einigen Jahren auf der Richterbank und zahlreichen Begegnungen mit lügenden Zeugen zunehmend misstrauisch geworden, was ihre Motive und Aussagen anging. Vielleicht war er auch in dieselbe Falle getappt wie praktisch alle Geschworenen. Ihnen erscheint es unmöglich, dass ein Zeuge den Gerichtssaal betritt, seine Hand auf die Bibel legt, schwört, die Wahrheit zu sagen, und dann erfundene Geschichten auftischt, von denen sich Polizei und Staatsanwaltschaft viele selbst ausgedacht haben.

Aus welchem Grund auch immer, Richter Wright schlug sich auf die Seite der Staatsanwaltschaft, glaubte McElwees Lügen, befand Morton des Mordes mit bedingtem Vorsatz für schuldig und verurteilte ihn zu einer lebenslangen Freiheitsstrafe ohne die Möglichkeit der vorzeitigen Entlassung.

Die Urteile stützten sich fast ausschließlich auf die Aussage von Rick McElwee. Es gab keine Fingerabdrücke aus der Wohnung des Opfers. Keinen Schuhabdruck. Keinerlei objektive Beweise bis auf die grüne Jacke, die angeblich Sam Grasty getragen und zurückgelassen hatte. Er stritt ab, dass sie ihm gehörte, und Chappell und Johnson sagten, sie hätten sie nie zuvor gesehen.

McElwees Erzählung variierte von Verhandlung zu Verhandlung, aber die Kernaussage war, dass er sich mit den drei Verdächtigen zusammengetan habe, um in die Wohnung des Opfers einzubrechen und es auszurauben. Wieso sie eine kranke, alte Frau, die kein Geld hatte, ausrauben sollten, blieb unklar. Wieso Sam Grasty die Großmutter seiner Freundin überfallen sollte, blieb unklar. Wieso er riskieren sollte, von einer Frau, die ihn gut kannte, identifiziert zu werden, blieb unklar.

Der Großteil von McElwees Aussage blieb unklar. Er gab zu, Marihuana in großen Mengen zu konsumieren und ab dem Alter von dreizehn Jahren täglich Marihuana geraucht zu haben. Am Tag des Mordes habe er nur einen Blunt geraucht (also eine billige Zigarre, die ausgehöhlt und mit Marihuana gefüllt wird). Das sagte er in der Verhandlung gegen Derrick Chappell aus. In der zweiten Verhandlung gegen Sam Grasty einige Monate später behauptete er dagegen, am 9. Oktober drei Blunts geraucht zu haben. In seinem Geständnis der Polizei gegenüber und im

Rahmen der gerichtlichen Voruntersuchung erklärte er, in der Mordnacht um einundzwanzig Uhr von zu Hause weggegangen zu sein, um sich mit den drei anderen Verdächtigen zu treffen. Grasty habe von einem Raubüberfall gesprochen. Chappell sei nach Hause gegangen und eine Stunde später zurückgekommen. Während seiner Abwesenheit hätten sich die anderen drei auf eine Treppe gesetzt und die Zeit totgeschlagen. Dann habe Grasty McElwee aufgefordert, an der Ecke auf sie zu warten und sie zu warnen, falls die Polizei kam. Die anderen seien losgezogen und in Ms. Nickens' Wohnung eingebrochen. In den Verhandlungen erzählte er jedoch eine andere Geschichte. Die drei jungen Männer hätten sich um einundzwanzig Uhr an einem verlassenen Gebäude getroffen und dann getrennt. Grasty und Johnson seien nach Hause gegangen. McElwee sei auch nach Hause gegangen. Chappell wohne in den Sozialwohnungen und sei dorthin gegangen. Eine Stunde später hätten sie sich wieder an dem verlassenen Gebäude getroffen und seien die Straße hinunter zur Wohnung des Opfers gelaufen. In der gerichtlichen Voruntersuchung sagte er aus, er habe an der Ecke 10th Street und Booth Street gestanden, in den Verhandlungen änderte er jedoch seinen Standort und behauptete, an der Ecke 10th Street und Clover Street, also einen Block näher an der Wohnung des Opfers, gestanden zu haben.

Wie schon Abraham Lincoln sagte: Keines Menschen Gedächtnis ist so gut, dass er ständig erfolgreich lügen könnte. Das traf ganz besonders auf Rick McElwee zu. Aufgrund seiner eingeschränkten kognitiven Fähigkeiten und seines jahrelangen Drogenmissbrauchs konnte er sich die Einzelheiten seiner fiktiven Erzählung in den verschiedenen Verhandlungen und anderen Terminen einfach nicht merken. Im Rahmen der Voruntersuchung sagte er aus, er habe von dort, wo er Schmiere stand, die hintere Tür von Ms. Nickens' Wohnung sehen können, die auf eine kleine Veranda führte. Er habe die drei Verdächtigen eindeutig die Veranda betreten sehen, wo Grasty dann »ein- oder zweimal« auf die Tür eingetreten habe. Er habe beobachtet, wie alle drei durch die Tür in die Wohnung gegangen seien. Ein paar Minuten später habe er gesehen, wie sie die Wohnung durch die gleiche Tür verließen.

In der ersten der drei Verhandlungen, der von Chappell, sagte McElwee aus, er habe zwar die Veranda gesehen, jedoch keinen der drei Angeklagten auf der Veranda, und habe auch nicht beobachten können, wohin sie gingen.

In Grastys erster Verhandlung schmückte McElwee die Schilderung aus und behauptete, Grasty habe vier- oder fünfmal auf die Tür eingetreten. In Johnsons Verhandlung war er wieder bei »zwei- oder dreimal«. Und in Grastys zweiter Verhandlung war er schließlich so verwirrt, dass er erzählte, er habe Grasty überhaupt nicht auf die Tür eintreten sehen. Als er auf seine frühere Aussage hingewiesen wurde, gab er zu, dass er von seinem Standpunkt aus nicht habe sehen können, ob Grasty auf die Tür eingetreten habe. Tatsächlich habe er ihn nicht einmal auf der Veranda sehen können.

Aus keiner dieser zahlreichen Versionen der Ereignisse ging hervor, warum die fiktive Gang überhaupt jemanden brauchte, der Schmiere stand.

Laut McElwee befanden sich die drei Täter fünf bis zwanzig Minuten in der Wohnung von Ms. Nickens. Er habe gesehen, wie sie die Wohnung verließen – oder vielleicht doch nicht. Er sei wieder zu den anderen gestoßen, als sie die 10th Street entlangliefen, und Grasty habe gesagt: »Wir haben nur dreißig Dollar abgestaubt.« Später sagte McElwee aus, Geld sei mit keinem Wort erwähnt worden. Ursprünglich hieß es in seiner Aussage, er habe die dreißig Dollar gesehen und beobachtet, wie die drei das Geld aufgeteilt hätten. Im Rahmen der gerichtlichen Voruntersuchung hatte er ausgesagt, er habe das nicht gesehen, ebenso in Grastys zweiter Verhandlung. In Johnsons Verhandlung behauptete er dagegen, er habe kein Geld zu Gesicht bekommen und wisse nicht, ob die anderen es aufgeteilt hatten. Als er daraufhin auf sein ursprüngliches Geständnis hingewiesen wurde, erinnerte er sich plötzlich an die dreißig Dollar und wie er bei deren Aufteilung zugesehen hatte. Als er erklären sollte, wieso er seine Aussage revidiert habe, gab er zu Protokoll: »Also das lag wahrscheinlich an meinem Kopf. Ich rauche Gras.«

Während die Polizei die grüne Jacke untersuchte und die Taschen leerte, entdeckte sie 1. einen roten Trinkhalm, der an einem Ende angekaut war, 2. eine durchsichtige Plastiktüte mit weißem Pulver, das sich später als Kokain herausstellte, sowie 3. ein Tütchen aus Pergamentpapier, das ebenfalls ein weißes Pulver enthielt, bei dem es sich allerdings nicht um Betäubungsmittel handelte.

Weder Staatsanwaltschaft noch Verteidigung ließen den angekauten Trinkhalm und die Jacke auf DNA testen.

Jahre sollten vergehen, bevor diese Tests durchgeführt wurden.

2004 fanden Grastys Anwälte heraus, dass die Jacke auf DNA getestet worden war, *nachdem* ihr Mandant zu einer lebenslangen Freiheitsstrafe ohne die Möglichkeit der vorzeitigen Entlassung verurteilt worden war. Sie verlangten weitere DNA-Tests. Die Staatsanwaltschaft wehrte sich dagegen. Der Richter weigerte sich, seine Zustimmung zu geben.

2021 schaffte es ein weiteres Anwaltsteam, das Johnson, Grasty und Chappell vertrat, zusätzliche DNA-Tests der grünen Jacke und ihres Inhalts zu erwirken. Dem angekauten roten Trinkhalm wurde eine ausreichende Probe entnommen, und das DNA-

Profil entsprach dem Verursacher des am Opfer entnommenen Spermas. Mit anderen Worten: Die unbekannte männliche Person Nr. 1 hatte auf dem Trinkhalm herumgekaut. Die Jacke gehörte also doch ihr.

Bei den erneuten Tests wurde außerdem ein weiterer Spermafleck auf dem Jackenärmel gefunden.

Nur die unbekannte männliche Person Nr. 1 wusste, wie der Spermafleck auf ihre Jacke gekommen war, aber auch hier stimmte das DNA-Profil überein.

Mithilfe der neuen Tests wurde zudem ein Spermafleck auf dem Bettlaken des Opfers gefunden. Er war mit Blut vermischt und bewies einem Experten zufolge, dass das Opfer im Bett von der unbekannten männlichen Person Nr. 1 geschlagen und vergewaltigt worden war.

Die DNA von Samuel Grasty, Derrick Chappell und Morton Johnson passte weder zu dem roten Trinkhalm noch zu den Spermaflecken.

Zusammenfassend lässt sich also sagen, dass mindestens vier Proben von Körperflüssigkeiten untersucht wurden: 1. eine umfangreiche Spermaprobe aus dem Rektum, 2. eine Probe von einem Spermafleck, der mit Blut vermischt auf dem Bettlaken gefunden worden war, 3. eine Probe von einem Spermafleck auf der grünen Jacke und 4. eine Speichelprobe von dem roten Trinkhalm in der Jackentasche.

Verursacher aller vier Proben war die unbekannte männliche Person Nr. 1, jener Mann, der Henrietta Nickens ermordete.

Samuel Grasty, Derrick Chappell und Morton Johnson wurden aufgrund der DNA-Tests als Verursacher ausgeschlossen und sitzen trotzdem seit fünfundzwanzig Jahren im Gefängnis, immer noch ohne Aussicht, auf Bewährung entlassen zu werden.

Angesichts der erdrückenden Beweislage setzten die Staatsanwälte weiter alles daran, die Wahrheit zu vertuschen. Sie wehrten sich immer wieder konsequent gegen weitere DNA-Tests. Einzige Ausnahme waren die Tests im Jahr 2021, und seit deren Durchführung spricht sich die Staatsanwaltschaft beständig dafür aus, die Vollstreckung der Haftstrafen nicht auszusetzen.

Nach dem Recht des Staates Pennsylvania muss ein Verurteilter eine vierstufige Prüfung durchlaufen, wenn er ein Wiederaufnahmeverfahren aufgrund neuer Beweise erwirken will. Wenn ein Verurteilter Rechtsmittel einlegt, darf er nicht hinterfragen, was die Geschworenen im ursprünglichen Verfahren hätten tun und lassen sollen. Die Geschworenen haben die Beweise bewertet und ihn schuldig gesprochen. Tauchen jedoch neue Beweise auf, die 1. nicht bei angemessener Sorgfalt vor Ende der Verhandlung erhoben werden konnten, 2. nicht lediglich bestätigend oder verstärkend sind, 3. nicht nur die Glaubwürdigkeit von Zeugen betreffen und 4. so geartet sind, dass im Wiederaufnahmeverfahren wahrscheinlich ein anderes Urteil gesprochen wird, dann – und nur dann – kommt es zu einem Wiederaufnahmeverfahren. Alle vier Voraussetzungen müssen erfüllt sein.

Bei dem im Opfer gefundenen Sperma handelte es sich um einen alten DNA-Beweis. Er war in den Verfahren bekannt und wurde von den Geschworenen berücksichtigt, die die drei Angeklagten dennoch für schuldig befanden. Dieser Beweis kann in einem Wiederaufnahmeverfahren nicht verwendet werden.

Zu den neuen DNA-Beweisen gehören: 1. der Spermafleck auf dem Bett, 2. der Spermafleck auf der Jacke und 3. der von dem roten Trinkhalm stammende Speichel.

Heute gibt die Staatsanwaltschaft zu, dass die neuen DNA-Beweise fristgerecht vorgelegt wurden und in den ursprünglichen

Verfahren nicht hätten beigebracht werden können. Die erste Voraussetzung ist also erfüllt.

Was die zweite Voraussetzung angeht, macht die Staatsanwaltschaft geltend, dass die neuen DNA-Beweise in Bezug auf die Beweise in den Verhandlungen lediglich verstärkend sind, nämlich dahingehend, dass das Sperma im Rektum nicht von den drei Angeklagten stammt, sondern vielmehr von der unbekannten männlichen Person Nr. 1 hinterlassen wurde. Folglich handle es sich bei den neuen Flecken und dem Speichel, die alle von demselben Mann stammen, nicht um neue Beweismittel, da die Geschworenen die entsprechende Aussage in den Verhandlungen praktisch ignoriert hätten. Die Staatsanwaltschaft behauptet, die zweite Voraussetzung sei nicht erfüllt.

Die Anwälte der Angeklagten verweisen darauf, dass mit den heutigen verbesserten Möglichkeiten für DNA-Tests noch eindeutigere Beweise dafür vorliegen, dass die unbekannte männliche Person Nr. 1 allein agierte, als sie in die Wohnung des Opfers einbrach, es schlug, vergewaltigte und sterbend zurückließ, wobei sie die grüne Jacke mit weiterem DNA-Material vergaß. Demzufolge handle es sich bei den neuen Beweisen nicht um bestätigende oder verstärkende Beweise, und die zweite Voraussetzung sei somit erfüllt.

Zur dritten Voraussetzung erklären die Verurteilten, es handle sich nicht lediglich um Beweise, mit denen die Glaubwürdigkeit der Zeugen erschüttert werden soll, und die Staatsanwaltschaft bestreitet dies nicht.

Zur vierten Voraussetzung: Würde ein Wiederaufnahmeverfahren zu einem anderen Urteil führen? Mit den neuen Beweisen würden die Verurteilten liebend gern erneut vor Gericht ihr Glück versuchen. Die Staatsanwaltschaft behauptet weiterhin, dass es genug Beweise gab und gibt, die ihre Schuld beweisen.

Sie hätten keinen Anspruch auf eine Wiederaufnahme des Verfahrens. Der Gerechtigkeit sei Genüge getan.

Zuletzt verfasste die Staatsanwaltschaft im November 2023 einen fünfzigseitigen Schriftsatz, in dem sie weiterhin darauf beharrt, dass die DNA keine Rolle spiele, dass es vielleicht keine Vergewaltigung gegeben habe, dass sie, die Staatsanwaltschaft, nicht sicher wisse, wie das Sperma an die betreffende Stelle gelangt sei – aber die drei Verurteilten seien auf jeden Fall schuldig.

Unter Aktivisten und Anwälten, die sich für die Aufklärung von Justizirrtümern einsetzen, heißt es oft, es sei viel einfacher, einen Unschuldigen zu verurteilen, als ihn aus dem Gefängnis zu holen. Die Verurteilung erfordert lediglich eine Festnahme, die weitverbreitete Vorverurteilung, danach eine Verhandlung, in der die Behörden sich auf lügende Zeugen stützen, die alles sagen würden, um eine Verkürzung ihrer Zeit hinter Gittern zu erreichen. Um eine derart verfahrene Situation aufzubrechen, müssen engagierte Anwälte Jahre unentgeltlicher Arbeit investieren und Hunderttausende Dollar für Tests, Experten und Ermittler ausgeben. Und sie brauchen Glück.

Sam Grasty, Derrick Chappell und Morton Johnson haben mit der Strafjustiz bisher wenig Glück gehabt. Sie wurden von den Gerichten von Delaware County, Pennsylvania, zu Unrecht verurteilt. Die Fehlurteile wurden von den oberen Instanzen des Bundesstaates Pennsylvania bestätigt. Ihre Haftprüfungsklagen wurden von den Bundesgerichten abgeschmettert.

Die folgenden Zahlen werden so oft genannt, dass die meisten Amerikaner sie nicht mehr hören können. Es vergeht kaum ein Tag, an dem uns nicht eine große Zeitung oder Nachrichtensendung daran erinnert, wie besessen wir davon sind, mithilfe des Strafrechts Probleme zu lösen, auf die wir sonst keine Antwort haben. Es sitzen zurzeit ungefähr 2,3 Millionen Amerikaner hinter Gittern, die bisher höchste Anzahl überhaupt. Wir sperren mehr der eigenen Leute ein als jedes andere Land der Welt. Damit fügen wir den Schwächsten unserer Gesellschaft – People of Color, die in Armut leben – enormen sozialen und wirtschaftlichen Schaden zu.

Die Gründe für Masseninhaftierungen sind altbekannt und wurden bereits vielfach untersucht.

Seit wir den »Krieg gegen Drogen« in den 1970er-Jahren begonnen haben, ist die Zahl der Gefangenen explodiert, während der Drogenmissbrauch kaum abgenommen hat. Politiker wollen hart durchgreifen, indem sie Gesetze verabschieden, die längere Haftstrafen für minder schwere Straftaten und belastende Auflagen nach einer Entlassung vorsehen. Diese Gesetze und Methoden haben auf ganzer Linie versagt. Wir haben den Krieg gegen Drogen verloren, und die Opfer sind entweder tot oder im Gefängnis.

Arme, ungebildete schwarze Männer trifft die volle Wucht der Masseninhaftierung. Sie machen dreizehn Prozent der US-Bevölkerung aus, jedoch fünfunddreißig Prozent der Gefangenen. Über achtzig Prozent von ihnen werden wegen geringfügiger, nicht gewalttätiger Straftaten festgenommen.

Rassismus ist eine der Hauptursachen der Masseninhaftierung. Es ist eine einfache und zugleich komplexe Tatsache, dass mit schwarzen Verdächtigen strenger umgegangen wird als mit weißen. Vom ersten Verdacht über die Ermittlungen, Festnahme, Festsetzung der Kaution, Anklage und Geschworenenauswahl werden Schwarze anders behandelt.

Der Fall von Chester ist das beste Beispiel. Polizeibeamte und Staatsanwälte waren weiß. Die meisten Richter und Geschworenen waren weiß. Sie, die Behörden, beschlossen, den Lügen eines fünfzehnjährigen Weißen mit einer Entwicklungsstörung, der Drogen konsumierte, zu glauben anstatt den Aussagen von Sam Grasty, Derrick Chappell und Morton Johnson, die durchweg glaubhafte Alibis und kein Motiv hatten. Objektive Beweise belegten, dass sie es gar nicht gewesen sein konnten.

Rick McElwee erzählte die Lügen, welche die Polizei ihm eingeflüstert hatte. Er saß sechs Jahre ab und wurde vor fast zwanzig Jahren entlassen.

Sam, Derrick und Morton sagten die Wahrheit und sitzen seit fünfundzwanzig Jahren hinter Gittern. Sollte kein Wunder geschehen, werden sie im Gefängnis sterben. Derrick, der bei seiner Verurteilung ein Jugendlicher war, könnte in vier Jahren auf Bewährung freikommen.

Aber es geschehen Wunder. Manchmal hat man Glück, wenn man es am wenigsten erwartet.

Am 28. März 2024 überraschte Richterin Mary Ann Brennan vom Court of Common Pleas die drei Verurteilten, ihre Anwälte und die Staatsanwälte mit einer erstaunlichen Entscheidung. Sie hob die Schuldsprüche auf und ordnete neue Verfahren gegen Sam, Derrick und Morton an. Der Bezirksstaatsanwalt hatte dreißig Tage Zeit, gegen ihre Entscheidung Beschwerde einzulegen oder sie anzunehmen.

Bezirksstaatsanwalt Jack Stollsteimer wartete bis zum dreißigsten Tag, dann legte er gegen die Entscheidung von Richterin Brennan Beschwerde ein. In Pennsylvania dauert es ungefähr ein Jahr, bis über derartige Beschwerden entschieden wird.

JIM McCLOSKEY

GEHEIME AUFZEICHNUNGEN

Der neunzehnjährige James Buckley starb am Sonntag, dem 2. Januar 1983, während seiner Nachtschicht an der Vickers-Tankstelle in Dellwood, Missouri, bei St. Louis eines gewaltsamen Todes. Nachdem Buckley die Highschool abgeschlossen hatte, besuchte er das örtliche Community College und wohnte bei seiner Mutter Gloria. Ab Juni 1982 hatte er dreimal wöchentlich die Nachtschicht an der Tankstelle.

Buckley wurde gegen zwei Uhr morgens auf dem Rücken liegend im Lagerraum der Tankstelle gefunden. Jemand hatte aus direkter Nähe siebenmal mit einem Gewehr Kaliber .22 auf ihn geschossen, einmal ins Herz und mehrmals in die Brust, den linken Arm und den Bauch. An seinem Kopf klaffte eine tiefe Wunde, die bis auf den Knochen reichte.

Die Waffe war nicht auffindbar, aber Teile des Gewehrs und seine Feder wurden neben ihm auf dem Boden gefunden, wie auch mehrere Patronenhülsen. Buckleys Brieftasche fehlte und mysteriöserweise auch der ein Meter zwanzig lange Querriegel, der die hintere Tür zum Lagerraum sicherte. Es gab keine Hinweise auf einen Einbruch.

Fingerabdrücke oder andere Spuren, die auf den Täter hingedeutet hätten, wurden nicht entdeckt. Weder im Büro noch im Lagerraum herrschte besondere Unordnung. Es war kein Geld aus der Kasse oder dem Büro entwendet worden, in dem dreihunderteinundsechzig Dollar in einem nicht abgeschlossenen Safe lagen, was darauf hindeutete, dass die Täter gestört worden waren, weil jemand die Tankstelle betrat. Mehrere Tütchen Marihuana wurden unter der Theke mit der Kassenschublade und in Buckleys Auto gefunden.

Dellwood erstreckt sich über eine Fläche von zweieinhalb Quadratkilometern und ist eine von achtundachtzig Gemeinden im St. Louis County, von denen jede eine eigene Polizei hat. Buckleys Ermordung war in Presse, Funk und Fernsehen allgegenwärtig. Seit achtzehn Monaten war St. Louis von einer Welle von Raubüberfällen auf Tankstellen heimgesucht worden. Elf Tankstellen waren betroffen, sechs Mitarbeiter waren getötet, ein weiterer verletzt worden. Buckleys Tod war der siebte.

Die Polizei von Dellwood forderte die Aktivierung der Greater St. Louis Major Case Squad (MCS) an, die bei der Untersuchung des Mordes federführend sein sollte. Die MCS war eine in mehreren Zuständigkeitsbezirken tätige Taskforce, die auf Anforderung der örtlichen Polizei Ermittler aus der gesamten Region zusammenzog, um forensische Aufgaben und Ermittlungstätigkeiten bei Tötungsdelikten zu übernehmen. In Buckleys Fall war der Einsatzleiter der MCS Captain Dan Chapman, der seit fünfzehn Jahren bei der winzigen Polizei von Dellwood beschäftigt war. Zwanzig Ermittler wurden seinem Kommando unterstellt. Sie würden sich in den nachfolgenden Wochen rund um die Uhr mit dem Fall befassen.

In der letzten Stunde vor Buckleys Tod hatten mehrere Kunden und Freunde von ihm die Tankstelle aufgesucht. Der Erste war Donald Brunner, Buckleys bester Freund und ehemaliger Klassenkamerad an der Highschool. Brunner erzählte der Polizei, er sei gegen 0.30 Uhr an der Tankstelle eingetroffen und eine Stunde später wieder gegangen. Während seines Besuchs sei eine weitere Freundin aus der Highschool dazugekommen, Kathy Brockhan, die gehofft habe, Buckley würde ihr etwas Gras spendieren. Er habe zu ihr gesagt, er habe nichts für sie. Nachdem sie etwa zehn Minuten mit den beiden Männern im Tankstellengebäude verbracht habe, sei sie wieder gegangen. Später berichtete Kathy der Polizei, Brunner und Buckley hätten nervös gewirkt und nicht weiterreden wollen, solange sie dabei war. Sie sagte, Buckley habe »bekifft« gewirkt, Brunner hingegen »klar«. Außerdem behauptete sie, Buckley habe regelmäßig Marihuana für dreihundertsechzig bis vierhundertfünfzig Dollar das Pfund von einem Großhändler gekauft, dessen Identität sie nicht kenne.

Wenige Minuten nachdem Kathy gegangen war, seien zwei Kunden Anfang zwanzig, ein Asiate und ein Weißer, zusammen hereingekommen. Obwohl Buckley sie nicht gekannt habe, habe er ihnen Gras zum Kauf angeboten. Sie hätten ein Tütchen mit einem halben Gramm Marihuana erstanden und seien wieder gegangen. Brunner und Buckley hätten dann in Buckleys Auto ein paar Joints geraucht, dann sei Brunner nach Hause gefahren. Das sei kurz vor 1.30 Uhr gewesen.

Zwischen 1.30 und 1.40 Uhr kamen zwei weitere Kunden in die Tankstelle, um Zigaretten zu kaufen – zuerst Anthony Longo, dann Ken Main, kurz nachdem Longo gegangen war. Beide sahen einen Schwarzen in einer grünen Militärjacke, der am Kassentresen lehnte, während Buckley ihm gegenüber im Kassenkäfig stand. Ihre Beschreibungen des Mannes unterschieden sich leicht. Main war der Meinung, er sei zwischen dreißig und vierzig Jahre alt gewesen, laut Longo war er Mitte zwanzig, aber beide waren sich darüber einig, dass er groß war – zwischen 1,80 und 1,90 Meter – und einen mittellangen Afro trug. Longo waren zudem seine schwarzen Stiefel aufgefallen. Buckley hatte Longo

Marihuana angeboten, was dieser seltsam fand. Er lehnte ab und ging mit seinen Zigaretten wieder. Main war noch etwas aufgefallen. Buckley habe verstört gewirkt und Main flehentlich angesehen, als brauche er Unterstützung.

Einige Minuten nachdem Main den Shop verlassen hatte, kam Jim Abernathy, ein Videofilmer, herein, um Zigaretten zu kaufen. Das war gegen 1.40 bis 1.45 Uhr. Zu dem Zeitpunkt war in der Tankstelle niemand zu sehen. Das war Abernathy unheimlich. Er sah, dass die Tür zum Lagerraum einen winzigen Spalt offen stand, und fühlte sich beobachtet. Anstatt zu rufen, verschwand er rasch wieder.

Danach kam Ellen Reasonover, eine alleinerziehende Schwarze, Mutter der zweijährigen Charmelle. Beide lebten bei Ellens Mutter Elizabeth. Ellen war vierundzwanzig Jahre alt. An ihrer Schilderung der Ereignisse in jener Nacht hat sich bis heute nichts geändert. Sie sei gegen Mitternacht von der Wohnung, in der sie mit ihrer Familie in Dellwood lebte, zum örtlichen Waschsalon gefahren, um die Wäsche der Familie zu waschen. Das habe sie meistens so spät erledigt, weil es für ihre Mutter einfacher gewesen sei, auf Charmelle aufzupassen, wenn diese schlief. Es habe mehr als zwei Stunden gedauert, bis sie die angesammelte Wäsche gewaschen und getrocknet habe, ganze acht Ladungen. Dann sei ihr das Kleingeld ausgegangen, und sie habe bei der Vickers-Tankstelle in der Nähe Geld wechseln und Zigaretten kaufen wollen. Abernathy sei da schon weg gewesen.

Dort habe sie einen schwarzen Mann am Kassenfenster sitzen sehen. Als er sie bemerkt habe, sei er im hinteren Bereich der Tankstelle verschwunden. Sie habe mehrfach fest und laut gegen das Fenster geklopft, um seine Aufmerksamkeit zu erregen, aber vergeblich. Später sagte sie, er sei neunzehn bis einundzwanzig Jahre alt gewesen und habe für einen Schwarzen sehr helle Haut gehabt. Seine Größe schätzte sie auf ungefähr eins siebzig. Er habe eine Art Anglerhemd mit schwarz-rotem Karomuster und einen passenden Hut getragen, den er absetzte, als er sie sah.

Nach ein paar Minuten habe sie aufgegeben und sei zurück zu ihrem Auto gegangen. Dabei sei ihr ein neben dem Gebäude parkendes Auto aufgefallen. Es sei mindestens zehn Jahre alt gewesen, dunkel – entweder dunkelblau oder schwarz – und habe einen unverwechselbaren Reifensatz gehabt: montierte Weißwandreifen und einen silbernen Reifen am Heck. Sie glaube, es sei ein Cadillac oder Buick gewesen. Zwei Männer, von denen einer eine Militärjacke trug, hätten die Tankstelle durch eine Seitentür verlassen und seien in das Auto gestiegen. Eine dritte Person habe bereits auf dem Rücksitz gesessen. Als sie von der Tankstelle wegfuhr, sei das Auto ebenfalls losgefahren, aber erst nach ihr. Sie habe angenommen, dass es sich um Mitarbeiter handelte, die Feierabend gemacht hätten.

Dann sei sie zu einem 7-Eleven in der Nähe gefahren, um Geld zu wechseln. Als sie den Laden verließ, habe sie gesehen, wie der hellhäutige Mann im karierten Hemd und ein Begleiter dort ankamen, aus dem Auto stiegen und in Richtung des 7-Eleven gingen. Als sie an ihr vorbeikamen, habe der zweite Mann aufgebracht auf den hellhäutigen Mann eingeredet. Der Begleiter habe eine grüne Militärjacke, Militärstiefel und Jeans angehabt. Er habe einen hellen Schnurrbart und Bart und einen kurzen Afro getragen, sei ungefähr eins fünfundachtzig groß und dreißig Jahre alt gewesen und habe sehr rote Augen gehabt. Als sie kurz darauf zum Waschsalon in der Nähe zurückfuhr, habe sie Polizeisirenen gehört, die sich in Richtung der Vickers-Tankstelle bewegt hätten.

Kurz nachdem Ellen und die von ihr beobachteten Männer die Tankstelle verlassen hatten, wurde Buckleys Leiche gefunden.

Mehrere Kunden waren auf die Suche nach einem Mitarbeiter gegangen, weil die Zapfsäulen nicht funktionierten. Sie fanden die Leiche im Lagerraum und riefen um 2.01 Uhr die Polizei. Die Beamten waren innerhalb weniger Minuten vor Ort.

Als Ellen am späten Morgen aufstand, wurde in den Fernsehnachrichten über den Mord berichtet. Entsetzt stellte sie fest, dass das Opfer, ein Weißer, um die Zeit ermordet worden sein musste, wo sie an der Tankstelle war. Sie fragte sich, ob sie die Mörder gesehen hatte.

Ihre Mutter ermunterte sie, sich an die Behörden zu wenden. Erst hatte Ellen Bedenken, aber am 3. Januar um 1.42 Uhr rief sie schließlich doch bei der Polizei von Dellwood an. Dabei stellte sie sich als »Sheila Hill« vor, weil sie ihren richtigen Namen nicht nennen wollte. Sie wollte nicht, dass die Mörder sie fanden, falls sie sie wirklich gesehen hatte. Auf die Idee, dass die Polizei selbst die wahre Bedrohung darstellte, kam sie nicht.

Der Polizist, der ihren Anruf entgegennahm, merkte schnell, wie wichtig die Aussage dieser Augenzeugin werden konnte, und bat sie, Captain Chapman anzurufen, der die Ermittlungen leitete, damit sie eingehend befragt werden konnte. Nach einigem Überlegen meldete sie sich am nächsten Tag, dem 4. Januar, um 22.10 Uhr bei Chapman, wobei sie sich immer noch »Sheila Hill« nannte. Chapman zeichnete das Gespräch ohne ihr Wissen auf. Am Ende des langen und ausführlichen Telefonats überredete er sie, sofort zum Polizeirevier zu kommen, um sich einige Fotos anzusehen. Als er versuchte, sie mit einer Belohnung von dreitausend Dollar zu ködern, lehnte Ellen ab und riet ihm, das Geld der Familie des Opfers zu geben. Sie sei nicht auf Geld aus. Sie wolle helfen. Um 23.30 Uhr kam sie ins Revier, nannte ihren echten Namen, Ellen Reasonover, und erzählte, was sie gesehen hatte.

Captain Chapman zeigte ihr ein Album mit den Polizeifotos

von zweihundertfünfzig schwarzen Männern. Sie identifizierte zwei Männer als diejenigen, die sie in der Nacht des Mordes gesehen hatte, war sich aber nicht ganz sicher. Ihre Beschreibung des wütenden Mannes im 7-Eleven passte auf die des Mannes, den Longo und Main kurz vor dem Mord mit dem sichtlich nervösen Buckley hatten sprechen sehen. Alle drei Zeugen sagten, er habe eine grüne Militärjacke sowie schwarze Stiefel getragen und sei zwischen 1,80 und 1,90 Meter groß gewesen. Ellen und Main schätzten ihn auf ungefähr dreißig Jahre, während Longo meinte, er sei eher fünfundzwanzig gewesen.

Ellen erklärte Chapman, wieso sie einen erfundenen Namen verwendet hatte. Die beiden Männer hätten »heimtückisch« ausgesehen, und sie habe vermeiden wollen, dass ihr Name in der Zeitung erwähnt werde.

Am Abend des nächsten Tages, des 5. Januar, sahen sich Ellen und Ken Main zwei Aufstellungen an. Jedes Mal war einer der beiden Männer dabei, die Ellen am Vortag mehr oder weniger eindeutig identifiziert hatte. Main fand auch, dass einer der Männer dem Mann mit der grünen Militärjacke sehr ähnlich sah. Allerdings konnte Main in den beiden Gegenüberstellungen weder ihn noch einen anderen eindeutig identifizieren. Chapman zufolge identifizierte Ellen jetzt einen der Männer eindeutig als den hellhäutigen Mann im karierten Anglerhemd, der sich an den Tresen an der Kasse gelehnt hatte, konnte den anderen Mann jedoch nicht identifizieren. Ellen ist sich allerdings ganz sicher, dass sie damals keinen der beiden Männer eindeutig identifiziert hat. Wie sich herausstellte, saßen beide im Gefängnis, als Buckley umgebracht wurde.

Ellen, die nach wie vor ihren Beitrag leisten wollte, sagte Chapman, der hellhäutige Verdächtige sei möglicherweise ein Mann, den sie mehrere Monate zuvor kurz auf einer Party getroffen habe, und eine Freundin von ihr, die mit ihm ausgegangen sei, wisse, wie er heiße. Ellen fand seinen Namen heraus und informierte Chapman. Am nächsten Tag, dem 6. Januar, identifizierte Ellen ihn in einer Fotoaufstellung als den Mann, den sie an der Kasse gesehen hatte. Sein Name war Willie Love. Love wurde sofort abgeholt und befragt.

Am selben Nachmittag sprach die Polizei mit einer Mitarbeiterin des Dairy Queen in Dellwood, die bereits früher gemeldet hatte, zwei verdächtig wirkende Schwarze seien am 31. Dezember, eineinhalb Tage vor dem Mord, innerhalb von zwei Stunden dreimal in das Schnellrestaurant gekommen und wieder gegangen. Die Mitarbeiterin beschrieb einen davon als hellhäutig, mit einer beigen Regenjacke, und den anderen als ungefähr 1,88 Meter groß und dreißig Jahre alt, mit einer grünen Militärjacke. Als ihr zehn Fotos von Männern vorgelegt wurden, wählte sie Willie Loves Foto aus und sagte: »Der hier sieht aus wie der Typ mit der beigen Regenjacke.« Sie wurde gebeten, das Foto zu unterschreiben und mit dem Datum zu versehen.

Das Dairy Queen lag ganz in der Nähe der Tankstelle. Es ist durchaus wahrscheinlich, dass es sich bei den beiden Männern um die handelte, die Ellen an der Tankstelle und am 7-Eleven gesehen hatte. Der Mann in der grünen Militärjacke vom Dairy Queen entsprach der Beschreibung jenes Mannes, den Longo und Main mit Buckley hatten sprechen sehen, bevor dieser erschossen wurde. Dass die Mitarbeiterin des Dairy Queen Willie Love erkannt hatte, stützte Ellens Aussage, er sei der hellhäutige Begleiter des Mannes in der grünen Militärjacke gewesen.

Am selben Abend unterzog sich Love jedoch einem psychologischen Stimmbelastungstest, einer computerbasierten Untersuchung, die angeblich den Stress in der Stimme einer Person als Indikator für den Wahrheitsgehalt ihrer Aussagen messen konnte. Diese Methode kam gelegentlich bei den Strafverfolgungsbehörden von St. Louis County zum Einsatz, gilt jedoch unter Strafrechtsexperten als extrem unzuverlässig und ist als Beweismittel vor Gericht nicht zugelassen. Dennoch wurde basierend auf diesem Test entschieden, Love habe nichts mit Buckleys Tod zu tun gehabt. Derselbe Beamte unterzog eine knappe Stunde nach Love auch Ellen dem Test und befand, dass sie eine glaubwürdige Zeugin sei.

Außerdem konnte Loves Alibi bestätigt werden. Damit war er entlastet und kam am Morgen des 7. Januar wieder frei.

Buckleys Freund Brunner hatte bereits davor einen Lügendetektortest absolviert. Der Verantwortliche meinte, er habe den Mord zwar nicht begangen, wisse aber möglicherweise, wer es getan hatte und warum. Brunners Antworten auf die Fragen: »Wissen Sie, wer Jim Buckley erschossen hat?«, und: »Wissen Sie, wieso Buckley ermordet wurde?«, hätten eindeutig auf eine Täuschung hingewiesen. Tatsächlich gab Brunner zu, dass er und Buckley zusammen Marihuana verkauften und ein für das Drogengeschäft »typisches Problem« hatten.

Vier andere Bekannte von Buckley und Brunner bestätigten gegenüber der Polizei, dass die beiden mit Marihuana dealten. Ein gewisser Louis Montgomery, dessen Telefonnummer nach dem Mord in Buckleys Hosentasche gefunden worden war, sagte der Polizei am Morgen nach dem Verbrechen, dass »Brunner und Buckley manchmal gemeinsam große Mengen Marihuana einkaufen«. Die MCS hatte eine eindeutige Spur. Aber Chapman schlug eine andere Richtung ein. Er verwarf den Gedanken, die beiden Neunzehnjährigen könnten ernst zu nehmende Drogendealer sein, weshalb Buckleys potenzielle Drogenverbindungen nie vollständig untersucht wurden.

Stattdessen nahm Chapman Ellen ins Visier. Es erschien ihm

verdächtig, dass sie irrtümlich Willie Love identifiziert hatte (obwohl die Mitarbeiterin des Dairy Queen ihn auf dem Foto ebenfalls erkannt haben wollte). Daraus schloss er, dass Ellen der Polizei nicht behilflich sein, sondern von ihrer eigenen Beteiligung an Buckleys Ermordung ablenken wollte.

Mehrere Faktoren hatten zu dieser irrigen Vorstellung geführt. Zum einen hatte Ellen ihm von sich aus erzählt, als sie von der Tankstelle auf die Straße eingebogen sei, sei ein Streifenwagen in ihrer Richtung unterwegs gewesen. Sie habe das Tempo verlangsamt, um hinter ihm zu bleiben, da ein Rücklicht an ihrem AMC Hornet Modelljahr 1970 defekt gewesen sei. Das veranlasste Chapman zu der Annahme, Ellen habe sich nur bei der Polizei gemeldet, weil sie Angst hatte, dass der Polizeibeamte sie identifizieren würde, wenn er von dem Mord an der Tankstelle erfuhr. Das war weit hergeholt, schließlich hätte sich der Beamte im Streifenwagen Ellens Fahrzeug merken müssen, bevor er überhaupt wusste, dass ein Verbrechen begangen worden war.

Zweitens hatte Ellen in ihrem ersten Telefonat mit Chapman von sich aus erzählt, dass sie 1978 sieben Monate lang an einer anderen Vickers-Tankstelle in der Nachtschicht gearbeitet hatte. Und das obwohl die Umstände für sie nicht unproblematisch gewesen waren. Nachdem sie die Annäherungsversuche des Managers abgewiesen hatte, hatte dieser nämlich behauptet, sie habe einhundertsechs Dollar gestohlen. Sie hatte das bestritten, und eine Untersuchung der Staatsanwaltschaft von St. Louis County hatte sie entlastet.

Chapman schoss sich außerdem auf die Tatsache ein, dass Ellens ältere Brüder Steven und Mark vorbestraft waren. 1979 war Steven für schuldunfähig erklärt worden, nachdem er seine Freundin und deren Schwester erschossen hatte. Er war in einem psychiatrischen Krankenhaus untergebracht worden, wo er sich

1983 immer noch aufhielt. Mark war 1981 wegen versuchten Raubüberfalls auf ein Lebensmittelgeschäft als Wiederholungstäter zu einer sechzehnjährigen Haftstrafe verurteilt worden. Man kann nur mutmaßen, dass Chapman zu dem Schluss kam, Ellen habe wie ihre Brüder »schlechtes Blut«, obwohl sie selbst nicht vorbestraft war.

Zu allem Überfluss fand Chapman heraus, dass am 29. Dezember, also eine Woche zuvor, Stanley White, mit dem Ellen bis kurz davor eine Beziehung gehabt hatte, festgenommen worden war, weil er betrunken ihre Autoscheiben eingeschlagen hatte. Danach hatte Ellen die Beziehung beendet und den Kontakt abgebrochen. Aus dem damaligen Polizeibericht ging hervor, dass White zum Zeitpunkt seiner Festnahme mit einem Fahrzeug unterwegs war, das dem Auto ähnelte, das Ellen in der Nähe des Tatorts gesehen hatte. Allerdings gehörte es nicht ihm, sondern einem Freund. Es handelte sich um einen dunkelblauen Buick Modelljahr 1974 mit am Heck montiertem Reserverad.

White wurde am 6. Januar um 22.30 Uhr zur Befragung vorgeführt. Die MCS war der Meinung, dass Ellen männliche Komplizen gehabt haben musste, um Buckley zu überwältigen. White passte zu der Beschreibung des Mannes in der Militärjacke, weil er über eins achtzig groß und schlank war. Außerdem konnte er laut Polizei kein Alibi vorweisen.

Nachdem er auf das Polizeirevier von Dellwood gebracht worden war, wurde er noch am selben Abend in einer Aufstellung Ken Main präsentiert, einem der Zeugen für die Mordnacht. Main schrieb in einer Aussage nach der Aufstellung, dass »der Körperbau von Nummer vier [Stanley White] mich an den Mann erinnert, den ich gesehen habe, und sein Profil auch, aber ich habe ihn bei Vickers nur kurz gesehen und kann nicht mit Sicherheit sagen, dass er es war«. Später sagte er, er habe das Gesicht des Mannes »nicht einmal eine Sekunde lang« von vorn gesehen.

Am nächsten Tag ließ die Polizei Main von einem Profi hypnotisieren. Er sagte dem Hypnotiseur das Gleiche: »Ich habe sein Gesicht nur kurz gesehen.« Einmal während der Hypnose nannte er den Schwarzen von der Tankstelle *»nigger«* und ließ so eine rassistische Einstellung erkennen.

Mit Mains Unsicherheit war es jedoch vorbei, als White sich auf seinen Wunsch an einen Tresen im Polizeigebäude lehnte, damit er ihn wie an der Vickers-Tankstelle im Profil sehen konnte. Jetzt behauptete Main in einem Nachgespräch mit dem Hypnotiseur und einem MCS-Beamten, er sei sich zu »neunundneunzig Prozent sicher«, dass es sich bei dem Mann in der grünen Militärjacke um White gehandelt habe. Interessanterweise sieht es so aus, als hätte die Polizei Main für seine Hilfe bei der Aufklärung des Vickers-Falls belohnt. Main sagte in Ellens Verhandlung aus, er sei kürzlich vom Sheriff's Department von St. Louis County eingestellt worden. Kurz nach der Verhandlung war einer von Ellens Anwälten überrascht, ihn in der Uniform eines Deputy Sheriffs in einem Gerichtssaal im County anzutreffen. Man kann nur darüber spekulieren, ob dieser neue Job eine Belohnung für seine Rolle als wichtiger Zeuge im Verfahren gegen Ellen darstellte.

Um 23.15 Uhr bestand White einen psychologischen Stimmbelastungstest nicht und wurde umgehend wegen Mordes an Buckley festgenommen. Er wurde in einer Gefängniszelle in Dellwood untergebracht. Am Morgen des 7. Januar war es Anthony Longo – der nur wenige Minuten nach Main an der Tankstelle gewesen war – jedoch nicht möglich, White oder irgendeine andere Person in der Aufstellung zu identifizieren.

Ellen wurde nun einem zweiten psychologischen Belastungstest unterzogen, diesmal von einem anderen Beamten, der sie durchfallen ließ. Plötzlich wurde Ellen von einer hilfsbereiten Zeugin zur Hauptverdächtigen. Zu ihrer Verwunderung wurde sie am 7. Januar um 13.00 Uhr wegen Mordes festgenommen.

Ellen wurde in einer Gefängniszelle in Dellwood neben ihrem Exfreund Stanley White untergebracht, dem Mann, der im Vollrausch ihre Autoscheiben eingeschlagen hatte. Seite an Seite saßen sie bis zum Abend in ihren jeweiligen Zellen und fragten sich wütend und verwirrt, wieso um alles in der Welt sie Buckley ermordet haben sollten.

Gegen einundzwanzig Uhr am selben Abend wurde Ellen im nahe gelegenen Jennings untergebracht und mit zwei schwarzen Frauen, Rose Carol Jolliff und Marquita Butler, in eine Zelle gesteckt. Überraschenderweise wurden White und Ellen am nächsten Morgen, dem 8. Januar, freigelassen. Obwohl Chapman sie nach wie vor für schuldig hielt, war ihm klar, dass Mains Identifizierung von White problematisch war, und er hatte immer noch keinen einzigen Beweis gegen Ellen in der Hand.

Als sie wieder in Freiheit war, dachte Ellen, die Polizei sei endlich zur Vernunft gekommen, der Albtraum sei vorbei, und sie könne normal weiterleben. Also tat sie genau das. Am 23. Januar heiratete sie Glen Baldwin, einen Soldaten der Air Force, der sie liebte, seit sie sich zwei Jahre zuvor kennengelernt hatten. Er war ein anständiger Mann, und Ellen, die seine Gefühle zunächst nicht erwidert hatte, dachte, sie könne lernen, ihn zu lieben. Außerdem wünschte sie sich eine Vaterfigur für ihre Tochter. Charmelles Vater, den Ellen vergöttert hatte, war sieben Monate zuvor erschossen worden.

Bedauerlicherweise unternahm am Tag von Ellens Entlassung eine ihrer Zellengenossinnen aus dem Gefängnis in Jennings, die einunddreißigjährige Rose Carol Jolliff, den Versuch, sich durch einen Deal mit den Behörden eine mildere Strafe zu sichern.

Sie erzählte dem Gefängniswärter, sie habe Informationen zum Mord an der Vickers-Tankstelle.

Jolliff hatte ein langes Vorstrafenregister, das bis 1975 zurückreichte und Delikte wie den Besitz von Heroin, Diebstahl, Scheckfälschung und die Weitergabe ungedeckter Schecks in mehreren Fällen umfasste. 1975 wurde sie zu einer sechsmonatigen Haftstrafe in einem Bundesgefängnis wegen Fälschung eines von der Staatskasse ausgestellten Schecks verurteilt. Im August 1982 wurde sie wegen der Weitergabe ungedeckter Schecks zu neunzig Tagen im Bezirksgefängnis von St. Louis County verurteilt. Als sie Anfang Januar 1983 vorübergehend mit Ellen die Zelle teilte, saß sie aufgrund einer Anklage vom September 1982 wegen der Weitergabe ungedeckter Schecks in St. Louis County in drei Fällen in Untersuchungshaft. Das war eine schwere Straftat, und als Wiederholungstäterin drohten ihr fünf Jahre oder mehr. Bis zu diesem Zeitpunkt hatte Jolliff das System geschickt ausgetrickst und war um eine Haftstrafe in einem der gefürchteten Gefängnisse des Bundesstaates herumgekommen. Und sie wollte, dass das so blieb. Möglicherweise wurde Ellen sogar vom Gefängnis in Dellwood für eine Nacht nach Jennings verlegt, weil die Polizei hoffte, Jolliff werde im Rahmen einer Absprache gegen Ellen aussagen.

Drei MCS-Ermittler zeichneten ihre Befragung von Jolliff auf. Scheibchenweise rückte Jolliff damit heraus, dass Ellen ihr angeblich erzählt hatte, sie habe den Jungen von der Tankstelle erschossen, weil sie in der Nähe wohnte und nicht wiedererkannt werden wollte. Ellen habe gesagt, sie habe bei dem Raubüberfall zwei Komplizen gehabt, Robert McIntosh und Stanley White, wobei McIntosh ihr Zuhälter und White ihr Freund sei. Jolliff zufolge hatte Ellen erklärt, einer der Männer hätte den Mitarbeiter an der Kasse ablenken sollen, damit sie unerkannt blieb. Als er sie doch sah, habe sie »ihn loswerden« müssen. Sie habe siebenmal mit dem Gewehr auf ihn geschossen. Sie fügte hinzu, da Ellen früher bei einer Vickers-Tankstelle gearbeitet habe, kenne sie sich dort aus. Ellen habe gesagt, dass sie McIntosh oder White nicht bei der Polizei verraten werde.

Es wurde nie eine schriftliche Aussage von Jolliff verlangt, in der sie sich näher zu Ellens angeblichem Geständnis geäußert hätte. Sie riet der Polizei jedoch, mit ihrer anderen Zellengenossin in Jennings, Marquita Butler, zu sprechen. Jolliff zufolge hatte Butler Ellens Geständnis ebenfalls mitbekommen.

Ellens Erinnerung an ihr Gespräch mit Jolliff im Gefängnis war eine ganz andere. Jolliff habe Robert McIntosh erwähnt und Ellen gefragt, ob sie ihn kenne. Ellen habe geantwortet, sie und McIntosh seien zusammen in die Mittelschule gegangen, sie habe ihn seitdem aber nicht mehr gesehen. Die Vorstellung, er sei ihr Zuhälter gewesen, sei nicht nur absurd, sondern reine Projektion – McIntosh sei der Zuhälter von Jolliff gewesen. Jolliff habe Ellen erzählt, sie sei wütend auf ihn, weil er die Kaution für ihre Gefängnisentlassung nicht gezahlt habe. Vielleicht wollte sie ihm deswegen den Mord an James Buckley anhängen.

Mit Jolliffs Erzählung im Gepäck knöpften sich Captain Chapman und der Staatsanwalt von St. Louis County, Steven Goldman, Jolliffs Zellengenossin Marquita Butler vor. Goldman ließ sie am 9. Januar in sein Büro bringen. Einem Polizeibericht zufolge »war sie nicht in der Lage, die Aussage von Jolliff zu bestätigen« und »verweigerte eine weitere Zusammenarbeit«. Aber Chapman ließ nicht locker. Nachdem er nach ihrer Entlassung mehrfach versucht hatte, sie aufzuspüren, kam am 13. Januar schließlich ein Telefongespräch mit ihr zustande, das er aufnahm. Sie sagte Chapman, sie sei pleite und brauche dringend Geld. Zweimal erwähnte dieser, dass eine ordentliche Belohnung im

Raum stehe, und machte deutlich, »dass Sie siebentausend Dollar bekommen«, wenn sie mit ihm zusammenarbeite und helfe, Ellen zu überführen.

Marquita knickte schließlich ein. Sie erzählte Chapman, Ellen habe gestanden, an dem Raubüberfall an der Vickers-Tankstelle beteiligt gewesen zu sein, aber Ellens Freund habe den Mitarbeiter erschossen. Marquita behauptete, Ellen habe gesagt, sie sei die gesamte Zeit im Auto geblieben. Ihre Komplizen hätten nicht vorgehabt, das Opfer zu töten. Da Buckley sie kannte, sei ihnen jedoch nichts anderes übrig geblieben.

Aber dann meldete sich Marquitas Gewissen, und sie nahm im selben Gespräch ihre Lügen wieder zurück. Jahre später sagte sie in einer beeideten Erklärung gegenüber Centurion, die Polizei habe ihr die Namen von Männern genannt, von denen sie nie zuvor gehört habe (Stanley White und Robert McIntosh), und die Beamten seien wütend auf sie geworden, als sie die weitere Zusammenarbeit verweigerte. Sie waren »gemein und unhöflich zu mir … und machten mich runter«. Weil sie die Wahrheit gesagt hatte, erhielt Marquita keinen Cent von den siebentausend Dollar Belohnung.

Unterdessen war Ellen, die glaubte, aus dem Schneider zu sein, zu Hause bei Charmelle und ihrem Ehemann Glen, den sie geheiratet hatte, bevor er auf den Air-Force-Stützpunkt Eglin im Florida Panhandle zurückkehren musste. Sie und Charmelle hatten vor, ihm später dorthin zu folgen. Die Polizei von St. Louis war allerdings noch lange nicht fertig mit ihr. Genau einen Monat nachdem sie und Stanley White aus dem Gefängnis entlassen worden waren, wurden völlig neue Vorwürfe gegen sie erhoben. »Sie holten mich zu Hause ab, und ich kam nie wieder zurück«, erinnert sich Ellen.

Am 8. Februar 1983 fiel die Polizei in ihrer Wohnung ein, weil sie Bargeld aus der Kasse einer Sunoco-Tankstelle in der Kleinstadt

Creve Coeur in St. Louis County gestohlen haben sollte. Ellen war fassungslos. Sie hatte noch nie von Creve Coeur gehört und konnte die neuen Anschuldigungen nicht verstehen.

Das fehlende Puzzleteil war, wenig überraschend, der Ermittlungseifer von Captain Chapman. Nachdem er erfahren hatte, dass die Sunoco-Tankstelle überfallen worden war und dass zu den Verdächtigen eine schwarze Frau und zwei schwarze Männer zählten, machte er sich in aller Eile auf den Weg nach Creve Coeur, obwohl die Stadt nicht in seinen Zuständigkeitsbereich fiel, und zeigte dort ein paar Fotos herum. In einer Aussage gegenüber der Polizei des Countys hatte der Manager der Tankstelle, Chuck Zeiter, die weibliche Verdächtige ursprünglich als jung beschrieben, fünfundzwanzig bis dreißig Jahre alt, relativ groß und stämmig – fast eins achtzig groß und ungefähr siebzig Kilo schwer – mit dunkler Haut und kurzen braunen Locken. Als Chapman mit den Fotos ankam, identifizierte Zeiter trotz der Diskrepanz zwischen Ellens Aussehen und seiner ursprünglichen Beschreibung die vierundzwanzigjährige Ellen – die nur einundsechzig Kilogramm wog, hellhäutig war und schwarze Haare hatte – als die Täterin. Kurz darauf wohnte Zeiter auf Chapmans Einladung hin mehreren Gegenüberstellungen bei und identifizierte Ellen und Stanley White.

White wurde umgehend festgenommen und beschuldigt, »mehr als einhundertfünfzig Dollar gestohlen zu haben«. Zeiter sagte der Polizei, er sei sich nicht ganz sicher, ob White es gewesen sei. Zwei Wochen später wurden die Vorwürfe gegen White fallen gelassen. Er kam erneut frei und wurde nie wieder mit dem Fall belästigt. Bei Ellen sah die Sache anders aus.

Am 9. Februar wurde sie in einer Zelle im Gerichtsgebäude des Countys untergebracht, in der sie auf die Vernehmung zur Anklage wegen des Diebstahls an der Sunoco-Tankstelle wartete.

Leider hatte sie das Pech, dass sie sich die Zelle mit Mary Lyner teilen musste. Wie Rose Jolliff war Lyner eine Berufsverbrecherin, die nach einem Weg suchte, ihre Strafe zu mildern und dem Gefängnis zu entgehen.

Laut Aussage von Sergeant Ronald Klein, der Lyner am 18. November 1982 festgenommen hatte, war sie der Kopf einer der größten auf Kreditkartendiebstahl spezialisierten Banden in der Geschichte von St. Louis. Als Sergeant Klein sie in ihrer Wohnung festnahm, stand Lyner unter Drogen und bettelte völlig benebelt um den nächsten Schuss. Außerdem fand er dort Hunderte gestohlener Kreditkarten und Scheckbücher sowie einen Schrank voll mit gestohlenen Handtaschen. Im Rahmen seiner Ermittlungen, zu denen langwierige Befragungen von Lyner gehörten, deckte Sergeant Klein betrügerische Einkäufe im Wert von mindestens dreihundertfünfzigtausend Dollar auf. Lyner und ihr Lebensgefährte erwarben Fernsehgeräte, Kameras, Videorekorder und andere hochpreisige Objekte mit gestohlenen Kreditkarten und Schecks, verkauften diese dann auf dem Schwarzmarkt weiter und finanzierten von dem Geld ihre alles verzehrende Heroinsucht. Irgendwann hörte Sergeant Klein auf zu zählen, er schätzte, dass sich die Einkäufe insgesamt auf einen Wert von einer Million Dollar belaufen hätten, wenn er allen Fällen nachgegangen wäre. Er beschrieb Lyner als »Schwerverbrecherin, die für ihre Drogensucht täglich eintausend Dollar braucht«. Das Letzte, was Klein in dieser Sache hörte, war, dass die Stadt die Strafverfolgung St. Louis County übertragen hatte. Er ging davon aus, dass sie zu einer Haftstrafe von dreißig Jahren verurteilt werden würde.

Kaum war Ellen aus der Zelle geholt worden, da behauptete Lyner gegenüber einem Gefängniswärter, Ellen habe mit ihr über ihre Verbrechen gesprochen. Daraufhin stattete der Staatsanwalt von St. Louis County, Steven Goldman, ihr im Bezirksgefängnis einen Besuch ab. Während dieses Besuchs brachte Lyner Ellen sowohl mit dem Diebstahl an der Sunoco-Tankstelle als auch mit dem Mord an Buckley in Verbindung. Sie behauptete Goldman gegenüber, Ellen habe sich in der Zelle sofort neben Lyner gesetzt und losgeredet: »Diese Arschlöcher haben mich bei der Gegenüberstellung erkannt. Ich hab ihm doch gesagt, wir hätten ihnen das Hirn wegpusten sollen!«

Angeblich hatte Ellen zu Lyner gesagt: »Wir haben eine Tankstelle ausgeraubt und einen Mann umgelegt. Du weißt schon, diese Vickers-Tankstelle. Ich wohne nur ein paar Häuser weiter.« Im Anschluss daran einigten sich Lyner und Goldman wie folgt: Er würde im gegen sie anhängigen Verfahren in allen Anklagepunkten, einschließlich Fälschung in fünf Fällen, eine einjährige Haftstrafe im Bezirksgefängnis empfehlen, wenn sie mit der Staatsanwaltschaft zusammenarbeitete und in den Sunoco- und Vickers-Verfahren, in denen Goldman ebenfalls die Anklage vertrat, gegen Ellen aussagte.

Lyner tat ihren Teil, und Goldman würde es ihr gleichtun. Sie sagte zusammen mit Zeiter Mitte Juli 1983 in der Sunoco-Sache aus. Zeiter identifizierte Ellen als die Frau, die vierhundertdreiundzwanzig Dollar aus der Geldkassette an seiner Tankstelle gestohlen hatte. Lyner behauptete gegenüber den Geschworenen, Ellen habe ihr am 9. Februar gesagt, sie sei bei der Gegenüberstellung erkannt worden und habe ihrem Komplizen gesagt, dass sie die Zeugen besser umgebracht hätten. Vor der Verhandlung im Sunoco-Verfahren war Lyner unter Auflagen freigekommen, während über die Anklage aufgrund von Sergeant Kleins Ermittlungen im Jahr 1982 und die Anklage wegen Fälschung in fünf Fällen entschieden wurde. Gegen Ellen wurde eine Freiheitsstrafe von sieben Jahren verhängt. Bevor er das Urteil sprach, fragte der Richter Ellen, ob es einen Grund gebe, sie nicht zu verurteilen. Ihre Antwort lautete: »Weil ich unschuldig bin.«

Die Verurteilung wegen »Kassendiebstahls« an der Sunoco-Tankstelle lieferte Goldman genau das, was er wollte. Jetzt würde es sehr schwer für Ellen werden, sich in der Verhandlung im Vickers-Fall zu verteidigen, weil das Sunoco-Urteil ihr bei den Geschworenen offenkundig schaden würde. Mit dem Urteil im Fall Sunoco hatte Goldman die Basis für sein eigentliches Ziel gelegt – eine Verurteilung wegen Mordes im Vickers-Verfahren, möglicherweise mit Verhängung der Todesstrafe.

Vier Monate später, Ende November 1983, begann in Missouri das Verfahren gegen Ellen Reasonover wegen des Mordes an James Buckley. Dem Staatsanwalt war vollauf bewusst, dass es keine objektiven Beweise gab, die Ellen mit dem Mord in Verbindung brachten, keine Zeugen, die sie in jener Nacht an der Vickers-Tankstelle gesehen hatten, und kein Geständnis. Seine Mordanklage stützte sich ausschließlich auf die Aussagen von zwei Berufsverbrecherinnen, denen für ihre Lügen entsprechende Gegenleistungen angeboten worden waren.

Eine der beiden Hauptzeuginnen der Staatsanwaltschaft war Mary Lyner. Wie im Sunoco-Verfahren erzählte Lyner den Geschworenen von Ellens angeblichem Geständnis im Gefängnis. Zum Zeitpunkt der Verhandlung hatte Lyner sich eine Stelle als Sekretärin in einer Anwaltskanzlei gesichert. Sie war gebildet und konnte sich im Zeugenstand gewandt ausdrücken. Zufälligerweise war sie auch weiß, so wie alle Geschworenen. Im Kreuzverhör gab sie ihre zwölf Vorstrafen zu – wegen Fälschung, Diebstahls und Weitergabe ungedeckter Schecks. Sie räumte ein, dass sie als Wiederholungstäterin wegen Fälschung in fünf Fällen mit einer Haftstrafe von neunzig Jahren rechnen musste. Ihr Leben, das hätte allen klar sein müssen, lag in der Hand von Staatsanwalt Goldman.

Das allein sprach Bände, aber Ellens Verteidigern fehlten wichtige Informationen, die Lyners Glaubwürdigkeit erschüttert hätten, obwohl sie allgemein zugänglich waren. Zwei Jahre zuvor, 1981, hatte die *St. Louis Post-Dispatch* mit ihrem Einverständnis und ihrer vollen Mitwirkung eine fünfteilige biografische Reihe über sie veröffentlicht. Um ihre Anonymität zu wahren, wurde sie in der Zeitungsreportage als »Anne« bezeichnet.

Sie war in einem wohlhabenden, gutbürgerlichen Elternhaus aufgewachsen, verwöhnt von ihrer Mutter und ihrem Vater, der im renommierten Chase Park Plaza Hotel in St. Louis eine leitende Position bekleidete. 1971 schloss sie die Webster University mit dem Prädikat »magna cum laude« ab. Sie wurde eine erfolgreiche Immobilienmaklerin und lebte mit ihrem Mann und ihrer kleinen Tochter in einem Vorort im Westen von St. Louis. Gelangweilt vom Immobiliengeschäft nahm sie 1975 nach ihrer Scheidung im Alter von siebenundzwanzig Jahren eine Stelle als Beraterin im Archway House an, einem Drogenrehabilitationszentrum, um ihren Abschluss in Sozialer Arbeit zu nutzen.

Dort verliebte sie sich Hals über Kopf in einen von ihr betreuten Heroinabhängigen auf Entzug, der eine Bewährungsstrafe wegen Raubes verbüßte. Ihm »völlig verfallen«, ließ sie ihn bald bei sich einziehen. Er überredete sie, Heroin auszuprobieren, weil sie dann das euphorische Gefühl, das die Droge auslöste, besser verstehen könne und so zu einer besseren Suchtberaterin werde. Bevor sie wusste, wie ihr geschah, war sie selbst süchtig. Mitte 1977 waren beide arbeitslos und brauchten täglich zweihundertfünfzig Dollar für Heroin, was sie aus Lyners Ersparnissen und dem Verkauf ihrer Vermögenswerte finanzierten.

Obwohl Lyner mehrfach versuchte, sich seiner Anziehungskraft zu entziehen und auf den »rechten Weg« zurückzukehren, tauchte er immer wieder auf und überredete sie, ihn wieder in ihr Leben zu lassen, das letzte Mal im Oktober 1980. Sie hatte gerade ihre Stelle verloren, weil das Unternehmen nach Dallas umgezogen war, und er war nach einer zweijährigen Haftstrafe wegen Raubes aus dem Gefängnis entlassen worden. Bald darauf nahmen sie ihr Alltagsgeschäft wieder auf, das neben Kreditkartendiebstahl und Betrugsdelikten die Entwendung von Handtaschen aus Büroräumen und Scheckfälschung umfasste. Die zweijährige Verbrechensserie endete im November 1982 mit ihrer Festnahme durch Sergeant Klein. In der *Post-Dispatch* beschrieb sie sich als »redegewandt« und jemanden, der »weiß, wie man eine gute Geschichte erzählt«. Sie wisse immer, was sie sagen müsse, um zu bekommen, was sie wolle. Zum Beispiel habe sie sich einmal in einem Geschäft für Luxusartikel als die zur Prominenz von St. Louis zählende Ehefrau von August A. Busch III. ausgegeben, dem damaligen Chef der Brauerei Anheuser-Busch. Sie habe den Laden mit einem Schmuckstück im Wert von fünftausend Dollar verlassen, ohne dass sie sich hätte ausweisen müssen.

Für ihre vernichtende Falschaussage gegen Ellen bekam Lyner für alle ihre Straftaten eine Haftstrafe von einem Jahr im Bezirksgefängnis, wie mit Goldman vereinbart. Weder die Geschworenen noch Ellens Verteidiger wussten, dass Lyner Hunderte Kreditkarten und Schecks gestohlen hatte und Kopf einer der größten kriminellen Vereinigungen von St. Louis gewesen war.

Rose Jolliff sagte ebenfalls in Ellens Verhandlung aus. Goldman hatte Jolliffs Pflichtverteidiger zuvor versprochen, dass er sie »nicht auflaufen lassen« würde, wenn sie weiterhin mit ihm im Fall Reasonover zusammenarbeitete. Und das tat er auch nicht. Am 1. Dezember erzählte Jolliff der Jury von Ellens angeblichem »Geständnis« im Gefängnis und sagte aus, dass es sich bei Ellens Komplizen um Stanley White und Robert McIntosh gehandelt habe. Unmittelbar danach wurde Jolliff in einen anderen

Gerichtssaal gebracht, wo sie sich gemäß der Anklage vom September 1982 der Weitergabe ungedeckter Schecks in drei Fällen schuldig bekannte und vom Einzelrichter zu einer Bewährungsstrafe von sechs Monaten verurteilt wurde. Eine derart milde Strafe für eine Wiederholungstäterin wie Rose Jolliff, die nun ohne jegliche Überwachung nach Hause nach South Bend, Indiana, zurückkehren durfte, war mehr als ungewöhnlich. Von diesem Deal unter der Hand sollte die Verteidigung nie erfahren. Wieder einmal tappten Ellens Verteidiger und die Geschworenen im Dunkeln. Jolliff hatte der Jury gegenüber behauptet, ihr sei für ihre Aussage keine Strafmilderung im Verfahren wegen der Weitergabe ungedeckter Schecks von 1982 versprochen worden.

In der Verhandlung identifizierten Ken Main und Anthony Longo zwei verschiedene Schwarze als den Mann mit der grünen Militärjacke, der am Tresen gelehnt und mit Buckley gesprochen habe. Ken Main »erkannte« Stanley White, Anthony Longo wiederum Robert McIntosh. Longo hatte zu Beginn des Jahres McIntosh in einer Aufstellung identifiziert. Es wurden keine Beweise dafür vorgelegt, dass McIntosh und White sich überhaupt kannten. Tatsächlich hatten die beiden sich nie zuvor gesehen.

Obwohl Main und Longo sich nicht einig waren, wen sie gesehen hatten, beschrieb Staatsanwalt Goldman sie den Geschworenen gegenüber als »sehr gute Zeugen für eine Identifizierung«. Er erzählte ihnen, dass Buckley »genau dort von Stanley White, [Ellens] Freund, und Robert McIntosh weggeschleppt« wurde. Er fügte hinzu: »Buckley wurde am Fenster von Stanley White und Robert McIntosh abgelenkt, und es ist nicht vorstellbar, dass Rose Jolliff in diesem Fall nicht die reine Wahrheit sagt. Die Identifizierungen bestätigen die Namen der beiden von [Jolliff] identifizierten Personen.« Wie es sich bei dem Mann in der grünen Militärjacke um zwei verschiedene Personen handeln und die Zeugen dennoch als »sehr gut« bezeichnet werden konnten, ist völlig unverständlich.

Die Geschworenen wussten nicht, dass weder White noch McIntosh jemals wegen Raubes oder wegen des Mordes an Buckley angeklagt oder strafrechtlich verfolgt worden waren. Ihre Funktion war nur, die Anklage im Verfahren gegen Ellen zu untermauern, damit die Geschichte in der Verhandlung besser klang. Jahre nach der Verurteilung räumte Chapman Centurion gegenüber ein, dass ihm keine der Identifizierungen vertrauenswürdig vorgekommen war.

Ellens Verteidiger waren privat verpflichtet worden und vertraten sie in beiden Verfahren. Sie und die wenigen von ihnen aufgebotenen Zeugen waren schlecht vorbereitet. Sie hatten, wenn überhaupt, sehr wenig ermittelt. Ellens Mutter Elizabeth sagte aus, dass Ellen spätnachts am 1. Januar mit Säcken schmutziger Wäsche zum Waschsalon gefahren und die Wäsche am nächsten Tag sauber gewesen sei. Außerdem erzählte sie, dass sie Ellen ermuntert habe, der Polizei zu melden, was sie an der Vickers-Tankstelle gesehen hatte. Elizabeths Freund Dewey Williams, der in der Nacht zum 2. Januar bei ihnen übernachtet hatte, berichtete der Jury, dass er und Elizabeth um Mitternacht von einer Party nach Hause gekommen seien und dass er Ellen ungefähr zu dieser Zeit geholfen habe, die Wäschesäcke zu ihrem Auto zu tragen. Er schätzte, dass Ellen gegen zwei Uhr morgens vom Waschsalon zurückgekommen war.

Unerklärlicherweise versuchten die Verteidiger weder, Ellens andere Zellengenossinnen neben Jolliff und Lyner zu befragen, noch sprachen sie mit Marsha Vogt, der Polizistin aus Dellwood, die im Rahmen der gerichtlichen Voruntersuchung ausgesagt hatte. Damals und in einem Polizeibericht hatte Vogt erklärt, Goldman und Chapman hätten sie am 25. Februar 1983 verkabelt als verdeckte Ermittlerin in Ellens Zelle geschickt, in der Hoffnung, dass Ellen sich selbst belasten würde. In der Zelle habe Ellen gesagt, sie sei wegen eines Diebstahls im Gefängnis, den sie nicht begangen habe, und noch nie zuvor festgenommen worden.

Zwanzig Minuten, nachdem Vogt eingeschleust worden war, um sie auszuhorchen, tauchte Chapman auf und teilte Ellen mit, sie sei wegen Mordes angeklagt. Dann holte er Ellen aus der Zelle, um sie zu befragen. Bei ihrer Rückkehr weinte sie und erzählte Vogt, sie solle »irgendeinen großen Typen getötet und einen Gewehrschaft auf seinem Kopf zerbrochen haben«. Dann beschrieb sie, was sie in jener Nacht an der Vickers-Tankstelle und dem 7-Eleven gesehen hatte, genau so, wie sie es zuvor Chapman geschildert hatte. Wieder beteuerte sie ihre Unschuld. Vogt nahm jedes Wort des Gesprächs auf. Später behauptete die Polizei, die Aufnahmen seien aufgrund einer Fehlfunktion unbrauchbar. Da Ellens Verteidiger Vogt nicht als Zeugin vorluden, bekamen die Geschworenen ihre Version, die so anders war als die von Jolliff und Lyner, nicht zu hören.

Nach sechs Verhandlungstagen wurde Ellen am 2. Dezember 1983 wegen Mordes verurteilt. Und all das nur, weil sie sich mit Informationen bei der Polizei gemeldet hatte, um sie bei den Ermittlungen zu unterstützen. Hätte sie die Polizei nicht von sich aus kontaktiert, hätte diese nie von ihrer Existenz erfahren.

Am nächsten Tag hatten die Geschworenen die schwere Aufgabe, sich auf das Strafmaß zu einigen. Es gab zwei Optionen – eine lebenslange Freiheitsstrafe, bei der erst nach fünfzig Jahren eine vorzeitige Entlassung möglich war, oder die Todesstrafe durch Giftgas. In seinem Schlussplädoyer hatte sich Goldman für Lyners und Jolliffs Glaubwürdigkeit verbürgt und behauptet, dass Lyner »diese Aussagen unmöglich erfunden haben kann«, und hinzugefügt: »Jolliff hat rein gar nichts für ihre Aussagen hier bekommen. Sie hat keinen Grund zu lügen.« Bei der Festsetzung des Strafmaßes sprach sich Goldman in seinem Schlussvortrag vor den zwölf Geschworenen vehement und wiederholt für die Todesstrafe aus.

Er erzählte ihnen: »Ellen Reasonover hat Jim Buckley im Lagerraum niedergeschossen … Sie muss eindeutig die Person mit dem Gewehr gewesen sein … Sie stand mit einer geladenen Waffe neben ihm … Sie ist diejenige, die ihn getötet hat. Die Beweise zeigen, dass sie die Mörderin ist.« Er schloss mit einer absurden Unterstellung: »Irgendwann in ihrem Leben entschied Ellen Reasonover, dass einen Menschen zu töten so normal ist, wie Wasser zu trinken.« (Sechs Monate später war sich Goldman nicht mehr ganz so sicher, dass es Ellen gewesen war, die geschossen hatte. Obwohl er die Geschworenen dringend darum gebeten hatte, sich für die Todesstrafe auszusprechen, äußerte er sich in einem Artikel, der sich mit dem fragwürdigen Urteil gegen Ellen befasste und in der *Washington Post* auf der Titelseite erschien, wie folgt: »Mir wäre nicht wohl dabei gewesen [die Todesstrafe zu fordern], wenn ich nicht geglaubt hätte, sie sei schuldig *oder zumindest irgendwie in den Mord verwickelt, selbst wenn sie ihn nicht selbst begangen haben sollte.*«)

Bevor die Staatsanwaltschaft für die Todesstrafe plädierte, hatte Ellen um Gnade gebeten. Sie sagte zu den Geschworenen: »Ich bin unschuldig. Sie wollen mir etwas anhängen. Ich wurde zehn Monate zu Unrecht eingesperrt. Von meiner Familie getrennt. Ich wollte nur meine Bürgerpflicht tun. Und ich habe eine kleine Tochter und eine Mutter, und ich liebe meine Familie sehr und würde niemals im Leben losgehen und etwas Unrechtes tun. Das, was mir passiert ist, ist meiner Familie passiert.«

Die Geschworenen berieten nur drei Stunden lang, konnten

sich aber nicht einstimmig auf die Todesstrafe einigen. Aus diesem Grund verurteilte das Gericht Ellen zu einer lebenslangen Freiheitsstrafe, bei der sie erst nach fünfzig Jahren die Möglichkeit einer vorzeitigen Entlassung bekommen würde. Von den zwölf Geschworenen hatten sich elf für die Todesstrafe ausgesprochen. Die Geschworene Donna Ellis stimmte als einzige dagegen.

Damit rettete sie Ellen das Leben.

Centurion nahm sich 1993 Ellens Fall an. Zu diesem Zeitpunkt hatte sie alle Rechtsmittel auf einzel- und bundesstaatlicher Ebene ausgeschöpft. Nach ihrer Verurteilung wandte sich Ellen in ihrer Verzweiflung an die National Association for the Advancement of Colored People, die älteste Organisation der schwarzen Bürgerrechtsbewegung. George Hairston, einer der führenden Anwälte der NAACP in New York City, hatte sie als Anwalt pro bono an den Bundesgerichten vertreten. Nun bat er Centurion zu übernehmen, weil er wusste, dass die Ermittlungen sehr aufwendig werden würden. Centurion beauftragte die Kanzlei Wyrsch & Atwell in Kansas City, die ihre Anwälte Cheryl Pilate und Charles Rogers mit dem Fall betraute. Außerdem entsandten wir den Strafverteidiger Rick Sindel aus St. Louis in das Team. Sobald unsere gemeinsamen Bemühungen aussagekräftige neue Beweise für Ellens tatsächliche Unschuld, das Fehlverhalten der Staatsanwaltschaft und die unzureichende Strafverteidigung zutage gefördert hatten, reichten die Anwälte 1996 unter Verweis darauf Haftprüfungsklage am zuständigen Bezirksgericht ein. Der Fall wurde der Richterin am Bundesgericht für den Bezirk St. Louis, Jean C. Hamilton, zugeteilt. Sie beraumte einen viertägigen Termin zur Beweisaufnahme an, die am 28. Juni 1999 begann.

Im Termin präsentierte unser Team die anderen beiden Frauen, Rose Winston und Carolyn Coats, die am Tag, an dem Ellen angeblich Mary Lyner gegenüber ein Geständnis abgelegt hatte, mit den beiden die Zelle geteilt hatten. Beide sagten aus, dass Ellen nichts dergleichen getan habe. Marquita Butler wurde ebenfalls in den Zeugenstand gerufen. Sie sagte dem Gericht, Ellen habe an dem Tag, an dem sie mit ihr und Rose Jolliff in Jennings in einer Zelle gewesen sei, nichts zum Mord an Buckley gesagt, was sie belastet hätte.

Zwei weitere Häftlinge, Barbara Taylor und Ellen Palmer, befanden sich in derselben Aufstellung wie Ellen, als sie von Zeiter als die Person identifiziert wurde, die an der Sunoco-Tankstelle in die Kasse gegriffen haben solle Taylor erinnerte sich, dass Ellen geweint habe und erschüttert gewesen sei, als sie erfahren habe, dass ein Augenzeuge sie als die Täterin in der Sunoco-Sache identifiziert hatte. Wie in den anderen Gesprächen, die sie im Gefängnis geführt hatte, beteuerte sie ihre Unschuld. Palmer erzählte Richterin Hamilton, Ellen habe sich ihr gegenüber nie selbst belastet, weder in der Aufstellung noch im Gefängnis. All diese Mitgefangenen wären zum Zeitpunkt von Ellens Verhandlung verfügbar und zu einer Aussage bereit gewesen, ihre Verteidiger hatten jedoch mit keiner von ihnen gesprochen.

Den Durchbruch in Ellens Fall brachte schließlich die Entdeckung zweier Tonbandaufnahmen der Polizei in den Akten der Staatsanwaltschaft, die diese nie an die Verteidigung weitergegeben hatte. Beide entlarvten das von Jolliff geschilderte »Gefängnisgeständnis« als crlogen, was der Anklage jede Grundlage entzog. Wichtig ist diesbezüglich, dass Ellens Verteidiger vor der Verhandlung im Rahmen der Offenlegung von Beweismitteln jegliche Aufzeichnungen der elektronischen Überwachung von

Gesprächen, an denen sie beteiligt gewesen war, angefordert hatten. Die Aufnahmen waren nie übergeben worden.

Bei der ersten Aufnahme handelte es sich um eine heimliche Aufzeichnung eines Gesprächs zwischen Ellen und Stanley White am 7. Januar im Gefängnis, nachdem beide getrennt voneinander als des Mordes an Buckley verdächtig befragt worden waren. Ellens Anwalt im Rechtsmittelverfahren, George Hairston, erfuhr zum ersten Mal Ende der 1980er-Jahre von dieser Aufnahme, als der Zeuge Ken Main Hairstons Ermittler erzählte, die Polizei habe sie während einer Befragung für ihn abgespielt. Die Staatsanwaltschaft weigerte sich, sie zu übergeben, und behauptete in ihren Schriftsätzen, dass sie nicht offengelegt werden müsse, da White und Ellen nichts Relevantes zum Mord gesagt und die Aufzeichnungen weder entlastend seien noch Beweiswert hätten.

Nachdem die Aufnahmen mehrfach angefordert worden waren, übergab die Staatsanwaltschaft sie Ellens Verteidigerteam schließlich. Ellen und White hatten offenkundig keine Ahnung, dass sie aufgenommen wurden. Während des Gesprächs wirkten beide aufgebracht und zeigten sich wütend auf die Polizei, die sie fälschlicherweise eines abscheulichen Verbrechens beschuldigte, sie dazu bringen wollte, sich gegenseitig zu belasten, und ihnen mit der Gaskammer drohte. Mehr als zwanzigmal erwähnten sie ihre Unschuld. Beispielsweise sagte White einmal: »Ich habe der Polizei gesagt, dass sie einen Unschuldigen hinrichten, wenn sie mich in die Gaskammer schicken … Ich werde hier nicht rumsitzen und was zugeben, was ich nicht getan habe!« Ellen antwortete: »Das Gleiche habe ich ihnen auch gesagt. Ich habe gesagt, ihr könnt mich nicht wegen Mordes verknacken … Ich habe verdammt noch mal nichts getan, und ich weiß verdammt noch mal gar nichts über diese Scheiße bei Vickers mit Stan.«

Es wurde klar, dass beide nichts über den Tatort wussten. Stanley hatte keine Ahnung, was gemeint war, als er gefragt wurde, was er mit dem fehlenden Riegel aus dem Lagerraum angestellt habe. Die perplexe Ellen fragte White: »Was für ein Riegel?« Ellen erzählte White, dass die Polizei ihr gesagt habe, White »würde reden« und sie belasten, und dass sie lieber »zuerst reden« solle. White antwortete: »Es gibt nichts zu reden.«

Ellen erzählte ihm, wie schlecht sie sich gefühlt habe, als die Polizei ihr die Fotos des Opfers zeigte. Sie sagte: »Dann haben sie mir noch das Foto von dem kleinen Weißen gezeigt … Er hat so bemitleidenswert ausgesehen, wie er da am Boden gelegen hat. Ich habe gesagt: ›Wer auch immer ihn getötet hat, ist eiskalt … wirklich eiskalt.‹ Die Fotos haben mich echt fertiggemacht.« (Da Buckley 2,03 Meter groß war und gut 90 Kilo wog, war er beim besten Willen nicht als klein zu bezeichnen, auch das ein Beleg dafür, dass Ellen ihn zu seinen Lebzeiten nie gesehen hatte.)

Ellen erklärte Stanley, sie habe der Polizei gesagt: »Das letzte Mal, dass ich dich gesehen habe, war damals, wo du meine verdammten Scheiben eingeschlagen hast. Diese Arschlöcher sind verrückt. Zu glauben, dass du einen kleinen weißen Jungen ausraubst, umbringst, ihm das Leben nimmst … Ich weiß, dass du so eine Scheiße nie tun würdest.« Stanley antwortete: »Wenn ich was wüsste, würde ich es den Arschlöchern sagen. Ich habe keinen blassen Schimmer, und das ist nicht gelogen.« Ellen stimmte ihm zu: »Wenn ich mit der Scheiße was zu tun hätte, hätte ich dich und alle anderen, die meiner Meinung nach was damit zu tun haben, schon längst verraten.« So ging es eine Stunde lang weiter.

Im Termin von 1999 unterzog Verteidiger Rick Sindel Goldman einem methodischen, aber vernichtenden Kreuzverhör. Zu diesem Zeitpunkt war Goldman nicht mehr als Staatsanwalt tätig. Er hatte die vergangenen elf Jahre als Richter von St. Louis County gearbeitet.

Ursprünglich behauptete er, ein Polizeibeamter – an dessen Namen er sich nicht erinnern könne – habe eine Tonbandaufnahme von einem Gespräch zwischen Ellen und White erwähnt, während beide in Gewahrsam waren. Die beiden hätten sich über ihre Festnahme beschwert. Allerdings habe der Beamte zu Goldman gesagt, er könne sich die Aufnahme nicht anhören, da sie überspielt worden sei. Im Kreuzverhör ruderte Goldman zurück. Er stritt ab, von der Tonbandaufnahme gewusst zu haben, und behauptete: »Mir war die Existenz dieser Aufnahme nicht bekannt.« Aus diesem Grund habe er Ellens Verteidiger nie darüber informiert. Auf Nachfrage gab er jedoch zu, dass der Polizeibeamte, der ihm von der Aufnahme erzählt hatte, vielleicht Captain Chapman gewesen sei. Chapman wiederum sagte zu Richterin Hamilton, die White/Reasonover-Aufzeichnung habe keinerlei Beweiswert gehabt, da sie ihre Schuld nicht belege. Offensichtlich hielt er entlastende Beweise für wertlos.

Goldman behauptete, er habe sich die Aufnahme kürzlich zum ersten Mal angehört, und gab zu, dass sie in der Tat »entlastender Natur« war. Hätte die Aufnahme vorgelegen und Ellen in der Verhandlung ausgesagt, dann hätte er ihr im Kreuzverhör nicht ihre angeblichen Aussagen gegenüber Lyner und Jolliff vorhalten können. Ellens Verteidigerin im Verfahren sagte Richterin Hamilton, dass sie Ellen mit Sicherheit in den Zeugenstand gerufen hätte, um die Glaubwürdigkeit der Zeugenaussage ihrer Mitgefangenen zu erschüttern, wenn ihr die White/Reasonover-Aufnahme zur Verfügung gestanden hätte. Mit anderen Worten: Die Argumente der Staatsanwaltschaft wären hinfällig gewesen. Goldman hätte das Verfahren mit großer Wahrscheinlichkeit eingestellt.

Und dann gab es noch eine weitere Aufnahme, die erst bei dem Termin 1999 ans Licht kam. Am 29. Juni, dem zweiten Tag, erließ Richterin Hamilton einen Beschluss, der die Staatsanwaltschaft dazu verpflichtete, bis zum Ende des Tages ihre gesamte Akte zu übergeben, damit Ellens Verteidigerteam deren Inhalt prüfen konnte. Wir waren verblüfft, als wir die Tonaufnahme eines Telefongesprächs zwischen Jolliff und Ellen vom 12. Januar 1983 entdeckten und anhörten. Anscheinend hatte Jolliff auf Anweisung der Polizei Ellen zu Hause angerufen, um ihr belastende Aussagen zu entlocken. Dies ereignete sich, fünf Tage nachdem Jolliff der Polizei von Ellens »Gefängnisgeständnis« in Jennings am 7. und 8. Januar erzählt hatte.

Wie in der White/Reasonover-Aufnahme beteuerte Ellen im Laufe der zehn Minuten wiederholt ihre Unschuld, ganze fünf Mal, um genau zu sein. Dabei sagte sie unter anderem: »Wieso wollen die mir was anhängen, womit ich nichts zu tun habe?«, beschwerte sich mit den Worten: »Ich wollte dem Arschloch doch nur helfen!«, und war empört, weil ihre Freundin unter Druck gesetzt worden sei und aussagen sollte: »Sie hat mir erzählt, dass sie es war.« Sie wiederholte Jolliff gegenüber, was sie bereits zu Chapman gesagt hatte: Die Männer, die sie am 7-Eleven gesehen habe, seien möglicherweise die von der Vickers-Tankstelle gewesen. In ihren eigenen Worten: »Als ich beim 7-Eleven war, sind da diese Typen gekommen, die ausgesehen haben wie die drüben, die an der Seite rausgekommen sind.«

Wie die Anwältin Cheryl Pilate Richterin Hamilton am 6. Juli 1999 nach dem Termin schrieb, »widerstrebt es jeglicher Vernunft zu glauben, dass Ms. Reasonover Rose Jolliff gegenüber am 7. Januar 1983 ein Geständnis ablegen würde, nachdem sie früher am selben Abend Stanley White gegenüber ihre Unschuld beteuert und Rose Jolliff fünf Tage später erzählt hat, dass die

Die vier aus Norfolk, von links: Eric Wilson, Derek Tice, Joe Dick und Dan Williams (mit freundlicher Genehmigung der Familien)

Clarence Brandley bei seiner Verlegung vom Stadtgefängnis in Conroe ins Bezirksgefängnis Montgomery am 2. September 1980 (mit freundlicher Genehmigung des Houston Chronicle)

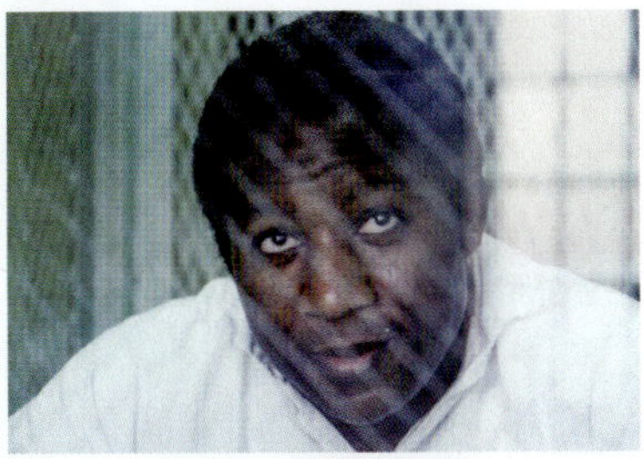

Clarence Brandley ca. 1987 im Besucherkäfig des Todestrakts (mit freundlicher Genehmigung von Centurion)

LINKS: Clarence Brandley am 23. Januar 1990 bei seinem ersten Schritt in die Freiheit, nach einem Jahrzehnt im Todestrakt (mit freundlicher Genehmigung von Centurion)
RECHTS: Ein Foto von Clarence, das ihn kurz nach seiner Rehabilitierung 1990 zeigt (Fotograf/-in unbekannt)

LINKS: Kennedy Brewer nach seiner Rehabilitierung vor dem Denkmal für Martin Luther King Jr. in Washington, D.C. (mit freundlicher Genehmigung von Joe York)
RECHTS: Levon Brooks nach seiner Rehabilitierung; den Ohrring trägt er immer noch (mit freundlicher Genehmigung von Joe York)

DOMINIC LUCCI

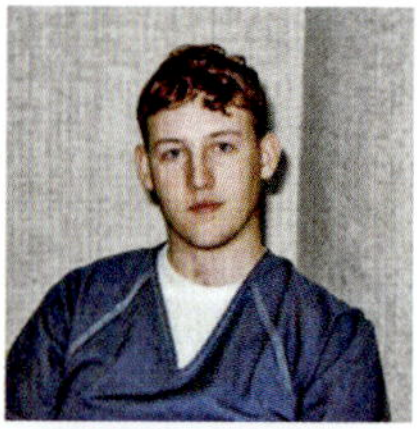

MARK JONES

KEN GARDINER

OBEN: Polizeifotos vom 31. Januar 1992. UNTEN: Kurz nach Einstellung des Verfahrens am 18. Juli 2018 (mit freundlicher Genehmigung von Centurion)

Marks Mutter, Deborah McGill, umarmt ihren Sohn bei seiner Freilassung um 15.32 Uhr am 20. Dezember 2017 zum ersten Mal nach sechsundzwanzig Jahren (mit freundlicher Genehmigung von Centurion)

Kenneth Gardiner, Dominic Lucci und Mark Jones (von links) feiern am 20. Dezember 2017 unmittelbar nach ihrer Freilassung aus dem Gefängnis ihre Freiheit (mit freundlicher Genehmigung von Centurion)

Mark Jones, Dominic Lucci, Jim McCloskey und Kenneth Gardiner (von links) 2021 bei einem Wiedersehen in Princeton, New Jersey (mit freundlicher Genehmigung von Centurion)

Derrick Chappell im Gefängnis (mit freundlicher Genehmigung des Pennsylvania Innocence Project)

Morton Johnson mit Vanessa Potkin, seiner Anwältin vom Innocence Project (mit freundlicher Genehmigung des Innocence Project)

Samuel Grasty (mit freundlicher Genehmigung des Innocence Project)

Glen Baldwin, Ellen Reasonovers Ehemann, besucht im Juli 1983 seine Frau im Gefängnis (Gefangenenfoto)

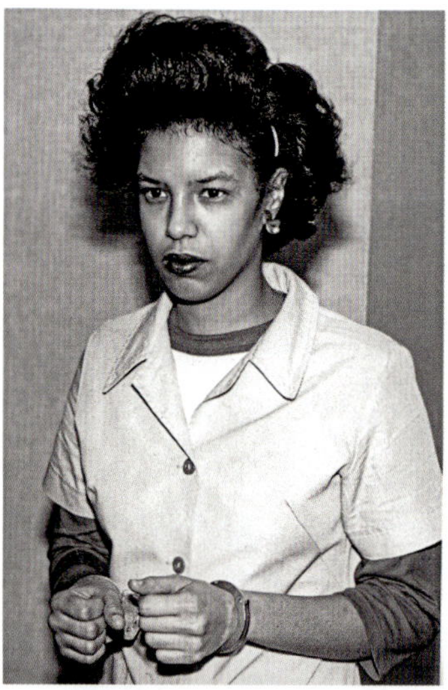

Ellen Reasonover am 11. Januar 1984 nach ihrer Verurteilung wegen Mordes. Einige Tage später wurde eine lebenslange Freiheitsstrafe gegen sie verhängt, bei der erst nach fünfzig Jahren eine vorzeitige Entlassung möglich war (mit freundlicher Genehmigung der St. Louis Mercantile Library an der University of Missouri – St. Louis)

Ellen Reasonover erwirbt 1986 im Gefängnis ein Zertifikat über juristische Recherche und das Verfassen von Rechtstexten (Gefangenenfoto)

Ellen Reasonover freut sich im Herbst 1999 im Centurion-Büro in Princeton über ihre Freiheit (mit freundlicher Genehmigung von Centurion)

Joe und Mickey Bryan aus Clifton, Texas (mit freundlicher Genehmigung von Joe Bryan)

Am 1. Mai 2024 besucht Joe Bryan Mickeys Grab zum ersten Mal seit fünfunddreißig Jahren (mit freundlicher Genehmigung von Joe Bryan)

David Alexander und Harry Granger mit ihren Verteidigern, aufgenommen ca. 1998 im „Angola“-Gefängnis des Bundesstaates Louisiana (Gefangenenfoto)

Harry und David 2015 in Princeton anlässlich Jims Verabschiedung in den Ruhestand (mit freundlicher Genehmigung von Centurion)

David mit seiner Mutter, Iris Alexander, 2018 in seinem Haus in New Iberia (mit freundlicher Genehmigung von Centurion)

Der einundzwanzigjährige Kerry am 4. Juli 1977, mehrere Wochen nach der Ermordung von Linda Jo Edwards. Lindas Mitbewohnerin, die den Mörder gesehen hatte, sprach in ihrer Beschreibung von „silbergrauem Haar, das halblang geschnitten war, also bis zu den Ohren reichte“ (mit freundlicher Genehmigung von Rhonda Orms)

Der einundvierzigjährige Kerry mit Jim McCloskey und Paul Nugent am 13. November 1997, als er nach zwanzig Jahren in der Todeszelle in Texas das Gefängnis verlässt (mit freundlicher Genehmigung von Centurion)

Kerry und Sandra am Tag ihrer Hochzeit, dem 25. März 2000 (mit freundlicher Genehmigung von Richterin Maryellen Hicks)

Mehrere Jahre nach der Entlassung aus dem Todestrakt genießen Kerry und Sandra 2003 das Familienleben mit ihrem dreijährigen Sohn KJ, der ihr ganzer Stolz ist (mit freundlicher Genehmigung der Familie)

Todd Willingham in der Todeszelle (Urheberrecht © Ken Light / Contact Press Images)

Das Haus nach dem Brand vom Dezember 1991 in Corsicana, Texas (mit freundlicher Genehmigung der Brandschutzbehörde des Bundesstaates Texas)

Stacy und Todd Willingham mit ihren drei Töchtern (mit freundlicher Genehmigung der Familie Todd Willingham)

Staatsanwaltschaft ihr ein Verbrechen anhängen wolle, das sie nicht begangen habe«. Somit hatte die Staatsanwaltschaft zwei Polizeiaufnahmen in ihrem Besitz, in denen Ellen vor und nach ihrem »Geständnis«, das nur Rose Jolliff gehört haben wollte, ihre Unschuld beteuerte. Nicht nur das, Ellen schilderte in diesen heimlich aufgenommenen Gesprächen erneut, was sie in der Nacht des Verbrechens getan und beobachtet hatte, und zwar so wie in jedem ihrer Gespräche mit Captain Chapman, Stanley White, Rose Jolliff und Marsha Vogt. Sie wich nie von ihren wahrheitsgemäßen Schilderungen dieser Nacht ab. Die Staatsanwaltschaft hat die Aufnahmen zu ihrer Schande der Verteidigung vorenthalten.

Auf die Frage, was er über die Aufnahme mit Jolliff wisse, antwortete Goldman, sich nicht erinnern zu können. Er wiederholte das: »Mir war die Existenz dieser Aufzeichnung nicht bekannt.« Und das, obwohl wir diese Aufnahme in seinen Akten mit der Aufschrift ROSE/ELLEN, 12.1.83, KOPIE fanden. Er räumte schließlich ein, dass er sie der Verteidigung hätte übergeben müssen. Während Goldman sich im Zeugenstand wand, dachte Ellen: *Endlich muss dieser Mann für das büßen, was er mir angetan hat.*

Am 2. August 1999, nur einen Monat nach Ellens Beweisaufnahmetermin, hob Richterin Hamilton das Urteil mit einer fünfundsiebzigseitigen Entscheidung auf. Das war nicht nur besonders schnell (die meisten Richter benötigen dafür vier bis sechs Monate), die Begründung war zudem dreimal so lang wie üblich, was darauf hindeutete, dass die Richterin Ellen so schnell wie möglich aus dem Gefängnis holen wollte. Richterin Hamilton stellte fest, dass »der Inhalt der White/Reasonover-Aufnahme die Aussage von Rose Jolliff in der Verhandlung unglaubwürdig macht« und dass diese »eine wahrheitsgemäße, zuverlässige

Darstellung der Handlungen der Antragstellerin und von Stanley White vor, während und nach der Ermordung von James Buckley darstellt«. Sie kam zu dem Schluss, allein aufgrund der White/Reasonover-Aufnahme hätte kein vernünftiger Geschworener Rose Jolliffs Aussage in der Verhandlung Glauben geschenkt.

Richterin Hamilton führte außerdem einundzwanzig Fragen zum Sachverhalt auf, die Ellens Verteidigung Jolliff hätte stellen können, wenn sie Zugang zu der Jolliff/Reasonover-Aufnahme gehabt hätte. Sie stellte fest: »Jede einzelne dieser Tatsachen spricht für die Antragstellerin und dafür, dass diese gegenüber Rose Jolliff am 7. Januar 1983 kein Geständnis abgelegt hat.« Weiterhin kam sie zu dem Schluss: »Die Jolliff/Reasonover-Aufnahme zu unterdrücken [war] für die Antragstellerin in hohem Maße schädlich. Wäre die Aufnahme offengelegt worden, hätte sie nach Ansicht des Gerichts in der Verhandlung eine wichtige Rolle gespielt. Der Inhalt der Aufnahme hätte sich verheerend auf Jolliffs Glaubwürdigkeit in der Verhandlung ausgewirkt.« Interessant ist hierbei, dass Rose Jolliff zu dem Termin geladen worden war. Als sie im Büro der Richterin unter Eid befragt wurde, berief sie sich auf ihr Auskunftsverweigerungsrecht, um sich nicht selbst zu belasten, und das ganze achtundzwanzig Mal.

Am 3. August 1999, ein Tag nachdem Richterin Hamilton das Urteil aufgehoben hatte, wurde Ellen freigelassen und rehabilitiert, nachdem sie sechzehneinhalb Jahre unschuldig im Gefängnis gesessen hatte. Sie wurde ungeduldig von ihrem Ehemann Glen, ihrer Mutter Elizabeth, ihrer achtzehnjährigen Tochter Charmelle und ihren beiden Schwestern Hilda und Valerie erwartet. Ihr Anwaltsteam und eine riesige Anzahl von Unterstützern und Journalisten waren ebenfalls vor Ort, um den großen Moment mitzuerleben. Die Geschworene Donna Ellis, deren Gegenstimme Ellen 1983 das Leben gerettet hatte, erschien zusammen mit Ellen in den Medien. Da sie merkte, dass Ellen etwas Frieden und Ruhe brauchte, luden Donna und ihr Mann sie ein, bei ihnen zu wohnen. Ellen blieb sechs Monate lang dort, bis sie sich in der Lage fühlte, wieder allein mit Charmelle zu leben. Donna und Ellen waren bis zu Donnas Tod 2014 gute Freundinnen.

Nach ihrer Freilassung klagte Ellen gegen die Stadt Dellwood wegen Verletzung ihrer Grundrechte und Freiheitsberaubung. Die Stadt schloss mit ihr einen außergerichtlichen Vergleich und zahlte ihr 4,5 Millionen Dollar nach Abzug der Anwaltskosten. Eine große Freude war für Ellen auch die Geburt ihrer Enkel Harlem und Jour'nee.

In den 2000er-Jahren litt Ellen fünf Jahre lang an Fibromyalgie, einer schmerzhaften und kräftezehrenden chronischen Erkrankung. Glücklicherweise verschwand die Krankheit auf genauso rätselhafte Weise, wie sie gekommen war. Am 3. August 2024 feierte sie den fünfundzwanzigsten Jahrestag ihrer Entlassung. Sie ist sechsundsechzig Jahre alt, lebt in angenehmen Umständen in der Nähe ihrer Schwestern und ist weitgehend gesund. Sie und Glen sind seit Langem geschieden, gingen aber im Guten auseinander und hatten bis zu seinem Tod im Jahr 2020 ein freundschaftliches Verhältnis. Ihre Mutter starb 2011. Ellen liebt ihre Enkel und freut sich über ihre regelmäßigen Besuche.

Mary Lyner erlebte Ellens Rehabilitierung nicht mehr. Beinahe ein Jahrzehnt bevor Richterin Hamilton Ellens Fall übernahm, sprang Lyner vom Balkon einer Wohnung in einem Hochhaus, in der sie mit ihrer Mutter gelebt hatte, während Mutter und Tochter sich im Raum nebenan aufhielten. Sie wurde zweiundvierzig Jahre alt. Ihre beste Freundin Virginia Druhe, eine enge Vertraute der Familie Lyner, beschrieb Mary in einer beeideten Erklärung, die von Richterin Hamilton zu den Akten genommen wurde, als eine Person, »die zu großer Täuschung fähig war und in ihrem Leben immer wieder unverschämte Lügen auftischte«.

Der ehemalige Polizeichef von Dellwood, Dan Chapman, verstarb 2014.

Steven Goldman ging 2016 in den Ruhestand, nachdem er achtundzwanzig Jahre Richter in St. Louis County gewesen war.

Die beiden schwarzen Männer, die Ellen an der Vickers-Tankstelle und danach beim 7-Eleven gesehen hatte, wurden nie identifiziert. Der Mord an James Buckley wurde nie aufgeklärt.

JOHN GRISHAM

DAS FEHLENDE MOTIV

Joe Bryan war in der zweiten Klasse, als er seine künftige Ehefrau Mickey Blue kennenlernte, die in die erste Klasse ging. Obwohl die beiden natürlich viel zu jung waren, an eine Liebesbeziehung auch nur zu denken, verloren sie sich während ihrer Kindheit in zwei benachbarten texanischen Kleinstädten nicht aus den Augen. Mickey war in der Schule beliebt, aber sehr ruhig und fleißig. Joe war bekannt wie ein bunter Hund und umgab sich gern mit Menschen. Er hatte oft den Eindruck, dass er Mickey deutlich mehr beachtete als andersherum. Als Teenager war Mickey mit Joes Zwillingsbruder zusammen und er mit ihrer Cousine. Andere Partner kamen und gingen, bis ihnen irgendwann klar wurde, dass sie die falsche Wahl getroffen hatten. Als Joe sie endlich bat, mit ihm auszugehen, zögerte sie nicht lange, und nach wenigen Wochen waren sie unzertrennlich.

Beide wollten Lehrer werden und hatten damit dasselbe Ziel, studierten aber an verschiedenen Colleges. Sie liebten Kinder und waren überzeugt, dass Bildung der Schlüssel zu einem glücklichen, erfolgreichen Leben war. Als sie 1969 heirateten, war Mickey Lehrerin an einer Grundschule, und Joe unterrichtete Latein und Englisch und trainierte die Schwimmmannschaft. Er hatte eine kleine Wohnung, die von der Schule zur Verfügung gestellt wurde und in der sie einige der glücklichsten Jahre ihres Lebens verbrachten. Ihr Leben drehte sich um ihre Beziehung und um die Kinder, die sie unterrichteten. Sie träumten von einer eigenen Familie. Doch nach drei Jahren Ehe erhielten sie die traurige Nachricht, dass Mickey keine Kinder bekommen konnte. Sie waren am Boden zerstört, aber ihre Beziehung wurde dadurch noch enger.

1975 kehrten sie in Mickeys Heimatstadt Clifton in Texas zurück. Ihre Eltern lebten noch dort, und die Familie war angesehen und allgemein bekannt.

Mickey, die in ihrem letzten Schuljahr zur »Miss Clifton High« gewählt worden war, hatte bald alte Freundschaften wiederbelebt. Sie bekam eine Anstellung als Lehrerin der vierten Klasse, und Joe übernahm die Leitung der Highschool. Sie lebten gern in Clifton und engagierten sich für die Gesellschaft, vor allem in der First Baptist Church und natürlich für die Schulen.

Joe war fast jeden Abend wegen einer schulischen Veranstaltung außer Haus. Er war bei allen Heim- und Auswärtsspielen der Footballmannschaft dabei, und Mickey begleitete ihn normalerweise. Ihre Tage wurden von ihren Klassen, ihren Schülern und den schulischen Aktivitäten bestimmt. Sie waren fast immer zusammen und wurden häufig bei ausgiebigen Abendspaziergängen in Clifton gesehen. Zu Hause half Joe Mickey oft, Schulaufgaben zu korrigieren und den Unterricht vorzubereiten.

Er half ihr sogar, das Klassenzimmer zu dekorieren.

Da sie selbst keine Kinder hatten, vergötterten sie einander und taten alles, damit ihre Ehe nicht zur Routine wurde. Allzu oft hatten sie miterlebt, wie befreundete Ehepaare einander mit der Zeit fremd wurden, weil Kinder und Beruf sie in unterschiedliche Richtungen führten. Sie hielten engen Kontakt zu ihren Familien und waren bei allen Treffen dabei. Jedes Jahr an

Thanksgiving luden Joe und Mickey ihre Familie zu einem traditionellen Essen ein, während sie die Weihnachtsfeiertage bei seiner Familie verbrachten.

Mickey war immer als erste Lehrkraft in der Clifton Elementary School und saß häufig schon um sieben Uhr morgens an ihrem Schreibtisch. Sie genoss die Ruhe am frühen Morgen, bevor der eigentliche Tag begann und die Stimmen der kleinen Schüler durch die Gänge hallten.

Am Dienstag, dem 15. Oktober 1985, kam Mickey nicht in die Schule.

Merkwürdigerweise war ihr Klassenzimmer noch still und dunkel, als ihre Kollegin Susan Kleine, die die fünfte Klasse unterrichtete, vorbeikam und feststellte, dass die Tür nicht geöffnet und sogar abgeschlossen war. Susan ging davon aus, dass Mickey im Kopierraum am anderen Ende des Gebäudes war. Als um acht Uhr immer noch nichts von ihr zu sehen war, wusste Susan, dass etwas nicht stimmte. Eilig ging sie zum Büro des Schulleiters Rex Daniels, um ihn zu informieren. Susan nahm an, dass sich Mickey krank gemeldet und Rex vergessen hatte, eine Vertretung zu organisieren.

Aber Rex Daniels hatte nichts von Mickey gehört. Zuerst wollte er Joe anrufen, mit dem er befreundet war, aber dann fiel ihm ein, dass er verreist war.

Joe war nämlich im fast zweihundert Kilometer entfernten Austin auf der Jahresversammlung des texanischen Verbands der Leiter weiterführender Schulen. Er hatte zuletzt am Vorabend um neun Uhr mit Mickey gesprochen, als er sie von seinem Hotelzimmer in Texas aus angerufen hatte. Wie immer hatte er ihr gesagt, er liebe sie. Am folgenden Nachmittag hätte er wieder zu Hause sein sollen.

Rex bat seine Sekretärin, es bei den Bryans zu Hause zu versuchen, aber es meldete sich niemand. Dann ließ er sie Mickeys Eltern Otis und Vera Blue anrufen, die ganz in der Nähe wohnten. Sie gingen ans Telefon, wussten aber auch nicht, wo Mickey war, und hatten angenommen, sie wäre in der Arbeit. Mickey war am Nachmittag des Vortags bei ihnen vorbeigekommen, danach hatten sie nichts mehr von ihr gehört. Beide machten sich sofort auf den Weg, um nach ihr zu sehen.

Rex Daniels war ebenfalls bereits unterwegs und traf zuerst am Haus der Bryans ein, wo Mickeys Auto in der Garage stand. Die Morgenzeitung lag in der Einfahrt. Er klingelte, aber niemand öffnete. Als die Blues eintrafen, die einen Schlüssel zum Haus hatten, gingen alle hinein, Vera zuerst. Sie rief nach ihrer Tochter, sah im Schlafzimmer nach ihr und schrie angesichts des furchtbaren Anblicks laut auf.

Die Decke und alle vier Wände waren blutbespritzt. Mickey lag quer auf dem Bett, blutüberströmt und offensichtlich tot. Rex nahm Vera und Otis beim Arm, führte sie ins Wohnzimmer und setzte sie auf das Sofa. Sie waren entsetzt, völlig außer sich und konnten kaum sprechen. Rex kehrte zur Schlafzimmertür zurück, betrat den Raum aber nicht. Einen Augenblick lang betrachtete er Mickeys Leiche, die quer auf dem ungemachten Bett lag. Sie war von der Taille abwärts nackt, und ihr rosa Nachthemd war bis weit über die Schenkel hochgezogen.

Rex riss sich irgendwie zusammen, ging zum Telefon in der Küche und rief die Polizei.

Um zehn Uhr saß Joe in einer Konferenzveranstaltung in Austin, als Harold Massey, der Präsident des Verbands und ein langjähriger Freund von ihm, hereinkam und ihn nach draußen bat. Im Foyer teilte Massey Joe mit, dass seine Frau in ihrem Haus erschossen worden sei. Joe sank in einen Sessel. »Mickey Bryan aus Clifton, Texas?«, stammelte er. Drei andere Schulleiter, die Joe gut kannten, halfen ihm nach oben zu seinem Zimmer, wo er zitternd auf dem Bett lag, ohne Anzug und Krawatte abzulegen.

Clifton war mindestens zwei Stunden von Austin entfernt, eine Tatsache, die später noch wichtig werden sollte. Joe war nicht in der Verfassung zu fahren. Gegen Mittag trafen zwei Freunde aus Clifton ein, um ihn nach Hause zu bringen, und bei ihrem Anblick brach er erneut in Tränen aus. »Es wurde kaum gesprochen«, erinnerte sich ein Freund später. »Joe saß mit gesenktem Kopf hinten im Auto und weinte während der ganzen Fahrt.«

Als sie nach Clifton kamen, tauchten vor dem Fenster die Straßen und Gebäude auf, die Joe so gut kannte. Ihm graute vor dem Augenblick, wo sie das Haus erreichten, das er zehn Jahre zuvor mit seiner geliebten Mickey gebaut hatte. Als sie näher kamen, fielen ihm zuerst die Polizeiwagen auf, die überall standen. Es wimmelte nur so von Polizeibeamten, und um Bäume und Laternenpfosten war leuchtend gelbes Tatortband gewickelt. Stadtpolizei, County Deputys, State Trooper und Kriminaltechniker hatten bereits die Untersuchungen aufgenommen. Die legendären Texas Rangers waren ebenfalls vor Ort, um die örtlichen Behörden bei der Mordermittlung zu unterstützen.

Von der anderen Straßenseite aus verfolgten die Nachbarn ungläubig die Ereignisse. Die Nachricht, dass Mickey ermordet worden war, hatte sich in der kleinen Stadt rasend schnell verbreitet. Joe erkannte die traurigen und verängstigten Gesichter lieber Bekannter.

Er war immer noch benommen und fühlte sich wie ein Schlafwandler, bemühte sich aber tapfer, die erste Welle von Fragen der Ermittler zu beantworten. Ja, er habe eine Waffe im Haus, einen .357er Magnum, der mit Schrotpatronen geladen war, um

Klapperschlangen und Kupferkopf-Schlangen zu töten, die sich manchmal zu nah heranwagten. Er sagte, er und Mickey hätten tausend Dollar in bar in einer Metallkassette aufbewahrt.

Nach ein paar weiteren Fragen wurde Joe zum Haus von Vera und Otis Blue gefahren, wo sich Freunde versammelten, die zutiefst schockiert waren. »Was soll ich ohne Mickey tun?«, fragte Joe immer wieder, als er Susan Kleine sah.

Noch am selben Abend fuhr Joe zu seiner Mutter, die in der knapp siebzig Kilometer entfernten Kleinstadt Elm Mott in der Nähe von Waco lebte. Aufgewühlt, verwirrt und ausgelaugt lag er schlaflos im Bett und stellte sich immer wieder dieselben Fragen: *Wer um alles in der Welt hätte Mickey etwas antun können? Und warum?*

Am Tatort herrschte bis spät in die Nacht hektische Aktivität.

Die Untersuchungen ergaben einige Details: Auf Mickey war viermal aus nächster Nähe geschossen worden, Joes .357er Magnum fehlte, in Mickeys Schusswunden und überall im Schlafzimmer wurden Bleikugeln gefunden, was darauf hindeutete, dass der Revolver vermutlich die Mordwaffe war. Zeugen gab es keine, die Nachbarn hatten nichts gesehen und gehört. Verdächtige Fingerabdrücke, Stiefel- oder Schuhabdrücke wurden nicht gefunden, und in den Vaginalabstrichen war kein Sperma nachweisbar. Nichts deutete darauf hin, dass sich jemand gewaltsam Zutritt verschafft hatte. Auf dem Küchenboden wurde ein Zigarettenstummel entdeckt, obwohl weder Mickey noch Joe rauchten.

Als die Ermittler feststellten, dass Mickeys goldener Ehering, ihre Uhr und ein Diamantring sowie Joes Revolver fehlten, gingen sie davon aus, dass ein Einbruch aus dem Ruder gelaufen war. Aber es gab kaum Beweise, die diese Theorie oder irgendeine andere gestützt hätten.

Überhaupt fehlte es an aussagekräftigen Hinweisen. Nachdem Mickeys Leiche entfernt worden war, blieben nur die blutgetränkte Matratze und der blutige Teppich sowie das Schlafzimmer, in dem überall Blut verspritzt war. Die bloße Menge an Blut war für die Polizei Grund genug, einen Experten hinzuzuziehen.

Robert Thorman war Detective im nahen Bell County und seit vier Monaten als Sachverständiger für die Analyse von Blutspurenmustern zertifiziert. Der Bryan-Mord war sein erster bezahlter Auftrag in seinem Nebenjob als Gutachter. Aufgrund seiner guten Vernetzung bei der Polizei hatte sich herumgesprochen, dass Thorman seine Prüfungen bestanden und ein Diplom erhalten hatte, was bedeutete, dass er ab sofort Blutspuren untersuchen und Dinge erkennen konnte, die für andere Ermittler unsichtbar waren.

Wer sich mit der Blutspurenanalyse befasste, war zumindest 1985 überzeugt, dass ein Tatort voller Blut zahlreiche Hinweise darauf lieferte, was geschehen und wer der Täter war. Die sorgfältige Analyse von Tropfen, Spritzern, Sprüh-, Ablauf-, Schleif- und Schleppspuren, Abdrücken und Flecken mit dem Blut des Opfers sollte einem erfahrenen Experten wichtige Beweise liefern.

Thorman hatte sich durch einen einwöchigen Vierzig-Stunden-Schnellkurs qualifiziert, für den er vierhundert Dollar an eine private Firma gezahlt hatte, die auf die Schulung von »Experten« aller möglichen forensischen Fachgebiete spezialisiert war. Der Unterricht fand im Ballsaal eines Hotels in Beaumont statt, und bemerkenswerterweise bekam jeder Kursteilnehmer Bestnoten, erhielt ein Zertifikat und war damit bereit, als Gutachter auszusagen.

Thorman setzte am Dienstagabend im Haus der Bryans sofort um, was er kurz davor im Ballsaal des Hotels gelernt hatte.

Er untersuchte die auf den Wänden verteilten Blutflecken. Er machte Fotos. Er spannte hier und dort Schnüre, nahm Messungen vor und verbrachte über zwei Stunden im Schlafzimmer.

Seine gründliche Untersuchung ergab jedoch nichts von Bedeutung. Sein Besuch war wenig produktiv, aber er würde wiederkommen.

Was sich *nicht* ergab, sollte viel wichtiger werden. Wie die meisten Hausbesitzer besaßen Joe und Mickey eine Sammlung von großen und kleinen, alten und neuen Taschenlampen, die bereitgelegt, aber im Bedarfsfall selten auffindbar waren.

Am Tatort war nirgends eine Taschenlampe zu sehen. Verschiedene Ermittler, zu denen auch der Experte Thorman gehörte, durchsuchten das Schlafzimmer von Joe und Mickey stundenlang, und kein Mensch erwähnte je eine Taschenlampe.

Eine Taschenlampe der Bryans sollte jedoch zu einem wichtigen Beweismittel werden, dessen Bedeutung von den Ermittlern maßlos übertrieben wurde.

Wenn Joe die Müdigkeit überwältigte, schlief er ein und fiel von einem Albtraum in den nächsten. *Das kann nicht wahr sein,* sagte er sich immer wieder. Nach einer unruhigen Nacht stand er schließlich am Mittwochmorgen auf und wappnete sich für einen weiteren entsetzlichen Tag.

Seine erste Aufgabe war, das Bestattungsunternehmen aufzusuchen, um die Beerdigung seiner Frau zu organisieren. Während er dort war, wurde ihm mitgeteilt, ein Joe Wilie wolle mit ihm sprechen. Er wurde zum Polizeirevier gefahren, das er ohne Anwalt betrat. Er war noch nicht einmal auf den Gedanken gekommen, sich einen Rechtsanwalt zu nehmen.

Wilie war ein ehemaliger State Trooper, der zum Texas Ranger aufgestiegen war und nun der berühmten Eliteeinheit der texanischen Gesetzeshüter angehörte. Wie für einen Ranger typisch, legte Wilie ein Selbstbewusstsein an den Tag, das an Überheblichkeit grenzte, und war überzeugt, dass er jeden Mord aufklären konnte. Er begann das Gespräch mit Routinefragen über Joes Leben mit Mickey. Joe, der völlig erschöpft war, fand Wilies totalen Mangel an Mitgefühl zunächst verstörend. Der Ranger spähte unter der Krempe des typischen weißen Stetson-Cowboyhuts hervor, während er in barschem, arrogantem Ton knappe Fragen stellte. Kein Beobachter wäre auf den Gedanken gekommen, dass der Ranger mit einem Mann sprach, dessen Ehefrau soeben brutal ermordet worden war.

Joe erkundigte sich nach dem Stand der Ermittlungen. Er wollte einfach wissen, wer seine Frau getötet hatte. Doch Wilie gab sich zugeknöpft und äußerte sich kaum zu Details. Er sagte, sie hätten die Metallkassette gefunden, nicht jedoch das Geld. Nein, Joe habe keine Vermutung, wer Mickey hätte töten wollen. Er könne immer noch nicht glauben, dass es solch einen Menschen gebe.

So unangenehm die Befragung auch war, es kam nicht zu einer Konfrontation. Die Anschuldigungen sollten später folgen.

Ohne Joes Wissen und Zustimmung hatten die Ermittler alle Papiere und Unterlagen von Wert aus dem Haus der Bryans mitgenommen: Kontoauszüge, Versicherungspolicen, Scheckbücher, Rechnungen, Testament, praktisch alles. Wie aus den Kontoauszügen hervorging, hatten die beiden sparsam gelebt, was keine Überraschung war. Joe und Mickey hatten ihr Geld gespart und auf verschiedenen Konten ein Guthaben von insgesamt fünfunddreißigtausend Dollar. Das Haus war mit einer Hypothek von rund sechsunddreißigtausend Dollar belastet, die durch eine Lebensversicherung abgesichert war. Die beiden hatten für den jeweils anderen kostengünstige Lebensversicherungen mit einer Versicherungssumme von rund einhundertfünfzigtausend Dollar abgeschlossen. Über die texanische Rentenversicherung für Lehrkräfte hatten sie Ansprüche in Höhe von sechsundzwanzigtausend Dollar erworben, die an den hinterbliebenen Ehepartner ausgezahlt werden sollten.

Joe sollte nichts von dem Geld zu Gesicht bekommen.

Der Mord an einer bekannten Person ist überall eine furchtbare Nachricht, aber in einem Ort wie Clifton mit dreitausend Einwohnern kannte praktisch jeder jeden. Mickeys Tod war für alle unfassbar. Ein Mädchen aus dem Ort, aus einer anständigen Familie, eine angesehene, beliebte Lehrerin und Ehefrau eines allgemein geschätzten Schulleiters – wenn nicht einmal sie sicher war, wer war es dann? Der Mord an Mickey Bryan war beängstigend.

Zu der Furcht, die in Clifton um sich griff, trug der bedrückende Tod einer weiteren Frau nur vier Monate zuvor bei. Im Juni war Joe Wilie nach Clifton gerufen worden, um den Mord an Judy Whitley zu untersuchen, einer Siebzehnjährigen, deren nackte Leiche in einem Dickicht rund einen Kilometer vom Haus der Bryans aufgefunden worden war. Das junge Mädchen war gefesselt, geknebelt, vergewaltigt und erstickt worden.

Gab es einen Zusammenhang zwischen den beiden Morden? Die ohnehin schon extrem nervöse Bevölkerung der sonst so sicheren, friedlichen Gemeinde, in der es kaum schwere Straftaten gab, war nach Mickeys Tod vollkommen geschockt. Joe Wilie und sein Ermittlerteam standen deshalb unter besonderem Druck. Allerdings hatten sie keine handfesten Hinweise. Sie arbeiteten rund um die Uhr und gingen jedem Anhaltspunkt nach, hatten aber bisher nichts in der Hand.

Dann trat Charlie Blue auf den Plan. Charlie war Mickeys älterer Bruder und lebte in Florida, wo er eine Führungsposition in einem Unternehmen der Agrochemie bekleidete. Als er am Dienstag vom Tod seiner Schwester erfuhr, flog er von Florida nach Texas und fuhr nach Clifton.

Joes Aussage zufolge hatten sich Mickey und Charlie nie nahegestanden. Er war ein knallharter Manager und daran gewöhnt, dass alles nach seinem Willen lief, ganz anders als die ruhige, zurückhaltende Mickey. Als Schwager kamen Joe und Charlie zwar miteinander aus, gingen sich aber aus dem Weg. Es gab keine feindseligen Gefühle innerhalb der Familie. Charlie lebte eineinhalbtausend Kilometer weit weg, und sie trafen sich nur selten.

Charlie kam bei seinen Eltern Vera und Otis unter und kümmerte sich um die trauernde Familie. Er fragte Joe, ob er sich sein Auto, einen Ford Mercury, leihen könne, solange er in Clifton war, und Joe tat ihm den Gefallen gern. Joe war noch gar nicht in der Lage, selbst zu fahren, und wurde von Angehörigen herumkutschiert. Bereits am Freitag, dem Tag nach der Beerdigung, war Charlie so frustriert über den Mangel an Fortschritten, dass er beschloss, selbst einzugreifen. Sein Unternehmen arbeitete mit einem pensionierten FBI-Beamten namens Bud Saunders zusammen, der sich als Privatdetektiv niedergelassen hatte. Charlie rief Saunders an und bat ihn, nach Clifton zu kommen, weil ihn an Mickeys Tod etwas irritierte. Er informierte weder Joe Bryan noch Joe Wilie darüber, dass er seinen eigenen privaten Ermittler hinzuzog.

Saunders kam am Samstagnachmittag in Clifton an und traf sich mit Charlie im Dairy Queen. Sie stiegen in Joe Bryans Mercury und drehten eine lange Runde, um den Fall zu besprechen. Irgendwo draußen auf dem Land hielten sie am Straßenrand zu einer Pinkelpause an. Dabei trat Saunders in irgendeinen

Schlamm, der an seinen Stiefeln kleben blieb. Auf der Suche nach einem Putzlappen öffnete Charlie den Kofferraum. Darin lag in einem Pappkarton eine Taschenlampe, mit der Linse nach oben. Auf der Linse entdeckte er winzige Flecken einer undefinierten Substanz. Charlie nahm die Taschenlampe an sich und inspizierte sie genauer. Als Manager hatte er nicht die geringste Erfahrung mit Blutflecken oder Tatorten, trotzdem ging er davon aus, dass es sich bei den winzigen Flecken um Blut handelte. Er gab die Taschenlampe Saunders, der ihm bereitwillig zustimmte. Sie fuhren zurück nach Clifton und riefen die Rangers von einem Münzfernsprecher aus an.

Joe Wilie besorgte sich einen entsprechenden Beschluss und durchsuchte noch am späten Samstagabend Joe Bryans Mercury. Die Taschenlampe wurde beschlagnahmt und zur Analyse an das kriminaltechnische Labor des Bundesstaates geschickt. Der Wagen selbst war blitzsauber, weder innen noch außen fanden sich irgendwelche Blutflecken. Joe verabscheute schmutzige Autos.

Wilie übergab den Mercury Charlie, der ihn zum Haus der Bryans fuhr und gegen vier Uhr am Sonntagmorgen in der Einfahrt abstellte. Dann reisten er und Saunders ab. Charlie nahm einen Flug von Austin nach Tampa.

Joe Bryan wusste von alldem nichts. Als er sein Auto am Sonntagnachmittag abholte, war es vier Tage lang nicht in seinem Besitz gewesen und von Joe Wilie und dessen Team gründlich durchsucht worden.

Wilies großer Durchbruch kam, als das kriminaltechnische Labor berichtete, bei den Flecken auf der Taschenlampe handle es sich um menschliches Blut mit Blutgruppe 0. Das war Mickeys Blutgruppe, aber nicht die von Joe. DNA-Tests existierten 1985 nicht. Wilie schöpfte Verdacht, obwohl die halbe Welt Blutgruppe 0 hat. Als ein Chemiker im kriminaltechnischen Labor außerdem winzige Plastikpartikel auf der Linse der Taschenlampe fand und vermutete, sie könnten dieselben Eigenschaften wie die am Tatort aufgefundenen Hülsen der Schrotpatronen haben, war Wilie überzeugt, dass die Taschenlampe bei dem Mord eine Rolle gespielt hatte.

Der Ranger hatte seinen Mann.

Am 23. Oktober, acht Tage nach dem Mord, saß Joe Bryan im Haus seiner Mutter zusammen mit ihr vor dem Fernseher, als Wilie unangemeldet vor der Tür stand. Begleitet wurde er vom Polizeichef von Clifton, Ron Brennand, und dem Sheriff von Bosque County, Denny Proffitt. Joe war erleichtert und froh, sie zu sehen, und hoffte auf gute Nachrichten über die Ermittlung.

»Ich verhafte Sie wegen Mordes an Ihrer Ehefrau«, sagte Joe Wilie stattdessen.

Zuerst verschlug es Joe die Sprache. »Aufgrund welcher Beweise denn?«, stammelte er dann.

Darauf hatte Wilie keine Antwort. Joe bekam Handschellen angelegt, wurde auf den Rücksitz eines Streifenwagens gesetzt und ins nahe Waco gefahren, wo er erkennungsdienstlich behandelt wurde. Dann brachte man ihn zum Gefängnis von Bosque County in Meridian, wo er nackt ausgezogen und fotografiert wurde. Die Polizei suchte nach Kratzern und blauen Flecken, die auf einen verzweifelten letzten Kampf von Mickey hingedeutet hätten.

Keinerlei Beweise dieser Art wurden festgestellt.

Die Nachricht von Joes Verhaftung wurde mit allgemeinem Unglauben aufgenommen. Niemand, der Joe kannte, glaubte auch nur eine Sekunde lang, dass er Mickey umgebracht haben könnte, eine Frau, die er geliebt und die ihm alles bedeutet hatte. Ihre Kollegen an der Schule waren fassungslos und wütend. Aktuelle und frühere Schüler protestierten energisch. Joe war bekannt dafür, dass er nie aufbrauste und immer einen kühlen Kopf behielt. Er hatte weder das Temperament noch einen Grund, irgendwem etwas anzutun, und schon gar nicht seiner Frau.

Es ist nicht klar, ob Ranger Wilie und sein Team nach der Verhaftung etwas von den negativen Reaktionen merkten. Sie hatten die Ermittlungen überstürzt vorangetrieben, keine Zeugen und keine glaubwürdigen Hinweise gefunden, ein eindeutiges Alibi ignoriert und traten damit jetzt vor die Presse. Wieder einmal war der heldenhafte Ranger auf seinem Schimmel in die Stadt geritten und hatte die Menschen durch die Verhaftung eines kaltblütigen Mörders gerettet.

Im Sinne ihrer Strategie »erst anklagen, dann ermitteln« taten Wilie und sein Team alles, um das eine Element des Verbrechens zu untermauern, das geradezu nach Aufmerksamkeit schrie: das Motiv. Es gab absolut keine Beweise für Probleme in Joes und Mickeys Ehe, nicht einmal diesbezügliche Gerüchte. Sie hatten keine Eheprobleme. Sie waren unzertrennlich, kamen gut mit ihren Verwandten aus, hatten nicht viel Geld, um das sie sich hätten streiten können, waren gern zusammen und verbrachten lieber Zeit miteinander als mit Freunden.

Um die enge Beziehung des Paares infrage zu stellen, beschlossen die Ermittler, Joe müsse homosexuell sein. Und wenn er homosexuelle Neigungen hatte, war ihm auch ein Mord zuzutrauen.

Die Schmutzkampagne lief an. Eine der absurderen Theorien besagte, Mickey habe irgendwie von Joes schändlichem Doppelleben erfahren, ihn damit konfrontiert und die Scheidung einreichen wollen und so weiter. Es gab nicht den Hauch eines Beweises, aber das war unwichtig. Nachdem die Cops in dieser Sache keine Hinweise auf ein Motiv gefunden hatten, mussten sie sich notwendigerweise eines ausdenken.

Beflügelt wurde die Schmutzkampagne durch ein Objekt, das Joe Wilie bei der Suche nach der Taschenlampe im Kofferraum von Joe Bryans Mercury gefunden hatte. Es war ein Chippendales-Kalender mit Farbfotos spärlich bekleideter männlicher Stripper, die für die einzelnen Monate posierten. (Joe und Mickey hatten ihn als witzig gemeintes Geschenk für eine Freundin gekauft und dann im Kofferraum vergessen.)

Wenn das nicht Beweises genug war …

Nachdem Joe verhaftet und gegen Kaution freigelassen worden war, schwärmten die Ermittler aus und durchkämmten den ganzen Ort auf der Suche nach Beweisen für seine Homosexualität, wobei sie hemmungslos alle möglichen obszönen Gerüchte verbreiteten.

Als Joe Wilie Susan Kleine, Mickeys enge Freundin und Lehrerkollegin, befragte, begann er zu ihrer Verblüffung mit der Frage: »Finden Sie Joe weibisch?« Bevor sie antworten konnte, setzte er noch eins drauf: »Es gibt Gerüchte, dass Joe schwul ist.«

Susan stand sowohl Joe als auch Mickey nahe und war felsenfest davon überzeugt, dass er Mickey nie etwas angetan hätte. Sie kannte die beiden wie auch deren Freunde und Familien gut und hatte nie jemanden sagen hören, Joe sei schwul. Wilie war der Erste.

Sie konterte energisch und sagte, sie finde Joe keineswegs weibisch, und er sei ganz sicher nicht schwul. Nein, derartige Gerüchte seien ihr bisher nie zu Ohren gekommen. Zu ihrem Entsetzen stellte Wilie immer weiter ähnliche Fragen zu Joes Sexualität. Sie kannte die Wahrheit, wusste aber, wie verheerend sich solche Gerüchte für jemanden wie Joe auswirken konnten. Schließlich warnte sie Wilie und sagte, er bewege sich auf dünnem Eis und solle aufpassen, dass er nicht den Ruf eines Menschen zerstöre.

Wilie und sein Team passten kein bisschen auf. Bei Dutzenden Befragungen von Freunden und Bekannten kamen sie immer wieder auf Joes angebliche Homosexualität zu sprechen, obwohl kein einziger Zeuge etwas davon wusste. Die Cops wurden immer kreativer und fragten nach »Gerüchten«, Joe habe ein Verhältnis mit einem Schüler und fahre heimlich nach New Orleans, wo er Wochenenden mit Ausschweifungen in Schwulenbars verbringe. Diese Gerüchte, die allesamt von den Ermittlern in die Welt gesetzt und aufgebläht worden waren, wurden wiederholt, weitergegeben und ausgeschmückt, bis sie ein Eigenleben gewannen.

Die Notizen der Ermittler enthielten Anmerkungen wie »Homo-Veranlagung?«, »schwul?« und »queer?«.

Die Ermittler nahmen jeden Aspekt von Joes Privatleben unter die Lupe, auch die Verbindungsdaten seiner Telefonate. Es war einer dieser Augenblicke, in denen sorgfältig arbeitende Beamte erkannt hätten, dass sie auf der falschen Fährte waren. Nicht aber Wilie und seine Truppe. Im Monat vor dem Mord hatte Joe mit Mickey, seiner Mutter, seinem älteren Bruder, einem Cousin, einem Laden für Vitaminpräparate, einem Augenoptiker und einem Krankenhaus telefoniert. Es gab nicht einen einzigen Anruf, der auch nur entfernt verdächtig war.

Von sorgfältiger Arbeit konnte jedoch keine Rede sein. Die Ermittler hatten ihren Mann verhaftet, und jetzt wollten sie um jeden Preis beweisen, dass es der Richtige war.

Joe war ein glücklich verheirateter Heterosexueller, der Mickey nie untreu gewesen war. Während ihrer gesamten Ehe hatten sie eine enge, intime Beziehung gehabt. Wie die meisten Ehepaare waren sie in den ersten Jahren aktiver gewesen, vor allem während sie hart daran »arbeiteten«, ein Kind zu bekommen. Als sie erfuhren, dass Mickey nicht schwanger werden konnte, waren sie tieftraurig, aber sie waren erst Ende zwanzig und viel zu jung, keinen Sex mehr zu haben.

Als die Gerüchte über Joes angebliche Homosexualität schließlich das Haus seiner Mutter in Elm Mott erreichten, war das ein weiterer Tiefschlag für einen Unschuldigen. Was können sie mir noch antun, fragte er sich.

Die Einwohner von Clifton waren gesetzestreue Bürger, die großes Vertrauen zu den Gesetzeshütern, zu Polizei, Staatsanwälten und Richtern hatten. Ein hässliches Gerücht, das von einem normalen Bürger in die Welt gesetzt wurde, verbreitete sich nicht unbedingt weiter, aber wenn ein Polizeibeamter, ja sogar ein Texas Ranger dahinterstand, hatten Behauptungen viel größeres Gewicht. Bald wurden die Gerüchte wiederholt und weitergegeben, obwohl sie jeder Grundlage entbehrten. Wie immer machte sensationeller Tratsch besonders schnell die Runde.

Als die Schmutzkampagne Fahrt aufnahm, hielt sich Joe zunehmend von Clifton fern.

Die Schule gab ihm bezahlten Urlaub, und zum ersten Mal in vielen Jahren drehten sich seine Tage nicht um seine Schüler und den Zeitplan der Schule. Er vermisste sie sehr, und er vermisste seine Freunde, von denen sich viele nach und nach von ihm zurückzogen.

Vor allem vermisste er seine geliebte Mickey, seine Frau und beste Freundin.

Einmal pro Woche fuhr er nach Hause, um den Rasen zu mähen. Er fühlte sich zunehmend wie ein Eindringling in seiner eigenen Stadt. Die Nachbarn waren nach wie vor freundlich zu ihm, aber andere gingen auf Abstand. Oft fuhr er zum Friedhof, wo er an Mickeys Grab saß und weinte. Sie verloren zu haben hatte eine schmerzhafte, große Lücke in seinem Leben hinterlassen. Beschuldigt zu werden, sie getötet zu haben, machte den Schmerz unerträglich.

Sein christlicher Glaube war ihm immer Stütze und Orientierung gewesen. Er betete mehr denn je und las in der Bibel auf der Suche nach Hilfe. Er besuchte weiterhin den Gottesdienst in seiner Kirche und fühlte sich gestärkt von der engen Verbindung, die er zu den anderen Gläubigen fühlte. Dieses Gefühl wurde jedoch eines Tages erschüttert, als ihn der Pastor anrief und nach einem freundlichen Gespräch auf den eigentlichen Zweck des Anrufs zu sprechen kam. Mehrere Mitglieder der First Baptist Church hätten sich über Joes Anwesenheit beklagt. Ob es ihm etwas ausmache, bis zum Ende des Verfahrens nicht mehr zu kommen? Ein weiterer schmerzlicher Schlag für Joe, der sich noch tiefer in seine eigene dunkle Welt zurückzog.

Nur wenig später suchte ihn der Schulrat auf und bat ihn, von sich aus zu kündigen.

Weiter verschlimmert wurde die Situation dadurch, dass Charlie Blue wieder auftauchte und sich in das Verfahren einmischte, indem er Klage einreichte, um zu verhindern, dass Joe Zugriff bekam und die Ersparnisse des Ehepaars für Prozesskosten ausgeben konnte. Der Richter stimmte dem zu, und Joe musste sich Geld von seinen Geschwistern leihen, um seine Anwälte zu bezahlen. Otis und Vera, Mickeys Eltern, brachen jeden Kontakt zu ihm ab.

Sechs Monate nach dem Mord begann die Verhandlung am Gericht von Bosque County in Meridian, dem Verwaltungssitz des Countys, einem Örtchen, das noch kleiner war als Clifton. Joes Anwälte hatten die wichtige Entscheidung getroffen, keine Verlegung des Verhandlungsorts zu beantragen. Sie argumentierten damit, dass ihr Mandant an seinem Wohnort bekannt und angesehen war, ein Angeklagter, der es verdient hatte, dass seine Mitbürger über ihn zu Gericht saßen. Die Entscheidung erwies sich als vernünftig, da die meisten Geschworenenkandidaten auf die Frage, ob sie Joe Bryan zumindest dem Namen nach kannten, die Hand hoben.

Für seine Familie und seine Freunde war es höchst beunruhigend, ihn am Tisch der Verteidigung zwischen seinen beiden Anwälten sitzen zu sehen. Manchmal wirkte er traurig und verwirrt, dann geradezu angriffslustig und aggressiv, weil doch jeder wissen musste, dass die Verhandlung eine Farce und er unschuldig war. Dann wieder schien er die Sache nur so schnell wie möglich hinter sich bringen zu wollen. Seit dem Tag seiner Verhaftung war ihm nie auch nur für einen Augenblick der Gedanke gekommen, dass er des Mordes an Mickey für schuldig befunden werden konnte. Niemand wusste, wie ein Gerichtsverfahren ausgehen mochte, aber er kannte die Wahrheit und war sich sicher, freigesprochen zu werden. Er hätte überhaupt nicht im Gerichtssaal sitzen dürfen, ein ganz anderer hätte an seiner Stelle sein müssen.

Die Anklage wurde von Andy McMullen vertreten, dem gewählten Staatsanwalt des Bezirks, der wenig Erfahrung mit Mordprozessen hatte. Das ausschließlich auf Indizien beruhende Beweismaterial, das ihm Joe Wilie und seine Leute vorgelegt hatten, war so dürftig und lückenhaft, dass eine Verurteilung zweifelhaft schien. McMullen hatte jedoch nicht vor, sich mit einem Texas Ranger anzulegen, der angeblich einen aufsehenerregenden Mord aufgeklärt hatte.

McMullen hatte von Beginn der Verhandlung an zu kämpfen. Es gab keine direkten Beweise, bestenfalls Indizien. Es gab keine Zeugen, niemand hatte in der Nacht, in der Mickey getötet worden war, etwas Ungewöhnliches gesehen oder gehört. Damit die Geschworenen Joe des Mordes schuldig sprachen, musste die Staatsanwaltschaft sie von einer unglaublichen Theorie überzeugen:

1. Am 14. Oktober telefonierten Joe und Mickey gegen 21.15 Uhr miteinander und wünschten sich eine gute Nacht. 2. Dann schlich sich Joe aus seinem Hotelzimmer im fast zweihundert Kilometer entfernten Austin und fuhr die zwei Stunden zu seinem Haus in Clifton. 3. Er unternahm die Fahrt trotz eines schweren Gewitters und seiner kornealen Erosion, einer Augenerkrankung, bei der das Sehvermögen in der Dunkelheit eingeschränkt ist. 4. Joe traf um Mitternacht zu Hause ein, stellte das Auto in der Einfahrt ab, schloss die Tür mit seinem Schlüssel auf und ging in die Küche. 5. Joe holte, während Mickey schlief, ohne das Licht einzuschalten, seinen .357er Magnum, lud ihn, nahm die Taschenlampe und schlich sich in das dunkle Schlafzimmer, wo er viermal auf seine Frau schoss. 6. Während er schoss, hielt er die Taschenlampe so, dass Mickeys Blut mit der Blutgruppe 0 direkt oder indirekt auf ihn, die Wände, die Decke und die Taschenlampe selbst spritzte. 7. Joe, der voller Blut war, nahm ein Bad, zog saubere Kleidung und Schuhe an, warf die blutigen Sachen weg und verließ das Haus. 8. Bei seiner Flucht nahm er den Revolver mit – der nie gefunden wurde – und legte die Taschenlampe in den Kofferraum seines Autos, weil er offensichtlich nicht bemerkt hatte, dass sie ebenfalls vollgespritzt war. 9. Joe »stahl« den Ehering, den er seiner Frau angesteckt hatte, sowie deren Uhr und Diamantring. 10. Nachdem er Mickey getötet hatte, fuhr er am frühen Morgen des 15. Oktober zurück nach Austin, schlich sich ungesehen in sein Zimmer, schlief ein paar Stunden und erschien dann pünktlich um halb neun zum Frühstück mit seinen Kollegen, als wäre nichts geschehen.

Mit viel Mühe ließ sich dieses absurde Szenario zumindest teilweise erklären. Zum Beispiel: Joe wählte den 14. Oktober, weil er wusste, dass er nicht in der Stadt und sein Alibi überzeugend belegt sein würde. Er fuhr trotz seiner Sehbehinderung die vier Stunden hin und zurück, weil er sich das fest vorgenommen hatte. Da er wusste, dass in Clifton an einem Dienstag nach Mitternacht alle fest schliefen, gab es keinen Grund, das Auto zu verstecken. Er gelangte in sein eigenes Haus, ohne Lärm zu verursachen, weil er einen Schlüssel hatte. Möglicherweise hatte er den Revolver im Voraus geladen und bereitgelegt. Anstatt im Schlafzimmer das Licht einzuschalten, womit er Mickey vielleicht geweckt hätte, griff er im Dunkeln an, damit sie sich nicht wehren konnte und nicht mitbekam, wer sie tötete. Er wusste, dass der Tatort voller Blut sein würde, deshalb hatte er Kleidung und Schuhe für seine Flucht bereitgelegt. Und dergleichen mehr.

Jede Einzelheit konnte so oder so ausgelegt werden. In einem Strafverfahren darf ein Angeklagter aber nur verurteilt werden, wenn es keinen berechtigten Zweifel an seiner Schuld gibt, nicht weil etwas so oder so passiert sein *könnte*. Es sind stichhaltige Beweise erforderlich, von denen die Staatsanwaltschaft im Verfahren gegen Joe Bryan kaum welche vorlegen konnte.

Außerdem fehlte es an einem Motiv. In der Verhandlung präsentierte die Anklage nicht den Hauch eines Beweises dafür, dass Joe und Mickey Eheprobleme hatten. Das Gegenteil war der Fall. Obwohl die Ermittler monatelang Familie und Freunde befragt hatten, war es ihnen nicht gelungen, Hinweise auf einen Konflikt oder unzufriedene Äußerungen aufzuspüren.

Auch der Ansatz mit der angeblichen Homosexualität war im Sande verlaufen. Trotz der Unterstellungen, Gerüchte und Suggestivfragen, die sie im County verbreitet hatten, fanden die Ermittler nicht den geringsten Beweis dafür, dass Joe seine Frau mit Männern oder Frauen hintergangen hatte. Sie hatten versucht, Joes Ruf zu ruinieren, aber der Gerichtssaal war voll mit seinen Freunden und Unterstützern, ein eindeutiger Beweis dafür, dass er bewundert wurde und beliebt war. Rund vierzig seiner engsten Freunde wollten für ihn aussagen.

McMullens Eröffnungsplädoyer für die Geschworenen war so lahm und wenig überzeugend, dass es fast einer Kapitulation gleichkam, einem Eingeständnis, dass die Anklage nicht ausreichend begründet war. Wenn es an stichhaltigen Beweisen fehlt, schwingen sich Staatsanwälte häufig auf das hohe Ross und spielen den Moralapostel, werden laut, zitieren die Bibel und Shakespeare und lenken so die Geschworenen davon ab, dass die Anklage auf wackligen Beinen steht. McMullen tat das nicht. Er präsentierte keine Hypothese für den Tathergang. Er schwadronierte ein wenig, erging sich in Gemeinplätzen und dankte den Geschworenen für ihren Einsatz.

Zur Sache kam ein anderer Staatsanwalt, ein Jurist namens Garry Lewellen, der nicht in Clifton lebte. Nachdem Charlie Blue mit dem zähen Fortschritt der Ermittlungen nicht zufrieden war, hatte er seinen eigenen Ermittler hinzugezogen. Da er von McMullen auch nicht viel hielt, engagierte er seinen eigenen Staatsanwalt – Garry Lewellen. In Texas war es der Familie des Opfers gestattet, einen Sonderstaatsanwalt hinzuzuziehen, der aber dem Bezirksstaatsanwalt unterstellt war.

Lewellen war grober und angriffslustiger als McMullen und erregte mit seinem Gepolter zumindest die Aufmerksamkeit der Geschworenen. Die Anklage nahm dadurch an Fahrt auf, geriet aber gleich wieder ins Stocken. Den Geschworenen wurden drastische Fotos des Tatorts sowie Skizzen von Schlafzimmer und Haus gezeigt, was alles nicht besonders schlüssig war. Zwei menschliche Haare, die in einem Pappkarton aus Joes Mercury entdeckt wurden, gehörten weder ihm noch Mickey. Im Schlafzimmer waren Joes Fingerabdrücke gefunden worden, aber es war schließlich sein Schlafzimmer. Andere fanden sich auf seiner Taschenlampe. Er hatte allerdings nie bestritten, dass ihm die Taschenlampe gehörte. Ein nicht identifizierter Handabdruck aus dem Schlafzimmer stammte nicht von Joe und konnte Mickey nicht zugeordnet werden, weil bei den Vergleichstests geschlampt worden war. Eine Chemikerin des kriminaltechnischen Labors sagte aus, sie habe Aufnahmen der Taschenlampe unter ihrem Mikroskop untersucht und ein Fragment gesehen, das von einer der Plastikpatronenhülsen stammen könne, wie sie am Tatort gefunden worden waren.

Erstaunlicherweise wurde die Taschenlampe selbst in der Verhandlung nicht vorgelegt. Es war nicht klar, wo sie zu diesem Zeitpunkt aufbewahrt wurde, doch aus dem Protokoll geht eindeutig hervor, dass die Staatsanwaltschaft sie von den Geschworenen nicht inspizieren ließ. Sämtliche Analysen der Linse der Taschenlampe wurden anhand von *Fotos* der Taschenlampe vorgenommen, nicht anhand der Taschenlampe selbst.

Die ersten Tage der Verhandlung schleppten sich dahin, ohne dass Beweise für Joes Schuld vorgelegt worden wären.

Das wichtigste Beweismittel hatte auch das größte Potenzial, die Argumentation der Anklage zu widerlegen: der auf dem Küchenboden gefundene Zigarettenstummel. Da weder Joe noch Mickey rauchten, war davon auszugehen, dass der Mörder in aller Ruhe eine Zigarette rauchte, nachdem er das Verbrechen begangen hatte, oder vielleicht sogar davor.

In jedem Fall stellte die Zigarettenkippe die Staatsanwaltschaft vor größere Probleme. Jemand hatte sie dort hinterlassen, und dieser Jemand war der Mörder.

Aber Joe Wilie ließ sich dadurch nicht aus dem Konzept bringen, sondern präsentierte eine neue Geschichte. Geduldig erklärte er den Geschworenen, er selbst sei vor dem Haus auf den Stummel getreten und habe ihn unbemerkt mit in die Küche geschleppt, wo er von der Sohle seines Cowboystiefels auf den Boden gefallen sei. Wie der Ranger wissen wollte, dass er auf die Kippe getreten war, blieb unklar. Woher er wusste, dass er ihn irgendwie Augenblicke später auf dem Küchenboden hinterlassen hatte, wurde nie erklärt. Aber das Problem war gelöst. Und Wilie hatte sogar einen Zeugen. Ein Beamter der Polizei von Clifton namens Kenneth Fields sagte aus, er habe tatsächlich gesehen, wie die Zigarettenkippe von Wilies Stiefel auf den Boden gefallen sei. Natürlich hatte Fields das damals nicht erwähnt, auch nicht in seinem schriftlichen Bericht. Wilies eigener fünfundzwanzigseitiger Bericht erwähnte den klebenden Zigarettenstummel an keiner Stelle.

Am vierten Verhandlungstag rief die Staatsanwaltschaft Charlie Blue als Zeugen auf.

Er und Lewellen, der von ihm bezahlte Staatsanwalt, spielten sich die Bälle zu, wie sie es gründlich geübt hatten, um klarzustellen, dass Blue als besorgter älterer Bruder nur Gerechtigkeit für seine Schwester wolle. Er schilderte den Geschworenen, wie er mit Saunders, seinem privaten Ermittler, in Joes Mercury durch das County gefahren sei und am Straßenrand gehalten habe, um sich zu erleichtern. Als sie den Kofferraum geöffnet hätten, habe Blue die Taschenlampe mit den roten Flecken auf der Linse gesehen und sofort gesagt: »Das sieht wie Blut aus.« Wenig überraschend bestätigte Saunders diese Schilderung.

Auch diesmal war es den Geschworenen nicht vergönnt, sich die Taschenlampe anzusehen. Stattdessen wurden ihnen Farbfotos gereicht, auf denen man mit viel Mühe Flecken erkannte, die praktisch nicht zu identifizieren waren.

Der Vortrag der Anklage zog sich in die Länge, eindeutige Beweise für Joes Schuld wurden nicht präsentiert. Die wichtigste Aussage stammte von Wilie, den Joe Bryans Anwälte im Kreuzverhör nach den fehlenden Beweisen fragten. »Sie haben keinen einzigen Grund genannt, warum dieser Mann seine Frau hätte töten sollen«, hielten sie ihm vor.

»Tot ist sie für ihn dreihunderttausend Dollar wert, wenn Sie schon nach einem Motiv suchen.«

Die Aussage war nicht nur hetzerisch und in hohem Maße schädlich, sie war auch falsch. Die Lebensversicherung zahlte für Mickey ungefähr einhundertfünfzigtausend Dollar. Als sie starb, hatten sie und Joe rund fünfunddreißigtausend Dollar auf der Bank und ein bescheidenes Haus, das mit einer Hypothek belastet war. Unter Eid auszusagen, Joes Motiv, und zwar das einzig mögliche Motiv, sei finanzieller Natur gewesen, hätte beanstandet werden müssen. Die Erwähnung der Lebensversicherung wäre eigentlich Grund gewesen, das Verfahren für fehlerhaft zu erklären.

Joes Anwälte sprangen auf und protestierten lautstark. Die Staatsanwälte brüllten zurück. Als sich die Lage wieder halbwegs beruhigt hatte, ließ der Richter die Aussage dennoch zu.

Nach vier Tagen hatte die Anklage lediglich dürftige »Beweise« vorgelegt, die nicht nur auf Indizien beruhten, sondern zum Großteil nicht einmal eindeutig waren. Der Verlauf des Verfahrens nahm eine dramatische Wendung, als am fünften Verhandlungstag Robert Thorman in den Zeugenstand gerufen wurde. Der frisch zertifizierte Sachverständige für die Analyse von Blutspurenmustern sollte wissenschaftliche Gewissheit in einen sonst undurchsichtigen Fall bringen.

Wie die meisten sachverständigen Zeugen begann Thorman mit einer langatmigen Schilderung seiner Berufserfahrung und Qualifikationen: seine lange Laufbahn als Polizeibeamter, auch bei der Militärpolizei, seine Schulung in der Analyse von Blutspurenmustern. Die Geschworenen hatten keine Ahnung, dass er über keinerlei wissenschaftliche Ausbildung für diese Analyse verfügte und seine einzige Qualifikation auf einem vierzigstündigen Kurs in einem Hotel in Beaumont vier Monate zuvor beruhte.

Dann legte er die Grundlage für sein Gutachten mit einer Beschreibung des Tatorts, als er am Abend des 15. Oktober dort gewesen war. Die Geschworenen hätten bereits genügend bluttriefende Fotos gesehen und müssten sich keine weiteren Bilder dieser Art ansehen. Thorman sagte, es sei eine »Unmenge« Blut verspritzt worden, und der Mörder, wer immer es war, müsse voller Blut gewesen sein.

Das entscheidende Beweismittel war die Taschenlampe, auf die Thorman bald zu sprechen kam. Da sie nicht verfügbar war und niemand erklären konnte, wo das verflixte Ding steckte, griff er auf einige der Fotos zurück, die den Geschworenen bereits gezeigt worden waren. Auf diesen war kein Blut zu sehen, nur ein paar winzige Flecken, die für den durchschnittlichen Betrachter keine Bedeutung gehabt hätten. Aber für einen Experten mit einer so fundierten Ausbildung, wie Thorman sie genossen hatte, enthielten diese Flecken Unmengen von Beweisen. Es handle sich um Rückwärtsspritzer oder Rückschleuderspuren oder *»back-spatter«*, wie er immer sage, und zumindest für ihn waren sie Beweis dafür, dass das Blut beim Auftreffen des Geschosses entgegen der ursprünglichen Schussrichtung beschleunigt worden war. Da ein Teil des Blutes die Taschenlampe getroffen habe, sei offensichtlich, dass sich die Taschenlampe am Tatort befunden habe.

Thorman erklärte weiter, die fehlenden Blutspritzer am Griff der Taschenlampe wiesen darauf hin, dass jemand sie zum Zeitpunkt des Mordes in der Hand gehalten habe.

Das passte hervorragend zur Hypothese der Staatsanwaltschaft, der zufolge sich Joe in sein eigenes Haus geschlichen hatte, ohne das Licht einzuschalten, um das potenzielle Mordopfer nicht zu wecken, dann mit der Taschenlampe in der Hand ins Schlafzimmer gegangen war und dort mit der anderen den Revolver abgefeuert hatte.

Thorman, der einige jener wissenschaftlichen Begriffe verwendete, die er gerade erst gelernt hatte, und mit dem üblichen Fachjargon um sich warf, zeigte sich überzeugt, dass die Taschenlampe bei dem Mord eine wesentliche Rolle gespielt hatte. Nachdem er Mickey erschossen habe, habe Joe sie im Kofferraum seines Autos versteckt, aber vergessen, das Blut abzuwischen. Da Mickeys Blut 0 positiv war (wie das von Milliarden anderer Menschen), stand für Thorman und die Ermittler fest, dass Joe seine Frau getötet hatte.

Im Kreuzverhör fragte Joes Anwalt Thorman, wieso Joes Auto, der Mercury, trotz der »Unmengen« Blut, die entgegen der Schussrichtung auf den Mörder gespritzt waren, makellos sauber war, als es von den Ermittlern untersucht wurde. Keine Spur von Blut weit und breit. Und wie sei es dem Mörder gelungen, den Tatort zu verlassen, ohne Mickeys Blut zu verschmieren oder zumindest Spuren davon zu hinterlassen? Die Kriminaltechniker hätten weder blutige Fingerabdrücke noch Schuh- oder Stiefelabdrücke gefunden.

Hier fing Thorman an zu improvisieren. Er spekulierte, Joe habe gebadet und Kleidung und Schuhe gewechselt, außerdem habe er die Zeit gehabt, das Auto gründlich zu reinigen.

Thormans angebliches Fachwissen beschränkte sich auf die Blutspurenmusteranalyse, deren Parameter durch den Tatort selbst vorgegeben wurden. Er besaß ein Zertifikat, mit dem das belegt wurde. Aber was befähigte ihn vorherzusagen, was ein Mörder tun mochte, nachdem er den Tatort verlassen hatte? Wie konnte er wissen, dass der Mörder gebadet, Kleidung und Schuhe gewechselt und sein Auto geschrubbt hatte, um etwaige Blutflecken zu entfernen?

Es war reine Spekulation. Thorman ging damit weit über seinen Kompetenzbereich hinaus. Diesbezüglich war seine Aussage schädlich und unzulässig und hätte aus dem Protokoll gestrichen werden müssen, mit einer Ermahnung an die Geschworenen, sie nicht zu berücksichtigen. Joes Anwälte erhoben lautstark Einspruch, aber der Richter ließ die fragwürdige Aussage trotzdem zu.

Robert Thorman rettete die Anklage, indem er sie auf eine wissenschaftliche Grundlage stellte. Bis zu seiner Aussage hatte sich die Staatsanwaltschaft mit einem Mischmasch aus Hörensagen, Spekulation, Halbwahrheiten und Unterstellungen beholfen. In letzter Minute hatte jedoch ein zertifizierter Sachverständiger die Taschenlampe aus Joes Kofferraum als zentrales Element des Mordes an Mickey eingestuft.

Thorman hatte eine dramatische Kehrtwende eingeleitet.

Fünf Tage lang hatte Joe am Tisch der Verteidigung gesessen und hilflos zugesehen, wie die Staatsanwaltschaft eine wenig überzeugende Anklage zusammenstoppelte, die seine Schuld letztlich nicht bewies. Wie auch? So viele Male wäre er am liebsten aufgestanden und hätte gerufen: »Ich bin unschuldig! Ich war es nicht! Sie haben den Falschen! Der Mörder ist noch auf freiem Fuß!«

Er hatte Mickey nicht getötet und darauf vertraut, dass sich das in der Verhandlung herausstellen würde. Aber nachdem er fünf Tage lang von Respektspersonen wie einem Texas Ranger beschuldigt worden war, bekam er es mit der Angst zu tun. Er hatte Angst, weil die Geschworenen, die zunächst skeptisch gewirkt hatten, ihn misstrauisch beäugten, nachdem sie stundenlang den Anschuldigungen gelauscht hatten. Thormans Gutachten schien einen Sinneswandel zu bewirken.

Joe begriff jetzt, was die Schuldvermutung war. Es lief ungefähr so ab: Bei einem Mord wie dem an Mickey ist die Bevölkerung schockiert und fordert sofortige Gerechtigkeit. Der Mörder soll gefasst, eingesperrt und bestraft werden. Wenn ein Verdächtiger festgenommen wird, ist die Öffentlichkeit erleichtert und mit dem Urteil schnell bei der Hand: Der Verdächtige muss ja schuldig oder zumindest in die Sache verwickelt sein, sonst würde ihn die Polizei nicht festnehmen. Wenn dann alle von seiner Schuld überzeugt sind, wird der Verdächtige vor Gericht gezerrt, wo er mit der Staatsgewalt, verkörpert durch Staatsanwaltschaft und Polizei, konfrontiert wird, genau den offiziellen Stellen, denen die Öffentlichkeit vertraut, weil ihr lange genug das Gehirn gewaschen worden ist. Die Geschworenen, ganz normale Menschen, die unter den Mitbürgern ausgewählt wurden, halten die Aussagen der Offiziellen für viel glaubwürdiger als die des Angeklagten, der um sein Leben kämpft und deshalb alles sagen würde, um seinen Hals zu retten.

Joe wurde klar, dass er von vornherein als schuldig galt. Der Prozess war nicht fair. Die Chancen waren nicht gleich.

Also bestand er darauf, selbst eine Erklärung abzugeben. Er hatte nichts Unrechtes getan und keine Vorstrafen, die ihm im Kreuzverhör zum Verhängnis hätten werden können. Sein Lebenswandel war tadellos, und seine Anwälte waren damit einverstanden, dass er für sich selbst sprach. Gleich zu Beginn stritt er alles ab, was die Geschworenen soeben gehört hatten. Er sei zweihundert Kilometer entfernt in einem Hotelzimmer gewesen, als seine Frau ermordet wurde. Er habe sie nicht getötet und auch keinen Grund dazu gehabt, kein Motiv. Jede anderslautende Behauptung sei empörend. Die Taschenlampe gehöre ihm, aber er habe sie nicht in den Kofferraum seines Autos gelegt und könne sich auch nicht erinnern, wie sie dorthin gelangt sei.

Gelegentlich wurde er emotional, vor allem wenn er über Mickey sprach, aber während der ersten Befragung durch seine Anwälte schlug er sich wacker.

Im Kreuzverhör überzog Robert Lewellen ihn dann mit einer endlosen Salve von Anschuldigungen, die Joe als Lügner darstellten. Joe ließ sich nicht einschüchtern und blieb dabei, er habe sein Hotelzimmer in der betreffenden Nacht nie verlassen. »Ich weiß nichts, ich weiß nichts, ich verstehe das alles überhaupt nicht«, sagte er immer wieder. Als Lewellen nicht von ihm abließ, brach Joe in Tränen aus. »Ich habe Mickey nicht getötet, und ich weiß nicht, wer es getan hat!«, wiederholte er ständig.

Lewellen hatte das letzte Wort, und so war das Letzte, was die Geschworenen hörten, sein lautstarkes, wütendes Plädoyer. »Mickey ist in der betreffenden Nacht nicht ins Bett gegangen, ohne die Haustür abzuschließen«, behauptete er zum Schluss. »Sie hat die Tür abgeschlossen, und ein Mann mit einem Schlüssel ist ins Haus gekommen und hat nach dem Gemetzel im Schlafzimmer alles sauber gemacht, seine Kleidung gewechselt, das Bad geputzt, seine Kleidung in eine Tasche gestopft und das Haus durch die Vordertür verlassen. Dann ist er direkt zurückgefahren und pfeifend durch den Haupteingang ins Hyatt marschiert.«

Die Geschworenen berieten nur vier Stunden lang, bevor sie Joe des Mordes für schuldig befanden. Er wurde zu einer Freiheitsstrafe von neunundneunzig Jahren verurteilt. Eine Woche später wurde er auf den Rücksitz eines Streifenwagens verfrachtet und in das zweihundertfünfzig Kilometer entfernte Huntsville gefahren, wo sich die fleißig genutzte Todeskammer des Bundesstaates befand. Das Gefängnis sah mit seinen hohen Backsteinwänden und den Wachtürmen aus wie eine mittelalterliche Festung.

Der erste Blick darauf war für Joe ein Schock, aber zu diesem Zeitpunkt nahm er diesen weiteren Angriff auf die Wahrheit und seine Freiheit kaum noch wahr. Merkwürdigerweise hatte er keine Angst. Er wusste, dass Gott ihn schützen würde.

Im April 1986 war Joe Bryan im Alter von sechsundvierzig Jahren in die Mühlen des texanischen Strafvollzugs geraten, denen er erst nach vierunddreißig Jahren entkommen sollte.

Ein Gefängnis ist ein furchtbarer Ort, selbst für diejenigen, die es verdient haben. Für Unschuldige ist es die Fortsetzung eines unerträglichen Albtraums. Für Joe war es das Endspiel, die letzte Station, der Ort, den er nie wieder verlassen würde. Nachdem er den Menschen, den er liebte, verloren hatte, von Ermittlern, die sich nicht mit lästigen Details aufhielten, fälschlicherweise beschuldigt, von einem korrupten System zu Unrecht verurteilt und in eine Hölle verbannt worden war, wo er bis zu seinem Lebensende bleiben sollte, versank er in eine finstere, endlose Depression. In seinen ersten Tagen und Nächten in Huntsville nahm er seine Umgebung kaum wahr und zog sich in sich selbst zurück. Er fühlte sich wie ein Untoter, der sich schlafwandlerisch durch die tägliche Routine quälte, während er sich einzureden versuchte, dass dieser Albtraum auf wundersame Weise ein Ende finden würde. Die Einsamkeit war quälend. Zweimal wurde er sexuell belästigt, aber er wehrte sich und wurde schließlich in Ruhe gelassen.

Seine Zelle maß eineinhalb auf drei Meter, was schon für eine Person allein knapp war, aber Joe hatte einen Zellengenossen, der bereits länger da war und deshalb Anspruch auf das untere Stockbett erhob. Körperkontakt zu vermeiden erforderte Geschicklichkeit und Geduld. Wenn einer von beiden die Toilette benutzen musste, tat der andere, als wäre er nicht da.

Bald war eine Woche vergangen, dann noch eine. Dann ein Monat. Langsam fand sich Joe mit dem Gefängnisleben und der Routine ab, die seinen Tagesablauf bestimmte. Praktisch jeder Aspekt seines Lebens wurde von anderen diktiert: aufwachen, essen, zweimal wöchentlich duschen, arbeiten, Sport treiben, Besuch von Familie und Anwälten. In seiner knappen Freizeit spielte er bei den Gottesdiensten in der Kapelle Klavier, unterrichtete andere Gefangene, die ihren Schulabschluss nachholen wollten, gab Beamten, die College-Kurse belegt hatten, Nachhilfe und las mindestens zwei Bücher pro Woche.

Seine Anwälte zeigten sich optimistisch, was seine Chancen im Berufungsverfahren anging, obwohl sie aus erster Hand wussten, wie unerbittlich die Berufungsgerichte in Texas in Strafverfahren vorgingen. Joe durchlebte sein Verfahren immer wieder, las und studierte sämtliche Unterlagen – die von seinen Anwälten eingereichten Schriftsätze, die Verhandlungsprotokolle, die gestellten Anträge und die Entscheidungen des Gerichts.

Er besprach sich mit seinen Anwälten, so oft sie es nach Huntsville schafften. In ihren Schriftsätzen gaben sie sich alle Mühe, die Schwächen der Anklage und die wissenschaftlichen Mängel von Thormans Arbeit hervorzuheben. Vor allem gebe es schlicht keinen Grund, Joe, den Ehemann, zu verdächtigen.

Wilies großspuriger Auftritt als Zeuge war auch dem Berufungsgericht ein Dorn im Auge. Den Geschworenen gegenüber zu behaupten, Mickey sei für Joe tot dreihunderttausend Dollar wert, war schlicht und einfach falsch. Die tatsächliche Versicherungssumme war vielleicht halb so hoch, aber eine solche Aussage war unabhängig vom Betrag schädlich.

Zwei Jahre nach der Verhandlung wurde Joes Verurteilung aufgehoben. Er war in Hochstimmung und glaubte – für einen Augenblick –, jetzt werde das Unrecht aufgeklärt. Die Staatsanwaltschaft erhob jedoch sehr schnell erneut Anklage und setzte eine zweite Verhandlung an.

Es war eine Wiederholung der ersten Verhandlung, mit denselben Staatsanwälten und Zeugen.

Robert Thorman war sich seiner Erkenntnisse jetzt noch sicherer und überschritt die Grenzen seiner Kompetenz auch diesmal. Der einzige wichtige Unterschied war die fehlende Unterstützung von Joes Freunden. Nur einige wenige erboten sich, für ihn auszusagen. Die anderen hatten ihn abgeschrieben.

Im Juli 1988 wurde Joe des Mordes für schuldig befunden und erneut zu einer Freiheitsstrafe von neunundneunzig Jahren verurteilt.

Je beliebter die Blutspurenmusteranalyse in den 1980er- und 1990er-Jahren wurde, desto heftiger wurde auch die Kritik daran. Die Verteidiger attackierten sie unablässig als Pseudowissenschaft. Wissenschaftlich ausgebildete Sachverständige nahmen sich der Methode an und fanden eine Unzahl von Fehlerquellen. Mehrere aufsehenerregende Fälle weckten ernsthafte Zweifel an ihrer Zuverlässigkeit.

Vielleicht der ungeheuerlichste Fall war der von David Camm, einem State Trooper aus Indiana, der dreizehn Jahre für ein abscheuliches Verbrechen hinter Gittern saß, mit dem er nichts zu tun hatte. An einem Frühlingsabend im März 2000 spielte Camm mit Freunden Basketball und fuhr nach dem Ende des Spiels nach Hause. In seiner Garage fand er ein unbeschreibliches Blutbad vor – seine Frau und seine beiden Kinder waren erschossen worden. Obwohl er kein Motiv hatte und trotz der Aussage zahlreicher Zeugen, die bestätigten, dass Camm bei dem Basketballspiel war und damit ein Alibi hatte, waren die Vertreter des Staates überzeugt, dass er der Mörder war. Sie fanden acht Blutflecken auf seinem T-Shirt und trieben Experten auf, die aussagten, es handle sich um *»high-velocity impact spatter«*, also durch hohe Auftreffgeschwindigkeiten entstandene Spuren. Mit anderen Worten, das T-Shirt sei vor Ort gewesen, als die Morde verübt wurden. Camms Anwälte boten Experten auf, die dem energisch widersprachen und aussagten, bei den acht Flecken handle es sich um Transferspuren oder Blutflecken, die bei Camms verzweifelten Versuchen, Hilfe zu leisten, entstanden seien. Er wurde vor Gericht gestellt, für schuldig befunden, legte Berufung ein, erreichte eine Aufhebung des Urteils, wurde noch einmal vor Gericht gestellt, abermals für schuldig befunden, legte erneut Rechtsmittel ein, erreichte wieder eine Aufhebung des Urteils und landete zum dritten Mal vor Gericht. Am Ende seines dritten Verfahrens, dreizehn Jahre nach seiner Verhaftung, wurde er schließlich freigesprochen und aus dem Gefängnis entlassen. Ein vorbestrafter Einbrecher, dessen DNA mit dem am Tatort erhobenen Beweismaterial übereinstimmte, wurde verurteilt.

Es folgten weitere aufsehenerregende Fehlurteile. Die Blutspurenanalyse war daher höchst umstritten, wie auch andere fragwürdige forensische Methoden, die auf der Interpretation von Haaranalysen, Abgleichen von Schuhabdrücken und Bissspuren oder angeblichen Hinweisen auf Brandstiftung beruhten. Landesweit traten in Strafverfahren unzählige nicht qualifizierte Sachverständige auf, die für ihre unwissenschaftlichen Aussagen von den Staatsanwälten großzügig bezahlt wurden. Mit der Zeit gerieten viele der Fehlurteile ins Wanken, was der unermüdlichen Arbeit von Verteidigern und Gruppen, die sich für die Aufklärung von Justizirrtümern einsetzten, und den zunehmend üblichen und immer genaueren DNA-Tests zu verdanken war.

2009 veröffentlichte die National Academy of Sciences (NAS) einen ausführlichen Bericht, der die Strafjustiz in ihren Grundfesten erschütterte. Als Reaktion auf eine Flut von Beschwerden von Verteidigern, Rechtswissenschaftlern und Forensikern wie auch auf die wachsende Zahl sensationeller Fälle, in denen Unschuldige aufgrund von DNA-Beweisen entlastet wurden, unterzog die NAS die Fachgebiete der Forensik einer eingehenden Prüfung. Das Ergebnis war verstörend.

Viel von dem, was als Sachverständigengutachten durchging, war in hohem Maße spekulativ und entbehrte jeder wissenschaftlichen Grundlage. Was die Analyse von Blutspurenmustern anging, sprach der Bericht eine Reihe kritischer Warnungen aus und endete mit den Worten: »Die Unsicherheiten in Verbindung mit der Analyse von Blutspurenmustern sind enorm.«

Joes Anwälte im Rechtsmittelverfahren, Walter Reaves und Jessica Freud, reichten bei einem Bundesgericht Haftprüfungsklage ein. Um damit Erfolg zu haben, brauchten sie neue Beweise seiner Unschuld. Sie brachten das Gericht dazu, DNA-Tests des Zigarettenstummels und der Linse der Taschenlampe zuzulassen. Beides war vergeblich – es erwies sich in beiden Fällen als unmöglich, ein DNA-Profil zu bestimmen. Ein Test kam jedoch zu einem verblüffenden Ergebnis: Es gab keinen Beweis dafür, dass es sich bei dem »Blut« auf der Linse tatsächlich um Blut handelte.

2017 überraschten Joes Anwälte bei einem Gerichtstermin, in dem über ein neues Verfahren entschieden werden sollte, den Saal mit einer beeideten Erklärung von Robert Thorman, der mittlerweile im Ruhestand war. »Meine Schlussfolgerungen waren falsch«, schrieb Thorman. »Einige der Techniken und Methoden waren nicht richtig. Daher war auch ein Teil meiner Aussage unzutreffend.« Aber er schloss mit den Worten: »Ich habe weder in meinem Bericht noch in meiner Aussage in irgendeiner

Weise gelogen, weil ich so gehandelt habe, wie ich es aufgrund meiner damaligen Ausbildung für richtig gehalten habe.«

Im selben Termin sagte ein DNA-Experte vom kriminaltechnischen Labor des Bundesstaates Texas aus, er habe sechs winzige Flecken auf der Linse der Taschenlampe getestet. Bei fünf davon sei der Test auf Blut negativ gewesen. Beim sechsten Fleck sei der Test auf Blut positiv ausgefallen, aber es habe nicht ermittelt werden können, um wessen Blut es sich handelte. Vom Griff der Taschenlampe seien DNA-Proben genommen worden. Joe und Mickey kämen beide als Verursacher nicht infrage.

Walter Reaves und Jessica Freud entkräfteten damit die Anklage gegen Joe.

Trotzdem wurde sein Antrag auf ein neues Verfahren abgelehnt.

Wie auch seine Anträge, die restliche Strafe zur Bewährung auszusetzen. Obwohl er sich im Gefängnis tadellos geführt hatte – kein Fehlverhalten, keine Verwarnungen, nur beste Beurteilungen von den Wärtern, ihren Vorgesetzten und seinen Mitgefangenen –, wurde Joes Antrag auf Bewährung siebenmal abgelehnt.

Bis März 2021 hatte Joe eine kongestive Herzinsuffizienz entwickelt und war gesundheitlich angegriffen. Außerdem waren die Gefängnisbehörden angesichts der Corona-Epidemie nervös. Aus Gründen, die nie erklärt wurden, hob der Bewährungsausschuss seine eigene Entscheidung auf und ließ Joe frei.

Er wurde von seiner Familie aufgenommen und zog zu seinem älteren Bruder nach Houston.

Wer hat Mickey Bryan getötet? Angesichts der unglaublichen Schlamperei bei den Ermittlungen werden wir die Wahrheit nie erfahren. Nachdem die Ermittler entschieden hatten, Joe sei schwul und daher des Mordes fähig und auch gewillt, seine Frau zu töten, um sie zum Schweigen zu bringen und außerdem ihre Lebensversicherung zu kassieren, nahmen sie ihn eine Woche nach dem Mord fest. Diese völlig einseitige Sichtweise hielt sie davon ab, nach anderen Verdächtigen zu suchen. Sie hatten ihren Mann.

Statt anderen Verdachtsmomenten nachzugehen, suchten sie angestrengt nach Hinweisen auf Joes verderbtes geheimes Leben. Sie fanden nichts. Der wahre Mörder blieb auf freiem Fuß.

Hätten sie sich die Mühe gemacht, genauer hinzusehen, hätten sie den Mörder vielleicht in ihrer Mitte gefunden. Es gab deutliche Hinweise auf einen verbrecherischen Beamten namens Dennis Dunlap, der bei der Polizei in Clifton arbeitete.

Die siebzehnjährige Judy Whitley war vier Monate vor dem Mord an Mickey vergewaltigt und getötet worden. Ihre nackte, gefesselte Leiche war rund einen Kilometer vom Haus der Bryans aufgefunden worden. Joe Wilie hatte auch diese Ermittlungen geleitet, die bisher ergebnislos geblieben waren. Der Druck, unter dem Wilie aufgrund des ersten Mordfalls stand, könnte ein Grund dafür gewesen sein, dass er den zweiten besonders schnell »aufklären« wollte.

Dennis Dunlap, der als Polizist in mehreren Kleinstädten gearbeitet hatte, lebte ziellos in den Tag hinein und verlor immer wieder seine Arbeit. Er war mehrfach Frauen gegenüber gewalttätig geworden und dafür bekannt, dass er sie im Dienst schikanierte und stalkte. Obwohl er kein Mordermittler war und nichts mit dem Whitley-Mord zu tun hatte, überraschte er seine Kollegen durch sein umfangreiches Wissen über den Fall. Er konnte sogar beschreiben, wie das Opfer erstickt war. Er geriet vorübergehend in Verdacht. Als er jedoch überraschend kündigte und Clifton verließ, verloren die Ermittler das Interesse an ihm. Die Beweismittel in der Sache wurden archiviert und verschwanden ebenfalls. Allerdings war bekannt, dass Dunlap regelmäßig nach Clifton zurückkehrte.

Joe Bryan hatte immer vermutet, dass die Polizei von Clifton Dunlap aufgefordert hatte, die Stadt zu verlassen, um Peinlichkeiten zu vermeiden. Sobald er weg war, wurden die Ermittlungen gegen ihn eingestellt.

1996 – Dunlap arbeitete als Hausmeister in Rosenberg, Texas – rief seine Freundin die Polizei, die ihn in der Garage fand, wo er sich mit einem Strick erhängt hatte. Er hinterließ keinen Abschiedsbrief, hatte aber kurz vor seinem Tod seiner Freundin gestanden, Judy Whitley getötet zu haben. Seiner Exfrau (nicht seiner Freundin) gegenüber hatte er damit geprahlt, mit Mickey eine Affäre gehabt und in der Nacht, in der sie ermordet wurde, bei ihr gewesen zu sein.

Als die Polizei Dunlaps persönlichen Besitz durchsuchte, fand sie Briefe und Zeitungsausschnitte, die auf die Morde in Clifton hinwiesen. Der dortige neue Polizeichef befasste sich erneut mit dem Whitley-Fall und befragte Dunlaps frühere Kollegen. Sie erinnerten sich an sein detailliertes Wissen über einige besonders abscheuliche Aspekte der Vergewaltigung und des Mordes. Im Juni 1999, vierzehn Jahre nach dem Mord, erklärte die Polizei von Clifton den Mord für aufgeklärt. DUNLAP OFFIZIELL ALS MÖRDER VON JUDY WHITLEY GENANNT lautete die Schlagzeile in der Lokalzeitung.

Für Mickey Bryan und ihren Ehemann sollte es keine Gerechtigkeit geben. Die Polizei hat die Ermittlungen nicht wieder aufgenommen, weil Joe immer noch rechtskräftig verurteilt ist.

1. Mai 2024. Joe lebt bei seinem älteren Bruder in Houston und steht nach wie vor unter Bewährung. Um nach Clifton und Bosque County zu reisen, benötigt er eine schriftliche Genehmigung seines

Bewährungshelfers. Er kann sich in Texas frei bewegen, mit Ausnahme von Bosque County. Die Genehmigung ist erteilt, und Joe hat die Unterlagen in seinem Auto.

Er war seit fünfunddreißig Jahren nicht an Mickeys Grab. Sie liegt auf einem alten Friedhof in einem abgelegenen Teil des Countys begraben, ganz in der Nähe des Grundstücks, das seit Jahrzehnten ihrer Familie gehört. Der Friedhof ist verwahrlost und ungepflegt, und als er durch das Unkraut zwischen den alten Grabsteinen stapft, murmelt er vor sich hin: »Das hätte Mickey nicht gefallen.«

Er findet ihr Grab, geht ein paar Schritte näher, bleibt stehen und fängt an zu weinen, als ihn die Erinnerung übermannt. Das Gefühl des Verlusts ist überwältigend: seine große Liebe und beste Freundin, all die Jahre im Gefängnis, sein geliebter Beruf, seine Freunde. Er hat alles verloren.

Was ihm bleibt, ist sein christlicher Glaube. Er betet immer noch jeden Tag und liest in der Bibel, wie im Gefängnis. Als typischer Lehrer leitet er Bibelkreise, wie im Gefängnis. Er begleitet sogar den Chor auf dem Klavier, wenn er darum gebeten wird, wie im Gefängnis. Er hat die Hölle hinter Gittern überlebt, weil er Kraft aus seinem Glauben geschöpft hat. Er hat darauf vertraut, dass Gott ihn beschützt, und so war es.

Joe hat denen, die für seine Verfolgung verantwortlich waren, längst vergeben. Er kann Menschen wie Joe Wilie, Ron Brennand und Robert Thorman nie vergessen, aber er hat ihnen vergeben.

Den Blick auf Mickeys Namen auf dem Grabstein gerichtet, trocknet er sich die Augen, schüttelt den Kopf und stellt leise die Fragen, mit denen er seit fast vierzig Jahren lebt: »Wer um alles in der Welt hätte Mickey etwas antun können? Und warum?«

JIM McCLOSKEY

IM WUNDERLAND

Das Städtchen New Iberia liegt inmitten von Zuckerrohrfeldern an einem Bayou im südlichen Louisiana unweit des Golfs von Mexiko. Die erste Siedlung geht auf französischsprachige Einwanderer zurück, die im 18. Jahrhundert von den Briten aus Nova Scotia vertrieben worden waren und später als Cajuns bezeichnet wurden. Heute hat die Stadt rund dreißigtausend Einwohner, von denen rund die Hälfte schwarz und die andere weiß ist. Sie ist Verwaltungssitz von Iberia Parish, wobei »Parish« die in Louisiana übliche Bezeichnung für County ist. New Iberia ist die Heimat des bekannten Schriftstellers James Lee Burke und seines fiktiven Mordermittlers Dave Robicheaux, der für das Büro des Sheriffs von Iberia Parish arbeitet. Die Stadt ist stolz darauf, dass Avery Island, die Heimat der Tabascosauce, ganz in der Nähe liegt.

Am 30. März 1976 wurde Louis Gladu im ländlich geprägten Umland von New Iberia kurz vor drei Uhr nachmittags bei einem Raubüberfall ermordet, während er wie jeden Tag im Hasty Mart, seinem rund um die Uhr geöffneten Supermarkt, seiner Arbeit nachging. Katherine Eldridge, eine Kundin, die mit ihren beiden Kindern, von denen das eine fünf Jahre alt, das andere noch ein Baby war, Limonade kaufen wollte, fand ihn in einer Blutlache liegend auf. Obwohl sie kurz vor einem Nervenzusammenbruch stand, gelang es ihr, vom Münzfernsprecher des Ladens aus das Büro des Sheriffs zu informieren.

Kurz darauf wimmelte es im Geschäft nur so von Polizei. Unter den zwölf Ermittlern und forensischen Kriminaltechnikern vom Büro des Sheriffs war auch Gerald Wattigny höchstpersönlich, seit über zwanzig Jahren Sheriff von Iberia Parish. Geleitet wurde die Untersuchung von Captain Horace Comeaux, dem Chefermittler im Büro des Sheriffs. Es war eine große Sache. Der völlig sinn- und grundlose Mord erschütterte die kleine Gemeinde. Gladu, ein zweiundsechzigjähriger Weißer, hatte eine fünf Zentimeter lange Verletzung oberhalb der rechten Schläfe erlitten und war daraufhin zu Boden gegangen. Dann war mit einem Clerke-Revolver Kaliber .32 zweimal aus nächster Nähe auf ihn geschossen worden, einmal ins Herz und einmal in die Nase. Er war sofort tot gewesen.

Die Schublade der Registrierkasse stand offen, zweihundert Dollar waren gestohlen worden. In der Eile hatten der oder die Mörder die tausendeinhundert Dollar in Gladus Brieftasche und noch einmal sechshundertfünfundneunzig Dollar in Papiertüten ganz in der Nähe übersehen. Zigarettenschachteln, die auf der Theke neben der Kasse ausgelegt gewesen waren, waren auf dem Boden verstreut. Gladus Brille lag drei Meter von seiner Leiche entfernt. Fünfundsiebzig Meter weiter wurden auf der anderen Seite der Straße in einer geschotterten Einfahrt frische Reifenspuren gefunden. Die Polizei fertigte Gipsabdrücke davon an.

Auf ihrem Weg zum Hasty Mart war Eldrige, wie sie der Polizei berichtete, an einem hellblauen Auto vorbeigekommen, das aus dieser Einfahrt auf die Sugar Mill Road einbiegen wollte, die Landstraße, auf der sie unterwegs war. Als sie auf den Parkplatz des Geschäfts abgebogen war, fuhr genau dieses Auto mit hoher Geschwindigkeit vorbei. Die neunzehnjährige, schwangere

Ellen Abney lebte in einem Wohntrailer an der Einfahrt. Kurz vor fünfzehn Uhr wurde sie vom Bellen ihres Hundes aus ihrem Nickerchen geweckt und sah, wie sie glaubte, ein viertüriges dunkelblaues Auto mit vier schwarzen Männern, das am Ende der Einfahrt wendete und auf dem Weg zurück zur Straße an ihrem Trailer vorbeikam.

Captain Comeaux ließ alle Einheiten nach einem hellblauen viertürigen Fahrzeug älteren Baujahrs mit vier schwarzen Männern fahnden.

Sechs Tage lang blieb die Suche nach den Verdächtigen erfolglos. Da Sheriff Wattigny Comeaux drängte, endlich jemanden festzunehmen, sprang Deputy Sheriff Eddie Moore, der einzige schwarze Beamte, dem leitenden Ermittler bei. Moore nannte sich selbst »Shaft«, nach dem weltmännischen, erfolgreichen schwarzen Ermittler der gleichnamigen Filmreihe. Um diesem Image gerecht zu werden, trug Moore grundsätzlich drei Waffen: eine unter der Achsel, eine an der Hüfte und eine am Knöchel. Seinen Vorgesetzten beeindruckte er damit, dass er am 5. April Mary Arceneaux präsentierte, eine schwarze Berufsverbrecherin, die behauptete, mehr über den Hasty-Mart-Mord zu wissen.

Mary war fünfunddreißig und hatte ein umfangreiches Vorstrafenregister. 1973 hatte sie sich der Ausstellung ungedeckter Schecks in zwölf Fällen schuldig bekannt. Sie war zu einer Freiheitsstrafe von vier Monaten verurteilt worden, die für zwei Jahre zur Bewährung ausgesetzt worden war. Im Mai 1974 wurde sie wegen Fälschung in neun weiteren Fällen und der Ausstellung ungedeckter Schecks in sieben weiteren Fällen angeklagt. Sie bekannte sich der Fälschung in einem Fall und der Ausstellung ungedeckter Schecks in allen sieben Fällen schuldig. Das Gericht verurteilte sie zu achtzehn Monaten wegen Fälschung und noch einmal zweiundvierzig Monaten wegen der Schecksache. Letztere wurden jedoch in eine Bewährungsstrafe umgewandelt, unter der Bedingung, dass sie sich im Anschluss an die Verbüßung der achtzehnmonatigen Freiheitsstrafe zwei Jahre lang an die Bewährungsauflagen hielt. Der Richter wies im Urteil darauf hin, dass ihre »ausgeprägte Neigung … sich auf unrechtmäßige Weise Geld zu verschaffen, auf ihre Verbindung zu Drogenhändlern zurückzuführen« sei.

Nach Marys Entlassung aus dem Gefängnis im Jahr 1975 begann die zweijährige Bewährungszeit mit den entsprechenden Meldeauflagen. Sie versuchte, sich im Januar 1976 abzusetzen, wurde aber letztendlich durch einen Bekannten von Deputy Moore ausfindig gemacht. Mit ihrem Verhalten hatte sie sich in eine heikle Lage gebracht. Ihr drohte nun die Verbüßung der zweiundvierzigmonatigen Freiheitsstrafe, die das Gericht ursprünglich zur Bewährung ausgesetzt hatte. Als sie am 5. April 1976 Captain Comeaux begegnete, hoffte sie, dass er die Vorwürfe gegen sie aus der Welt schaffen und sie vor dem Gefängnis bewahren würde, wenn sie ihm half, das Hasty-Mart-Verbrechen aufzuklären.

Comeaux befragte Mary über den Mord, nachdem sie zunächst von Deputy Moore und Deputy Chief Jim Desormeaux vorbereitet und über die Umstände des Mordes informiert worden war. Comeaux gegenüber behauptete sie, am 29. März, dem Abend vor dem Hasty-Mart-Raubüberfall, habe ein Mann namens Harold, mit dem sie vierzehn Monate lang eine Beziehung gehabt habe, sie in ihrer Wohnung in St. Martinville abgeholt, fünfzehn Kilometer nördlich von New Iberia. Zwei ihr unbekannte Männer hätten ebenfalls in seinem Auto gesessen. Einer sei ihr als Vinny vorgestellt worden, den Namen des anderen kenne sie nicht. Harold sei mit ihnen nach New Iberia gefahren. Während der Fahrt hätten die drei Männer davon gesprochen, »einen Laden zu überfallen, den Kerl umzubringen und fünf Menschen zu töten«. Sie sagte, das Fahrzeug sei ein blauer, »nicht besonders alter« und »nicht zu dunkler« viertüriger Chevrolet gewesen. Nach einer Weile habe Harold sie nach Hause zurückgebracht.

Am nächsten Tag habe Harold sie zusammen mit denselben beiden Männern abgeholt. Nach der Zeit gefragt, sagte sie »gegen Abend«. Comeaux gab ihr deutlich zu verstehen, dass ihm diese Antwort nicht gefiel (es wäre nach dem Mord gewesen), es müsse vielmehr »gegen zwölf Uhr« gewesen sein. Sie sprang sofort darauf an und stimmte hastig zu, es sei »gegen Mittag« gewesen. Nachdem sie eine Weile herumgefahren seien, habe Harold den Wagen in einer geschotterten Einfahrt, fünfundsiebzig Meter vom Hasty Mart entfernt auf der anderen Seite der Landstraße, abgestellt. Trotz ihrer extremen Fettleibigkeit, die ihr jede Bewegung erschwerte, habe sie mit den Männern hineingehen wollen, sei aber angewiesen worden, im Auto zu bleiben.

Vinny und Harold seien »voller Blut« zurück zum Auto gekommen, der unbekannte Dritte sei auf geheimnisvolle Weise verschwunden. Vinny habe sich bei Harold beschwert, dass er keine Gelegenheit gehabt habe, auch auf das Opfer zu schießen. Obwohl sie vom Auto aus freie Sicht auf den Laden hatte, sagte Mary, sie habe den dritten Mann nicht weglaufen sehen.

Sie habe den anderen vorgeschlagen, alle drei sollten zum Grundstück ihres verstorbenen Großvaters auf Cypress Island fahren, wo Harold die Waffe und das blutige T-Shirt vergraben könne.

Während der Befragung wurde Mary ein Buch mit Verbrecherfotos gezeigt, anhand deren sie David Alexander als Harold identifizierte. Comeaux stellte wenig später fest, dass Alexander von keinem, der ihn kannte, Harold genannt wurde. Er war allgemein als »Bro« oder »Cool Bro« bekannt. Obwohl sie angeblich über ein Jahr lang eine Beziehung mit ihm gehabt hatte, wusste Arceneaux nicht, wo Alexander wohnte, und konnte keinen seiner Bekannten nennen.

Als ihr während der Befragung eine Fotoauswahl vorgelegt wurde, wollte sie auf Bild Nr. 3 den dritten Mann erkannt haben, der mit Harold und Vinny in das Geschäft gegangen war. Laut Foto hieß er Sammy Derouen. Wenige Minuten später wollte Comeaux mehr über Derouen wissen, und sie behauptete plötzlich, er sei in St. Martinville geblieben und gar nicht mitgekommen, ein anderer Mann sei an dem Raubüberfall beteiligt gewesen und dann verschwunden.

Dann erzählte sie Comeaux, sie könne ihm zeigen, wo Alexander die Beweismittel auf Cypress Island vergraben habe. Mit Lampen und Schaufeln ausgerüstet, fuhren Comeaux und vier weitere Deputys zu der im Norden der Stadt gelegenen Insel und gruben dort, wo Mary es ihnen zeigte. Sie fanden nichts.

Gegen elf Uhr abends kam Comeaux von Cypress Island zurück, machte jedoch noch lange nicht Feierabend. Irrtümlich hatten die Beamten Herbert Derouen zur Befragung mitgenommen statt seinen Bruder Sammy, den Mary als den Dritten in Harolds Auto identifiziert hatte. Als die Polizeibeamten merkten, dass sie den falschen Bruder erwischt hatten, holten sie Sammy und zeigten ihn Mary. Jetzt bestand sie aber darauf, dass tatsächlich Herbert Derouen der dritte Mann im Auto gewesen war, nicht Sammy.

Obwohl Marys sich ständig ändernden Schilderungen zufolge Herbert Derouen irgendwann in St. Martinville zurückgeblieben war, befragte Comeaux ihn in dieser Nacht viele Stunden lang, während Deputy Moore und Steve Woodring sowie Mary den gesamten Vorgang hinter einem Einwegspiegel verfolgten. Mehrere

Stunden lang erklärte Derouen beharrlich, er sei unschuldig und wisse nichts über das Hasty-Mart-Verbrechen. Comeaux zitierte immer wieder Marys Schilderung des Tathergangs, um Derouen zu einem Geständnis zu bewegen. Frustriert darüber, dass er die Vorwürfe hartnäckig abstritt, schlug Comeaux ihm einmal hart ins Gesicht. Trotzdem wollte Derouen einfach nicht gestehen. Schließlich setzte Deputy Chief Desormeaux die Befragung in seinem Büro allein mit Derouen fort. Bis zum heutigen Tag weiß niemand, wie er es zustande gebracht hatte, aber um 4.30 Uhr hatte er Herbert Derouen ein mündliches Geständnis abgerungen, das bereits um 8.45 Uhr am selben Morgen schriftlich festgehalten und abgetippt war. Derouen war zwanzig Jahre alt und hatte keinerlei Vorstrafen. Seit er zwölf geworden war, lebte er bei seiner Großmutter. Er war nur ein Jahr zur Grundschule gegangen, hatte einen IQ von einundsechzig, war Analphabet und konnte die Uhr nicht lesen. Er arbeitete in Teilzeit für einen Freund der Familie als Schreinergehilfe.

Obwohl sich die Polizei große Mühe gab, Derouens Geschichte an die von Mary anzupassen, gab es mehrere Abweichungen. Im Unterschied zu Mary behauptete er, ein zweites Fahrzeug sei an dem Verbrechen beteiligt gewesen. Nicht irgendein Auto, sondern ein kaum zu übersehendes Taxi. Während Mary sagte, Derouen sei in St. Martinville geblieben, behauptete Derouen, er und ein Mann namens Ronnie Miller seien mit einem dritten Mann, dessen Namen er nicht kannte und den er nur »Pickelgesicht« nannte, weil er Pickel im Gesicht und am Hals hatte, in Millers Taxi zum Hasty Mart gefahren. Angeblich war Miller dem von David Alexander gefahrenen Auto zum Hasty Mart gefolgt. Er habe vor dem Geschäft geparkt, Alexander auf der anderen Straßenseite. Derouen zufolge hatte Alexander zwei Personen bei sich im Auto – die »dicke Lady« (Mary) und einen anderen

Mann, dessen Namen er nicht kenne. Den dritten Mann, der Mary zufolge in Alexanders Auto mitgefahren war, erwähnte er nicht.

Derouen sagte, Alexander sei mit drei Komplizen in das Geschäft gegangen – mit Ronnie Miller, Pickelgesicht und einem Mann aus Alexanders Auto, den er nicht kenne. Er selbst habe draußen vor der Eingangstür gewartet. Durch das Fenster habe er gesehen, wie Alexander eine Pistole gezogen und den Inhaber des Geschäfts erschossen habe. Derouen sei in Panik geraten und weggelaufen, aber Pickelgesicht habe ihn eingeholt, ein Messer gezogen und ihn gezwungen, zurück zu Millers Taxi zu gehen. Dann seien beide Gruppen nach St. Martinville zurückgefahren. Kurz darauf habe Miller Derouen nach Hause gebracht.

Obwohl in Marys Geschichte kein zweites Auto vorkam, nahm Deputy Woodring Ronald Miller, den mutmaßlichen Fahrer des angeblichen zweiten Autos, um 4.40 Uhr am Morgen des 6. April fest. Miller war fassungslos, dass er wegen Mordes und bewaffneten Raubes festgenommen wurde, und beteuerte immer wieder seine Unschuld. Seine Aussage wurde nicht zu Protokoll genommen. Der dreißigjährige Taxifahrer der Williams Cab Company in New Iberia hatte einen College-Abschluss und keine Vorstrafen. Er besaß einen weißen Plymouth, den er in den vergangenen drei Jahren in Vollzeit auf eigene Rechnung gefahren hatte. Wie von der städtischen Verordnung für alle »Mietfahrzeuge« vorgeschrieben, stand auf beiden Vordertüren deutlich sichtbar WILLIAMS TAXI CO. mit Telefonnummer und Zulassungsnummer der Firma. Es schien kaum die Art von Fahrzeug, die ein Verbrecher für einen bewaffneten Raubüberfall und Mord verwenden und am helllichten Tag vor dem Tatort parken würde.

Deputy Moore und Deputy Woodring nahmen außerdem am selben Tag um 2.23 Uhr morgens den sechsundzwanzigjährigen

David Alexander in seiner Wohnung fest. 1967 gehörte er zu den beiden ersten Schwarzen, die einen Abschluss der Catholic High in New Iberia erwarben. Er fuhr einen dunkelblauen Buick und hatte seit der Schule in Vollzeit als Taxifahrer für die Firma seiner Eltern, die Alexander Cab Company, gearbeitet, die mit der Williams Cab Company konkurrierte. 1972 hatte er sich des Besitzes von Marihuana schuldig bekannt, 1974 der schweren Körperverletzung. Damals hatte er einem Betrunkenen eine .22er Pistole vor die Nase gehalten, weil dieser nach einem Streit in einer Bar ihn und seinen jüngeren Bruder bedrohte, während sie in ihrem Auto saßen. Dafür hatte er eine mehrmonatige Haftstrafe verbüßt, während der er als Freigänger arbeitete, und durfte kraft Gesetzes keine Waffe mehr besitzen, woran er sich gewissenhaft hielt. Allerdings war er aufgrund seiner früheren Straftaten in einem Buch mit Verbrecherfotos gelandet und daher in das Visier von Mary mit ihren Anschuldigungen geraten. Um drei Uhr morgens wurde er wegen bewaffneten Raubüberfalls und Mordes in Gewahrsam genommen. Alexander erklärte beharrlich, er habe nicht das Geringste mit den Verbrechen vom Hasty Mart zu tun.

Als der Morgen des 6. April graute – zwölf Stunden, nachdem Comeaux Mary befragt hatte –, waren drei Menschen festgenommen und des bewaffneten Raubüberfalls und des Mordes an Louis Gladu beschuldigt worden. Einer davon war David Alexander, der angeblich das blaue Auto gefahren hatte, während die anderen beiden, Herbert Derouen und Ronnie Miller, mit dem Taxi unterwegs gewesen sein sollen. Drei Verdächtige, deren Identität ungeklärt war, waren offenbar noch auf freiem Fuß: Vinny, der dritte Mann aus Alexanders Auto sowie Pickelgesicht aus dem Taxi.

Comeaux, der die ganze Nacht über im Einsatz gewesen war, war noch nicht fertig. Beim ersten Tageslicht, um 6.45 Uhr, fuhr er mit Mary nach Cypress Island, wo sie weiter nach der Waffe und dem blutigen T-Shirt suchten, die dort vergraben sein sollten. Sie gruben an mehreren Stellen, aber vergeblich. Schließlich gab sie zu, dass das mit dem Versteck auf Cypress Island gelogen war. Um Comeaux zumindest vorübergehend milde zu stimmen, sagte sie, ihr Lebensgefährte Raymond Sam habe die Waffe benutzt, um Gladu zu töten. Aber als Sam sie bei der Polizei zur Rede stellte, gab sie zu, die Beteiligung ihres Lebensgefährten erfunden zu haben.

Mit ihren Lügen und wirren Beschreibungen des Verbrechens hatte sie es sich mit verschiedenen Ermittlern verscherzt, vor allem mit Deputy Steve Woodring. Aber Captain Comeaux leitete die Ermittlungen und war fest entschlossen, den Fall aufzuklären. Obwohl er ein ungutes Gefühl hatte, gab er Mary nicht auf, die schließlich den dritten Mann in Alexanders Auto aufgrund einer zufälligen Begegnung identifizierte. Auf der Rückfahrt von Cypress Island an diesem Morgen fuhren Woodring, Moore und Mary an einer Gruppe schwarzer Männer vorbei, die ins Gespräch vertieft waren. Als Mary sie sah, schien ihr zunächst einer davon ins Auge zu stechen. Aber als sich ein anderer Mann aus der Gruppe löste, wanderte Marys Finger weiter und pickte ihn als einen der Hasty-Mart-Täter heraus. Sein Name war John Nelson Collins. Mary identifizierte ihn als den dritten Mann, der mit ihr, Alexander und Vinny im Fluchtauto gesessen hatte.

Collins wurde sofort festgenommen und ins Gefängnis von Iberia Parish gebracht, wo Comeaux ihm um 10.45 Uhr am 6. April seine Rechte vorlas. Collins war ein fünfundzwanzigjähriger verheirateter Familienvater mit drei Kindern, der noch nie mit dem Gesetz in Konflikt gekommen war. Er war Lkw-Fahrer, konnte aber wegen einer angeborenen Herzkrankheit nur sporadisch arbeiten. Sein Vater, im Jahr vor der Verhaftung des Sohnes verstorben, war unter Sheriff Wattigny zwanzig Jahre lang Deputy Sheriff von Iberia Parish gewesen.

Im Verlauf des Tages erklärte Mary, Dan Tharpe sei ebenfalls beteiligt gewesen, höchstwahrscheinlich als »Vinny«, da sie Collins bereits als den dritten Mann in Alexanders Auto identifiziert hatte. Untermauert wurde ihre Behauptung durch die Tatsache, dass Tharpes Mutter einen hellblauen viertürigen Chevrolet besaß. Tharpe saß wegen der Verbrechen vom Hasty Mart einige Stunden im Gefängnis, bis die Polizei sein Alibi bestätigt hatte. Auf Drängen der Polizei unternahm Mary einen weiteren Versuch. Sie sah sich das Buch mit den Verbrecherfotos erneut an und identifizierte auf einem Foto Harry Granger als den Mann in Alexanders Auto, den sie zunächst Vinny genannt hatte. Woodring und Moore holten Granger am nächsten Morgen ab. Um 15.17 Uhr wurde er wegen Mordes und bewaffneten Raubüberfalls in Gewahrsam genommen.

Bei ihrer Befragung am 5. April antwortete Arceneaux auf die Frage, wie groß Vinny sei, »nicht extrem groß, aber doch ziemlich«. Granger maß eins achtundsechzig, was man beim besten Willen nicht groß nennen konnte, und wog rund fünfzig Kilo. Sein Spitzname war »Joe Willie«. Niemand, der ihn kannte, hatte ihn je »Vinny« genannt. Der zweiundzwanzigjährige Granger hatte die Schule bis zur achten Klasse besucht und arbeitete nur gelegentlich, sodass er noch auf die Unterstützung seiner Familie angewiesen war. 1973 hatte er sich des Diebstahls in einem weniger schweren Fall schuldig bekannt und dafür eine Bewährungsstrafe bekommen. Er hatte eine Tasche vom Rücksitz eines Autos gestohlen. Als er merkte, dass es sich um eine Arzttasche handelte, brachte er sie zurück. Seitdem hatte er sich nichts mehr zuschulden kommen lassen.

Am nächsten Tag, Donnerstag, 8. April, brachten Woodring und Moore noch eine weitere Person, nämlich Rene Jackson, zur Befragung. Wie er in Verdacht geraten war, ist nicht bekannt. Derouen identifizierte ihn als den dritten Mann in Millers Taxi, den er »Pickelgesicht« genannt hatte. Jackson wurde am selben Tag um 12.25 Uhr in Gewahrsam genommen und des Mordes und bewaffneten Raubüberfalls beschuldigt. Wie Derouen war er nicht vorbestraft und konnte weder lesen noch schreiben. Statt einer Unterschrift malte er nur einen Krakel. Bis zu seiner Festnahme im Alter von dreiundzwanzig Jahren hatte er bei seinem verwitweten Vater gelebt, der als Hausmeister arbeitete. Aufgrund seiner mangelhaften Schulbildung und geistigen Behinderung konnte er nicht arbeiten und verließ das Wohnviertel nur, wenn er einmal angeln ging. Sein einziges Fortbewegungsmittel war ein Fahrrad. Er litt unter starker Gesichtsakne, was vielleicht der Grund dafür war, dass Derouen ihn als Pickelgesicht identifizierte.

Einem Bericht zufolge, den ein Ermittler der Staatsanwaltschaft namens O'Neil »Sonny« Tyler erstellte, wurde der Analphabet Jackson Comeaux übergeben und legte schließlich ein »Geständnis« ab. Aus Tylers Bericht geht hervor, dass dieses Geständnis gegenüber dem leitenden Beamten verdächtig detailliert und schlüssig ist, Einzelheiten zu den Verbrechen vom Hasty Mart enthält und alle am Mord von Gladu Beteiligten und deren Rolle dabei nennt, einschließlich seiner eigenen. Sein angebliches Geständnis stimmte genau mit Derouens Schilderung dessen überein, was sich an jenem Tag zugetragen hat.

Tylers Bericht erwähnte jedoch auch eine höchst emotionale Auseinandersetzung zwischen Jacksons Vater (der sofort zum Gefängnis eilte, nachdem sein Sohn festgenommen worden war) und Comeaux, der ihm von Jacksons Geständnis berichtete.

Jacksons Vater verlangte, seinen Sohn sofort zu sehen. In Gegenwart von Comeaux schluchzte Jackson unkontrollierbar und sagte zu seinem Vater: »Ich war das nicht. Ich war das nicht. Sie wollen mir was anhängen.« Als die Deputys Jackson festnahmen, »rasteten« sein Vater und sein Bruder aus und mussten zurückgehalten werden. »Ich weiß, dass Rene das nicht getan hat, und das werde ich mit ins Grab nehmen«, sagte Jacksons Vater zu Comeaux.

Das Verfahren wurde nun Dracos Burke übergeben, einem Cousin des Krimiautors James Lee Burke und leitenden Staatsanwalt für Prozessführung bei der Bezirksstaatsanwaltschaft, die neben Iberia Parish für zwei weitere Parishes zuständig war. Am 10. Mai 1976 wurde von einer Anklagejury gegen die sechs Männer, die allesamt schwarz waren, Anklage wegen Mordes und bewaffneten Raubüberfalls zum Nachteil von Louis Gladu erhoben. David Alexander, Harry Granger und John Collins hatten dabei angeblich in Alexanders dunkelblauem Auto gesessen, Ronald Miller, Herbert Derouen und Rene Jackson in Millers weißem Taxi. Mary wurde ebenfalls angeklagt, ihr und Derouen wurde jedoch Straflosigkeit zugesichert, wenn sie gegen die anderen aussagten. Während Mary auf freien Fuß gesetzt wurde, blieb Derouen in Haft, weil die Beamten, die sich seiner ausgeprägten geistigen Einschränkungen bewusst waren, ihn für die Anklagejury und die Vorbereitung der Verhandlung bei der Hand haben wollten.

Es war eine Sache, dass sich die Ermittler vom Büro des Sheriffs auf Marys und Derouens absurde Geschichten einließen. Aber es war keineswegs sicher, dass ein Mann von Burkes Intelligenz und Erfahrung das auch tun würde. Man stelle sich vor, dass sieben Personen in zwei Autos anfahren, von denen das eine fünfundsiebzig Meter entfernt parkt, das andere, ein weißes Taxi mit Angabe der Firma, der Telefonnummer und der städtischen Zulassungsnummer auf beiden Fahrzeugseiten, vor einem Geschäft. Die drei Insassen dieses weißen Taxis – der dreißigjährige Besitzer des Taxis und seine beiden jungen, geistig behinderten Mitfahrer – mussten zunächst warten, bis die drei männlichen Insassen des anderen Wagens eine Strecke zurückgelegt hatten, die drei Viertel der Länge eines Footballfelds entsprach. Dann begaben sich alle sechs ohne feste Aufgabenverteilung in das Geschäft, um es auszurauben. Man stelle sich vor, dass diese sechs Personen, von denen die meisten unbescholtene Bürger und die einander völlig unbekannt waren, unmaskiert am helllichten Tag in einen kleinen Supermarkt gehen, um ihn auszurauben. Warum hätten die angeblichen Anführer Alexander und Granger fünf andere, von denen zwei geistige Einschränkungen hatten, als Komplizen zu ihrem Raubüberfall mitbringen sollen?

Dracos Burke wusste, dass seine Hauptzeugen zwei unterschiedliche Geschichten erzählt hatten. Mary hatte nur ein Auto erwähnt und gesagt, die drei Männer in diesem Fahrzeug hätten den Laden ausgeraubt. Obwohl sie angeblich aus Alexanders Auto freie Sicht auf den Hasty Mart hatte, wollte sie weder das Taxi noch seine Insassen, noch Jackson gesehen haben, der Derouen verfolgt haben soll. Sie kamen in ihrer Geschichte gar nicht vor. Dagegen waren laut Derouen zwei Autos und sechs Männer an dem Verbrechen beteiligt. Burke war klar, dass weder die Ermittler des Sheriffs noch die der Bezirksstaatsanwaltschaft irgendwelche Beweise oder Zeugen präsentieren konnten, die die Behauptung der Angeklagten widerlegt hätten, dass sie einander nicht kannten und noch nie etwas miteinander zu tun gehabt hatten. Burke wusste auch, dass die Polizei Alexanders Aussage, er habe Mary noch nie gesehen und sei bestimmt nicht vierzehn Monate lang mit ihr zusammen gewesen, nicht widerlegen konnte und keinen Menschen hatte auftreiben können, der Alexander »Harold« oder Granger »Vinny« nannte. Aus unerfindlichen Gründen ließ sich Burke jedoch auf diese Farce ein und leitete die Strafverfolgung gegen alle ein.

Was danach geschah, war unfassbar. Am 1. Juli gestand einer der eigentlichen Hasty-Mart-Mörder, der siebzehnjährige Jerry Paul Francis, aus freien Stücken, dass er und der vierundzwanzigjährige Preston Demouchet das Verbrechen begangen hatten. Es war nur eine in einer langen Serie gemeinsamer, nahezu identischer Straftaten.

Am 10. Mai (demselben Tag, an dem Anklage gegen die sechs Männer erhoben wurde) begingen Demouchet und Francis mitten am Nachmittag einen Raubüberfall auf ein Eisenwarengeschäft in Rayne, sechzig Kilometer nordwestlich von New Iberia. Dabei wurde der vierundsiebzigjährige Curtis Johnson, der allein in dem Laden gearbeitet hatte, erschossen. Am 24. Mai gegen drei Uhr nachmittags überfiel das Duo einen weiteren rund um die Uhr geöffneten Supermarkt im nahen Jeanerette, knapp zwanzig Kilometer südöstlich von New Iberia. Demouchet hielt seine Waffe Kaliber .32 einer der beiden auf dem Boden liegenden Verkäuferinnen an den Kopf. Als ein Auto vorfuhr, ergriffen die Männer mit dem Geld aus der Kasse die Flucht, was den beiden Frauen vermutlich das Leben rettete.

Am 26. Mai gegen Mittag begingen sie in Parks, fünfundzwanzig Kilometer nördlich von New Iberia, den Bankraub, der die Verbrechensserie beendete. Demouchet schoss der einzigen Bankangestellten, der achtundvierzigjährigen Beverly Chauffe, in den Kopf. Sie schwebte sechzehn Monate lang zwischen Leben und Tod, bis sie ihrer Verletzung erlag. Beide Männer wurden von der Überwachungskamera der Bank aufgenommen, wie sie das Gebäude verließen. Bevor Demouchet auf sie schoss, flehte die Bankangestellte um ihr Leben. »Um Gottes willen, bitte tun Sie mir nichts! Es ist doch nur Geld!«

Nachdem sie in der Bank in Parks zehntausend Dollar erbeutet hatten, warfen die beiden Desperados ihre Waffen in einen Abwasserkanal in New Iberia und flüchteten zu Demouchets Schwester in Houston. Das FBI nahm sie zwei Tage später fest, weil Francis' Mutter ihn auf den Aufnahmen der Überwachungskamera, die im Fernsehen gezeigt worden waren, erkannt und gemeldet hatte. Das FBI übergab ihn am 23. Juni den Strafverfolgungsbehörden des Parish in Louisiana. Francis, dem klar war, dass ihn die Polizei am Wickel hatte, legte freiwillig ein detailliertes Geständnis ab und führte die Sheriffs zu dem Kanal, in dem sie die Waffen entsorgt hatten.

Nach einer zweitägigen Suche, bei der unter anderem der Kanal trockengelegt wurde, fand Comeaux beide Waffen und schickte sie zu Tests an das kriminaltechnische Labor. Eine war ein Clerke-Revolver Kaliber .32, den die Ballistik eindeutig als die Waffe identifizierte, mit der Gladu erschossen worden war.

Demouchet war ein abgebrühter Straftäter. 1969, mit achtzehn, hatte er bereits eine Freiheitsstrafe von einem Jahr wegen schwerer Körperverletzung verbüßt und wurde wegen Einbruchs in mehreren Fällen und schwerer Körperverletzung in einem weiteren Fall zu sechs Jahren im Hochsicherheitsgefängnis »Angola« verurteilt. Wenige Monate nach seiner Entlassung auf Bewährung im Jahr 1972 wurde er wegen versuchten Mordes festgenommen, aber offenbar kam es nie zu einem Verfahren. Trotzdem musste er im Angola den Rest seiner Freiheitsstrafe von sechs Jahren absitzen, weil er mehrfach gegen die Bewährungsauflagen verstoßen hatte. Einen Monat nachdem er erneut auf Bewährung freigekommen war, erschoss er im August 1974 eine Frau in einer überfüllten Bar. Am 13. Dezember 1974 bot ihm Staatsanwalt Dracos Burke einen erstaunlich günstigen Deal an, in dessen Rahmen ihm nur noch fahrlässige Tötung vorgeworfen wurde, für die er drei Jahre im Gefängnis von Iberia Parish verbüßen sollte, also nicht im Angola. »Der Staat zeigt sich Ihnen gegenüber sehr nachsichtig«, sagte der Richter, der das Urteil sprach, »wenn er Ihnen gestattet, Ihre Strafe hier und nicht im Angola zu verbüßen.« Wie sich herausstellen sollte, saß er nur die Hälfte der Zeit ab. Anfang 1976 war er bereits wieder auf den Straßen von New Iberia unterwegs, kurz vor dem Mord an Gladu.

Am 30. Juni, eine Woche nachdem er den Raubüberfall in Parks gestanden hatte, erleichterte Demouchets Komplize Francis sein Gewissen mit einem weiteren Geständnis. Da er Analphabet war, diktierte er einem Mitgefangenen einen Brief an Sheriff Wattigny. Darin nannte er fünf weitere Verbrechen, über die er mit dem Sheriff sprechen wolle, weil er wisse, dass sein Leben »vorbei« sei. Obwohl er Hasty Mart nicht ausdrücklich nannte, war eines der von ihm beschriebenen Verbrechen ein bewaffneter Raubüberfall mit Mord am 30. März um 14.55 Uhr in New Iberia. Das weckte das Interesse des Sheriffs. Am nächsten Tag, dem 1. Juli, hakten Sheriff Wattigny, Captain Comeaux und Sonny Tyler, ein Ermittler der Staatsanwaltschaft, in einer Befragung nach. Dabei schilderte Francis viele Details über den Hasty-Mart-Überfall, die verblüffend genau waren und nur der Polizei und den Tätern bekannt sein konnten. Anders als Mary brauchte er keine Anweisungen, weil er die Wahrheit sagte. Francis berichtete, der Raubüberfall habe sich zwischen halb drei und drei Uhr nachmittags ereignet. Er und Demouchet seien durch die Vordertür in das Geschäft gegangen. Demouchet habe den Mann erschossen, während Francis hinter der Kasse gestanden und das Geld herausgeholt habe. Demouchet habe den Mann mit einer Waffe auf den Hinterkopf geschlagen und zweimal auf ihn geschossen, als er außerhalb des Thekenbereichs im »Gang« am Boden lag. Francis sei über die Theke gesprungen, wobei ein paar Zigarettenschachteln auf den Boden gefallen seien. Der alte Mann habe eine Brille getragen. Sie hätten zweihundert Dollar in bar und einen Beutel mit Wechselgeld an sich genommen, die Kassenschublade hätten sie offen gelassen. Möglicherweise habe eine Zeugin sie gesehen, eine Frau in einem der Trailer auf der anderen Straßenseite.

Weiterhin erzählte er den Gesetzeshütern, er sei mit Demouchet unterwegs gewesen, als der die Frau in der Bank in Parks und den Mann in der Eisenwarenhandlung in Rayne erschossen habe. Er setzte hinzu, Demouchet habe für die beiden und »den alten Mann« in New Iberia dieselbe Waffe verwendet.

Vor dem eigentlichen Geständnis richtete er folgende Worte an die Polizeibeamten: »Sie haben die sechs Jungs wegen gar nichts ins Gefängnis gesteckt. Die Jungs haben das nicht getan … Es ist totaler Quatsch. Ich und Preston Demouchet und ›Shine‹ [Malcolm Roy, Fahrer ihres Autos] haben das getan … Shine ist das Auto von seinem Bruder gefahren.« Um das zu unterstreichen, wiederholte er später bei der Polizei: »Das ist völlig daneben, dass die Jungs da für etwas leiden, was sie nicht getan haben.« Da er spürte, dass die Gesetzeshüter seine Schilderung der tatsächlichen Ereignisse vom Hasty Mart nicht glaubten oder nicht glauben wollten, fragte er die ihn verhörenden Beamten zweimal, ob sie bereit wären, ihr Leben darauf zu verwetten, dass er nicht in dem Laden gewesen sei. »Ich war jedenfalls da«, fügte er dann hinzu. Francis sprach aus tiefstem Herzen. Er hatte ein schlechtes Gewissen und wollte die Geschichte unbedingt aufklären.

Da er wusste, dass Demouchet nie gestehen würde, forderte Francis die Polizeibeamten auf, mit Malcolm Roy zu sprechen. Wenn Roy erfuhr, dass Francis ihn verraten hatte, würde er zugeben, auch dort gewesen zu sein, so Francis. Das Büro des Sheriffs wartete fünf Tage, bevor der Achtzehnjährige befragt wurde. Der 6. Juli war ein furchtbarer Tag für Roy. Er gab mehrere Erklärungen ab. Wie von Francis vorhergesagt, gestand er bei der ersten Befragung durch Comeaux, an dem Hasty-Mart-Überfall beteiligt gewesen zu sein. Er sagte, er habe sich das Auto seines Bruders geliehen und sei auf Demouchets Anweisung mit Francis und Demouchet zum Hasty Mart gefahren. Das sei um 14.45 Uhr gewesen. Demouchet habe ihm gesagt, er solle mit laufendem Motor im Auto warten, während sie sich im Geschäft »etwas zu trinken holen«. Kurz darauf seien Francis und Demouchet aus dem Geschäft gerannt gekommen. Demouchet, mit Blut an den Händen und einer Waffe, habe gesagt, er habe »die Bitch getötet« (Verbrecherjargon für ein weibliches oder männliches Opfer). Francis habe einen Beutel mit Wechselgeld dabeigehabt. Roy sei zurück nach New Iberia gefahren, habe sie an den Sozialwohnungen abgesetzt und sei zum Haus seiner Mutter gefahren, wo er seinem Bruder dessen Auto zurückgegeben habe.

Roys Schilderung bestätigte wichtige Elemente des Geständnisses, das Francis eine Woche zuvor abgelegt hatte. Demouchet hatte geschossen, Francis war mit einem Beutel voller Münzen aus dem Geschäft gekommen, und die Tatzeit war 14.45 Uhr. Weder Francis noch Roy wussten, dass eine Augenzeugin das Fluchtauto als hellblau beschrieben hatte, die Farbe des zweitürigen Pontiac LeMans Modelljahr 1973, der Roys Bruder gehörte.

Und dann geschah das Unvorstellbare: Die Polizei weigerte sich, das Geständnis der Mörder zu akzeptieren. Die Beamten sagten zu Roy, sie würden ihm nicht glauben. Tatsächlich drohte Sheriff Wattigny ihm mit Gefängnis wegen Falschaussage. Da Roy seine Aussage nun gezwungenermaßen widerrufen musste, ließ er sich eine Erklärung für sein Geständnis gegenüber dem Sheriff einfallen. Er behauptete, er habe ins Gefängnis gehen wollen, um aus seiner Ehe herauszukommen. Das wollten Wattigny und dessen Deputys aber ebenfalls nicht glauben. Sie brachten die Ehefrau auf das Revier und hörten sich an, wie sie – vermutlich zur Belustigung der Beamten – ihrem jungen Ehemann die Meinung sagte. In die Enge getrieben, gab Roy auf und verlegte sich auf eine dritte Version, bei der ihm die Deputys behilflich waren. Er sagte, Iran Alexander (Davids Vater) habe ihm fünfundvierzigtausend Dollar angeboten, wenn er statt seines Sohnes die Schuld auf sich nehme. Iran habe ihm eine eineinhalbseitige, maschinengeschriebene Geschichte zum Auswendiglernen gegeben. Anschließend solle er das Papier verbrennen, was er auch getan habe. Sobald Roy seinen Widerruf (und die falsche Verdächtigung wegen Bestechung) um 15.45 Uhr unterschrieben hatte, durfte er nach Hause gehen, und die Vorwürfe gegen ihn wurden fallen gelassen.

Um sich keine Probleme einzuhandeln, verfolgten die Ermittler vom Büro des Sheriffs die angebliche Bestechung nicht weiter und fragten auch nicht bei Roys Bruder Joseph nach, ob er Roy am Tag des Mordes an Gladu tatsächlich sein Auto geliehen hatte. Die Sheriffs zeigten den Augenzeuginnen Abney und Eldridge nie Roys Auto oder ein Foto davon. Auch das Reifenprofil wurde nicht mit den Abdrücken verglichen, die am Ende der geschotterten Einfahrt gefunden worden waren.

Zwei Tage später, am 8. Juli, widerrief auch Francis sein Geständnis, wobei er gegenüber Comeaux und Wattigny in einer Aussage, die der von Roy verdächtig ähnelte, behauptete, Theresa Collins, John Collins' Mutter, habe ihm viertausendfünfhundert

Dollar angeboten, damit er sage, ihr Sohn sei unschuldig und Francis und die anderen seien die Schuldigen. Er sagte, sie habe ihn im Gefängnis besucht, ihm eine mit der Maschine geschriebene Mitteilung mit ihrem Angebot überreicht, die er sich von seinem Zellengenossen habe vorlesen lassen. Francis sagte, er habe die Mitteilung in der Toilette hinuntergespült und sei weder von Mrs. Collins noch von sonst jemandem noch einmal wegen des Angebots kontaktiert worden. Dennoch, so sagte er, habe ihn dieses Angebot veranlasst, sein Geständnis zu widerrufen. Weder gegen Theresa Collins noch gegen Iran Alexander wurde jemals wegen des angeblichen Bestechungsversuchs ermittelt.

Jetzt hatte die Anklage, was sie brauchte, um zu erklären, warum Francis und Roy den Überfall auf den Hasty Mart gestanden hatten. Am 14. Juli schrieb Bezirksstaatsanwalt Burke an die Anwälte der Angeklagten, um sie über die falschen Geständnisse und die versuchte Bestechung durch Iran Alexander und Theresa Collins zu informieren. In seinem Schreiben behauptete er fälschlicherweise, das Geständnis von Jerry Paul Francis vom 1. Juli sei »voller Unstimmigkeiten und sachlicher Fehler« gewesen, und es sei »rasch festgestellt worden, dass seine Darstellung falsch war«.

Die größte Herausforderung für Dracos Burke und die Ermittler des Sheriffs war jetzt, den Clerke-Revolver Kaliber .32 aus Demouchets Besitz in den von Alexander zu bringen, damit sie behaupten konnten, Alexander habe damit Gladu erschossen. Dazu dachten sie sich eine Geschichte vom »Waffentausch« aus. Es begann mit einer Befragung von Demouchet in Burkes Büro am 29. Juni, bei der Comeaux und Moore zugegen waren. Burkes Notizen zufolge sollte dabei festgestellt werden, wie der .32er Clerke von Alexander im Hasty-Mart-Fall benutzt werden konnte, wenn die Waffe doch Demouchet gehörte. Ein einstündiges Gespräch löste das Problem. Demouchet sagte, er habe die

Waffe Alexander am 25. März geliehen, damit Alexander »einen Job erledigen« konnte, und Alexander habe sie ihm am 2. April zurückgegeben. Dieser Waffentausch wurde Teil der offiziellen Version, als Comeaux am 10. Juli die Aussage von Demouchet zu Protokoll nahm. Demouchet behauptete, er habe den Revolver Alexander am 23. März für zwanzig Dollar »geborgt«, und Alexander habe versprochen, ihm die Waffe in der Woche darauf zurückzugeben. Er, Demouchet, habe die Waffe mit fünf Patronen Kaliber .32 geladen, weil Alexander darauf bestanden habe. Diesmal sagte er, Alexander habe ihm die Waffe am 1. April zurückgegeben.

Damit es so aussah, dass alles seine Ordnung hatte, informierte Burke am 4. August bei einer Besprechung im Richterzimmer von Robert Johnson, dem Richter der ersten Instanz, die Anwälte der Angeklagten über Demouchets Aussage vom 10. Juli, wobei er hinzufügte, der Clerke-Revolver Kaliber .32 sei von Demouchet bei einigen anderen Verbrechen benutzt worden, unter anderem »einem Banküberfall in Parks und einem Überfall auf ein Geschäft in Rayne«. Danach ließ er ihnen ein Transkript von Francis' protokollierter Aussage vom 8. Juli und Malcolm Roys Aussage vom 6. Juli zukommen, in denen sie ihre Geständnisse im Hasty-Mart-Verbrechen widerriefen und von den angeblichen Bestechungsversuchen berichteten. Das Vertuschungsmanöver war gelungen.

Gegen David Alexander und Harry Granger wurde vom 13. bis 17. September 1976 verhandelt. Die Verhandlung gegen John Collins und Ronnie Miller fand später statt, weil sich Collins' Anwalt einem medizinischen Eingriff unterziehen musste. Die ursprüngliche Anklage wegen Mordes beinhaltete die Möglichkeit der Todesstrafe, aber der Oberste Gerichtshof der Vereinigten Staaten hatte im Juli die Todesstrafe in Louisiana für verfassungswidrig erklärt, während sie in Untersuchungshaft saßen. Da die Todesstrafe nicht mehr im Raum stand, beschloss der Bezirksstaatsanwalt, sie nur noch wegen bewaffneten Raubes anzuklagen, weil dann zehn von zwölf Geschworenenstimmen für einen Schuldspruch ausreichten. In den Wochen bis zur Verhandlung bot Burke Granger vollständige Straffreiheit an, wenn er gegen Alexander aussage. Granger weigerte sich und ließ Burke über seinen Anwalt ausrichten, er habe keine Ahnung, wer den Mord begangen habe, und werde nicht lügen, um Alexander oder sonst jemandem etwas anzuhängen.

Die Familie Alexander konnte achttausend Dollar für einen Anwalt aufbringen. Das war genug, die prominente Kanzlei von Camille Gravel in Alexandria zu verpflichten, die Alexanders Verteidigung einem jungen, vielversprechenden Anwalt namens Mike Small übertrug. Harry Granger war mittellos und deshalb auf einen Pflichtverteidiger angewiesen, den unerfahrenen Jerry Theriot, der sich als unfähig und überfordert erwies und den Geschworenen erklärte, er werde sich Small anschließen, da »Mr. Alexanders Verteidigung die von Mr. Granger sein wird«. Danach war kaum noch etwas von ihm zu hören, er stellte höchstens einmal eine Frage im Kreuzverhör. Im Verfahren wurde die Verteidigung durch Burkes Weigerung behindert, die vorgerichtlichen Aussagen seiner Zeugen vorzulegen, weil dies nach dem Recht von Louisiana angeblich nur erforderlich sei, wenn sie »entlastend« seien. Seine Erwiderung auf Smalls Antrag auf Offenlegung dieser Informationen enthielt die absurde Zeile: »Der Staatsanwaltschaft liegen keine Beweise vor, die die Angeklagten entlasten würden.«

In der Verhandlung sagte Katherine Eldridge aus, sie habe keine Autos auf der Straße gesehen, als sie von ihrem Haus zum Hasty Mart gefahren sei. Ihre Aussage widersprach dem, was sie anderen vor und nach der Verhandlung sagte, nämlich dass sie sehr wohl ein hellblaues Auto gesehen hatte, das aus der Schottereinfahrt auf die Straße einbiegen wollte und dann mit hoher Geschwindigkeit vorbeifuhr, als sie auf den Parkplatz des Hasty Mart abbog. Das hatte sie in ihrer ursprünglichen Zeugenaussage und vor der Anklagejury angegeben. Aber jetzt vermied sie jede Erwähnung des Autos auf Wunsch von Captain Comeaux, der seine eigenen Gründe dafür hatte, dass das Auto dunkel- und nicht hellblau sein sollte. Obwohl das kriminaltechnische Labor der Region Acadiana festgestellt hatte, dass Alexanders Reifenprofil nicht den Abdrücken in der Einfahrt entsprach, informierten die offiziellen Stellen die Verteidigung nicht darüber. Diese Information hätte in Verbindung mit Eldridges ursprünglicher Zeugenaussage Ellen Abney und Mary Arceneaux widerlegen können, die in der Verhandlung behaupteten, Alexanders Auto sei eines der von den Mördern genutzten Fahrzeuge.

Die Staatsanwaltschaft setzte in erster Linie auf Mary Arceneaux und Herbert Derouen. Beide schmückten ihre vorgerichtlichen Aussagen weiter aus. Von Marys vielen Änderungen war die Geschichte über Cypress Island besonders wichtig. Jetzt, in der Verhandlung, sagte sie aus, nach dem Raubüberfall seien sie und ihre Komplizen nach Cypress Island gefahren, um Zeit totzuschlagen. Ihre frühere Version, die Waffe und das blutige T-Shirt seien dort vergraben worden, wurde nicht mehr erwähnt. Tatsächlich erklärte sie nun, sie habe keine Ahnung, was Alexander mit der Waffe getan habe. Zuletzt habe sie diese in seinem Auto, in sein blutiges T-Shirt eingewickelt, gesehen. Sie seien gegen Abend von Cypress Island nach St. Martinville zurückgefahren und dort in die Candle Light Lounge gegangen, um sich eine Weile zu unterhalten.

Mary sagte auch aus, ihre einzige Vorstrafe sei die wegen Fälschung im Jahr 1974, während sie tatsächlich allein in ihren Dreißigern mindestens zwanzigmal verurteilt worden war. Die Vorstrafen aus ihren Zwanzigern sind dabei nicht eingerechnet. Burke stand schweigend daneben, ohne die Falschbehauptung zu berichtigen. In den späteren Rechtsmittelverfahren behauptete Burke fälschlicherweise, dass Marys »Zeugenaussage in der Verhandlung mit ihren ursprünglichen Erklärungen bei der Polizei übereinstimmte«.

Derouens Zeugenaussage in der Verhandlung war deutlich umfangreicher als das, was er ursprünglich bei der Befragung durch das Büro des Sheriffs gesagt hatte. Eine zentrale Ergänzung war die Schilderung eines sogenannten Probelaufs aller sieben Beteiligten, die angeblich am Vorabend in zwei Autos zum Hasty Mart gefahren waren. Außerdem erklärte Derouen erstmals, Alexander sei aus dem Geschäft gelaufen gekommen, nachdem er das Opfer erschossen habe, und habe Miller gesagt, er solle sich in der Candle Light Lounge in St. Martinville mit ihm treffen. Derouen zufolge trug Alexander noch sein blutiges T-Shirt, als sie sich in St. Martinville trafen, und hatte die Waffe unter dem Fahrersitz verstaut.

Smalls Kreuzverhör zeigte, wie lächerlich Derouens unsinnige Version der Ereignisse war. Bei der Befragung durch die Staatsanwaltschaft hatte Derouen ausgesagt, er sei am betreffenden Tag um 14.10 Uhr aus der Arbeit gekommen. Small forderte ihn auf, ihm anhand der Wanduhr im Gerichtssaal zu sagen, wie spät es war. Er konnte es nicht. Im Kreuzverhör gab Derouen Small gegenüber zu, keiner der sechs, die das Geschäft betraten, habe eine feste Aufgabe gehabt, er sei nur zum Spaß mitgefahren, er kenne keinen der anderen gut, er habe nie darüber nachgedacht, warum sechs Männer und zwei Autos erforderlich seien, um ein

Geschäft am helllichten Tag zu überfallen, er habe sich keine Gedanken darüber gemacht, dass er etwas »Schlimmes« mit ihm unbekannten Personen tun werde, und am Vorabend sei keine Rede von einem Treffen im Club nach dem Raubüberfall gewesen. Es sei alles spontan passiert, als David Alexander aus dem Laden floh, nachdem er den Mann erschossen hatte.

Burke wollte seine Argumentation abschließend mit den Zeugen Preston Demouchet und Jerry Paul Francis untermauern, aber Demouchet wollte ihm einen Strich durch die Rechnung machen. Er stritt ab, Alexander je den Clerke-Revolver Kaliber .32 geliehen zu haben. Er sagte, es sei noch nicht einmal seine Waffe. Außerdem rückte er von der Aussage ab, die er bei der Polizei am 10. Juli bezüglich des sogenannten Waffentauschs gemacht hatte. Comeaux habe sich diese Geschichte ausgedacht, sagte er, und er, Demouchet, habe sich nur darauf eingelassen, um Ruhe vor Comeaux zu haben, der ihn ständig schikaniert habe. »Ich habe David Alexander nie eine Schusswaffe gegeben. Überhaupt keine.«

Als Jerry Paul Francis in Anwesenheit der Geschworenen von Staatsanwalt Burke befragt und von Verteidiger Small ins Kreuzverhör genommen wurde, berief er sich insgesamt dreiundzwanzig Mal auf sein von der Verfassung garantiertes Recht, die Aussage zu verweigern, um sich nicht selbst zu belasten. Beide Seiten versuchten, ihn zu ihrem Vorteil zu nutzen, und stellten Fragen, die zu ihrer Version der Ereignisse passten. Burke fragte, ob er Comeaux gesagt habe, ihm sei Geld versprochen worden, wenn er die Schuld für den Hasty-Mart-Mord auf sich nehme. Small fragtc, ob cr sich erinnere, Comeaux gegenüber in einer detaillierten Aussage gestanden zu haben, das Verbrechen gemeinsam mit Demouchet und Malcolm Roy begangen zu haben. In beiden Fällen berief er sich auf sein Auskunftsverweigerungsrecht. Damit erklärte die Staatsanwaltschaft ihre Beweisführung für abgeschlossen.

Die Verteidigung versuchte, Alexanders Alibi für den Nachmittag des 30. März durch die Aussage einer gewissen Gail Guidry zu bestätigen, die den Geschworenen sagte, Alexander habe sie am betreffenden Tag um 14.30 Uhr abgeholt, um sie zur Arbeit zu bringen. Im Kreuzverhör gab sie zu, dass die Verteidigung sie daran habe erinnern müssen, dass es sich um den 30. März gehandelt hatte. Alexanders Mutter, die die Taxis einteilte, war bereit, die Protokolle über Alexanders Fahrten am betreffenden Tag vorzulegen, aber Small rief sie nicht als Zeugin auf, weil ihm aufgefallen war, dass das Protokoll für den 30. ordentlich gedruckt war, die Protokolle für die anderen Tage jedoch nicht. Granger konnte kein Alibi vorweisen, weil seine Zeugen nur seine Anwesenheit am 31. bestätigen konnten, nicht am 30. März.

Schlüsselzeuge der Verteidigung war Malcolm Roy. Eine Woche vor der Verhandlung hatte Roy in einem frühen Termin erneut das Hasty-Mart-Verbrechen gestanden. Die über diese Frechheit empörten Strafverfolgungsbehörden nahmen ihn fest und beschuldigten ihn der Falschaussage gegenüber der Polizei – wegen seines Geständnisses, mit dem er seine Beteiligung am Hasty-Mart-Verbrechen zugab. In der Verhandlung verlas Small das Geständnis vom 6. Juli und den Widerruf vom selben Tag. Roy beharrte tapfer darauf, sein Geständnis sei richtig und der Widerruf falsch. Er sagte, Small habe ihn darauf hingewiesen, dass er mit seiner Aussage Gefahr laufe, wegen bewaffneten Raubüberfalls und Mordes und jetzt wegen Meineids angeklagt zu werden, und niemand habe ihm irgendwelche Vorteile für seine Aussage versprochen oder gewährt. Dann schilderte er erneut, wie er das Verbrechen vom Hasty Mart gemeinsam mit

Demouchet und Francis begangen hatte. Im Kreuzverhör wies Burke ihn darauf hin, dass er auf sein Recht verzichte, die Aussage zu verweigern, um sich nicht selbst zu belasten. Unbeeindruckt davon erklärte Roy gegenüber den Geschworenen, er lege das Geständnis ab, weil er seit dem 30. März nicht mehr schlafen könne und die Tat auf seinem Gewissen laste. Er erklärte, er habe keine Ahnung gehabt, dass Demouchet das Geschäft überfallen oder gar jemanden töten wolle.

Morris Lee, der Schreiner, bei dem Derouen arbeitete, sagte den Geschworenen, er wisse sicher, dass Derouen am 30. März von 13.00 bis 15.30 Uhr bei ihm gearbeitet habe, weil Derouen nicht mobil sei und er ihn deshalb immer abhole und nach Hause fahre. Er habe Deputy Chief Jim Desormeaux Derouens Arbeitszeitprotokoll gezeigt. Als Small ihn ins Kreuzverhör nahm, erklärte Desormeaux, er kenne Lee seit geraumer Zeit und habe keinen Grund, an seinen Worten zu zweifeln: »Ich dachte, er sagt die Wahrheit.« Alexander sagte aus und beteuerte seine Unschuld. Granger erklärte sich widerwillig damit einverstanden, angesichts seines emotionalen Ausnahmezustands während der gesamten Verhandlung auf eine Erklärung zu verzichten.

Leider versagte Small im Schlussplädoyer. Er schadete den Angeklagten, indem er überflüssigerweise die örtlichen Strafverfolger, die Ermittler des Sheriffs und Burke eingeschlossen, als der Wahrheit verpflichtete Männer pries, die ihre Zeugen nicht zur Lüge verleiten würden. Falls er sich nicht bei den Strafverfolgungsbehörden von Iberia Parish einschmeicheln wollte, war seine durch nichts gerechtfertigte Verteidigung ihrer Integrität unerklärlich. Außerdem deutete er zumindest Zweifel an der Unschuld der Angeklagten an, als er sagte: »Wenn sie das getan haben, haben sie es verdient, ins Gefängnis zu wandern.« Andererseits verhöhnte Small geradezu die Staatsanwaltschaft, weil sie ihre Anklage auf die widersprüchlichen und offenkundig falschen Schilderungen von Mary und Derouen stützte und eindeutige, überzeugende Beweise für die Schuld von Demouchet und Francis ignorierte. Theriots Schlussplädoyer war unglaublich kurz und fand im Protokoll auf zwei Seiten Platz. Im Grunde erinnerte er die Geschworenen nur an den Grundsatz des berechtigten Zweifels, den der Richter ihnen erklären werde. Ohne einen wirklichen Fürsprecher hatte Harry Granger von vornherein keine Chance.

Nachdem der zweite Tag der Zeugenvernehmungen zu Ende gegangen war, wurde die Sache um acht Uhr abends den Geschworenen übergeben. Aus dem Protokoll geht nicht hervor, wie lange die Beratungen dauerten, aber noch am selben Tag, dem 17. September, befand die Jury die beiden Angeklagten mit zehn zu zwei Stimmen für schuldig. Als die Urteile verkündet wurden, war Granger so wütend, dass er den neben ihm stehenden Steve Woodring boxte und dann das Bewusstsein verlor. Am 16. Oktober standen Alexander und Granger gemeinsam vor dem Richter und erwarteten die Verkündung des Strafmaßes. Auf die Frage, ob er zuvor noch etwas sagen wolle, erwiderte Alexander: »Ich habe niemanden überfallen. Ich habe niemanden getötet. Alle hier wissen das. Es gibt einen Gott im Himmel.« Als Granger dieselbe Frage gestellt wurde, sagte er nur: »Ich stimme ihm zu.« Dann verurteilte der Richter jeden der Männer zu neunundneunzig Jahren Zwangsarbeit wegen bewaffneten Raubüberfalls. Ihr nächster Stopp würde die Louisiana State Penitentiary sein, das berüchtigte Hochsicherheitsgefängnis »Angola«.

Da er nicht wusste, was er mit Rene Jackson anfangen sollte, der laut Derouen der dritte Mann in Millers Taxi gewesen war, beschloss Burke alle Vorwürfe gegen ihn fallen zu lassen. Am 30. November ließ Burke Jackson zur Begutachtung in das Central

Louisiana State Hospital einweisen. Die behandelnden Ärzte diagnostizierten eine schwere intellektuelle Einschränkung und stellten fest, er kenne weder sein Alter noch das Alphabet und könne nicht zählen. Im Gutachten hieß es, er habe die letzten neun Monate im Gefängnis verbracht, für Straftaten, die er seiner eigenen Aussage nach nicht begangen habe. Die behandelnden Ärzte hielten ihn nicht für gefährlich und schickten ihn am 7. Dezember, eine Woche nach seiner Aufnahme ins Krankenhaus, ohne Auflagen nach Hause. Dies war der Mann, der Derouen nach dessen erster Aussage bei der Polizei nach der Schießerei vor dem Geschäft verfolgt und mit vorgehaltenem Messer zurück in Millers Auto gezwungen hatte. Am 6. Dezember, dem Tag bevor Jackson entlassen wurde, erlitt sein Vater, der alles für seinen Sohn getan hatte und felsenfest von dessen Unschuld überzeugt war, einen Asthmaanfall und starb.

John Collins und Ronald Miller graute vor der Vorstellung, zu neunundneunzig Jahren Haft im Angola verurteilt zu werden. Ihre Verhandlung war für Montag, den 24. Januar 1977 angesetzt. Die Chancen, dass sie freigesprochen wurden, standen schlecht, weil dieselben Zeugen, die dazu beigetragen hatten, dass Alexander und Granger verurteilt wurden, auch gegen sie aussagen würden. Erstaunlicherweise bot Dracos Burke ihnen einen Ausweg an. Wenn sie sich der Verschleierung einer Straftat schuldig bekannten, würde er die Anklage wegen bewaffneten Raubes und Mordes fallen lassen und ihnen erlauben, ihre Strafe im Gefängnis von Iberia Parish statt im Angola abzusitzen. Wenn der Richter die Höchststrafe von fünf Jahren verhängte, waren sie in zwei oder drei Jahren wieder auf freiem Fuß. Um das Angebot zu versüßen, bot er ihnen außerdem Ausgang für Besuche zu Hause an. Da der Gedanke an eine Haft im Angola beiden unerträglich erschien, schluckten sie, unterstützt von ihren

Familien und Freunden, die bittere Pille und gaben zu, an einem schweren Verbrechen beteiligt gewesen zu sein, mit dem sie tatsächlich nichts zu tun hatten. Collins musste an seine Frau und die drei Kinder denken, Miller, der unverheiratet war, an seine Mutter. Einige Tage vor der Verhandlung verurteilte der Richter sie zur Höchststrafe von fünf Jahren. Sie saßen zwei davon ab und wurden dann auf Bewährung entlassen.

Ironischerweise logen beide Männer und belasteten sich selbst, um einer lebenslangen Haft im Angola zu entgehen, hatten sich aber zuvor geweigert, Alexander und Granger fälschlicherweise zu belasten, obwohl ihnen Burke Straffreiheit angeboten hatte.

Aufgrund einer formalen Bestimmung des Strafrechts von Louisiana wurden Preston Demouchet und Jerry Paul Francis bezüglich der Überfälle auf die Bank und das Eisenwarengeschäft nur wegen bewaffneten Raubes vor Gericht gestellt und verurteilt, nicht wegen Mordes. Und das, obwohl die Opfer in beiden Fällen erschossen worden waren. Trotzdem wurden beide Männer für jedes dieser Verbrechen zu einer Gefängnisstrafe von neunundneunzig Jahren verurteilt, die sie heute noch verbüßen. Ab dem 1. Juli 1980 gab es einen neuen Sheriff. Errol Romero, ein früherer Lehrer und politischer Neuling, beendete Sheriff Wattignys vierundzwanzig Jahre dauernde Herrschaft in einem erbittert geführten Wahlkampf. Seine erste Amtshandlung war, die Deputys Comeaux, Moore und Desormeaux zu entlassen, weil er sie für inkompetent und korrupt hielt. Da er vermutete, Alexander und Granger könnten zu Unrecht verurteilt worden sein, nahm er die Ermittlungen in ihrem Fall wieder auf. Sie sollten sich über mehrere Jahre hinziehen.

Der ehemalige Deputy Steve Woodring, der damals für das Büro des Sheriffs in Iberia gearbeitet hatte, gehörte zu den von

Romero Befragten. Mitte der 1980er-Jahre war Woodring ein erfahrener Ermittler der für bewaffneten Raub zuständigen Abteilung der Kriminalpolizei von Baton Rouge. In einer beeideten Erklärung, die er Sheriff Romero vorlegte, erklärte Woodring, warum er von der Unschuld der sechs Männer überzeugt war. So wisse er aus eigener Anschauung, dass Staatsanwalt Burke »unbedingt wollte, dass Miller und Collins die angebotene Straffreiheit annahmen [um gegen Alexander und Granger auszusagen], und sie deswegen massiv unter Druck setzte«. Burke sei klar gewesen, dass beide Männer viel glaubhaftere Zeugen gewesen wären als der geistig eingeschränkte Herbert Derouen und die Berufsverbrecherin Mary Arceneaux. Detective Woodring habe miterlebt, wie Comeaux und Desormeaux das Angebot beiden Männern im Auftrag von Burke »viele Male« unterbreiteten. Woodring war zutiefst beeindruckt davon, dass sich Miller und Collins weigerten, das Angebot anzunehmen, obwohl ihnen bei einer Verurteilung neunundneunzig Jahre Gefängnis drohten. Jahre später sagte Collins, er habe die angebotene Straffreiheit abgelehnt, »weil ich wusste, wenn ich über diese Männer Lügen verbreite, bin ich nie wieder frei«. Er deutete auf sein Herz. »Nicht hier.«

Woodring hatte von Anfang an den Eindruck gehabt, dass Mary es mit der Wahrheit nicht so genau nahm. Später berichtete er, selbst Horace Comeaux habe angefangen, an der Richtigkeit ihrer Aussagen zu zweifeln, vor allem nachdem sie zugab, ihre Behauptung, Alexander habe die Waffe auf Cypress Island vergraben, sei eine Lüge gewesen. Sonny Tyler, der Ermittler der Staatsanwaltschaft, hatte Mary in einem Dokument, das in der Verhandlung nicht vorgelegt wurde, handschriftlich als »pathologische Lügnerin« bezeichnet.

Woodring war Mary 1985 erneut begegnet. Seine Abteilung untersuchte eine Serie bewaffneter Raubüberfälle auf Texaco-

Tankstellen in Baton Rouge. Mary, die erneut wegen Fälscherei festgenommen worden war, bot Woodring an, ihm gegen Geld und die Einstellung der Ermittlungen gegen sie den Texaco-Räuber zu benennen. Sie nannte einen Namen und behauptete, der Mann habe das gestohlene Geld in ihrer Gegenwart gezählt. Der eigentliche Räuber wurde mehrere Wochen später gefasst. Wie nicht anders zu erwarten, war es nicht der Mann, den Mary bezichtigt hatte. *Sie hat es wieder getan,* dachte Steve Woodring fassungslos.

Er stellte sie zur Rede und kam auf ihre Aussage im Hasty-Mart-Fall zu sprechen, wobei er ihr klarmachte, dass er Deputy Eddie Moore verdächtigte, sie zu den Lügen zum Schaden der jungen Männer ermutigt zu haben. Darauf ging sie nicht ein, sondern beschwerte sich bitterlich, Moore habe sich an dem Geld vom Büro des Sheriffs bedient, das er ihr für ihre Kooperation in der Hasty-Mart-Sache hätte geben sollen. Woodring zufolge bekam sie während der Dauer des Verfahrens, also von April bis September, mehrere Hundert Dollar pro Monat zuzüglich ihrer Mietkosten.

Sheriff Romero sprach auch mit Katherine Eldrige, einer der Augenzeuginnen im Hasty-Mart-Fall. Sie sagte ihm, das hellblaue Auto, das sie in der Nähe des Tatorts gesehen habe, sei kleiner als David Alexanders dunkelblauer Buick, der ihr nach der Beschlagnahmung gezeigt worden war. Deputy Comeaux habe darauf bestanden, dass sie Alexanders Auto gesehen hätte, aber sie habe das bestritten. Mit Autos kenne sie sich aus, sie habe in einer Autowerkstatt gearbeitet. Comeaux und Burke hätten sich ungehalten gezeigt, nachdem sie vor der Anklagejury von einem hellblauen Auto gesprochen habe, und sie gewarnt, »sich so etwas nicht noch mal zu erlauben«.

Nach zahllosen Vernehmungen und einer eingehenden Prüfung der Akten, die sich über mehrere Jahre hinzog, legte Romero

Staatsanwalt Burke beeidete Erklärungen vor, denen zufolge Comeaux, Moore und Desormeaux »Zeugen eingeschüchtert, Zeugen bezahlt und einen Zeugen [Herbert Derouen] misshandelt« hatten, »nur damit diese Zeugen eine erfundene Geschichte bestätigten«, die Alexander und Granger belastete.

Burke weigerte sich, ein Verfahren gegen die früheren Gesetzeshüter einzuleiten, angeblich wegen »Mangels an Beweisen«. Dieses Hin und Her sorgte für Aufruhr. 1985 strengten die drei ehemaligen Deputys ein Zivilverfahren gegen Romero wegen Verleumdung an. Vier Jahre lang wurden Beweise erhoben und Zeugen gehört, bevor das Verfahren 1989 ohne Verhandlung beigelegt wurde. Obwohl der Zivilprozess die von Romero wieder aufgenommenen Ermittlungen ins Stocken brachte, sah sich Burke im Rahmen der Beweiserhebung gezwungen, mehrere entlastende Dokumente aus den Alexander- und Granger-Akten vorzulegen, die er nach der Verhandlung in seinem Büro hatte verschwinden lassen – versehen mit dem Vermerk »NICHT AUS DIESEM BÜRO ENTFERNEN«. Als Romero versucht hatte, in der Mordsache neu zu ermitteln, hatte Burke ihm keinen Zugang zu den Akten gewährt.

Im Rahmen des Zivilverfahrens gegen Romero wurde Herbert Derouen 1987 psychologisch begutachtet. Während des Gesprächs mit dem Psychologen beteuerte Derouen ständig seine Unschuld und beklagte, dass er gelogen und Unschuldige belastet habe, weil er selbst sich vor dem Gefängnis gefürchtet habe. Er sagte, er sei gar nicht am Tatort gewesen und habe keine Ahnung, wer die Taten begangen habe, er habe an dem Tag bei Morris Lee gearbeitet und neun Monate ohne jeden Grund im Gefängnis gesessen. Der Psychologe kam zu dem Ergebnis, dass Derouens intellektuelle Fähigkeiten denen eines Grundschulkindes entsprachen und dass er leicht überredet werden konnte zu sagen, was andere ihm einredeten, ganz gleich, ob es stimmte oder nicht. Bei seiner protokollierten Zeugenaussage im Zivilverfahren erklärte Derouen, er sei noch nie im Hasty Mart gewesen, bis Comeaux ihn dorthin gebracht hatte, er habe in der Verhandlung gelogen, weil die Polizei ihm mit Gefängnis gedroht habe, wenn er nicht »die Wahrheit sagt«.

Centurion übernahm den Fall im Jahr 1996. Bis dahin waren Alexander und Granger in sämtlichen Rechtsmittelverfahren und mit zwei Haftprüfungsklagen erfolglos gewesen. Wir starteten eine umfassende, mehrjährige Neuermittlung, die Dutzende von Befragungen und zahlreiche Suchaktionen in den Aktenarchiven von Gerichten und Anwaltskanzleien umfasste. Darüber hinaus wiesen wir das Team der Fernsehsendung *60 Minutes* auf diese offenkundigen, grotesken Fehlurteile hin. Im Dezember 1998 wurde die Sendung mit der Geschichte unter dem Titel »Who Killed Louis Gladu?« ausgestrahlt. Moderator war Ed Bradley. Steve Woodring, der immer noch bei der Polizei von Baton Rouge war, sagte zu Bradley: »Sie sind absolut unschuldig. Ich weiß ganz genau, was ich sage … Jeder, der sich mit dieser Sache befasst, kommt zu demselben Schluss, außer das Büro des Sheriffs und die Mitarbeiter der Staatsanwaltschaft in Iberia Parish.« Bernie Boudreaux, der langjährige Bezirksstaatsanwalt, zeigte sich gegenüber *60 Minutes* fest davon überzeugt, dass die Richtigen, die Schuldigen, im Gefängnis säßen. In der Sendung erklärte Bradley den Zuschauern, Boudreaux halte die Zeugenaussagen von Arceneaux und Derouen für »bestätigt, stimmig und glaubwürdig«, dies sei ein Grund, warum er von der Schuld der Angeklagten überzeugt sei.

Als Bradley Arceneaux fragte, ob sie für ihre Aussage bezahlt worden sei, lautete ihre Antwortet: »Ja, und ob. Ich kann nur sagen, es war Bestechung.« Dagegen behauptete Bernie Boudreaux,

»sie hat überhaupt nichts bekommen«. Woodring wiederum erklärte nachdrücklich: »Sie hat Geld vom Büro des Sheriffs bekommen. Sie ist bezahlt worden.« Und Malcolm Roy sagte ungläubig: »… Sie haben denen das angehängt. Mit voller Absicht. Keiner von denen war da. Ich konnte es gar nicht fassen, dass sie festgenommen wurden, weil sie es nicht waren.« John Collins und Ronald Miller, die sich einer weniger schweren Straftat schuldig bekannt hatten, um eine lebenslange Freiheitsstrafe zu vermeiden, saßen bei ihrem Interview nebeneinander. Collins fasste den Fall treffend zusammen: »Jeder, der die Wahrheit gesagt hat, ist ins Gefängnis gekommen. Jeder, der gelogen hat, durfte nach Hause gehen.«

Bei den Ermittlungen von Centurion stießen wir auf die Inhaberin der Candle Light Lounge, Geraline Mitchell, die Marys und Derouens Aussage entkräftete, am Abend des Mordes hätten sich alle dort getroffen. In einer beeideten Aussage erklärte Mitchell, sie kenne Mary gut. Sie erinnere sich, den Beamten vom Büro des Sheriffs gesagt zu haben, dass Mary am 30. März definitiv nicht in ihrem Club gewesen sei. Damals habe Mary nämlich schon Lokalverbot gehabt, weil sie anschreiben ließ und nicht bezahlte. Außerdem habe Geraline den Club, schon kurz nachdem sie um sechs Uhr am betreffenden Abend geöffnet hatte, wieder geschlossen, weil ihr Mann ihr nach dem Überfall vom Hasty Mart gesagt habe, sie solle das Lokal zumachen.

1997 erklärte Jerry Paul Francis Centurion, warum er sein Geständnis widerrufen und sich dabei auf die Geschichte von der angeblichen Bestechung berufen hatte. Sheriff Wattigny hatte ihn in der Vernehmung gewarnt: »Du bringst dich selbst in Schwierigkeiten, wenn du etwas gestehst, was du nicht getan hast. Wir wollen nur vermeiden, dass du dir richtigen Ärger und eine noch längere Gefängnisstrafe einhandelst.« Er sagte, Comeaux habe ihm »eingeredet, dass ich bestochen worden bin, damit ich gestehe, also habe ich gesagt, was sie hören wollten«.

Herbert Derouen ließ seine Falschaussage gegen Granger und Alexander keine Ruhe. »Ich denke immer daran«, sagte er Centurion gegenüber. »Ich kann die ganzen Jahre nicht mehr schlafen, weil diese Leute im Gefängnis sind. Ich muss immer daran denken.«

Malcolm Roys Bruder Joseph gab in einer beeideten Erklärung an, er habe seinem Bruder am Nachmittag des 30. März 1976 seinen blauen Pontiac LeMans Modelljahr 1973 geliehen. Er erinnerte sich, dass ihm die vielen Vierteldollarmünzen – im Wert von acht oder neun Dollar – im Aschenbecher aufgefallen waren, als er das Auto zum ersten Mal fuhr, nachdem Malcolm es am betreffenden Nachmittag zurückgebracht hatte. Malcolm habe ihm gegenüber zugegeben, am Verbrechen vom Hasty Mart beteiligt gewesen zu sein.

Centurion hatte das Glück, Peggy Woodward, eine Anwältin aus New Orleans, verpflichten zu können. Gemeinsam mit dem Centurion-Ermittler Paul Henderson arbeitete sie unermüdlich an einem Schriftsatz mit einhundertneunundsiebzig Seiten und einhundertdreiunddreißig Anlagen, die die Haftprüfungsklage untermauerten. In der Klage schilderte sie die gesamte schändliche Geschichte des Justizirrtums, der zu dem Fehlurteil gegen David Alexander und Harry Granger geführt hatte. Die Klage wurde im September 1999 in New Iberia beim Gericht des 16. Gerichtsbezirks eingereicht, wo beide verurteilt worden waren. Die Erwiderung der Staatsanwaltschaft war ein siebenundsechzig Seiten langer Schriftsatz, der die vorgetragenen Tatsachen weitgehend ignorierte und sich in erster Linie auf prozessuale Argumente stützte. Dann lag die Klage zwei Jahre lang in Richter William Hunters Büro.

Am 18. September 2001, eine Woche nach den Anschlägen vom 11. September, wies Richter Hunter die Klage ab. Seine Begründung war Seite für Seite und Wort für Wort identisch mit der Erwiderung der Staatsanwaltschaft. Nur die Unterschrift war seine, nicht die des Bezirksstaatsanwalts. Zwei Jahre später wurde die Klage vom Obersten Gerichtshof des Staates Louisiana ohne Begründung abgewiesen. Die Bundesgerichte folgten diesem Beispiel: Das gesamte Justizsystem auf Bundesebene wies die Haftprüfungsklage ohne Begründung ab. Ohne dass es überhaupt zu einer mündlichen Verhandlung gekommen wäre, hatten Alexander und Granger sämtliche Rechtsmittel erschöpft.

Ihre einzige Hoffnung freizukommen war der Bewährungsausschuss von Louisiana. Um der Überfüllung im Angola Herr zu werden, war ein Gesetz verabschiedet worden, dem zufolge jeder Gefangene ab dem Alter von fünfundvierzig Jahren, der zwanzig Jahre abgesessen hatte, auf Bewährung entlassen werden konnte. Alexander und Granger erfüllten die Voraussetzungen – sie hatten mittlerweile fast dreißig Jahre verbüßt. Sie wussten, dass der Bewährungsausschuss keine Sympathien für Antragsteller hatte, die behaupteten, unschuldig zu sein. Bewährungssauschüsse wollen Reue für die begangenen Verbrechen, nicht ein »Ich war es nicht«. Trotzdem glaubten sie, überzeugende Beweise für ihre Unschuld zu haben, und beschlossen, sich darauf zu berufen.

Bei den Anhörungen in den Jahren 2005 und 2006 erschienen Detective Woodring und der ehemalige Sheriff Romero vor dem Bewährungsausschuss und verliehen ihrer tiefen Überzeugung Ausdruck, dass beide unschuldig waren. Gladus Tochter, Ann Gladu Begnaud, schrieb einen Brief an den Ausschuss, in dem sie sich nachdrücklich für ihre Freilassung einsetzte. »Ich bin überzeugt«, schrieb sie, »dass manipulierte Beweise dazu geführt haben, dass zwei Unschuldige wegen des Mordes an meinem

Vater verurteilt wurden.« Sie setzte hinzu, sie habe in der Verhandlung von Anfang an Zweifel an ihrer Schuld gehabt und dies sowohl dem Sheriff als auch dem Bezirksstaatsanwalt gegenüber geäußert.

Die Familien der Männer sprachen von ihrer Liebe zu Alexander und Granger, die sie in den vergangenen dreißig Jahren unterstützt hätten und auch weiter unterstützen würden, wenn der Ausschuss dafür sorgte, dass sie freikamen. Nicht zuletzt ergänzte Centurion den Vortrag durch eine Aufzeichnung der eindrucksvollen *60-Minutes*-Folge, die dem Ausschuss zur Verfügung gestellt wurde.

Nach dem Ende des Termins verkündete der Ausschuss nach einer kurzen Beratung noch an Ort und Stelle seine Entscheidung, die restliche Strafe zur Bewährung auszusetzen. Wie Centurion später erfuhr, waren die drei Mitglieder des Ausschusses vor allem aufgrund der *60-Minutes*-Sendung zu der Überzeugung gelangt, dass Alexander und Granger unschuldig waren und nie zu einer Gefängnisstrafe hätten verurteilt werden dürfen.

Am 23. Dezember 2006 schloss Alexanders Mutter Iris ihren Sohn vor dem Gefängnis in die Arme und nahm ihn mit nach Hause. Sein zweiundachtzigjähriger Vater Iran starb zwei Wochen später an Lungenkrebs. Granger kam am 19. Januar 2007 frei und wurde von seiner Schwester Eva abgeholt, die ihn zu seiner Mutter brachte, in das Haus, in dem er aufgewachsen war. Auch nach dem Tod seiner Mutter im Jahr 2010 lebt Granger weiterhin in diesem Haus und arbeitet als Küchenhilfe auf den Ölplattformen im Golf von Mexiko. Alexander fing wieder als Taxifahrer in der Firma seiner Familie an. Er fährt immer noch Taxi, leitet aber mittlerweile den Betrieb. Beide Männer stehen für den Rest ihres Lebens unter Bewährung. Die Auflagen sind minimal, aber jeder muss an den Bundesstaat monatlich vierundsechzig Dollar an Bearbeitungsgebühren für die Bewährung zahlen und benötigt für Reisen außerhalb von Louisiana eine Genehmigung.

Granger ist siebzig, Alexander vierundsiebzig. Beide sind relativ gesund und sehen die ungerechtfertigte dreißigjährige Haft mit philosophischem Gleichmut. Granger sagt, man habe ihm die besten Jahre seines Lebens gestohlen, aber das sei nicht zu ändern, und er wolle sich damit nicht mehr aufhalten. Im Großen und Ganzen führt er ein ruhiges, friedliches Leben. Alexander fühlt sich gesegnet. Sein Leben ist selbstbestimmt, er ist auf niemanden angewiesen und unabhängig. Er fragt sich, ob das, was ihm zugestoßen ist, »Schicksal« war, und glaubt, dass »alles in Gottes Hand liegt«. Ziemlich zufrieden stellt er fest, dass er all die Menschen, die ihn ins Gefängnis gebracht haben, überlebt hat, selbst Dracos Burke, der 2022 im Alter von einhundertzwei Jahren verstorben ist. Außerdem, sagt er mit verschmitztem Blick, ist sein Leben jetzt deutlich angenehmer als in den zwanzig Jahren, in denen er auf den Feldern des Angola für vier Cent die Stunde Baumwolle pflücken musste.

Im Laufe der Jahre haben sich Beobachter des Verfahrens immer wieder gefragt, warum die Strafverfolgungsbehörden von New Iberia darauf bestanden, David Alexander und Harry Granger vor Gericht zu bringen, obwohl die tatsächlichen Mörder noch vor der Verhandlung bekannt waren und Geständnisse ablegten, die mit dem Sachverhalt übereinstimmten. Dafür könnte es mehrere Gründe geben. Einer ist, dass es peinlich, geradezu demütigend gewesen wäre zuzugeben, dass sechs Menschen fälschlicherweise angeklagt worden waren, vor allem da diese Anklage das Ergebnis der vereinten Arbeit der Strafverfolgungsbehörden war. Selbst der gewählte Sheriff und der renommierteste Vertreter der Bezirksstaatsanwaltschaft waren beteiligt.

Ein weiterer Grund mag sein, dass die Behörden davor zurückschreckten, gegen Demouchet, den wahren Mörder, vorzugehen, weil sie fürchteten, ihre frühere Milde trotz seiner Gewalttätigkeit würde ans Licht kommen. Demouchet war Informant des Büros des Sheriffs von Iberia Parish und wurde als Belohnung dafür trotz seiner zahlreichen Straftaten mit Samthandschuhen angefasst. Angesichts seiner Gewaltverbrechen hätte er an dem Tag, als Louis Gladu erschossen wurde, nicht auf freiem Fuß sein dürfen. Wäre dies bekannt geworden, hätte es verheerende Folgen für die Karriere der gewählten Beamten von New Iberia haben können.

Festnahme und Strafverfolgung der sechs von Iberia erinnern an *Alice im Wunderland*. David Alexander und Harry Granger, denen dreißig Jahre ihres Lebens genommen wurden, fühlten sich, als wären sie hinter dem magischen Spiegel gelandet. Was geschah, konnte nicht real sein, aber es geschah tatsächlich. In seinem Interview mit *60 Minutes* hat Collins perfekt beschrieben, wie die Gerechtigkeit verdreht und auf den Kopf gestellt worden ist. Hier noch einmal seine bemerkenswerten Sätze: »Jeder, der die Wahrheit gesagt hat, ist ins Gefängnis gekommen. Jeder, der gelogen hat, durfte nach Hause gehen.«

JIM McCLOSKEY

OH, WELCH VERWORREN NETZ WIR WEBEN / WENN WIR NACH TRUG UND TÄUSCHUNG STREBEN!

Die texanische Stadt Tyler, wegen ihrer beeindruckenden Rosenproduktion als Amerikas Rosenhauptstadt bekannt, ist Verwaltungssitz von Smith County und liegt einhundertsechzig Kilometer östlich von Dallas mitten im sogenannten *bible belt* (»Bibelgürtel«). 1977 kamen in der Stadt im Osten von Texas auf fünfundsechzigtausend Einwohner fast fünfzig Baptistengemeinden. Patrick Mahomes, Quarterback der Kansas City Chiefs und dreimaliger Gewinner des Super Bowl, stammt aus Tyler. Auch die University of Texas at Tyler, die in den 1970er-Jahren Texas Eastern University (TEU) hieß, hat hier ihren Sitz. Das schmucke Städtchen und die Universität wurden von den grauenhaften Nachrichten am Freitagmorgen, dem 10. Juni 1977, völlig unvorbereitet getroffen.

Paula Rudolph war um 0.30 Uhr in ihre Wohnung im weitläufigen Embarcadero-Komplex in Tyler heimgekommen, nachdem sie ein paar Stunden mit einem Bekannten verbracht hatte, der geschäftlich in Tyler war. Als sie durch die Wohnungstür in den dunklen Gang trat, stand nur drei Meter von ihr entfernt plötzlich ein Mann in ihrem hell erleuchteten Gästezimmer. Er machte einen Schritt auf sie zu und schloss die Zimmertür wortlos. Der Mann war kein Unbekannter, zumindest dachte Paula das damals. Es war Jim Mayfield, ihr Chef in der Bibliothek der TEU. Sie wusste auch, warum er da war – um ihre Freundin Linda Jo Edwards zu besuchen, mit der er eine Affäre hatte. »Alles in Ordnung, ich bin's nur«, rief Paula verlegen. »Ich gehe ins Bett.« Dann ging sie zügig durch das Wohnzimmer zu ihrem Schlafzimmer und schloss die Tür. Wenige Minuten später hörte sie, wie sich die Terrassentür öffnete und schloss.

In ihrem Schlafzimmer zündete sich die sechsunddreißigjährige Bibliothekarin eine Zigarette an und brütete vor sich hin. Mayfield hatte Paula versichert, seine Daueraffäre mit Linda sei zu Ende. Jetzt sah es so aus, als würde er sie heimlich besuchen. *Dieser Mistkerl kann sie nicht in Ruhe lassen,* war Paulas erster Gedanke. Linda, erst zweiundzwanzig und offensichtlich überfordert, tat ihr leid. Sie war eindeutig zu jung, dem Stress einer Affäre mit einem doppelt so alten, verheirateten Mann gewachsen zu sein. Paula und Linda hatten oft über die stürmische, turbulente Beziehung gesprochen, die Paula als »toxisch« beschrieb. Mayfield schien sie eigentlich beenden zu wollen, brachte es aber nicht fertig.

Drei Wochen zuvor, am 19. Mai, hatte Linda einen Selbstmordversuch unternommen, nachdem Mayfield sie verlassen hatte und zu seiner Frau Elfreide zurückgekehrt war, mit der er seit dreiundzwanzig Jahren verheiratet war. Linda hatte acht bis zehn Schlaftabletten geschluckt, von denen jede dreißig Milligramm des Wirkstoffs Flurazepam enthielt. Mayfield hatte sie am nächsten Morgen bewusstlos aufgefunden, als er vorbeikam, um seine Kleidung zu holen. Er trug sie zu seinem Auto und raste mit ihr ins Krankenhaus, wo sie sechs Tage lang blieb. Als sie entlassen wurde, überredete Mayfield Paula, Linda aufzunehmen, bis sie wieder auf die Beine gekommen war. Er schwor, seine Beziehung mit ihr sei beendet, und er werde sie in Paulas Wohnung nicht besuchen.

Nachdem die Universität den Grund für Lindas Selbstmordversuch erfahren hatte, entließ Präsident James Stewart Mayfield als Leiter der Bibliothek, und Linda verlor ihre Sekretärinnenstelle an der geisteswissenschaftlichen Fakultät. Mayfield wurde am Montag, dem 6. Juni, entlassen, nur drei Tage vor Lindas Ermordung.

Paula las im Bett noch einige Minuten, stellte ihren Wecker und schlief ein. Sie wachte am nächsten Morgen um 7.10 Uhr auf. Da Linda nicht antwortete, als sie nach ihr rief, öffnete Paula die Tür zum Gästezimmer. Der Anblick sollte sie für den Rest ihres Lebens verfolgen. Linda lag mit ausgestreckten Armen und Beinen praktisch nackt auf dem Rücken und war voller Blut. Paula hielt sich die Hand vor den Mund, ging rückwärts aus dem Zimmer und schaffte es irgendwie, die Polizei und dann Olene Harned anzurufen, ihre gute Freundin und Vorgesetzte in der Bibliothek, die kurz nach der Polizei eintraf.

Es war ein unerträglicher Anblick. Linda war verstümmelt worden, ihre Geschlechtsorgane waren völlig zerfetzt. Der Mörder hatte drei Waffen benutzt, die alle aus Paulas Wohnung stammten. Mit einer über zwei Kilogramm schweren Statue von der Wohnzimmerkommode hatte er mindestens zehn Mal auf Gesicht und Kopf eingeschlagen, bis sie das Bewusstsein verlor. Dann hatte er mit einer auf einem Tisch in der Nähe liegenden Nähschere mindestens neun Mal auf ihren Hals eingestochen und dabei Halsschlagader und Drosselvene durchtrennt. Mit einem fünfundzwanzig Zentimeter langen und knapp acht Zentimeter breiten Gemüsemesser hatte er ihr eine Vielzahl entsetzlicher Verletzungen zugefügt. Beide Wangen waren an den

Mundwinkeln mehrere Zentimeter weit aufgeschlitzt, die rechte Brust wies drei Schnittwunden auf, das Messer war direkt unter der Brust tief in ihren Körper gestoßen und dreimal so weit in ihren Rücken gerammt worden, dass es an der Brust fast wieder austrat. In seiner Raserei hatte er mit der Schere vielfach auf ihre Genitalien eingestochen und die Vagina bis zum Gebärmutterhals völlig zerfetzt. Danach hatte er mehrere Zentimeter ihres Kopfhaares abgeschnitten und offenbar als Trophäe mitgenommen.

Lindas Jeans lag neben dem Bett in der Nähe ihres linken Knöchels auf dem Boden. Sie war sauber und wies keine Blutflecken auf, was darauf hindeutete, dass sie oder der Mörder sie vor der Attacke ausgezogen hatte. Bluse und BH waren mit dem Messer aufgeschnitten und über ihre Brüste nach oben gezogen worden. Ihr Slip war ebenfalls mit dem Messer aufgeschnitten und dann heruntergezogen worden, er lag neben ihrem rechten Fuß. Ihr rechter Nylon-Kniestrumpf fehlte, aber den linken trug sie noch. Statue und Schere lagen auf dem Boden. Das Gemüsemesser – es gehörte zu einem teuren Messerset, das Paula in einer Küchenschublade aufbewahrte – fehlte zunächst, obwohl die Polizei mit vereinten Kräften danach suchte. Es wurde fünf Tage später von Paulas Vater gefunden, der ihre Wohnung ausräumte. Das Messer hatte die ganze Zeit unter einem Kleiderstapel in Lindas Schlafzimmerschrank gelegen.

Auf Bettdecke und Kissen wurden kleine Blutspuren gefunden, die mit bloßem Auge kaum sichtbar waren, im Zimmer minimale Blutspritzer. Das an den geräumigen Schlafzimmerschrank angrenzende Bad war makellos sauber und trocken. Der Mörder musste blutbesudelt gewesen sein, hatte jedoch keine Spur hinterlassen, bis auf einen Tropfen Blut am Glasterrarium neben der Terrassentür, als er aus dem Gästezimmer kam und die Wohnung durch das Wohnzimmer verließ. Es gab keine Einbruchspuren und keine Hinweise auf einen Kampf in dem kleinen, nur zwölf Quadratmeter großen Schlafzimmer. Alles war an seinem Platz, nichts war umgestoßen worden. Das Bügeleisen war eingeschaltet und stand aufrecht auf dem Bügelbrett. Der Fernseher lief. Das schmale, selbst gebaute Bett war ordentlich gemacht. Der Tatort war bedrückend sauber und aufgeräumt. Wie dem Mörder diese eines Ninja-Kriegers würdige Reinigungsaktion gelungen war, stellte die forensischen Experten, die das Verbrechen untersuchten, vor ein Rätsel, selbst das FBI.

Eines war jedoch klar: Linda Jo Edwards, 1,82 Meter groß, achtundsechzig Kilogramm schwer, durchtrainiert und kräftig, war höchstwahrscheinlich Opfer eines Überraschungsangriffs einer Person geworden, die sie kannte und der sie vertraute.

Paula wurde am nächsten Morgen in die Stadt gebracht, damit sie ihre Aussage machen konnte, und beschrieb durchaus detailliert den Mann, den sie am Vorabend gesehen hatte: »Er hatte silbergraues Haar, das halblang geschnitten war, also bis zu den Ohren reichte … Vom Körper her war es ein sonnengebräunter Weißer, der weiße Shorts trug … Er war gepflegt und schlank … Mein erster Gedanke war, dass es mein Chef Jim Mayfield war …« In späteren Aussagen sprach sie immer von einem Mann, der drei bis fünf Zentimeter größer als sie selbst mit ihren 1,70 Metern war. Wer auch immer es war, sagte sie, sei durchtrainiert gewesen und habe sich schnell bewegt. Er sei recht gut proportioniert gewesen, mit breiten Schultern und deutlicher Sonnenbräune.

Ihre ausführliche Beschreibung passte genau auf Mayfield. Er hatte silbergraues Haar, das so geschnitten war, dass es gerade eben seine Ohren berührte. In einer protokollierten Zeugenaussage im Februar 1978 gab Mayfield zu, dass sein silbergraues

Haar »einigermaßen kurz« war und »ein wenig über die Ohren reicht, aber nicht ganz bis zur Mitte der Ohren«. Paula erklärte bei späteren Befragungen zweimal, Mayfield sei etwa 1,75 Meter groß, trage oft weiße Tennisshorts, sei gebräunt und schlank. Seine körperliche Fitness sei ihm enorm wichtig, und er spiele fast jeden Tag Tennis oder Racquetball.

Sergeant Eddie Clark war Detective bei der Polizei von Tyler. Trotz seiner Jugend (er war erst sechsundzwanzig) und seiner mangelnden Erfahrung mit Tötungsdelikten (dies war sein erstes) wurde ihm die Leitung der Mordermittlung übertragen. Clark hatte Linda ihr ganzes Leben gekannt. Beide waren in Bullard aufgewachsen, einem Ort mit einem Bahnübergang und fünfhundert Einwohnern dreißig Kilometer südlich von Tyler. Beide besuchten die Bullard Highschool. Linda schloss die Schule vier Jahre nach Eddie ab, zusammen mit seiner jüngeren Schwester Susan. Eddie war 1970 Klassensprecher seiner Abschlussklasse, und seine Mitschüler hielten große Stücke auf ihn. Lindas brutalen Mörder zur Rechenschaft zu ziehen war für ihn eine persönliche Angelegenheit. Er hatte das Gefühl, dass er das nicht nur den Bürgern von Tyler schuldete, sondern auch Lindas Familie und Freunden und den Menschen zu Hause in Bullard, die nichts Geringeres von ihm erwarteten.

Linda war Star-Basketballerin der Bullard High gewesen und hatte neunzig Kilogramm gewogen, bevor sie Mayfield begegnete. Sie war eine hübsche junge Frau, kontaktfreudig, lebhaft und beliebt. Bald nach der Highschool heiratete sie einen Jungen aus ihrem Ort, Bobby Lester. Für ein Mädchen vom Land lebte Linda auf erstaunlich großem Fuß, ihre Kreditkartenabrechnungen für Kleidung und Schmuck beliefen sich auf mehrere Tausend Dollar. Sie wollte die schönen Dinge im Leben, die sich Bobby nicht leisten konnte. Bobby, der sie sehr liebte, arbeitete doppelte Schichten in der Reifenfabrik in Tyler, um sie beide über Wasser zu halten. Im November 1975 fing Linda bei Mayfield in der Bibliothek an, wo sie für den Bereich Zeitungen und Zeitschriften zuständig war. Es dauerte nicht lange, bis dem zweiundvierzigjährigen Mayfield, einem unverbesserlichen Frauenheld, die Schönheit und das sexuelle Potenzial der zwanzigjährigen Linda auffielen. Ihre Affäre begann 1975 auf der Weihnachtsfeier der Bibliothek, die bei Mayfield zu Hause stattfand, mit einem Kuss unter dem Mistelzweig. Sie dauerte bis zu der Nacht, in der sie starb. In dieser Zeit formte Mayfield Linda körperlich nach seinen Vorstellungen. Unter seinem Regiment nahm sie mit Tabletten, Diät und Sport zwanzig bis dreißig Kilogramm ab und ließ sich überreden, Kontaktlinsen zu tragen und ihre Frisur zu verändern. Von ihm manipuliert, entwickelte sie sich zu einer eindrucksvollen Erscheinung, die ihn faszinierte und auf die sie selbst stolz war.

Mayfield, dem klar war, dass er in Verdacht geraten würde, setzte sich mit Eddie Clark in Verbindung und wurde noch am Nachmittag des 10. Juni auf dem Polizeirevier vernommen. Er spielte seine Affäre mit Linda stark herunter und behauptete, alles habe damit angefangen, dass sie sich wegen ihrer Eheprobleme an ihn gewandt habe. Linda hatte sich im Juni 1976 von ihrem Ehemann getrennt und bereitwillig Mayfields Einladung angenommen, bei ihm und seiner Familie in Tyler zu wohnen – mit seiner Frau und den drei Adoptivkindern, der achtzehnjährigen Bonnie, dem siebzehnjährigen Charley und der sechzehnjährigen Louella.

Mayfield sagte Sergeant Clark, Linda habe ab Januar 1977 nicht mehr bei ihnen gelebt. Damals sei die Familie an den Lake Palestine gezogen, knapp dreißig Kilometer südlich von Tyler. Elfreide habe Linda nicht mehr im Haus haben wollen.

Also sei Linda zu ihrer Großmutter in Bullard gezogen, ganz in der Nähe des Sees. Bis dahin sei Bonnie verheiratet und Charley beim Militär gewesen, sodass nur noch Louella zu Hause wohnte. Mayfield erzählte Sergeant Clark, die Affäre habe danach noch fünf Monate gedauert, mit einem kurzen Höhepunkt in der leidenschaftlichen Woche Mitte Mai, als er seine Frau und Tochter verließ und in eine Wohnung im Embarcadero-Komplex zog, die er für sich und Linda gemietet hatte, ganz in der Nähe der Wohnung von Paula Rudolph. Sechs Tage später habe er es sich anders überlegt und sei zu seiner Familie zurückgekehrt, was Linda so getroffen habe, dass sie versuchte, sich das Leben zu nehmen.

Sergeant Clark wusste bereits einiges über Lindas Situation, weil er ihren Selbstmordversuch untersucht hatte. Von ihren Freunden in Bullard erfuhr er, dass sie während ihrer Ehe mit Bobby andere Affären gehabt hatte. Er fand heraus, dass Linda einen Monat vor ihrem Tod mit einem alten Freund von der Highschool zusammen gewesen war und ihre beste Freundin gebeten hatte, sie zu decken, falls Mayfield anrief. Dieselbe Freundin beschrieb Mayfield Eddie gegenüber als extrem besitzergreifend. Jahre später erzählte sie anderen, »es würde ihn umbringen, wenn er wüsste, dass sie etwas mit einem anderen hatte«. Aus weiteren Quellen erfuhr Eddie, dass sie und Mayfield in der Zeit, in der sie bei den Mayfields in Tyler gewohnt hatte, ihre Affäre ausgelebt hatten, obwohl Elfreide und die drei heranwachsenden Kinder das mitbekommen haben mussten. Eddie wusste, dass Linda viel Zeit im Haus der Mayfields am See verbracht hatte, wo sie häufig von den Nachbarn gesehen wurde, als sie sich im Bikini auf dem Steg sonnte. Wie sich herausstellte, rief Linda Mayfield immer wieder abends zu Hause an, damit er zu ihr in die Wohnung kam, was Elfreide sehr missfiel. Sie konnten nicht ohneeinander leben. Er war ihr sexuell verfallen, und sie war bis über beide Ohren in ihn verliebt.

Zum Schluss erzählte Mayfield, dass er Linda am Tag ihrer Ermordung mehrmals gesehen habe. Am späten Vormittag sei sie in die TEU gekommen, um mit ihm zu reden. Daraus habe sich ein Mittagessen im Dairy Queen ergeben, das bis 13.30 Uhr gedauert habe, wo sie zu einem Vorstellungsgespräch bei einer örtlichen Bank musste. Um sechzehn Uhr sei sie noch einmal in seinem Büro vorbeigekommen, um ihm zu sagen, dass sie die Stelle bekommen hatte. Um 17.30 Uhr seien sie in getrennten Autos auf Wohnungssuche für sie gegangen, bis sie sich um achtzehn Uhr verabschiedet hatten. Unerwähnt blieb, dass sie außerdem am Nachmittag auf den Plätzen der Embarcadero-Wohnanlage Tennis gespielt hatten. Seiner Aussage zufolge hatte er Linda an diesem Tag zuletzt um 20.30 Uhr gesehen, als sie unerwartet vor seinem Haus am Lake Palestine auftauchte. Sie hätten sich ein paar Minuten in seiner Einfahrt unterhalten. Sie habe ihm erzählt, dass sie am Tennisplatz einen gewissen Steve kennengelernt habe, und habe ihn, Mayfield, gebeten, am Samstag ihr Auto zu reparieren. Mayfield sagte Eddie, die Nacht habe er zu Hause bei seiner Frau und Louella verbracht.

Mayfield erklärte sich bereit, sich am nächsten Tag, Montag, dem 13. Juni, auf dem Polizeirevier einem Lügendetektortest zu unterziehen. Am Montag verpflichtete er jedoch den führenden Strafverteidiger von Tyler, Buck Files, der den Termin für den Lügendetektortest sofort absagte. Files teilte Sergeant Clark mit, er dürfe ohne Zustimmung des Anwalts weder mit Mayfield noch mit dessen Frau sprechen, sodass die Mayfields für die polizeilichen Ermittlungen praktisch tabu waren.

Noch am Freitag, dem 10. Juni, erschienen weitere Besucher bei Sergeant Clark, die Informationen für ihn hatten: Geschichtsprofessor Dr. Andrew Szarka und Rhetorikprofessorin Dr. Judy Freeman mit ihren Ehepartnern. Sie alle waren Nachbarn von Mayfield am Lake Palestine und frühere Kollegen von der TEU. Beide Paare kannten Linda gut und verdächtigten Mayfield, bei ihrem Tod die Hand im Spiel gehabt zu haben. Die Szarkas berichteten, Linda sei unmittelbar nach ihrem Gespräch mit Mayfield bei ihnen vorbeigekommen und eine halbe Stunde geblieben, bis einundzwanzig Uhr. Linda habe darüber gesprochen, wie wütend Mayfield geworden sei, als sie angekündigt habe, sich auch mit anderen Männern zu treffen. Judy Freeman, die zehn Jahre älter war als Linda, war ihre Vertraute gewesen. Sie erzählte Sergeant Clark, wie besitzergreifend und eifersüchtig Mayfield gewesen sei, der Linda nicht mit anderen Männern teilen wollte.

Es dauerte nicht lange, bis sich die Polizei einen Überblick über Lindas Unternehmungen in der Mordnacht verschafft hatte. Sie war dreißig Kilometer beziehungsweise zweiundzwanzig Minuten vom Embarcadero-Komplex zu Mayfields Haus gefahren und dort um 19.30 Uhr eingetroffen. Da er noch nicht zu Hause war, ging sie zu einem nahe gelegenen Tennisplatz, wo sie den fünfundzwanzigjährigen Steve Nations traf. Kontaktfreudig wie immer stellte sie sich vor, gab ihm ihre Telefonnummer und sagte, er solle sie anrufen, wenn er Tennis spielen wolle. Dann schaute sie bei den Freemans vorbei, die aber nicht zu Hause waren. Nach ihrem Besuch bei Mayfield und den Szarkas traf sie um 21.30 Uhr zu Hause ein. Zu Paula sagte Linda, sie wolle duschen und sich dann mit einer Freundin im Rodeway Inn treffen. Sie müsse in ungefähr einer Stunde weg. Linda verließ die Wohnung gegen zweiundzwanzig Uhr und ging zu den nahe gelegenen Embarcadero-Tennisplätzen, um zu sehen, wer da war. Sie traf Orlando und Alma Padron, die ebenfalls in der Anlage lebten und sie auf einen Drink in ihre Wohnung einluden. Linda zögerte zunächst und nahm dann an, wobei sie immer wieder sagte, sie müsse zurück, bevor ihre Mitbewohnerin ausgehe.

Alma Padron sagte Jahre später, Linda sei an jenem Abend nervös und unruhig gewesen. Ihre Beine hätten gezittert, und sie habe ständig auf die Uhr gesehen. Sie habe besorgt gewirkt und angespannt auf der Sofakante gesessen. Bereits bevor sie zu den Padrons nach Hause gingen, hatte Linda am Tennisplatz Alma, die sie kaum kannte, ihr Herz ausgeschüttet. Linda habe über ihre Scheidung gesprochen, den Selbstmordversuch, ihre Probleme mit einem verheirateten Mann und über dessen Eifersucht. Sie habe auch eine neue Stelle bei der Bank erwähnt, die sie am selben Tag bekommen hatte, und davon, dass sie ein neues Leben anfangen wolle. Alma hatte das Gefühl, dass Linda entschlossen war, die Vergangenheit hinter sich zu lassen, aber »emotional zerrissen« war. Linda verließ die Wohnung der Padrons um 22.25 Uhr und war wieder in der Wohnung von Paula, bevor die um 22.30 Uhr aufbrach.

Nur zwei Stunden später, um 0.30 Uhr, kam Paula nach Hause und sah den Mörder Lindas im Gästezimmer.

Der Fall nahm eine bizarre Wendung, als sich herausstellte, dass sich zwei Wochen vor dem Mord an Linda, in der Woche vom 23. bis 27. Mai, die sechzehnjährige Louella Mayfield in ihrer Pfadfinderuniform als Polizeibeamtin ausgegeben hatte und in mehreren Wohnanlagen in Tyler, auch im Embarcadero-Komplex, vorstellig geworden war. Sie hatte bei der Hausverwaltung behauptet, sie ermittle in der Mordsache Jim Mayfield und Linda Jo Edwards. Am nächsten Tag wurde Louella von der Polizei verwarnt und darauf hingewiesen, dass sie sich damit strafbar mache. Ungefähr eine Woche, bevor Linda getötet wurde, stürmte Louella in Lindas Arbeitsbereich an der TEU und drohte ihr in Anwesenheit anderer damit, sie zu töten, falls sie die Beziehung zu ihrem Vater nicht beendete. Dann marschierte sie in das Büro ihres Vaters und schrie ihn an, er solle mit Linda Schluss machen.

Alle Aktionen, die Louella veranstaltete, wurden in einem Polizeibericht von einem Sergeant Hayden schriftlich festgehalten. Er endete mit den Worten: »Ich weiß aus eigener Erfahrung, dass Louella geistig und emotional labil, extrem hyperaktiv und eine pathologische Lügnerin ist.«

Jahre später sagte Louella der *Dallas Morning News*, sie habe diese Dinge getan, »weil meine Mom emotional sehr gestresst war … und das hat wehgetan.« Das war sicherlich richtig. Elfreide war tatsächlich ausgelaugt von den endlosen Frauengeschichten ihres Mannes und am Boden zerstört, als er beschloss, sie und Louella zu verlassen und mit Linda zusammenzuziehen. »Wann hört das endlich auf?«, fragte sie ihre beste Freundin, Wanda Joyce, als sie von Lindas Selbstmordversuch erfuhr.

Jim Mayfield und Elfreide waren schon an der Highschool in Coffeyville, Kansas, ein Paar gewesen, und er war ihre große Liebe. Sie wollte ihn auf keinen Fall an eine Frau verlieren, die halb so alt war wie sie. Am 19. Mai, ihrem zweiundvierzigsten Geburtstag, rief sie Mayfield an – der ein paar Tage zuvor ausgezogen war – und bat ihn inständig zurückzukommen. Darauf reagierte Mayfield geradezu panisch. Vor die Wahl zwischen seiner jungen Geliebten und seiner Ehefrau und Jugendliebe gestellt, begann er, sich völlig unberechenbar zu verhalten. Noch am selben Tag reichte er zuerst die Scheidung ein, nur um dann nach Hause zurückzukehren. Seine Wankelmütigkeit brach Linda das Herz. Es war die Nacht, in der sie sich so deprimiert und einsam fühlte, dass sie die Tabletten nahm, mit denen sie ihrem Leben fast ein Ende gesetzt hätte.

Sergeant Clark befragte Louella am Dienstag, dem 14. Juni, wegen der Drohungen, die sie Linda gegenüber geäußert hatte.

Louella gab zu, ausfallend geworden zu sein und sich als Polizeibeamtin ausgegeben zu haben. Sie habe ihren Vater wiederhaben wollen, ihre Mutter habe es nicht verkraftet, dass er nicht mehr da war. Außerdem sagte sie Clark, sie, ihr Vater und ihre Mutter seien in der Nacht, in der Linda ermordet wurde, zusammen zu Hause gewesen. Aufgrund dieser Aussage schloss Sergeant Clark Louella als Verdächtige aus. Am nächsten Tag erhielt Clark ohnehin einen Anruf von Rechtsanwalt Files, der ihm jede weitere Befragung von Louella untersagte.

Anfangs hatte Sergeant Clark Mayfield und dessen Ehefrau als Verdächtige in Betracht gezogen. Wenn Linda Mayfield gedroht hatte, die Beziehung zu beenden, so Clarks Überlegungen, hatte Mayfield sie vielleicht getötet und ihre Geschlechtsorgane zerstört, damit kein anderer sie besitzen konnte. Außerdem hätte Elfreide ein Motiv gehabt, weil Lindas Sexualität ihre Ehe bedrohte. Letztendlich konnten sich aber weder Sergeant Clark noch die Polizei von Tyler vorstellen, dass der Leiter der Universitätsbibliothek oder eines seiner Familienmitglieder einer derartigen Barbarei fähig wäre. Die Mayfields entsprachen einfach nicht dem Profil eines solchen Mörders. Schon gar nicht dem Profil, das der örtliche Psychologe Jerry Landrum zusammengestellt hatte, den Sergeant Clark bereits früher hinzugezogen hatte und der zufällig im Embarcadero-Komplex lebte. Nachdem er sich die Fotos vom Tatort angesehen und von Clark in der Woche vom 13. Juni auf den laufenden Stand gebracht worden war, kam Landrum zu dem Schluss, der Mörder sei möglicherweise achtzehn bis dreißig Jahre alt, homosexuell, impotent, introvertiert, Drogenkonsument und Epileptiker. Daher hielt Sergeant Clark es für Zeitverschwendung, mit Mayfields oder Lindas Kollegen von der Universität und anderen Personen zu sprechen, die mit Mayfield privat oder beruflich zu tun hatten oder ihn von früher kannten. Stattdessen konzentrierte er sich auf den Embarcadero-Komplex, in dessen zweihundertfünfundsechzig Wohneinheiten er Lindas sadistischen Mörder vermutete. So sorgte er dafür, dass Mayfield ungeschoren davonkam.

Um neun Uhr morgens sicherte Sergeant Doug Collard, der leitende Spezialist der Polizei, die Fingerabdrücke in Paulas Wohnung. Besonders interessant fand er, wie deutlich die Abdrücke an der Terrassentür waren, die »ihm ins Auge sprangen«, sobald er das Pulver auf der Tür verteilt hatte. »Wenn Sie den Mann finden, der seine Abdrücke auf der Schiebetür zur Terrasse hinterlassen hat, haben Sie Ihren Mörder«, sagte er noch am selben Vormittag zu Clark. An den nächsten beiden Vormittagen klopfte Clark von früh bis spät an die Türen der Wohnungen und erreichte fast alle Bewohner. Er nahm die Fingerabdrücke aller Männer in der Embarcadero-Wohnanlage, unterzog mehrere von ihnen einem Lügendetektortest und ermittelte gegen alle, die eine Vorstrafe hatten. Er war wie besessen.

Am 2. August erzielte er einen Erfolg. Zufällig lief ihm James Taylor über den Weg, dessen Fingerabdrücke er schon abgenommen und den er bereits befragt hatte. Taylor war ein selbstständiger Lkw-Fahrer und oft außerhalb der Stadt unterwegs, um Ausrüstung für ein im Familienbesitz befindliches Ölförderunternehmen auszuliefern. Er erwähnte jetzt zum ersten Mal, dass er zum Zeitpunkt des Mordes zwar nicht vor Ort gewesen sei, seine Wohnung jedoch vorübergehend einem Gast zur Verfügung gestellt habe. Dessen Name war Kerry Max Cook. Als Taylor am betreffenden Wochenende von seiner Fahrt zurückkehrte, stellte er fest, dass Kerry die Stadt am Tag nach dem Mord verlassen hatte, um seine Eltern in Jacksonville zu besuchen, fünfzig Kilometer südlich von Tyler. Taylor sagte Clark, Cook sei in Jacksonville bereits mit dem Gesetz in Konflikt geraten. Am

Montag, dem 13. Juni, habe Cook Taylor in seiner Wohnung aufgesucht, und am selben Tag habe Taylor ihn später bei einer anderen Auslieferung in Houston abgesetzt.

Bevor er bei Taylor unterkam, war Cook Barkeeper in einer Schwulenbar in Dallas gewesen, der Old Plantation. Taylor hatte Cook dort kennengelernt und ihn seinem Freund Robert Hoehn vorgestellt, der in Tyler als Friseur arbeitete. Sowohl Taylor als auch Hoehn waren homosexuell und fühlten sich zu Cook hingezogen. Die Tatsache, dass Cook in einer Schwulenbar gearbeitet hatte und vorübergehend bei Taylor lebte, verleitete die Polizei später zu der Annahme, er sei homosexuell.

Am nächsten Tag besorgte sich Sergeant Collard von der Polizei in Jacksonville Cooks Fingerabdrücke und verglich sie mit denen an Paulas Terrassentür. Aufgeregt teilte er Clark mit, er habe einen Treffer. Eddie und dessen Kollegen waren überzeugt, dass sie ihren Mann endlich hatten. Sie sahen sich darin bestätigt, als sich herausstellte, dass der einundzwanzigjährige Cook vorbestraft war. Zwar nicht wegen Gewaltverbrechen, aber er hatte im Gefängnis gesessen. Als jugendlicher Straftäter war er Anfang der 1970er-Jahre immer wieder von zu Hause weggelaufen und hatte Autos gestohlen, um mit seinen Freunden durch die Gegend zu fahren. Diese Eskapaden hatten ihm als Ersttäter eine kurze Freiheitsstrafe in einem texanischen Gefängnis eingebracht. Am 5. April 1974, seinem achtzehnten Geburtstag, wurde er entlassen und kehrte zu seinen Eltern nach Jacksonville zurück. Er geriet erneut in Schwierigkeiten, als er ein Schaufenster eintrat, weil er fälschlicherweise beschuldigt worden war, den Laden überfallen zu haben. Dafür bekam er eine Bewährungsstrafe wegen Sachbeschädigung. Seine Bewährung endete im Frühjahr 1977. Zum ersten Mal seit vier Jahren hatte er keine Probleme mit der Justiz mehr.

Nach einer seiner früheren Festnahmen hatte sich Kerry einer vorgerichtlichen Begutachtung im Rusk State Hospital unterziehen müssen. Dort untersuchte ihn kein anderer als Dr. Jerry Landrum, jener Psychologe, der vier Jahre später für Sergeant Eddie Clark ein Profil von Lindas Mörder erstellen sollte. In seinem Gutachten bezeichnete Dr. Landrum Kerry als »typischen rebellischen Heranwachsenden« und »als unreifen, unselbstständigen Jugendlichen, der nachts nach seiner Mutter ruft«. Nachdem Dr. Landrum zu dem Schluss gekommen war, Kerry sei nicht psychotisch und habe auch keine anderen geistigen Erkrankungen, sah er keinen Grund für eine Unterbringung und ordnete seine Entlassung an.

Am 3. August befragte Sergeant Clark zwei Zeugen, die in den Tagen unmittelbar vor dem Mord Kontakt mit Cook gehabt hatten – Randy Dykes, Taylors siebzehnjährigen Neffen, und Taylors Freund Robert Hoehn. Was beide zu berichten hatten, fand Sergeant Clark hochinteressant. Während seines Aufenthalts in der Wohnanlage habe Kerry gesehen, wie sich ein Mädchen im Schlafzimmer einer anderen Wohnung auszog. Das Mädchen sei Linda Jo Edwards gewesen. Hoehn sagte, er habe diese Geschichte von Kerry um dreiundzwanzig Uhr am Abend des Mordes gehört, während sie von Taylors Wohnung zum Swimmingpool der Embarcadero-Wohnanlage gingen. Dykes sagte dem Sergeant, er habe die Geschichte einige Tage zuvor gehört, ebenfalls während er mit Kerry zum Pool ging. Sowohl Dykes als auch Hoehn zeigten Clark das Fenster. Dykes erinnerte sich an ein weiteres Detail: Am 7. Juni, drei Tage vor dem Mord, sei Cooks Hals »voller Knutschflecken« gewesen. Er habe Kerry danach gefragt, und Kerry habe erwidert, er sei dem Mädchen, das er am Fenster gesehen habe, also Linda Jo Edwards, am Pool begegnet, und sie seien zurück in ihre Wohnung gegangen und hätten dort herumgemacht.

Aufgrund der Schilderungen von Hoehn und Dykes gelangte Eddie Clark zu der Überzeugung, dass Kerry ein Spanner war. In Verbindung mit Dr. Landrums Profil verleitete ihn das zu dem Schluss, dass Kerry Linda ermordet hatte. Tatsächlich gab es Hinweise darauf, dass Linda zum Exhibitionismus neigte – zwei andere Männer im Gebäude sagten später aus, sie hätten sie nackt am Fenster stehen sehen, als wollte sie bewundert werden. Aber nachdem die Strafverfolgungsbehörden überzeugt waren, dass sie den Richtigen hatten, gingen sie in rasantem Tempo gegen Kerry vor. Am 3. August erließ A. D. Clark (nicht verwandt mit Eddie Clark), der Bezirksstaatsanwalt von Smith County, Haftbefehl gegen Kerry Max Cook wegen Mordes an Linda Jo Edwards. Allerdings erfuhr der Sheriff von Cherokee County, Danny Stallings aus Jacksonville, der Kerry und dessen Eltern kannte, erst am Freitag, dem 5. August, um 17.30 Uhr von Kerrys Eltern, wo sich Kerry aufhielt: Er arbeitete als Barkeeper im Holiday Club in Port Arthur, Texas. Sergeant Clark und Sheriff Stallings flogen um zwanzig Uhr am selben Abend mit einem Privatflugzeug von Tyler nach Port Arthur.

Mit Unterstützung der örtlichen Polizei nahm Sergeant Clark Kerry um 22.50 Uhr im Club fest. Dann ging die Polizei daran, seine Wohnung zu durchsuchen, »zu verwüsten«, wie Kerry später sagen sollte. Da es kurz vor Mitternacht war, saß Kerrys Freundin Amber Norris, mit der er seit einigen Wochen zusammenlebte, völlig verängstigt im Nachthemd auf dem Bett. Es wurde nichts gefunden, was irgendeinen Beweiswert gehabt hätte.

Zurück im Gefängnis in Port Arthur unterzogen Sergeant Clark, Stallings und die Sittenpolizei von Port Arthur Kerry einem stundenlangen Verhör, bei dem sie versuchten, ein Geständnis aus ihm herauszupressen. Sie brüllten ihm mit Schimpfwörtern gespickte Beschuldigungen ins Gesicht und behaupteten, sein Haar und Sperma seien an Lindas Leiche gefunden worden, was nicht stimmte. Ein örtlicher Polizeibeamter drückte Kerrys Kopf in eine Toilettenschüssel und betätigte ständig die Spülung, während er ihn anschrie, er solle gestehen. Alles vergeblich. Schließlich setzten sie Kerry vor Sonnenaufgang in das Flugzeug zurück nach Tyler. Aber seine Leiden nahmen kein Ende. Die Polizei von Tyler zog ihm die Kleidung aus und sperrte ihn in eine fensterlose Zelle, wo eine Klimaanlage eiskalte Luft auf seine nackte Haut blies.

Ein oder zwei Tage später trafen Kerrys Eltern ein, Earnest und Evelyn Cook. Trotz seiner wilden Jugend liebte Kerry beide und hatte großen Respekt vor seinem Vater, der als Berufssoldat Sergeant bei der Army und für die Fahrzeugflotten verschiedener Stützpunkte in Europa zuständig gewesen war. Kerry und sein älterer Bruder Doyle Wayne, sein großes Vorbild, waren Soldatenkinder und hatten ihre Kindheit auf verschiedenen Stützpunkten in Deutschland verbracht. 1972 war ihr Vater nach einundzwanzig Jahren im Dienst in den Ruhestand gegangen und mit seiner Familie nach Jacksonville zurückgezogen, wo er und Evelyn aufgewachsen waren, sich kennengelernt und geheiratet hatten.

Bei seinem Besuch fragte der Vater Kerry, ob er das ermordete Mädchen gekannt habe. Als Kerry anfing, ihm von der Begegnung am Pool und dem Besuch in ihrer Wohnung zu erzählen, unterbrach Earnest ihn. »Sag nie zu irgendwem, dass du in der Wohnung warst oder sie überhaupt gekannt hast. Wenn du das tust, hängen sie dir den Mord an. Versprich mir, dass du den Mund hältst.« Während der nächsten vierzehn Jahre tat Kerry genau das, was sein Vater ihm geraten hatte, und stritt ab, Linda Jo Edwards je begegnet zu sein. Viele Jahre lang verstrickte er sich in dieser Lüge und in dem von den Strafverfolgungsbehörden gesponnenen Lügennetz.

Am 1. September fuhr Sergeant Clark nach Port Arthur, um mit den Menschen zu sprechen, die Kerry kannten. Er unterhielt sich einige Zeit mit dessen Freundin Amber Norris. Sie erzählte, sie habe Kerry am 1. Juli in einer Schwulenbar in Houston kennengelernt, als sie Freunde besuchte. Nach dem Wochenende vom 4. Juli sei sie nach Port Arthur zurückgefahren, und Kerry sei mitgekommen. Am 7. Juli habe er eine Stelle als Barkeeper im Holiday Club bekommen, und sie hätten gemeinsam eine Wohnung gemietet. Mitte Juli seien sie zusammen nach Jacksonville gefahren, wo sie seine Mutter, seinen Vater und seinen Bruder kennengelernt habe. Auf die bohrenden Fragen von Sergeant Clark erklärte sie, ihr Sexleben sei völlig normal und beinhalte oralen, aber keinen analen Sex. Obwohl sie und Kerry homosexuelle Freunde hätten, habe sie keine Ahnung, ob Kerry bisexuell sei oder nicht. Bei ihr sei er nie impotent gewesen. Gelegentlich rauchten sie Marihuana, unter dessen Einfluss er »albern«, aber nie wütend oder gewalttätig geworden sei.

Die Anklagejury im Verfahren gegen Kerry tagte von August bis Oktober 1977. Cyrus Kugler, der Manager des Holiday Club, in dem Kerry arbeitete, sagte am 19. September aus. Er hatte nur Gutes über Kerry zu sagen. Die Gäste des Holiday Club, erklärte er, seien heterosexuelle typische Amerikaner aus der Mittelschicht, keine Schwulen. Er bezeichnete Kerry »als sehr unkomplizierten Jungen, der sich mit vielen Leuten im Club angefreundet hat«. Jeder möge ihn, Männer wie Frauen. »Viele Mädchen« wollten mit ihm ausgehen. Er sei immer »nett, höflich, gut erzogen«, außerdem ein guter, erfahrener Barkeeper, der keine Einweisung benötigt habe. Um sich der Kundschaft des Clubs anzupassen, habe Kerry seine Haare schneiden lassen und sich konservativer gekleidet.

Am selben Tag, dem 19. September, erschien auch Jerry Landrum vor der Anklagejury. Er schmückte sein bisheriges Profil des

Mörders weiter aus. Er sagte, der Täter sei wahrscheinlich bisexuell und habe Potenzprobleme, was dazu geführt habe, dass er einen ungeheuren Hass auf Frauen entwickelt habe. Er glaube, der Täter sei ein »sexuell unfähiger« Mann mit einer »pathologischen Feindseligkeit gegenüber einer Mutterfigur«. In einer widersprüchlichen und teils unverständlichen Analyse stellte er zunächst fest, der Mörder, ein Homosexueller, habe die Geschlechtsorgane des Opfers verstümmelt, weil er selbst sie nicht besitze. Im nächsten Atemzug verwirrte er die Anklagejury mit der Behauptung, es sei ein sexueller Angriff eines Bisexuellen gewesen.

Drei Zeugen – Taylors Neffen Randy und Rodney Dykes sowie Robert Hoehn – erklärten in ihrer Aussage vor der Anklagejury, Kerry habe ihnen erzählt, er habe Linda am Embarcadero-Pool kennengelernt, und sie habe ihn in ihre Wohnung eingeladen, wo sie herumgemacht hätten. Daher stammten auch die Knutschflecken an seinem Hals. Hoehn gab an, Cook habe ihm von seiner Begegnung mit Linda während des Abendessens bei Hoehn zu Hause am Abend des Montags, 6. Juni, erzählt. Randy erklärte, Kerry habe ihm am Morgen des Dienstags, 7. Juni, genau dasselbe erzählt, als er ihn nach den Flecken an seinem Hals gefragt habe. Hoehn sagte auch, den 9. Juni, den Abend des Mordes, hätten er und Kerry zusammen verbracht. Im Fernsehen sei *Der Weg allen Fleisches* gelaufen, ein Film für Erwachsene, aber Kerry »hat überhaupt nicht aufgepasst«. Weiterhin erklärte er, Kerry sei am betreffenden Abend weder wütend noch frustriert oder aufgebracht gewesen. Alle drei Männer wurden von A. D. Clark befragt, dem Sergeant Eddie Clark zur Seite stand.

Da A. D. Clark fürchtete, diese Aussage vor der Anklagejury, die einen harmlosen Grund für Kerrys Fingerabdrücke an Lindas Terrassentür lieferte, könnte seine Argumentation für eine

Anklage untergraben, enthielt er sie Kerrys Prozessanwälten rechtswidrig vor. Erst nach vierzehn Jahren sollte sie ans Licht kommen.

Im Juni 1978, zehn Monate nach Kerrys Verhaftung, fand die Verhandlung statt. Seine Anwälte waren Larue Dixon und John Ament. Dixon war im Verfahren gegen Kerry fünf Jahre zuvor Bezirksstaatsanwalt von Cherokee County gewesen und hatte erreicht, dass eine Freiheitsstrafe gegen ihn verhängt wurde. Ament hatte Kerry in einigen der damaligen Verfahren vertreten. Als Partner einer Anwaltskanzlei in Jacksonville übernahmen sie die Sache gegen Zahlung eines Vorschusses von fünfhundert Dollar – das war alles, was sich die Cooks leisten konnten. Sie erhielten keine weiteren Zahlungen für ihre Vertretung, was es ihnen unmöglich machte, Sachverständige und Ermittler zu verpflichten, die ihnen bei der Verteidigung von Kerry geholfen hätten. Vertreter der Staatsanwaltschaft in der Verhandlung war der fünfunddreißigjährige Michael Thompson, ein aggressiver Streithahn, dem alles recht war, solange er seine Verurteilung bekam.

Der Mord an Linda Jo Edwards war das abscheulichste Verbrechen in der Geschichte von East Texas. Thompson und sein Chef, Bezirksstaatsanwalt A. D. Clark, waren fest entschlossen, dafür zu sorgen, dass Kerry Max Cook verurteilt wurde und die Todesstrafe bekam. Clark war vom Gouverneur zum Bezirksstaatsanwalt ernannt worden, als sein Vorgänger zurücktrat, stand aber noch im selben Jahr zur Wahl. Als die Verhandlung begann, war Clark bewusst, dass er mehr – und zwar sehr viel mehr – Beweise brauchte, um eine Verurteilung zu erreichen. Seine politische Laufbahn hing davon ab.

Die erste Herausforderung waren die Fingerabdrücke an der Terrassentür, die eindeutig zu Kerry gehörten. Wie und wann waren sie auf diese Tür gelangt? War er zu einem früheren Zeitpunkt zu Besuch in der Wohnung gewesen, oder hatte er sich hineingeschlichen und Linda getötet? Das Problem löste Clark, indem er Doug Collard zu der Aussage überredete, die Fingerabdrücke seien bei ihrer Entdeckung sechs bis zwölf Stunden alt gewesen, sodass Kerry zum Zeitpunkt von Lindas Tod vor Ort gewesen sein müsse. Indem er die Aussagen der drei Männer vor der Anklagejury unterschlug, die Kerrys Anwesenheit in der Wohnung erklärt hätten, und Collard zu der Aussage verleitete, Kerry habe seine Fingerabdrücke im Tatzeitraum an der Terrassentür hinterlassen, schuf Clark die Voraussetzungen dafür, dass er die Attacke auf Linda als Verbrechen eines Fremden präsentieren konnte, nämlich des irrsinnigen Angeklagten. Natürlich war ihm sehr wohl bewusst, dass Kerry für Linda kein Unbekannter gewesen war.

Jetzt musste A. D. Clark dafür sorgen, dass Paula Rudolph Kerry als den Mann identifizierte, den sie im Gästezimmer gesehen hatte. Kerry hatte keinerlei Ähnlichkeit mit der Person, die sie Polizei und Anklagejury beschrieben hatte. Das ließ sich sogar beweisen. Am Morgen nach dem Mord an Linda war Randy Dykes mit Kerry unterwegs, der seinen Führerschein verlängern lassen wollte. Bei der Behörde für öffentliche Sicherheit in Tyler wurde für die Verlängerung ein neues Foto aufgenommen. Es zeigte Kerry mit einem dichten, dunkelbraunen Schopf, der über beide Ohren reichte und sein Gesicht einrahmte. Das hatte nichts zu tun mit »silbergrauem Haar, das halblang geschnitten war, also bis zu den Ohren reichte«. Auf dem Foto war Kerrys Körpergröße außerdem mit 1,80 Metern angegeben, also deutlich mehr als die etwa 1,75 Meter, von denen Paula gesprochen hatte. Kerrys Pech war, dass das Foto in der Post verloren ging und erst Jahre später sichergestellt wurde.

Auf jeden Fall gab es nie eine Gegenüberstellung mit Paula, und sie wurde auch nicht aufgefordert, sein Foto unter mehreren anderen zu erkennen. Bei den beiden Terminen im Vorverfahren wurde sie nie ausdrücklich gefragt, ob es sich bei Kerry um den Mann handelte, den sie gesehen hatte, obwohl Kerry auf der anderen Seite des Saals am Tisch der Verteidigung saß. Bei ihrer Aussage vor der Anklagejury kam dies genauso wenig zur Sprache. Im Termin zur Festsetzung von Kerrys Kaution wurde sie gefragt, ob sie den Mann identifizieren könne, den sie gesehen habe. Sie antwortete ausweichend: »Ich kann keinen Eid darauf schwören, wer es war.« Die Staatsanwälte Clark und Thompson wussten, dass sie Zeit brauchten, um Paula davon zu überzeugen, dass der Mann, den sie des Mordes an Linda angeklagt hatten, tatsächlich der Täter war und der von ihr beobachtete Mann nicht Jim Mayfield gewesen war, weil dieser ein solch barbarisches Verbrechen nicht begangen haben *konnte*.

Es dauerte fast ein Jahr, bis sie sie halbwegs auf ihre Seite gezogen hatten. In der Verhandlung war sie sich nicht mehr sicher, das Haar des Mannes gesehen zu haben. Ihre absurde Erklärung für diese einschneidende Änderung war, dass sie in ein hell erleuchtetes Zimmer geblickt habe, vor dem sie nur eine »angestrahlte Silhouette« gesehen habe. (Forensiker sind sich darin einig, dass es die ideale visuelle Umgebung für genaue Beobachtungen ist, wenn man aus der Dunkelheit in einen gut ausgeleuchteten Raum in geringer Entfernung blickt.) Paula sagte, sie habe keine Gesichtszüge erkannt, nur »Schatten und Flächen auf einem Umriss, einer Gestalt«. Befragt, ob der Angeklagte der Mann sei, den sie gesehen hatte, sagte sie: »Ja, er passt dazu.« So beruhte ihre Identifikation von Kerry letztendlich auf einem »silhouettenhaften Körperumriss«, von dem sie meinte, er passe auf Kerry.

Da Paula jetzt Verbündete der Staatsanwaltschaft war, nahm sie zurück, was sie der Polizei ursprünglich gesagt hatte. Sie war sich plötzlich sicher, dass der Mann, den sie gesehen hatte, nicht Jim Mayfield war. Allerdings blieb sie dabei, der Mann habe weiße Shorts getragen. Das kam Kerry zugute, als Robert Hoehn für die Staatsanwaltschaft aussagte. Aber was dann folgte, wirkte sich bei den Geschworenen verheerend für ihn aus.

Wie in ihren Aussagen vor der Anklagejury beschrieben Hoehn und die Dykes-Brüder Kerry der Jury gegenüber als Spanner. Randy sagte aus, Kerry habe ihm anvertraut, er sei eines Nachts am Schlafzimmerfenster der Frau vorbeigekommen und habe vom Bürgersteig aus beobachtet, wie sie sich ausgezogen habe. Kerry habe davon gesprochen, dass sie große Brüste habe und dabei gewesen sei, sich selbst zu befriedigen. Am Morgen nach Lindas Tod habe Randy Kerry zuerst wegen einer Bewerbung nach Tyler und dann nach Jacksonville gebracht, wo er ihn am Arbeitsplatz seines Bruders abgesetzt habe. Im Gegensatz zum ersten Prozess sagte Randy im Wiederaufnahmeverfahren 1994, am Morgen nach dem Mord an Linda habe er Kerry zur Behörde für öffentliche Sicherheit gefahren, damit er seinen Führerschein verlängern konnte – ein merkwürdiges Ziel für einen Mann, der angeblich zwölf Stunden zuvor eine Frau verstümmelt hatte.

In der Verhandlung erklärte Hoehn, er und Kerry hätten in der Nacht, in der Linda getötet wurde, im Fernsehen den erst ab achtzehn Jahre freigegebenen Film *Der Weg allen Fleisches* gesehen. Diesmal erregte Hoehn – im eindeutigen Widerspruch zu seiner Aussage vor der Anklagejury, in der er mehrmals erklärte, Kerry »hat überhaupt nicht aufgepasst« – den Abscheu der konservativen Jury, als er wollüstig den oralen und analen Sex beschrieb, den er angeblich mit Kerry hatte, während der Film lief. Kerry habe dabei masturbiert und auf den Boden ejakuliert, während

Hoehn zugesehen habe. Hoehn schilderte eine Szene im Film, in der ein kleiner Junge seine Mutter in ihrem Schlafzimmer dabei beobachtet, wie sie sich selbst befriedigt. Er sagte, Kerry habe »sich gerieben«, als sich die Kinder im Film anschickten, eine Katze zu verstümmeln, und ein Fleischermesser mit den Worten geschwungen: »Lass es uns rausschneiden.« Nichts davon stimmte, aber die Staatsanwaltschaft griff es auf und stellte Kerry als perversen, betrunkenen Homosexuellen dar, der durch den Film und die Erinnerung an die nackte Linda im Schlafzimmerfenster sexuell so erregt war, dass er zu ihr gegangen war, sich durch die Terrassentür hineingeschlichen und sie überrascht hatte, um ihr das anzutun, was die Jungen im Film der Katze angetan hatten. Hätte Ament und Dixon die zurückgehaltene Aussage von Hoehn vor der Anklagejury vorgelegen, dann hätten sie die lächerliche Darstellung der Staatsanwaltschaft entkräften können.

Teile von Hoehns Aussage waren für Kerry eigentlich hilfreich, allerdings waren die Geschworenen inzwischen so angewidert, dass sie dem keinen Glauben schenkten. Der Friseur Hoehn sagte der Jury, Kerry habe dichtes dunkelbraunes Haar gehabt, das ihm bis auf die Schultern reichte, und er habe dieselben rotblauen Boxershorts getragen wie immer (also keine weißen Tennisshorts).

Hoehn sagte weiterhin aus, er und Kerry hätten die Wohnung irgendwann nach Mitternacht verlassen, um sich eine Schachtel Zigaretten zu holen. Auf dem Rückweg habe er Kerry am Haupteingang zum Embarcadero-Komplex abgesetzt. Es sei definitiv zwischen 0.30 und 0.35 Uhr gewesen, nicht früher und nicht später. Nachdem sie die Zigaretten gekauft hätten, habe Kerry vorgeschlagen, eine Weile herumzufahren. Hoehn habe das abgelehnt. Als er Kerry absetzte, habe Kerry ihn eingeladen, noch mit zu ihm zu kommen. Hoehn habe wieder abgelehnt, weil er am nächsten Morgen arbeiten und früh aufstehen musste.

Wenn Kerry also der Mörder war, hätte er sich im Handumdrehen in ein Ungeheuer verwandeln müssen, sobald Hoehn weggefahren war. Er hätte spontan zurück zu Taylors Wohnung laufen, weiße Shorts anziehen und zu Paulas Wohnung rennen müssen, um sich durch die Terrassentür zu schleichen, Linda zu überfallen und zu verstümmeln und alles blitzsauber zu hinterlassen, sodass kaum eine Blutspur zurückblieb.

Hoehn hatte seine Gründe für die Falschaussage. Aus unerklärlichen Gründen waren die Staatsanwälte von Smith County überzeugt, dass Hoehn Linda gemeinsam mit Kerry getötet hatte. Die Polizei befragte Hoehn so eingehend und schikanierte ihn so hartnäckig, dass er sich einen Anwalt nahm, um dem ein Ende zu setzen. Aber Staatsanwalt Thompson gab nicht auf. Nachdem die Geschworenen ausgewählt worden waren, beantragte er eine Unterbrechung und führte Kerry und dessen Anwälte in ein Besprechungszimmer. Er bot Kerry einen Deal an: Wenn er Hoehn als Komplizen bei dem Mord nannte, würde die Staatsanwaltschaft eine Freiheitsstrafe von fünfundzwanzig Jahren statt der Todesstrafe beantragen. Kerry lehnte ab, beharrte darauf, er sei unschuldig, und stellte sich der Verhandlung.

Die Fixierung der Behörden auf Robert Hoehn entbehrte jeder sachlichen Grundlage. Hoehn ähnelte dem von Paula beschriebenen Mann nicht im Geringsten. Er hatte blondes, am Oberkopf schütter werdendes Haar. Er war übergewichtig und wirkte mit seinem ausgeprägten Bauch schwammig. Er war knapp 1,80 Meter groß und wog um die achtzig Kilogramm. Seine weiße Haut war teigig ohne eine Spur von Sonnenbräune. Nachdem Kerry den Deal ausgeschlagen hatte, wurde Hoehn Straffreiheit angeboten, damit er so aussagte, wie er es dann tat.

Neben einer Anklage wegen Mordes vermied er die Strafverfolgung wegen gleichgeschlechtlicher sexueller Beziehungen gemäß dem Sodomiegesetz, das in Texas bis 2003 in Kraft war, wo der Oberste Gerichtshof der Vereinigten Staaten es für verfassungswidrig befand.

Nach Hoehns Aussage präsentierten die Staatsanwälte den Geschworenen einen Gefängnisspitzel. Thompson bot Edward Scott Jackson (alias »Shyster«) als Zeugen auf, der seit November 1976 wegen Mordes in Untersuchungshaft saß. Shyster erzählte den Geschworenen, Kerry habe den Mord an Linda gestanden, als beide zusammen im Gefängnis von Smith County saßen. Dabei schilderte er blutrünstige Details des Mordes, die er angeblich von Kerry hatte. Beispielsweise behauptete er, Kerry habe ihm erzählt, er habe Lindas Vagina herausgeschnitten und zusammen mit Haaren von ihrem Kopf mitgenommen. Jackson erinnerte sich angeblich, dass Kerry besonders Frauen mit dunklem Haar hasste (Linda hatte langes, dunkelbraunes Haar), aber Blonde und Rothaarige mochte. Er habe ordinäre Dinge über Dunkelhaarige gesagt, während sie sich gemeinsam Pornomagazine ansahen, wie »der Schlampe muss man eine verpassen, dass sie sich so zeigt«.

Shyster versicherte der Jury, es gebe keine geheimen Absprachen mit der Staatsanwaltschaft als Gegenleistung für seine Aussage. Thompson bestätigte das in seinem Schlussplädoyer und behauptete: »Ich werde hier vor diesem Gericht den Kopf von [Shyster] Jackson fordern, genau wie für diesen Mörder, und er wird ihn verlieren. Ich lasse mich nicht auf einen Handel mit Mördern ein.« So lief es jedoch nicht. Am 15. August 1978, fast auf den Tag genau einen Monat nachdem Kerry in der Todeszelle angekommen war, stand Shyster wieder vor Gericht. Er bekannte sich der fahrlässigen Tötung schuldig, wurde zu einer

Strafe verurteilt, die durch die Untersuchungshaft verbüßt war, und war ein freier Mann. Er hatte sechshundertfünfundzwanzig Tage im Gefängnis von Smith County gesessen, anstatt eine lebenslange Freiheitsstrafe in einem Gefängnis des Bundesstaates Texas zu verbüßen, wie sie in einer Verhandlung verhängt worden wäre.

Letzter Zeuge der Staatsanwaltschaft war Dr. V. V. Gonzalez, jener Pathologe, der die Leiche am Tatort untersucht und später am selben Vormittag im Bestattungsinstitut eine Obduktion durchgeführt hatte. Dr. Gonzalez war nicht als Rechtsmediziner ausgebildet und hatte auch keine offizielle Funktion dieser Art inne. 1977 hatte Smith County keine Rechtsmedizin. Jahre später überprüfte der renommierte forensische Rechtsmediziner Dr. Lloyd die Arbeit von Gonzalez im Fall Linda. Er beschrieb dessen Obduktionsbericht und Aussage als »nahezu unverständlich«. Weiterhin bezeichnete Dr. White Dr. Gonzalez als »unfähig, irgendwelche Wunden oder Verletzungen nach den allgemein anerkannten Standards der Praxis der forensischen Pathologie zu beschreiben«.

Dr. Gonzalez präsentierte eine extrem schädliche und in hohem Maße fragwürdige Feststellung. Obwohl dies in seinem Gutachten nicht vermerkt war, sagte er aus, er glaube, ein Stück der Scheide sei »herausgeschnitten« und »fehle«. Es gelang ihm, das zu erkennen, obwohl der Mörder so oft auf die Vagina und den umgebenden Bereich eingestochen hatte, dass Genitalien und Rektum bis in die Beckenhöhle wie ausgeweidet waren. Sobald Dr. Gonzalez den Zeugenstand verließ, erklärte die Staatsanwaltschaft ihre Beweisführung für abgeschlossen.

Die Verteidigung bot nur drei Zeugen auf, allesamt Insassen des Gefängnisses von Smith County. Sie berichteten den Geschworenen, Shyster Jackson habe ihnen erzählt, er habe mit dem Bezirksstaatsanwalt vereinbart, wenn er sich der fahrlässigen Tötung schuldig bekenne, würde er zu einer Strafe verurteilt werden, die durch die Untersuchungshaft verbüßt war, und auf freien Fuß kommen. Genau das geschah.

Kerrys Anwälte, die befürchteten, Thompson würde Kerry durch den Schmutz ziehen, überredeten ihn, keine Erklärung abzugeben.

In seinem Schlussplädoyer berief sich Thompson auf die von Gonzalez festgestellte »fehlende Scheide« und erklärte den Geschworenen, daraus ergebe sich, dass dieser »Perverse« Lindas fehlenden Kniestrumpf genommen, »diese Körperteile hineingepackt« und mit dem Strumpf in der Hand die Wohnung verlassen habe. »Es würde mich nicht wundern, wenn er die Körperteile gegessen hätte«, setzte er in einer unerhörten Behauptung hinzu. Thompson brandmarkte Kerry als »jungen sexuellen Psychopathen« und flehte die Jury an, »diese abartige, verderbte und perverse Person auszumerzen« und »etwas gegen diesen Perversen zu unternehmen, bevor er dasselbe einer anderen jungen Frau in unserem County« antut.

Thompson erklärte der Jury, nachdem Randy Dykes Kerry am Tag nach dem Mord, also am 10. Juni, nach Jacksonville gefahren habe, »rannte er [Kerry] immer weiter und kam nie nach Tyler zurück … er flüchtete wie ein Karnickel aus Tyler und war nicht zurückgekommen.« Thompson wusste, dass das falsch war. James Taylor, der in der Verhandlung nicht aussagte, hatte vor der Anklagejury am 3. Oktober 1977 erklärt, Kerry sei am Montagnachmittag, 13. Juni, drei Tage nach dem Mord, nach Tyler zurückgekehrt. Er hatte das Wochenende bei seiner Familie in Jacksonville verbracht. Kerry verließ Tyler erst, als Taylor ihn aus der Wohnung warf, weil er gehört hatte, dass Kerry Sex mit einem seiner Freunde gehabt habe. Das Gerücht war unbegründet, aber er war so eifersüchtig, dass er Kerry aufforderte zu gehen. Später am selben Tag nahm Taylor Kerry bei einer Auslieferung in seinem Lkw mit nach Houston. Kerry rief Taylor zweimal in dieser Woche aus Houston an und bat ihn, zurückkommen zu dürfen. Taylor ließ sich nicht darauf ein und hörte nie wieder von Kerry.

Wie die Aussagen von Hoehn und den Dykes-Brüdern vor der Anklagejury wurde auch die von Taylor der Verteidigung in den nächsten vierzehn Jahren vorenthalten.

In ihrem Schlussplädoyer versuchten die Verteidiger Ament und Dixon, den Geschworenen vor Augen zu führen, wie sehr Kerrys körperliche Erscheinung von Paulas ursprünglicher Beschreibung des Mörders abwich. Sie argumentierten damit, dass Kerry das Verbrechen nicht begangen haben könne, da Paula den Mörder um 0.30 Uhr in dem Gästezimmer gesehen und Hoehn Kerry zur selben Zeit abgesetzt habe. Sie zogen Shyster Jacksons »Gefängnisgeständnis« ins Lächerliche und bezeichneten ihn als »Schwätzer«, dem man nicht glauben dürfe. Dixon prophezeite – völlig zutreffend, wie sich herausstellen sollte –, in zwei Monaten würden sie in der Zeitung lesen, Shyster habe sich der fahrlässigen Tötung schuldig bekannt und sei auf freien Fuß gekommen. Kerrys Anwälte hatten jedoch keine Erklärung für die Fingerabdrücke, die nach Collards Aussage sechs bis zwölf Stunden alt gewesen seien, als er sie gesichert hatte. Da Kerry nicht zugab, dass er die Terrassentür einige Tage zuvor angefasst hatte, als er mit Linda in die Wohnung gegangen war, um mit ihr Sex zu haben, legte Collards Aussage nahe, dass er zur Zeit des Mordes in der Wohnung gewesen war.

Die Geschworenen fällten ihr Urteil um 22.00 Uhr am 28. Juni 1978, nachdem sie den ganzen Nachmittag und Abend beraten hatten. Sie befanden Kerry des Mordes für schuldig. Die Festsetzung des Strafmaßes begann am nächsten Tag.

Hier trat Dr. Jerry Landrum in den Zeugenstand. Er war jetzt freiberuflicher Psychologe, also nicht mehr im Rusk State Hospital beschäftigt. Aber er erinnerte sich an seine Begutachtung von Kerry in Rusk einige Jahre zuvor. Er sagte den Geschworenen, er habe seine Unterlagen nicht zur Verfügung, wisse aber noch, dass er bei ihm eine »antisoziale Persönlichkeitsstörung« diagnostiziert habe. Obwohl er seitdem nicht mit ihm gesprochen hatte, setzte er hinzu, er würde Kerry in die »schwer psychopathische Kategorie« einstufen und habe »keine Zweifel«, dass er eine andauernde Bedrohung der Gesellschaft darstelle und durch eine Unterbringung nicht rehabilitiert werden könne. Da die Verteidiger sein Gutachten vom September 1973 nie zu Gesicht bekommen hatten, wussten sie nicht, dass Landrum seiner eigenen Einschätzung widersprach, Kerry sei »nicht psychotisch«, habe »keinerlei geistige Erkrankungen« und es gebe »keinen Grund« für eine Unterbringung in einer geschlossenen Einrichtung.

Später stellte sich heraus, dass Dr. Landrum seine Qualifikationen ständig falsch darstellte und höchst fragwürdige Praktiken einsetzte. Oft erklärte er unter Eid, einen Doktortitel in Psychologie zu haben, während er tatsächlich in Pädagogik und Personalwesen promoviert hatte. 1982 bezeichnete der Court of Criminal Appeals (CCA) des Staates Texas als oberste Instanz in Strafsachen Dr. Landrums Diagnose der künftigen Gefährlichkeit eines anderen texanischen Todeskandidaten als »absurd«, sie »kann nicht ernsthaft in Betracht gezogen werden«. In dem betreffenden Fall war Landrum zu seiner Überzeugung gelangt, nachdem er den Gefangenen dreißig Minuten lang schweigend beobachtet hatte, weil sich der Gefangene die ganze Zeit zu sprechen weigerte.

Der andere Hauptzeuge gegen Kerry bei der Festsetzung des Strafmaßes war Dr. James Grigson, ein forensischer Psychiater. Er untersuchte Kerry und stellte ebenfalls eine antisoziale Persönlichkeitsstörung fest, was er als gewissenlose Person definierte, die keinen Respekt vor dem Leben anderer habe. Er ging noch weiter und stufte ihn »am äußersten Ende ein, dem schlimmsten [Ende], wo man den Soziopathen findet«, und setzte hinzu: »Schlimmer geht es nicht … Ich bin mir hundertprozentig sicher, dass er eine Bedrohung ist und bleiben wird, ganz gleich, wo er ist.« Wie sich herausstellte, war Dr. Grigson ein professioneller Zeuge für die Staatsanwaltschaft. Er hatte in einhundertsiebenundsechzig Verhandlungen, bei denen die Todesstrafe im Raum stand, für die Staatsanwaltschaft ausgesagt, wobei fast in allen Fällen die Todesstrafe verhängt wurde. Die Presse hatte ihm den Spitznamen »Dr. Tod« verpasst. Letztendlich wurde er als Helfershelfer der Staatsanwaltschaft entlarvt und 1995 von der American Psychiatric Association wegen unethischen Verhaltens ausgeschlossen. Beruflich entehrt, starb er 2004 im Alter von zweiundsiebzig Jahren.

Aber die Geschworenen wussten davon natürlich nichts, und Kerrys Familie hatte keinen Sachverständigen, der die Aussagen von Landrum und Grigson hätte widerlegen können. Am 29. Juni 1978, nur wenige Stunden nach den Aussagen, wurde die Festsetzung des Strafmaßes im Verfahren gegen Kerry abgeschlossen: Die Geschworenen stimmten einstimmig für die Todesstrafe. Der Richter verkündete das Urteil sofort mit den Worten: »Ihre Strafe soll der Tod durch letale Injektion sein.« Dann wurde Kerry hastig von Deputy Sheriffs aus dem Gerichtssaal bugsiert und sah sich einer Horde von Reportern und Fernsehkameras gegenüber. »Sagen Sie uns, warum Sie es getan haben!«, brüllte jemand, und Kerrys Antwort lautete: »Ich bin unschuldig.

Man hat mir die Sache angehängt. Aber eines Tages werde ich beweisen, dass ich es nicht getan habe. Ob es zehn Jahre dauert oder zwanzig Jahre, ich werde beweisen, dass ich es nicht war.«

Am 18. Juli 1978 durfte sich Kerry im Gefängnis von Smith County mit einer letzten tränenreichen Umarmung von seinen Eltern und seinem Bruder Doyle Wayne verabschieden. Dann sagte ein Deputy Sheriff zu ihm: »Es ist Zeit, nach Hause zu gehen.« Die Beamten legten ihm Fesseln an und fuhren mit ihm drei Stunden in südlicher Richtung zum berüchtigten Todestrakt von Huntsville, Texas. Er bekam die Nummer sechshundert, was hieß, dass er die sechshundertste Person war, die in Texas zum Tode verurteilt worden war. Sein neues Zuhause war ein Flügel mit fünfzig Zellen. Kerrys Zelle, in der sich auch Waschbecken und Toilette befanden, bestand aus drei jeweils ein Meter fünfundsiebzig langen Betonwänden und hatte an der Vorderseite eine stählerne Gittertür, die elektronisch bedient wurde. Der Tagesablauf begann mit Frühstück um 3.30 Uhr morgens, gefolgt von Mittagessen um 9.45 Uhr und Abendessen um 15.30 Uhr. Alle Mahlzeiten wurden auf einem Metalltablett serviert, das von einem vertrauenswürdigen Gefangenen (der wegen guter Führung besondere Rechte hatte) unter der Tür durchgeschoben wurde. Das Licht wurde immer um 22.00 Uhr gelöscht.

Da ausführlich über Kerrys Fall berichtet worden war, eilte ihm sein Ruf als »Homohure« voraus. Seine Nachbarn im Zellenblock verhöhnten ihn als »Muschi leckender Schwuler« und drohten damit, ihn zu ihrer »Nutte« zu machen. Es war beängstigend. Ein mitfühlender Häftling warnte ihn: Wenn – nicht falls – jemand versuche, ihn sexuell zu missbrauchen, müsse er sich mit allen Kräften wehren, als ginge es um sein Leben, was durchaus der Fall sein mochte. Wenn nicht, würde er den Respekt der anderen verlieren und Freiwild werden.

Und es geschah. Kerry hatte den Mut aufgebracht, mit anderen Gefangenen durch den Gemeinschaftsraum zu dem kleinen Außenkäfig für den Hofgang zu gehen. Bevor er wusste, wie ihm geschah, wurde er von James Demouchette, einem riesigen Schwarzen, mit einem Messer bedroht und aufgefordert, sich nackt auszuziehen, während die anderen zusahen.

Kerry gehorchte und ließ das Unvermeidliche über sich ergehen. Als Demouchette fertig war, ritzte er *Good Pussy* und seinen neuen Namen für Kerry, *Cindy*, in dessen Pobacken. Von diesem Augenblick an war er wie ein Lamm unter Wölfen.

Überwältigt von Scham, schnitt sich Kerry mit einer Rasierklinge die Pulsadern auf. Es war das erste, aber nicht das letzte Mal, dass er versuchen würde, sich das Leben zu nehmen. Als es ihm wieder besser ging, wurde er nach vorn in den Zellenblock verlegt, näher an die Station der Wärter. Aber der sexuelle Missbrauch ging weiter. Vielleicht hätte er dem ein Ende setzen können, wenn er sich gewehrt hätte, aber er hatte Angst, dabei seinen Peiniger zu töten und damit die Staatsanwälte in ihrer Überzeugung zu bestätigen, dass er ein Mörder war. Dann war ihm der Henker sicher. Stattdessen studierte er juristische Fachbücher aus der Rechtsbibliothek, weil er fest entschlossen war, einen Ausweg zu finden, indem er sich mit dem Strafrecht von Texas vertraut machte.

Inzwischen waren die Medien auf Kerrys Verurteilung aufmerksam geworden. Der erste Bericht, der die Beweisführung der Staatsanwaltschaft kritisch unter die Lupe nahm, erschien im April 1979 in einer Lokalzeitung in Longview, Texas. Der von Bob Howie verfasste Artikel wurde unter der Schlagzeile WARTET DER WAHRE SCHULDIGE JETZT IN DER

TODESZELLE AUF SEINE HINRICHTUNG? veröffentlicht und weckte die Aufmerksamkeit des Anwalts Harry Heard aus Longview, der anbot, Kerry pro bono im Rechtsmittelverfahren zu vertreten.

Dann veröffentlichten im Juni 1979 Donnis Baggett und Howard Swindle von der *Dallas Morning News* einen Artikel, der einschlug wie eine Bombe. Shyster Jackson, jener Gefängnisspitzel, der im Zeugenstand Lügen über Kerry verbreitet hatte, hatte seine Geschichte gegenüber Baggett, Swindle und einem Texas Ranger namens Stuart Dowell in einem Interview vom vergangenen September widerrufen. Kerrys angebliches »Geständnis« sei nicht nur frei erfunden gewesen. Shyster sagte auch, er habe es mit Unterstützung von Bezirksstaatsanwalt A. D. Clark ausgeklügelt und sei dafür selbst gut weggekommen. Statt einer lebenslangen Freiheitsstrafe, die bei der anstehenden Verhandlung im Mordprozess gegen ihn maximal möglich war, bekam er eine Du-kommst-aus-dem-Gefängnis-frei-Karte – einundzwanzig Monate im Gefängnis des Countys, die er bereits abgesessen hatte. Er habe die Chance, auf freien Fuß zu kommen, genutzt und Kerrys Geschworenen etwas vorgelogen.

Obwohl Shyster seine Falschaussage mittlerweile bedauerte, mit der er einen Unschuldigen in die Todeszelle geschickt hatte, weigerte er sich, eine beeidete Erklärung für Ranger Dowell zu unterschreiben, weil er Angst hatte, wegen Meineids belangt zu werden. Er setzte sich in seinen Heimatstaat Missouri ab, wo er 1982 einen weiteren Mord beging. Diesmal wurde er vor Gericht gestellt und bekam schließlich doch noch lebenslänglich.

Rechtsanwalt Heard legte für Kerry Revision ein und vertrat ihn am 13. Februar 1980 vor der obersten Instanz des Staates Texas in Strafsachen, dem Court of Criminal Appeals (CCA). Er trug vor, Jacksons Eingeständnis sei bezeichnend dafür, dass die

Anklage der Staatsanwaltschaft jeder Grundlage entbehre. In seinem Schriftsatz wies er auf neunzehn verschiedene Verfahrensfehler hin, aufgrund deren die Verurteilung nicht stichhaltig und verfassungswidrig sei. Kerry war vorsichtig optimistisch, dass der CCA zu seinen Gunsten entscheiden würde. Aber dann zogen die Jahre ins Land, ohne dass eine Entscheidung erging. Am 7. Dezember 1982 richtete Texas den ersten Menschen seit 1964 hin. Weitere Jahre vergingen, und Kerrys Revision lag immer noch beim CCA. Sein einziger Freund im Todestrakt, Kenneth Brock, wurde am 19. Juni 1986 hingerichtet, obwohl der Staatsanwalt, der seine Verurteilung erreicht hatte, und der Vater des Opfers Gouverneur Mark White um einen Aufschub gebeten hatten. Kerry war untröstlich. Er fühlte sich allein und verlassen.

Dann kam der eigentliche Schlag. Am 9. Dezember 1987 wies der CCA die Revision ab. Das Gericht hatte fast acht Jahre lang auf seinem Antrag gesessen, die längste Zeit für eine Entscheidung in einem derartigen Rechtsmittelverfahren in der amerikanischen Geschichte. Der CCA stimmte mit acht Stimmen zu einer Stimme dafür, das Urteil zu bestätigen. Das Gericht nannte Jacksons Wiedergabe des im Gefängnis abgelegten Geständnisses, Paula Rudolphs Identifizierung und Cooks Abdrücke an der Terrassentür mehr als hinreichende Beweise für eine Verurteilung des Angeklagten. Es schloss sich insofern Rechtsanwalt Heard an, dass Dr. Grigsons Aussage bei der Festsetzung des Strafmaßes unzulässig war, weil er mit Kerry zur Beurteilung seiner künftigen Gefährlichkeit gesprochen hatte, ohne dessen Anwälte zu benachrichtigen oder ihre Erlaubnis dafür einzuholen. Allerdings kam das Gericht zu dem Schluss, die Zulassung von Dr. Grigsons Aussage sei unerheblich gewesen, weil Dr. Landrum ähnlich wie er eine Rehabilitierung von Kerry ausgeschlossen hatte.

Eine abweichende Meinung vertrat Richter Sam Houston Clinton. Zu Beginn seiner zweiundzwanzigseitigen Stellungnahme sagte er, das Verfahren weise »beunruhigende Aspekte« auf, und »bei einer vernünftigen Prüfung aller Tatsachen verbleiben schwerwiegende Fragen im Hinblick darauf, ob bei einem vernünftigen Umgang mit den Tatsachen die Schuld ohne berechtigten Zweifel festgestellt werden kann«. Besonders bedenklich fand Richter Clinton Paula Rudolphs Identifizierung. Auf dreizehn Seiten analysierte er ihre Aussage und hinterfragte deren Zuverlässigkeit. Außerdem hatte er Bedenken wegen der nicht identifizierten Fingerabdrücke auf der Schere, die ein Wirbelmuster aufwiesen, während das bei Kerrys Fingerabdruck nicht der Fall war. Außerdem seien Kerrys Fingerabdrücke abgesehen von der Terrassentür nirgendwo in der Wohnung gefunden worden. Dagegen seien fünf andere nicht identifizierte Fingerabdrücke entdeckt worden, von denen keiner von Kerry stammte. Clinton hielt auch nicht viel von Jacksons Aussage bezüglich des Geständnisses, das er für den »schwersten« Fehler des Verfahrens hielt. Auch Robert Hoehns drastischer Schilderung der sexuellen Handlungen, die angeblich in der Nacht des Mordes vollzogen worden waren, maß er nicht viel Gewicht bei.

Wenige Tage nachdem ihm die Entscheidung des CCA zugegangen war, erhielt Kerry eine weitere Nachricht, die ihn schwer traf: Sein geliebter Bruder, der dreiunddreißigjährige Doyle Wayne, war tot – wegen eines tragischen Missverständnisses. Doyle Wayne hatte mit einem Freund einen angenehmen Abend in einem Club in Longview verbracht. Kurz bevor der Club schloss, hatte der Freund einem anderen Gast die Sonnenbrille von der Nase gerissen. Da der Mann Doyle Wayne für den Schuldigen hielt, hatte er ihm einen .44er Magnum-Revolver an den Hals gehalten und ihn erschossen. (Der Schütze wurde gefasst und bekannte sich der vorsätzlichen Tötung schuldig. Dafür, dass er Doyle Wayne das Leben genommen hatte, bekam er eine Gefängnisstrafe von sechzehn Jahren.) Der Verlust beider Söhne war für die Cooks fast unerträglich.

Drei Tage nachdem er vom Tod seines Bruders erfahren hatte, wurde Kerry erneut vergewaltigt. Die Hoffnungslosigkeit überwältigte ihn und führte zu einem zweiten Selbstmordversuch. Wieder griff er zu einer Rasierklinge, diesmal schnitt er sich Handgelenk, Beine und Penis auf. Wie durch ein Wunder überlebte er und wurde in den folgenden zwei Jahren vom psychiatrischen Team des Gefängnisses stationär behandelt. Diese Zuwendung war für Todeskandidaten eine absolute Ausnahme. Endlich behandelte jemand Kerry Max Cook mit Menschlichkeit und Mitgefühl.

1988 wendeten sich die Dinge für Kerry allmählich zum Besseren. Im Februar nahm sich ein hochkompetenter Rechtsanwalt seiner Sache an: Scott Howe vom neu gegründeten Capital Punishment Project, das sich für zum Tode Verurteilte einsetzte. Zunächst einmal musste Howe dafür sorgen, dass Kerry am Leben blieb. Joe Tunnell, ein Richter in Smith County, dem Kerrys Verfahren neu übertragen worden war, hatte den 8. Juli 1988 als Hinrichtungstermin angesetzt. Howe legte Beschwerde gegen diese Entscheidung beim Obersten Gerichtshof der Vereinigten Staaten ein und beantragte einen Aufschub. Am 28. Juni 1988, elf Tage bevor Kerry sterben sollte, gewährte das Gericht den Aufschub und verwies die Sache zur nochmaligen Prüfung zurück an den CCA. Der CCA prüfte erneut. Am 17. Januar 1990 bestätigte er Kerrys Verurteilung und das Strafmaß. Aber dann, sechs Monate später, am 13. Juni, geschah etwas Unerhörtes. Dasselbe Gericht überlegte es sich anders. In einem nahezu beispiellosen Augenblick der Selbstkritik, die die Welt des Rechts verblüffte, gab es Scott Howes Antrag auf eine neuerliche Verhandlung statt, sodass Kerry Hoffnung auf eine Wiederaufnahme des Verfahrens schöpfte.

Kurz nach Wiederaufnahme des Verfahrens durch den CCA gelang es Scott Howe, sich zwei enorm wichtige beeidete Erklärungen zu verschaffen. Die eine stammte von George Bonebrake, dem mittlerweile pensionierten früheren Leiter der FBI-Abteilung für Fingerabdrücke, einem landesweit anerkannten Experten mit über vierzigjähriger Erfahrung. Bei der Prüfung von Lieutenant Collards Aussage war Bonebrake über viele von Collards Feststellungen gestolpert. Besonders bedenklich schien ihm, dass Collard das Alter der Fingerabdrücke an der Terrassentür auf die Stunde genau bestimmt haben wollte. Diese Festlegung hielt er für »völlig unzuverlässig«, denn es »war unmöglich zu bestimmen, ob der Abdruck zwei Stunden oder zwei Wochen, bevor er von der Polizei entdeckt wurde, an der Tür hinterlassen wurde«. Er setzte hinzu: »Es ist ein anerkannter Grundsatz der Untersuchung von Fingerabdrücken, dass der Untersuchende das Alter eines Fingerabdrucks nicht mit annehmbarer Genauigkeit feststellen kann.«

Howe besorgte sich auch eine beeidete Erklärung von Dr. Gary Mears, der einen Lehrstuhl für Psychologie an der University of Texas at Tyler innehatte und von 1973 bis 1985 Dekan der dortigen Fakultät für Psychologie war. Dr. Mears berichtete, Jim Mayfield sei ein oder zwei Tage nach dem Mord an Linda Jo zu ihm ins Büro gekommen und habe ihn gefragt, wie man einen Lügendetektor »überlisten« könne. Mayfield wusste, dass Mears einen Polygrafen in seinem Labor hatte und sich auf wissenschaftlicher Ebene mit Polygrafie befasste. Bei diesem Gespräch sprach Mears Mayfield gegenüber das Buch *The Sexual Criminal* an, das er zufällig in der Universitätsbibliothek gefunden hatte. Das 1949 veröffentlichte Werk über Sexualstraftäter enthielt Polizeifotos ermordeter Frauen, deren Geschlechtsorgane verstümmelt worden waren. Zu seinem Entsetzen stellte er fest, dass die Fotos den Linda zugefügten Verletzungen entsprachen. Nachdem Dr. Mears das Buch zufällig entdeckt hatte, kam heraus, dass Mayfield selbst es für die Bibliothek bestellt hatte. Peinlich berührt brachte Mayfield nur eine wenig überzeugende Erklärung vor: »Ich habe noch mehr solche Bücher.« Am selben Nachmittag berichtete Mears einem hohen Beamten der Polizei von Tyler von diesem Gespräch, doch der zeigte kein großes Interesse und ging der Sache nicht nach. Mehr noch, als Mears am nächsten Tag zufällig auf Mayfield traf, teilte ihm dieser mit, die Polizei habe seinen Anwalt über die von Mears gelieferten Hinweise bezüglich Buch und Polygraf informiert. Mears war wie vor den Kopf geschlagen. Die Polizei schien Mayfield nicht als Verdächtigen zu behandeln, sondern stattdessen mit ihm zusammenzuarbeiten.

Um dieselbe Zeit stellte Pulitzer-Preisträger David Hanners, ein Investigativreporter der *Dallas Morning News*, Nachforschungen zu Kerrys Verfahren an. Hanners drehte jeden Stein um. GEFANGENER ZU UNRECHT VERURTEILT lautete die Schlagzeile, unter der sein erster Artikel am 28. Februar 1988 auf der Titelseite erschien. Dieser und spätere Beiträge befassten sich mit allen Aspekten des Verfahrens und beinhalteten Interviews mit einem Großteil der Beteiligten. Dazu gehörten Vertreter der Strafverfolgungsbehörden von Smith County, Verteidiger und Zeugen der Staatsanwaltschaft. Randy Dykes berichtete dem Journalisten, der Staatsanwalt habe ihm vorgegeben, was er sagen solle und was nicht. In einer beeideten Erklärung von 1991 schwor er zudem, Staatsanwalt Thompson habe ihn ständig angebrüllt, er solle seine Geschichte richtig hinbekommen. »Ich war sehr jung, noch auf der Highschool, und er hat mich total eingeschüchtert«, fuhr Dykes fort. »Ich habe beschlossen, ihm zu sagen, was immer er hören will, damit ich so schnell wie möglich da rauskomme. Als ich nach Hause gekommen bin, habe ich meiner Familie erzählt, was passiert ist.« Sein jüngerer Bruder Rodney Dykes, der mittlerweile eine zehnjährige Freiheitsstrafe wegen Betäubungsmitteldelikten und Einbruch absaß, berichtete Hanners, Polizei und Staatsanwaltschaft »haben ihm die Worte in den Mund gelegt«.

Robert Hoehn war am 12. September 1987 in Dallas an Aids gestorben, aber ein enger Freund von ihm berichtete Hanners von Gesprächen an Hoehns Sterbebett. Hoehn habe ihm gesagt, die Cook-Sache lasse ihm keine Ruhe, »er fühlte sich schuldig wegen seiner Rolle bei der Verurteilung von Cook«, und »der falsche Mann sitzt in der Todeszelle«. Er beteuerte seinem Freund gegenüber, »Cook war nie, niemals schuldig«.

Am 9. Oktober 1988 veröffentlichte die *Dallas Morning News* eine weitere Reportage, die vor allem Collards Altersbestimmung der Fingerabdrücke an der Terrassentür als weiteren Beweis für die Machenschaften der Staatsanwaltschaft ins Visier nahm. ENTSCHEIDENDE ZEUGENAUSSAGE IM COOK-VERFAHREN OFFENBAR FALSCH, so der Titel. Dieser Artikel hatte weitreichende Wirkung und führte zu einer Untersuchung durch die International Association for Identification im Jahr 1989. In einer dreizehnseitigen Erwiderung vom 22. Mai 1989 gab Collard zu, dass ihm bei seiner Aussage bewusst war, dass »[seine Altersbestimmung der Fingerabdrücke] nicht objektiv oder wissenschaftlich zu belegen war« und dass »kein anderer Fingerabdruckexperte eine solche Analyse stützen würde«. Als

Collard A. D. Clark auf die fehlende wissenschaftliche Grundlage für eine Bestimmung des Alters von Fingerabdrücken hingewiesen habe, habe Clark erwidert, er solle es als seine »Meinung« darstellen. Collard habe wiederholt Einwände dagegen erhoben, sei aber bei Clark auf »erbitterten und hartnäckigen Widerstand« getroffen. Als Collard letztendlich nachgab, hatte A. D. Clark mit seiner unwiderlegten Aussage sozusagen ein Allheilmittel bei der Hand: zuerst um den hinreichenden Verdacht zu begründen, dann um bei der Anklagejury eine Anklage zu erreichen und in der Folge die Bedingungen für die Festsetzung der Kaution für Kerry zu bestimmen und schließlich, um Kerrys Verurteilung in der Verhandlung zu erreichen. Wegen Collards falscher Aussage, die Abdrücke an der Tür seien nur sechs bis zwölf Stunden alt, hatte Kerry keine Chance.

Im Februar 1990 schrieb Kerry mit Bleistift einen einundsechzig Seiten langen Brief an Centurion, in dem er um Hilfe bat, weil er von unserer Rolle im Fall Clarence Lee Brandley erfahren hatte, der rehabilitiert und aus der Haft entlassen worden war, nachdem er zehn Jahre lang unschuldig in Texas in der Todeszelle gesessen hatte (siehe »Im Zweifel gegen den Angeklagten«). Hanners unterstützte Kerry, indem er Centurion alle Zeitungsartikel und veröffentlichten Interviews zukommen ließ. Nachdem ich den Fall mit Hanners telefonisch ausführlich besprochen und den gesamten Vorgang geprüft hatte, stattete ich im November Kerry zwei lange Besuche ab. Ich gelangte zu der Überzeugung, dass er unschuldig war, und versprach, dass Centurion seinen Fall übernehmen werde.

Da wir Mayfield für einen plausiblen Verdächtigen hielten, verbrachte Centurion einen Großteil des Jahres 1991 mit dem, was die Polizei von Tyler unterlassen hatte, und befragte unzählige Menschen, die ihn kannten: Nachbarn, Verwandte, Mitarbeiter der Universität, Fakultät und Bibliothek sowie frühere Kollegen bis hin zu seiner Zeit in Coffeyville, Kansas, wo er aufgewachsen war und seine berufliche Laufbahn begonnen hatte. Wir erfuhren, dass er zu Beginn seiner Tätigkeit einen Nervenzusammenbruch erlitten hatte und das Haus ein oder zwei Jahre lang nicht verlassen konnte. In diesen dunklen Tagen sorgte Elfreide für die Familie.

Die Menschen, die Mayfield kannten, erinnerten sich an ein besonders hervorstechendes Charaktermerkmal: sein explosives Temperament. Ein früherer Kollege verglich ihn mit einem »elektrischen Kondensator«, was heißen sollte, dass er Spannung aufbaute, die sich dann blitzartig entlud. Ein anderer nannte ihn einen »Vulkan«. Ein weiterer erinnerte sich, dass Mayfield »von rasender Wut geschüttelt wurde«, wenn sein Temperament außer Kontrolle geriet. Alle erwähnten, dass auf seine Ausbrüche stets eine unheimliche Ruhe folgte. Die meisten unserer Gesprächspartner wären nicht überrascht gewesen, wenn Linda Mayfields Zorn zum Opfer gefallen wäre. Jede Frau, die an der TEU oder an der Midwestern University, wo er von 1969 bis 1973 die Bibliothek geleitet hatte, für ihn gearbeitet hatte, traute ihm den Mord an Linda zu. Kurz bevor er die Midwestern University verließ, unterzeichneten neun Frauen, die für ihn arbeiteten, einen Brief an den Präsidenten der Universität und verlangten Mayfields sofortige Entlassung wegen seiner »häufigen Wutanfälle« und seines herabwürdigenden Verhaltens. Als Linda getötet wurde, verdächtigten die weiblichen Mitarbeiter der Bibliothek der TEU Mayfield, dabei seine Hand im Spiel gehabt zu haben.

Selbst sein Adoptivsohn Charley glaubte, Mayfield müsse im Hinblick auf Lindas Ermordung als verdächtig gelten. Er sagte gegenüber der Polizei aus, seiner Meinung nach sei sein Adoptivvater aufgrund von dessen »gewalttätigem Temperament« eines solch abscheulichen Verbrechens fähig. Außerdem war er davon überzeugt, dass Elfreide zu »ihrem Ehemann halten« würde, obwohl er sie, Charley und seine Geschwister misshandelte.

Wer die Dynamik der Ehe der Mayfields kannte, wusste, dass Elfreides einziger Lebenszweck war, jede der Launen und häuslichen Bedürfnisse ihres Mannes zu erfüllen. Sie war eine hingebungsvolle Hausfrau mit vielen Talenten. So schneiderte sie zum Beispiel Mayfields Anzüge selbst. Wanda Joyce, Elfreides beste Freundin, erinnerte sich, dass Elfreide »ihn so liebte, dass sie mit ihm auch unter einer Brücke gelebt hätte«. Elfreides Schwester erzählte anderen dasselbe. Mayfield beherrschte Elfreide völlig. Er regierte sein Haus mit harter Hand. Was immer er wollte, bekam er. Nach Aussage der weiblichen Mitarbeiter der TEU-Bibliothek »kommandierte er sie [Elfreide] herum wie ein Feldwebel«, sie sei sein »Fußabtreter« gewesen. Elfreide nahm seine Beschimpfungen und Frauengeschichten hin und litt still.

Wanda Joyce glaubte, Mayfield habe »die Nerven verloren, er ist durchgedreht und hat [Linda] getötet«. Elfreide habe mit ihr nie darüber gesprochen, sie aber in der Woche nach Lindas Tod besucht. Sie habe »eingefallen und verstört« gewirkt und zu Wanda gesagt: »Sie denken, Jim hat es getan, aber wir haben alle einen Lügendetektortest gemacht und bestanden.« Sie habe hinzugesetzt, »der Stress ist unerträglich. Es ist alles ein Albtraum.« Aber Elfreide ging mit ihm durch dick und dünn. Letztendlich rettete sie ihm als Alibizeugin das Leben. Bis zu seinem Tod am 12. Juli 2019 stand er in ihrer Schuld.

Mayfields rechte Hand und Nachfolgerin in der Bibliothek, Olene Harned, verschaffte uns einen Einblick in Mayfields Stimmung in den Tagen vor Lindas Ermordung. Mayfield habe seine Arbeit und das Leben am Lake Palestine geliebt, erklärte sie. Nachdem er in den zwanzig Jahren seines Berufslebens alle drei bis vier Jahre umgezogen sei, habe er das Gefühl gehabt, endlich seinen Platz gefunden zu haben und Respekt und Ansehen zu genießen. Mit vierundvierzig habe er gehofft, bis zur Rente Leiter der TEU-Bibliothek bleiben zu können.

Olenes Aussage zufolge war Mayfield am Boden zerstört, als er entlassen wurde. Er habe Linda die Schuld gegeben, dass sie seine Karriere »ruiniert« habe. Er habe Olene erzählt, er und Elfreide hätten beschlossen, nach Houston zu ziehen und auf den Trümmern ihrer Existenz ein neues Leben aufzubauen. Elfreide habe dort Familie. Er habe befürchtet, Linda könne ihm nach Houston folgen: »Wenn sie das tut, werde ich sie nie los.«

Olene wusste, dass die Wahrheit nicht so einfach war. Mayfield war genauso von Linda besessen wie sie von ihm und konnte sich nicht von ihr fernhalten. Er war zermürbt von den Folgen der Affäre und wollte mit ihr Schluss machen. Aber er brachte nicht die nötige Willenskraft auf.

Für Olene und die anderen Mitarbeiterinnen der Bibliothek war offensichtlich, dass Mayfields sexuelle Leidenschaft für Linda einen Keil zwischen ihn und seine Familie getrieben und ihn beruflich ruiniert hatte. Seine Sekretärin, Sophia Lenderman, erinnerte sich, dass es allgemein bekannt war, dass Jim sie loswerden wollte, dass er die Beziehung satthatte. »Er sprach davon, sie aufzugeben, konnte es aber nicht, weil er ihr sexuell verfallen war.«

Am Morgen nachdem Linda getötet worden war, kam Mayfield eine Stunde früher in die Arbeit, kurz nach sieben Uhr. Die Bibliotheksangestellte Ann White wartete bereits auf ihn. Sie hatte soeben durch einen Anruf erfahren, dass Linda »schlimm verletzt« worden war. Er bestand darauf, dass Ann ihn zum Embarcadero-Komplex fuhr. Während sie im Auto saßen und die Arbeit der Polizei draußen an der Wohnung verfolgten, äußerte Mayfield keine Sorge um Linda, sondern rief wütend aus, sie habe

»ihn ruiniert, ihn seine Stelle gekostet und ihm jede Menge Probleme bereitet«. Am späten Freitagnachmittag, nachdem er von der Polizei befragt worden war, besuchte Mayfield seinen Freund Chad Edwards, Professor für Musik an der Universität, in dessen Haus am Lake Palestine. Während des mehrstündigen Besuchs »verlor er völlig die Fassung und weinte und weinte nur noch«, während er darauf wartete, dass es dunkel wurde und die Polizei kam, um ihn festzunehmen. Am Rande eines weiteren Nervenzusammenbruchs kehrte er nach Hause zu der aufopferungsvollen Elfreide zurück.

Am Montag nach dem Mord kam er ins Büro und erzählte Olene, er habe einen privat durchgeführten Lügendetektortest, den sein Anwalt in Auftrag gegeben hatte, nicht bestanden und werde es erneut versuchen. Er zitterte und weinte, dass »ihm die Tränen vom Kinn tropften«. Olene wurde klar, dass er Todesangst um seine eigene Haut hatte. »Es war keine Trauer um Linda.« Er sagte: »Ich habe eine Todesangst, dass ich in den Mordfall hineingezogen werde.«

Centurion befragte nicht nur Mayfields Familie, Kollegen und Mitarbeiter, sondern sprach auch mit Menschen, die Linda nahegestanden hatten. Kollegen sagten, in den Tagen nach ihrem Selbstmordversuch und unmittelbar vor ihrem Tod habe sie ihnen erzählt, dass sie »Probleme mit Mayfield« hatte, und geschworen, »es ihm um jeden Preis heimzuzahlen«. Mittwoch, der 8. Juni, Lindas vorletzter Tag auf Erden, war Jim Mayfields Geburtstag. Er wurde vierundvierzig. Am Morgen kam Linda bei ihm im Büro vorbei und gab ihm einen Satz Glocken, der ironischerweise Glück bringen und böse Geister abwehren sollte, wie sie sagte. Sophia Lenderman erinnerte sich, wie liebevoll, mit geradezu abgöttischer Verehrung Linda Mayfield an jenem Morgen angesehen hatte. Die Mittagspause verbrachten sie allein in

Paulas Wohnung. Linda überschüttete ihn mit Geschenken, unter denen neue Tenniskleidung, Eau de Cologne, Socken und ein von Linda angefertigtes Gemälde waren. Laut einer frühen protokollierten Zeugenaussage von Mayfield »knutschten« sie nur.

Am Abend ging Linda zu ihrem Kunstkurs, der von neunzehn bis einundzwanzig Uhr dauerte, und unterhielt sich dann etwa eine Stunde allein mit der Kursleiterin Gloria Coughenour, die doppelt so alt war wie Linda. In den zweieinhalb Jahren, in denen Linda den Kunstkurs besucht hatte, war Gloria zu einer Freundin und Vertrauten geworden. Sie wusste von Lindas Geschichte mit Mayfield und den katastrophalen Folgen für alle Beteiligten. An diesem Abend schien sich Linda darüber zu freuen, dass ihr Schwager ihr eine Stelle in Baytown besorgt hatte, rund vierzig Kilometer östlich von Houston, wo er und Lindas Schwester Carolyn lebten. Gloria hatte den Eindruck, Mayfield habe keinen Platz in Lindas Plänen, Linda wolle neu anfangen und habe Mayfield darüber und über ihren bevorstehenden Umzug nach Houston informiert. Coughenour wusste nicht, dass Linda am nächsten Tag, dem 9. Juni, ein Vorstellungsgespräch bei einer Bank in Tyler hatte. Niemand, außer vielleicht Mayfield, wusste genau, was Linda wirklich vorhatte.

Im April 1990 verlor Kerry seinen Vater Earnest durch eine Krebserkrankung. Seine Trauer ließ ihn in tiefe Niedergeschlagenheit versinken. Aber dann gab es eineinhalb Jahre später gute Nachrichten. Am 18. September 1991 hob der CCA Kerrys Verurteilung auf und ordnete ein neues Verfahren an. Das Gericht war zu dem Schluss gekommen, dass Dr. Grigsons Aussage tatsächlich sowohl unzulässig als auch für Kerry schädlich gewesen war, weil sie die Geschworenen in der Phase der Bestimmung des Strafmaßes von seiner künftigen Gefährlichkeit überzeugte.

Ein Formfehler, ja, aber eine Chance auf Freiheit nach vierzehn Jahren brutaler und gefährlicher Gefangenschaft.

Scott Howe hatte seine Mission erfüllt. Er wusste selbst, dass er jetzt beiseitetreten musste. Seine Stärke waren Berufungs- und Revisionsverfahren, und Kerry brauchte einen Prozessanwalt für seine zweite Verhandlung. Scott und Kerry baten mich, ihnen bei der Auswahl behilflich zu sein. Ich schlug Paul Nugent in Houston vor. Ich hatte mit Nugent und seinem Partner Mike DeGeurin gemeinsam daran gearbeitet, Clarence Brandley aus der Todeszelle zu holen. Nugent übernahm den Fall gern und erklärte sich bereit, Kerry pro bono zu vertreten.

Anfang der 1990er-Jahre war A. D. Clarks Zeit bei der Bezirksstaatsanwaltschaft von Smith County längst vorbei. Jack Skeen – Clarks Cousin ersten Grades, ihre Mütter waren Schwestern – war der neue Bezirksstaatsanwalt. Er und sein bester Mann, David Dobbs, würden die Anklage im Prozess gegen Kerry vertreten. Im Herbst 1991, bevor Nugent an Bord war, hatten Dobbs und ich Beweismaterial ausgetauscht. Zu den wichtigen Unterlagen, die er mir aushändigte, gehörten die bisher zurückgehaltenen Aussagen von Hoehn, Taylor und den Dykes-Brüdern sowie Zugang zum vierundachtzigseitigen Bericht über die polizeilichen Ermittlungen. Ich gab ihm ein zweiundzwanzigseitiges Memo, das erklärte, warum Centurion Mayfield für schuldig hielt. Ich versuchte vergeblich, ihn von Kerrys Unschuld und Mayfields Schuld zu überzeugen. Dobbs sagte, er glaube Mayfield, dass er Linda geliebt habe, und zeigte sich beeindruckt, dass Mayfield immer weinte, wenn er von ihr sprach. Zu meinem Entsetzen verriet er Mayfield meine Quellen und was sie über ihn gesagt hatten.

Eines Abends suchten Dobbs und ich den Tatort auf – Paulas inzwischen leer stehende Wohnung – und stellten den Augenblick nach, in dem Paula zur Tür hereinkam und Lindas Mörder sah. Wir sorgten für dieselben Lichtverhältnisse und verkörperten abwechselnd Paula und den Mörder. Für uns beide war klar, dass dies die idealen Sichtbedingungen für richtige Beobachtungen waren. Daher war ich wie vor den Kopf geschlagen, als Dobbs während dieser Übung sagte, er glaube, Paula habe nicht Kerry gesehen, sondern Hoehn, und Kerry sei in dem Schrank gewesen, in dem das Messer gefunden wurde. Schockiert und ungläubig erwiderte ich, Paula habe Mayfield bis ins kleinste Detail beschrieben, und Hoehn sehe überhaupt nicht aus wie der von Paula beschriebene Mann.

Im Rahmen der Vorbereitung auf die Verhandlung erhielt Paul Nugent Zugang zu Dobbs' Akten und entdeckte Collards Memo von 1989, in dem er erklärte, warum er das Alter der Fingerabdrücke an der Terrassentür auf die Stunde genau bestimmt hatte, obwohl er wusste, dass das nicht möglich war. Von Hoehns Aussage vor der Grand Jury schienen vier Seiten zu fehlen, und Dobbs versprach Paul, danach zu suchen.

Am 4. März 1992 wurde Kerry aus der Todeszelle geholt und ins Gefängnis von Smith County gebracht, wo er auf seine Verhandlung wartete. Ohne Erlaubnis und hinter Paul Nugents Rücken fing Dobbs Kerry ab, als er im Gefängnis ankam. Er versuchte, Kerry über die Fingerabdrücke am Tatort zu befragen, ein eklatanter und unethischer Verstoß gegen das Verbot, einen Angeklagten ohne Anwalt zu vernehmen. Richter Tunnell rügte Dobbs später wegen dieses Fehlverhaltens.

Paul versuchte, ein neues Verfahren zu verhindern, und argumentierte, Kerry dürfe aufgrund Strafklageverbrauchs nicht wegen derselben Tat erneut vor Gericht gestellt werden, nachdem die Staatsanwaltschaft der Verteidigung im ersten Verfahren mehrere entlastende Beweismittel vorenthalten und zahlreiche

Zeugen zu einem Meineid verleitet habe. Wenn sich der Richter dieser Argumentation anschloss, war ein erneutes Verfahren ausgeschlossen, und Kerry musste freikommen.

Im Vorfeld seiner Entscheidung setzte Richter Tunnell im Herbst 1992 mehrere Termine an, wobei er sich auf das Polizei und Staatsanwaltschaft vorgeworfene Fehlverhalten konzentrierte, um zu klären, ob die Regel des Strafklageverbrauchs anzuwenden war.

In den Terminen sagten zahlreiche Zeugen aus, unter anderem A. D. Clark, Collard, Dobbs und Eddie Clark. Shyster Jackson wurde sogar aus dem Gefängnis des Bundesstaates Missouri vorgeführt. Er widerrief sein gesamtes Geständnis in der Verhandlung und gab zu: »Ich habe gelogen, um mich selbst zu retten.« Er erklärte, A. D. Clark habe ihn vorbereitet, ihn mit Informationen versorgt und ihm Fotos des Opfers gezeigt. Seine Aussage in der Verhandlung sei von Anfang bis Ende erlogen gewesen. Wenn er im Gefängnis mit Kerry gesprochen habe, habe dieser immer seine Unschuld beteuert.

Das Team der Verteidigung war fassungslos, als Richter Tunnell schließlich verkündete, er werde eine Verhandlung ansetzen und sich die Entscheidung über die Frage des Strafklageverbrauchs bis zu deren Ende vorbehalten. Das ergab überhaupt keinen Sinn. Zweck dieser Termine war ja gerade zu entscheiden, ob es überhaupt zu einer Verhandlung kommen sollte.

Unter Verweis auf die große Medienpräsenz in Tyler stimmte Tunnell einer Verlegung des Verhandlungsorts nach Georgetown zu, damals eine konservative Stadt und Verwaltungssitz von Williamson County in Central Texas, vierzig Kilometer nördlich von Austin und deutlich mehr als dreihundert Kilometer von Tyler entfernt.

Richter Tunnell traf im Vorfeld der Verhandlung auch eine Reihe von Entscheidungen zugunsten der Staatsanwaltschaft, die Kerrys Verteidigung ausbremsten. Am schädlichsten war der Ausschluss der Aussagen von Robert Hoehn, James Taylor und den Dykes-Brüdern vor der Anklagejury, die A. D. Clark dem ersten Verteidigerteam vorenthalten hatte. So war es unmöglich, den Geschworenen eine alternative Erklärung für Kerrys Fingerabdrücke an der Terrassentür zu präsentieren: dass Kerry am Nachmittag des Montags, 6. Juni, in Lindas Wohnung gewesen war, um mit ihr Sex zu haben, wovon Knutschflecken an seinem Hals zeugten. Nugent war bewusst, dass er ohne die Aussage zu den Knutschflecken nicht vorbringen konnte, Kerry habe seine Fingerabdrücke Tage vor dem Mord an der Terrassentür hinterlassen. Er wandte sich energisch gegen des Verbot des Richters und trug vor, gemäß den Beweisregeln des Staates Texas müsse er diese Zeugen bezüglich ihrer früheren Aussagen befragen dürfen, um ihre Gespräche vollständig wiedergeben zu können und nicht beschränkt auf Kerrys Bemerkung, er habe Linda nackt in ihrer Wohnung beobachtet. Daraufhin forderte der Richter Nugent auf, Kerry als Zeugen aufzurufen, wenn er wolle, dass die Geschworenen von den Knutschflecken und Kerrys Treiben mit Linda hörten. Ohne die Bestätigung der anderen hätte Kerrys Aussage allerdings sehr fragwürdig geklungen. Richter Tunnells Verfügung ermöglichte Dobbs und Skeen so dieselbe irreführende Strategie, die A. D. Clark in der ersten Verhandlung genutzt hatte, nämlich zu behaupten, dass dieses Verbrechen von einem Perversen begangen worden war, der sein Opfer nicht kannte.

Außerdem untersagte der Richter Nugent, gegenüber den Geschworenen das Fehlverhalten der Staatsanwaltschaft zu schildern, das die vorherige Verhandlung belastet hatte. Er durfte weder Shyster Jacksons nicht existentes Geständnis noch Collards unwissenschaftliche Altersbestimmung der Fingerabdrücke an der Terrassentür anführen. Das frühere Fehlverhalten der Bezirksstaatsanwaltschaft war gegenüber der neuen Jury vom Tisch. Richter Tunnell setzte außerdem enge Grenzen dafür, was die Zeugen der Verteidigung über Beweismittel sagen durften, die auf eine Beteiligung von Jim Mayfield am Mord hindeuteten. Zum Beispiel untersagte der Richter Dr. Mears, die Geschworenen darüber zu informieren, dass Mayfield ihn Tage nach dem Mord gefragt hatte, wie man einen Lügendetektor austrickste, und zugegeben hatte, das Buch *The Sexual Criminal* bestellt zu haben, in dem sich Abbildungen von Verstümmelungen der Geschlechtsorgane fanden, die eine schaurige Ähnlichkeit mit Lindas Verletzungen aufwiesen. Durch diese richterlichen Verfügungen wurde die Verhandlung zugunsten der Staatsanwaltschaft beeinflusst, was ebenso schädlich war wie die von der Anklage geförderten Falschaussagen unter Eid in der ersten Verhandlung.

Die zweite Verhandlung begann Ende November 1992, vierzehn Jahre nach der ersten. Die Beweisführung der Anklage war eine verfeinerte und etwas erweiterte Version dessen, was sie in der früheren Verhandlung präsentiert hatte. Paula war sich jetzt sicher, dass der Mann, den sie gesehen hatte, der Angeklagte und nicht Mayfield war. Während ich verfolgte, wie Dobbs Paula befragte, musste ich an unsere Unterhaltung ein Jahr zuvor in Paulas Wohnung denken, als Dobbs mir erklärt hatte, er glaube, Paula habe *Hoehn* gesehen, *nicht* Kerry. Trotzdem verleitete er sie dazu, das genaue Gegenteil zu sagen: dass sie Kerry gesehen hatte, nicht Hoehn.

Da Robert Hoehn tot war, hatte Nugent keine Möglichkeit, seine Aussage über die Mordnacht im Kreuzverhör zu erschüttern und vielleicht zu erreichen, dass er zugab, in der Verhandlung von 1978 unter dem massiven Druck von Michael Thompson falsch ausgesagt zu haben. Richter Tunnell erlaubte den Staatsanwälten, den Großteil von Hoehns Zeugenaussage in der Verhandlung von 1978 für die Geschworenen zu verlesen, einschließlich der pikanteren Teile. Auch der Film wurde der Jury vorgespielt.

Nachdem Collard bereits zugegeben hatte, dass es keine wissenschaftliche Methode gab, das Alter eines Fingerabdrucks zu bestimmen, zog er sich aus der Affäre, indem er listig von »frischen Abdrücken« sprach. Dobbs bot Danny Carter auf, einen leitenden Beamten der Abteilung für Spurendaktyloskopie der texanischen Behörde für öffentliche Sicherheit, der bestätigte, dass die Fingerabdrücke an der Terrassentür von Kerry stammten. Tunnell beschloss, ihn in Abwesenheit der Geschworenen zu fragen, ob es sinnvoll sei, einen Fingerabdruck als »frisch« zu bezeichnen. Carter verneinte das nachdrücklich. Einen Fingerabdruck als »frisch« zu bezeichnen, sei nur eine andere Art der Altersbestimmung, und kein Fingerabdruckexperte könne das Alter eines Abdrucks einschätzen. Solche Ehrlichkeit von einem Zeugen der Anklage war unerwartet, selbst wenn die Geschworenen sie nicht zu hören bekamen. Der Fingerabdruckexperte George Bonebrake bestätigte diesen Punkt gegenüber den Geschworenen, als er für die Verteidigung aussagte.

Jetzt, wo sich die Staatsanwaltschaft nicht mehr auf das von Shyster Jackson präsentierte falsche Geständnis berufen konnte, tischte sie einen brandneuen Zeugen für ein »Geständnis« auf: Robert Wickham, einst ehrenamtlicher Reserve Deputy Sheriff. Am 26. September 1991, eine Woche nachdem der CCA ein neues Verfahren angeordnet hatte, teilte er dem Staatsanwalt erstmals mit, er habe Kerry 1978 während der ersten Verhandlung in einem Aufzug gegenübergestanden. Diese Geschichte wiederholte er vor den Geschworenen von 1992. Er behauptete, während er Kerry in den Gerichtssaal begleitet habe, habe dieser ausgerufen: »Ich habe sie getötet, und es ist mir scheißegal, was sie mit mir machen!« Wickhams Entschuldigung für sein dreizehn Jahre währendes Schweigen war, dass er dachte, die Aussage sei nicht zulässig – niemand sonst hatte diese Worte gehört.

Wickhams Schilderung hatte einen eklatanten Fehler. Er sagte, Kerry habe im Aufzug Handschellen und einen Gefängnisoverall getragen. Allerdings ist es in Smith County Vorschrift, Gefangene in Zivilkleidung und ohne Handschellen in den Gerichtssaal zu führen, um die Geschworenen nicht negativ zu beeinflussen. Außerdem profitierte Wickham offenkundig selbst von dieser Geschichte. Er führte ein Restaurant, in dem viele Polizeibeamte verkehrten. Seine Mitarbeiter hielten ihn für einen »Möchtegern-Cop«. Als Reserve Deputy Sheriff war er kein richtiger Deputy Sheriff. Er war Ehrenamtlicher und musste zwanzig unbezahlte Stunden monatlich absolvieren, um seinen Status nicht zu verlieren. Seine Aussage in Kerrys zweiter Verhandlung hob sein Ansehen bei den Cops von Tyler, die Stammgäste in seinem Restaurant waren.

Um die fiktive Geschichte zu untermauern, Kerry und Linda hätten sich nicht gekannt, überredete Dobbs den Richter, den Journalisten David Hanners zur Aussage zu verpflichten. David, der sehr gut wusste, wie Kerry die Sache angehängt worden war, sagte den Geschworenen widerstrebend, Kerry habe immer darauf bestanden, dass er Linda nicht kannte und auch nie in ihrer Wohnung war. Die Fingerabdrücke habe er an der Terrassentür hinterlassen, als er sie von draußen beobachtete. Diese Aussage schadete Kerrys Verteidigung und war ein gutes Beispiel dafür, wie sich seine Lüge rächte. Erst als Paul Nugent und ich Kerry im Sommer 1992 auf die Verhandlung vorbereiteten, gab er endlich zu, dass er Linda am Pool getroffen hatte und zu einem Schäferstündchen mit in ihre Wohnung gegangen war. Er erzählte uns, was er seinem Vater geschworen hatte, und bat uns aufrichtig um Entschuldigung. Da der Richter die Aussagen von Robert Hoehn und den Dykes-Brüdern vor der Anklagejury, in denen sie die »Knutschflecken« beschrieben, ausgeschlossen hatte, war es Nugent unmöglich, die Wahrheit gegenüber den Geschworenen glaubwürdig darzustellen. Die Lüge hatte ein Eigenleben entwickelt.

Dobbs rief Mayfield, Elfreide und Louella in den Zeugenstand. Mayfield sagte stundenlang aus. Dobbs ließ ihn seine Beziehung mit Linda von Anfang bis Ende schildern. Mayfield versicherte den Geschworenen, sein sexuelles Verhältnis mit Linda habe ein Ende gefunden, nachdem er am 19. Mai zu seiner Frau zurückgekehrt war. Von diesem Augenblick an seien sie wie Vater und Tochter gewesen, und er habe sie ermutigt, ein neues Leben anzufangen und mit anderen Männern auszugehen. Natürlich bestritt er, Linda getötet zu haben. Im Kreuzverhör leugnete er, Ann White gesagt zu haben, Linda habe ihn beruflich ruiniert, und konnte sich nicht erinnern, ob er Olene Harned erzählt hatte, er habe Angst, Linda könne ihm nach Houston folgen. Selbst wenn, wäre es kein Problem gewesen, behauptete er. Er gab zu, sich nachts mit Linda in Paulas Wohnung getroffen zu haben, wenn Paula nicht da war. Er bestritt, viel Tennis gespielt zu haben. Er sagte aus, Elfreide und Linda hätten sich gut verstanden.

Elfreide und Louella zeigten sich loyal und verschafften Mayfield ein Alibi. Sie sagten, er habe das Haus in der Nacht vom 9. auf den 10. Juni nicht verlassen. Elfreide bestritt, ihrem Mann gesagt zu haben, sie wolle Linda am Lake Palestine nicht mehr im Haus haben. Sie konnte sich nicht an irgendeine Animosität gegenüber Linda erinnern und behauptete wenig glaubwürdig, obwohl Jims Affäre ihn seine Stelle gekostet hatte, habe sie keinen

Groll ihr gegenüber gespürt. Linda sei bei ihnen eingezogen, weil sie jemanden brauchten, der das Haus sauber hielt. Als ihr Ehemann nach Hause zurückkehrte, nachdem er Mitte Mai 1977 mit Linda zusammengelebt hatte, hätten sie beide nicht darüber gesprochen, was vorgefallen war, weil »es vorbei war« und »ich nicht mehr daran gedacht habe«. Sie erinnere sich nicht, nach Lindas Selbstmordversuch zu Wanda Joyce gesagt zu haben: »Wann hört das endlich auf?« Louella gab ihrerseits zu, Linda mit dem Tod gedroht zu haben, falls sie ihre Affäre mit ihrem Vater nicht beende.

Bei Kerrys Verteidigung konzentrierte Paul Nugent sich darauf, Jim Mayfield als den plausibleren Verdächtigen darzustellen. Angesichts der vorgerichtlichen Verfügungen des Richters durften die Zeugen jedoch nur Bruchstücke dessen vorbringen, was sie wussten. Neun Angehörige und Mitarbeiter der Fakultät sagten für die Verteidigung aus. Olene Harned, Mayfields Nachfolgerin in der Bibliothek, hatte Paula nach dem Verbrechen einige Tage bei sich zu Hause aufgenommen. In dieser Zeit sagte Paula zu Olene mehrfach, sie glaube, in der betreffenden Nacht Mayfield gesehen zu haben. Olene sagte auch aus, Mayfield habe häufig weiße Tennisshorts auf dem Campus getragen und gefürchtet, Linda könne ihm nach Houston folgen.

Die Bibliotheksangestellte Ann White erklärte, am Morgen nach dem Mord habe sich Mayfield wütend darüber beschwert, dass Linda ihn beruflich ruiniert habe. Professor Andrew Szarka wiederholte gegenüber den Geschworenen, was er der Polizei am Nachmittag des Freitags, 10. Juni, gesagt hatte: Linda sei am Vorabend, wenige Stunden vor ihrer Ermordung, bei ihnen vorbeigekommen. Sie sei unglücklich wegen ihrer Beziehung zu Mayfield gewesen und habe erwähnt, sie habe Mayfield angekündigt, sich auch mit anderen Männern zu treffen, was diesen sehr aufgebracht habe. Professor Gary Mears durfte nur aussagen, dass Mayfield viel Tennis spielte und dass die Beschreibung des Mannes, den Paula gesehen hatte, auf ihn passte.

Doris Carpenter, die Verwalterin des Embarcadero, erinnerte sich, dass Paula einige Tage nach dem Mord in ihr Büro kam und auf die Frage, ob sie beim Anblick des Mannes in Lindas Zimmer Angst gehabt habe, antwortete: »Nein, weil es Mayfield war.«

In seinem Schlussplädoyer wies Dobbs auf die Verbindung zwischen Lindas fehlendem Kniestrumpf und der Szene im Film hin, wo der kleine Junge ins Zimmer seiner Mutter schleicht, nachdem er sie dabei beobachtet hat, wie sie sich selbst befriedigt. Er wiederholte gegenüber den Geschworenen die Behauptung, der Film habe Kerry so erregt, dass er angefangen habe zu masturbieren und auf dem Teppich zum Höhepunkt gekommen sei. In seinem Schlusswort wies Skeen die Jury immer wieder ausdrücklich darauf hin, dass die Verteidigung nicht erklärt hatte, wie Kerrys Fingerabdrücke auf die Terrassentür gekommen waren, wenn sie nicht aus der Mordnacht stammten. Skeen wusste natürlich sehr wohl, dass es eine andere Erklärung gab, die der Richter nur nicht als Beweismittel zugelassen hatte.

Zwei unglaubliche Dinge geschahen während der Beratungen der Geschworenen. Zum einen schickte die Jury dem Richter eine Mitteilung: »Wir haben den Nylonstrumpf in der Jeans von Linda Jo Edwards gefunden.« Da die Geschworenen den Tatsachen auf den Grund gehen wollten, hatten sie die Jeans aus dem Beweismittelbeutel aus Plastik genommen, in dem sie fünfzehn Jahre lang versiegelt gewesen war. Als sie die Hose auf ihre volle Länge ausschüttelten, fiel der »fehlende Strumpf« aus dem rechten Hosenbein. Und siehe da, er enthielt keine Körperteile! Aus unerfindlichen Gründen war weder die Polizei von Tyler noch irgendwer von der Bezirksstaatsanwaltschaft von Smith

County auf den Gedanken gekommen, Hosenbeine und Taschen der Jeans nach Beweisen zu durchsuchen.

Als sich die Beratungen der Geschworenen den dritten Tag hinzogen, trat ein zweites unglaubliches Ereignis ein. Am 16. Dezember sah Paul, wie Dobbs das Originalprotokoll von Hoehns Aussage vor der Anklagejury las. Da er Dobbs nicht traute, riss er es ihm aus den Händen. Zu seiner Überraschung enthielt die Niederschrift die fehlenden vier Seiten, von denen Dobbs wiederholt behauptet hatte, er habe sie nicht. Verblüfft las Nugent die unterschlagenen Seiten. Auf die Frage, ob Kerry den Film in der Mordnacht angesehen habe, hatte Hoehn geantwortet: »Nein, nein, der Film lief, und er hat überhaupt nicht aufgepasst.« Das, nachdem Dobbs den Geschworenen gerade erklärt hatte, der Film habe Kerry so erregt, dass er beschlossen habe, Linda zu überfallen und abzuschlachten. Nugent zeigte dem Richter sofort die fehlenden Seiten mit ihrem in hohem Maße entlastenden Inhalt. Der Richter lehnte jedoch seinen Antrag ab, sie den Geschworenen zu zeigen. Erneut zielten seine Verfügungen darauf ab, Kerry keine Chance zu lassen.

Nach fünf Tagen teilten die Geschworenen Tunnell mit, es bestehe keine Aussicht auf Einigung. Er erklärte das Verfahren für fehlerhaft, weigerte sich, Kerry gegen Kaution freizulassen, und ließ ihn zurück ins Gefängnis von Smith County verbringen, wo er bis zu seiner dritten Verhandlung bleiben sollte. Später sprach Centurion mit sieben der Geschworenen und stellte fest, dass die Beratungen bei sechs zu sechs Stimmen festgefahren waren. Die nicht zu erklärenden Fingerabdrücke an der Terrassentür und die Tatsache, dass Kerry bestritt, Linda gekannt zu haben, waren die Hauptgründe, ihn für schuldig zu halten. Diejenigen, die für nicht schuldig gestimmt hatten, hielten Mayfield für höchst verdächtig. Sie waren überzeugt, dass die Beweggründe für die

Tat starke Emotionen waren und dass sie von jemandem begangen worden war, der intim mit Linda vertraut, extrem wütend auf sie und besessen von ihr war. Mayfield passte genau ins Bild. Außerdem beschrieben sie Mayfield, seine Frau und seine Tochter als »Lügner«. Sie waren beeindruckt davon, dass die Zeuginnen von der Universität, die Kerry nicht kannten, aber Mayfield sehr wohl, bereit waren, große Unannehmlichkeiten und eine Fahrt von dreihundert Kilometern einfach auf sich zu nehmen, um gegen Mayfield auszusagen.

Paul hatte gegen Dobbs und Skeen ein Unentschieden erkämpft, trotz der Verfügungen von Richter Tunnell, die Beweismittel ausschlossen und ihre Verwendung einschränkten, und trotz der Schikanen der Staatsanwaltschaft. Im Januar 1993 verkündete Tunnell endlich seine Entscheidung bezüglich des Strafklageverbrauchs. Er stellte fest, Collards Bestimmung des Alters der Fingerabdrücke und die Tatsache, dass A. D. Clark ihn dazu gedrängt hatte, seien dazu bestimmt gewesen, das Gericht und die Geschworenen irrezuführen. Er rügte die Staatsanwaltschaft dafür, dass sie die Verständigung mit Shyster Jackson im Gegenzug für seine belastende Aussage nicht offengelegt hatte. Dobbs' Konfrontation mit Kerry im Gefängnis beschrieb er als »schwere Pflichtverletzung und gravierenden Verstoß gegen die Vorschriften«. Trotz allem verfügte Richter Tunnell nicht, Kerry wegen Strafklageverbrauchs auf freien Fuß zu setzen. Stattdessen erlaubte er der Bezirksstaatsanwaltschaft, ein weiteres Verfahren anzustrengen.

Richter Joe Tunnell ging im Juni 1993 in den Ruhestand. Kerrys dritte Verhandlung begann am 31. Januar 1994 unter dem Vorsitz von Richter Robert D. Jones. Nachdem er in Travis County (dessen Verwaltungssitz Austin ist) mehrere Jahre zuvor als Richter abgewählt worden war, sprang er immer dort ein, wo ihn die

Regionalverwaltung einem unterbesetzten Gericht zuwies. Die Presse nannte dieses Programm »Have Gavel, Will Travel« – sehr frei übersetzt: »Mit dem Hammer in der Hand reise ich durchs ganze Land.« Richter Jones übernahm die Beweisregeln von Richter Tunnell unverändert und reservierte für die dritte Verhandlung denselben Sitzungssaal in Georgetown. Mit kleineren Abweichungen sagten alle Zeugen so aus wie in der zweiten Verhandlung. Die dritte Verhandlung unterschied sich jedoch durch die Beteiligung von zwei sachverständigen Zeugen von der FBI-Eliteabteilung Behavioral Science Unit in Quantico, Virginia, die auf das Studium von Gewaltverbrechern spezialisiert war, insbesondere von Serien- und Sexualmördern.

Hauptzeuge der Staatsanwaltschaft war Agent David Gomez. Er hatte soeben eine zweijährige Schulung als Experte für Gewaltverbrechen bei der Behavioral Science Unit absolviert. Zu seinen Aufgaben gehörte es, die örtlichen Polizeibehörden in Texas als Sachverständiger zu unterstützen. Ihm stand aufseiten der Verteidigung Robert Ressler gegenüber, ein weltweit angesehener Spezialist für Sexualmorde. Ressler war Mitbegründer der Behavioral Science Unit, die er als Special Agent und Kriminologe sechzehn Jahre lang geleitet hatte, bis er 1990 in den Ruhestand ging. Er war Koautor von zwei Standardwerken zum Thema gewalttätige Tötungen, nämlich *Sexual Homicide: Patterns and Motives* (1988) und *Crime Classification Manual* (1992). Gomez gab in der Verhandlung an, beide Werke seien wichtige Lernmaterialien in seiner kürzlich abgeschlossenen Schulung gewesen.

Gomez beschrieb den Mord als »Lustmord«, den er als Tötung definierte, in deren Fokus die Geschlechtsorgane des Opfers standen, bis hin zur Entnahme von Körperteilen. Sein Fazit war, es sei die Tat eines Fremden gewesen, der keine sexuelle Beziehung zum Opfer hatte, der Täter sei durch das persönliche

Gefühl sexueller Ambivalenz, Unzulänglichkeit und Unreife motiviert gewesen. Der Mörder habe ihre Geschlechtsorgane zerstört, um sie zu kastrieren. Erstaunlicherweise sah Gomez in dem Angriff keine »Übertötung« mit einem Übermaß an Gewalt, es sei vielmehr nur die Kraft aufgewendet worden, die erforderlich war, um sie zu bezwingen und zu töten. Darum würde er den Fall auch nicht als »Tötungsdelikt im Rahmen häuslicher Gewalt« einstufen, also Tötung unter Menschen, die in einer sexuellen Beziehung zueinander stehen, wobei es aufgrund der gegenüber dem anderen empfundenen Wut häufig zu einer Übertötung kommt. Gomez hielt die Attacke auf den Vaginalbereich für den Lustaspekt des Verbrechens, nicht für Übertötung. In seinen Schlussfolgerungen stimmte er Dobbs' Theorie zu, voyeuristische Aktivitäten könnten eine Fantasiephase eines Verbrechens darstellen und Ausdruck der sexuellen Frustrationen des Täters sein.

Ressler sah die Tötung anders. Er stufte sie als Tötungsdelikt im Rahmen häuslicher Gewalt sein, das mit hoher Wahrscheinlichkeit von einem früheren Liebhaber des Opfers begangen worden sei. Er sah klare Hinweise »auf massive Übertötung«, wie sie häufig bei Tötungen im Rahmen häuslicher Gewalt vorliege. Die Verletzungen spiegelten eine rasende Wut auf Linda wider. Die Zerstörung des Vaginalbereichs deute auf eine frühere Beziehung hin, die den Mörder getrieben habe, den Bereich seiner Begierde auszulöschen, der zu seiner eigenen Zerstörung geführt habe. Ressler verwarf den Gedanken, es könne sich um einen Lustmord aufgrund sexueller Unzulänglichkeit oder Ambivalenz handeln, weil es dabei seiner Erfahrung nach nie zu einem Mord mit Verstümmelung komme. Er war auch bereit auszusagen, dass Voyeure oder mutmaßliche Spanner die Konfrontation scheuten und keine derart gewalttätigen Sexualmorde begingen.

Aber die Geschworenen sollten Resslers enorm wichtige Zeugenaussage nie zu hören bekommen. Während seiner Vorvernehmung unter Eid zur Feststellung seiner Eignung als Zeuge sagte Ressler dem Richter, er habe im Rahmen seiner Vorbereitung auf dem Flug von Virginia nach Texas die Aussage von Gomez gelesen. Aus diesem Grund schloss Richter Jones ihn als Sachverständigen aus, weil er irrtümlich behauptete, Ressler habe gegen die Bestimmung verstoßen, der zufolge Zeugen vor ihrer Aussage keine Kenntnis von der Aussage der Zeugen der Gegenseite haben dürften.

Paul wies richtigerweise darauf hin, dass gemäß texanischem Recht Zeugen, die zum Sachverhalt aussagen, vorab keine Kenntnis von der Aussage gegnerischer Zeugen haben dürfen, dass dies jedoch nicht für sachverständige Zeugen gilt. Es sei gängige Praxis, die von der geltenden Rechtsprechung gedeckt sei, dass Sachverständige sich vor ihrer Aussage mit der Aussage ihrer Kollegen befassten. Richter Jones bestritt das jedoch. Er entließ Robert Ressler als Zeugen, sodass die Geschworenen den Eindruck gewannen, die Behavioral Science Unit des FBI habe nur eine Meinung zu dem Mord an Linda – die von Agent Gomez. Skeen nutzte das gründlich aus. In seinem Schlussplädoyer nannte er Gomez' Namen mehrere Male und schloss dann mit den Worten: »Was Dave Gomez Ihnen gesagt hat, ist für den Fall von entscheidender Bedeutung.«

Die empörende Entscheidung von Richter Jones hatte für Kerry katastrophale Folgen.

Als sich die Geschworenen auch nach mehrtägiger Beratung nicht auf ein Urteil einigen konnten, baten sie das Gericht um nochmalige Verlesung der Aussage von Agent Gomez. Eine halbe Stunde nach dieser Verlesung am 23. Februar befand die

Jury Kerry Max Cook des Mordes schuldig und stellte die besondere Schwere der Schuld fest.

Die Festsetzung des Strafmaßes nahm fünf Tage in Anspruch. Paul kämpfte lange und mit vollem Einsatz um Kerrys Leben, aber das Ergebnis war angesichts des schrecklichen Verbrechens absehbar. Der Tag der Abrechnung kam am 3. März 1994. Bevor er das Strafmaß verkündete, fragte der Richter Kerry, ob er noch etwas sagen wolle. »Ja, Sir«, lautete seine Antwort. »Bei allem Respekt vor den Geschworenen, bei allem Respekt vor dem Gericht, ich bin unschuldig, und der Herr vergebe ihnen, denn sie wissen nicht, was sie tun.« Dann verurteilte Richter Jones ihn zum Tod durch die Spritze. Es war dasselbe Urteil, das sechzehn Jahre zuvor gefällt worden war.

Nachdem Kerry die letzten beiden Jahre während der Wiederaufnahmeverfahren in Gefängnissen des Countys verbracht hatte, kehrte er nun geschlagen und verzweifelt in die Todeszelle zurück. Er würde in einem Monat seinen achtunddreißigsten Geburtstag feiern, aber sein Haar war vorzeitig ergraut.

Paul weigerte sich aufzugeben. Obwohl die Aussichten denkbar schlecht waren, beschloss er, Beschwerde gegen das Urteil beim Court of Criminal Appeals des Staates Texas einzulegen. Zu diesem Zeitpunkt arbeitete er bereits seit fast vier Jahren unentgeltlich für Kerry. In Anerkennung von Pauls unerschütterlichem Engagement gelang es Centurion, genug Geld aufzubringen, um seine Vorbereitung der Beschwerde zu vergüten.

Ein Jahr später, im Juli 1995, reichte Paul Nugent einen dicken Schriftsatz von zweihundertdreizehn Seiten ein, der in allen Einzelheiten sechzig Fälle systematischen Fehlverhaltens der Staatsanwaltschaft und eines ungeheuerlichen Umgangs des Gerichts mit entlastenden Beweisen beschrieb, die einfach ausgeschlossen worden waren. Kerry war beeindruckt vom Engagement seines

Anwalts, aber er war schon zu oft enttäuscht worden. Der CCA galt damals als vorwiegend konservatives Gericht. Die Aussichten, dass Paul Erfolg hatte, waren also schlecht.

Doch der CCA überraschte alle. Am 6. November 1996 hob er Kerrys Verurteilung auf und kritisierte die Staatsanwaltschaft wegen ihres Verhaltens und die Gerichte der unteren Instanzen wegen des Ausschlusses entlastender Beweise in allen drei Verfahren scharf. Richter Charles Baird, der diese Entscheidung mittrug, schrieb, ein erneutes Verfahren gegen Mr. Cook dürfe es nicht geben, weil »das Fehlverhalten der Staatsanwaltschaft die Wahrheitsfindung so beeinträchtigt hat, dass ein künftiges faires Verfahren nicht mehr möglich ist«. Er schrieb, die Staatsanwaltschaft habe »eine Verurteilung durch Irreführung erreicht und außer Acht gelassen, dass sie selbst zur Wahrheitsfindung verpflichtet ist« und »das Fehlverhalten des Staates beschränkt sich in diesem Fall nicht auf einen Einzelfall oder das Verhalten eines Polizeibeamten, sondern besteht im vorsätzlichen Fehlverhalten von Vertretern der Staatsanwaltschaft«. Er stellte fest, dass »sich die rechtswidrige Manipulation von Beweismitteln durch staatliche Behörden durch die gesamte Untersuchung des Verbrechens zieht«.

Die von Richter Stephen Mansfield niedergelegte Mehrheitsmeinung hob das Urteil auf, schloss aber ein erneutes Verfahren nicht aus. Er stellte fest, »das Fehlverhalten von Polizei und Staatsanwaltschaft hat die gesamte Sache von Anfang an korrumpiert«. Er tadelte das erstinstanzliche Gericht dafür, dass es der Verteidigung untersagt hatte, die »in hohem Maße entlastenden« Zeugenaussagen vor der Anklagejury einzuführen, die eine harmlose Erklärung dafür lieferten, wie Kerrys Fingerabdrücke auf die Terrassentür gelangt waren. Vielleicht noch wichtiger war, dass die Mehrheit der Richter entschied, falls die Staatsanwaltschaft

Cook ein viertes Mal vor Gericht stellen wolle, müsse das Gericht alle Aussagen des mittlerweile verstorbenen Robert Hoehn als Beweismittel ausschließen. Damit war dessen wollüstige, aber weitgehend erfundene Geschichte von heißem Sex und krassem Voyeurismus in der Nacht des Mordes nun endgültig vom Tisch.

Also brachten die Deputys vom Büro des Sheriffs Kerry zu seiner vierten Verhandlung aus der Todeszelle zurück ins Gefängnis von Smith County. Es war der 6. August 1997. Zwanzig Jahre und ein Tag waren seit seiner Festnahme am 5. August 1977 vergangen.

Ein nach der Rüge erst recht feindseliger Richter Jones setzte in einem Kautionstermin am 11. November die Höhe der Kaution auf einhunderttausend Dollar fest, weil er ebenso wie Skeen der Ansicht war, dass Kerrys Verteidiger diesen Betrag nicht aufbringen konnten. Zwei Tage später überwies Jay Regan, Mitglied des Vorstands von Centurion und Wall-Street-Investor, einhunderttausend Dollar an das Büro des Sheriffs von Smith County – eine unangenehme Überraschung für Jones und Skeen. (Regan, der Kerry vertraute, wusste, dass er das Geld zurückbekommen würde, solange Kerry nicht gegen die Kautionsauflagen verstieß.)

Noch am selben Tag, dem 13. November 1997, verließ Kerry Max Cook das Gefängnis von Smith County und schloss draußen seine Mutter Evelyn in die Arme. Seine neu erworbene Freiheit verlieh ihm neuen Mut. Aber er hatte auch Angst, weil er wusste, dass sein Kampf gegen Smith County noch längst nicht vorbei war. Während wir umgeben von Reportern und Kamerateams auf dem Bürgersteig feierten, entdeckten Kerry, Paul und ich auf der anderen Straßenseite David Dobbs, der uns finstere Blicke zuwarf.

Aus dem Gefängnis heraus hatte Kerry sich mit Mikaela und Richard Raine aus Dallas angefreundet, die an seine Unschuld glaubten. Großzügig luden sie ihn ein, bei ihnen und ihren vier Kindern zu wohnen, während er auf seine Verhandlung wartete, und schenkten ihm sogar einen Jack-Russell-Terrier namens Everton. Donya Witherspoon, eine Strafverteidigerin aus Dallas, stellte Kerry als Anwaltsassistenten ein. Bald bezog er mit Everton eine eigene Wohnung. Zu seinen Kautionsauflagen zählten Urinuntersuchungen auf Drogen in Tyler. Jedes Mal, wenn er in die Stadt kam, drehte sich ihm der Magen um vor Angst, die Polizei könne ihm wieder etwas anhängen. Stattdessen hielt das Leben ein Geschenk für Kerry bereit. Bei einem Treffen von Amnesty International in Dallas lernte er eine nette junge Frau namens Sandra Pressey kennen. Bald verliebten sich beide ineinander. Sie sind immer noch verheiratet.

Kurz vor der vierten Verhandlung im Februar 1999 schwor Staatsanwalt Skeen trotz der Entscheidung des CCA, er werde nicht ruhen, bis Kerry wieder in der Todeszelle sitze. Dobbs fügte hinzu, sie würden sich »nie auf einen Deal mit ihm einlassen, nicht einmal auf eine lebenslange Freiheitsstrafe«. Sie wollten Kerry Max Cook unter die Erde bringen. Centurion war ebenso fest entschlossen, dafür zu sorgen, dass Kerrys vierte Verhandlung seine letzte war. Wir wussten, dass er eine finanziell gut ausgestattete Verteidigung mit führenden forensischen Experten und mehreren brillanten Anwälten brauchte, die Paul Nugent unterstützten. Jetzt war nicht die Zeit für Pfennigfuchserei. Ein wohlhabender Unterstützer namens David Gelbaum sprang in die Bresche und gab ein Budget von dreihundertfünfundsechzigtausend Dollar frei. Die Anwälte Cheryl Watley aus Dallas und Rocket Rosen aus Houston stießen zum Team. Acht verschiedene Experten für Identifizierungen durch Augenzeugen, visuelle Umgebung, falsche Geständnisse, forensische Pathologie und Psychiatrie standen mit ihrer fachlichen Kompetenz bereit. Dazu zählte Robert Ressler, Gründungsvater der Behavioral Science Unit des FBI. Während 1998 wie im Flug verging, bestimmte Richter Jones das weitgehend ländlich geprägte County Bastrop, fünfzig Kilometer südöstlich von Austin, als Verhandlungsort. Die Auswahl der Geschworenen sollte Mitte Februar 1999 beginnen.

Die Woche vor der Verhandlung brachte neue DNA-Beweise. Erstmals in der zweiundzwanzigjährigen Geschichte des Falls hatte die Anklage Lindas Unterwäsche dem kriminaltechnischen Labor des Bundesstaates zur Untersuchung vorgelegt. Erstaunlicherweise fand das Labor Spermaflecken, die ergiebig genug waren, das Profil des Spurenverursachers zu bestimmen. Mit Zustimmung beider Seiten ordnete Richter Jones DNA-Tests an, die parallel zur Verhandlung durchgeführt werden sollten. Wir erwarteten die DNA-Ergebnisse irgendwann während der Verhandlung. Dobbs sagte der Presse, dass das Sperma »nur vom Mörder stammen kann«. Wir waren uns sicher, dass es nicht von Kerry war, und hielten Mayfield für den Verursacher.

Dann überschlugen sich die Ereignisse: Wenige Tage vor der Verhandlung brach die Staatsanwaltschaft ihr Versprechen, sich nicht mit Kerry zu verständigen. Dobbs bot ihm einen Deal an, bei dem er eine Freiheitsstrafe von vierzig Jahren bekommen sollte, wenn er sich schuldig bekannte. Kerry lehnte das Angebot sofort ab. Dann schlug Dobbs ihm eine Vereinbarung vor, die es in das Ermessen von Richter Jones stellte, Kerry zu einer Freiheitsstrafe von weniger als vierzig Jahren zu verurteilen. Dieses Angebot schlug Kerry ebenfalls aus, ohne auch nur darüber nachzudenken. Auf keinen Fall wollte er seine Zukunft in die

Hände von Richter Jones legen. Schließlich bot ihm Dobbs am 16. Februar 1999, wenige Minuten bevor die Auswahl der Geschworenen beginnen sollte, einen »No-Contest-Deal« an, bei dem er nur noch eines weniger schweren Verbrechens beschuldigt wurde (des Mordes, aber nicht mehr mit besonderer Schwere der Schuld), sich nicht schuldig bekannte und zu zwanzig Jahren verurteilt wurde. Da Kerry diese Zeit bereits abgesessen hatte, konnte er jederzeit nach Hause gehen und wäre ein freier Mann ohne irgendwelche Auflagen. Der einzige Nachteil war, dass er als verurteilter Mörder gelten würde. Der Richter gab ihm eine Stunde Zeit, sich zu entscheiden.

Wir versammelten uns in dem Haus, das Centurion für das Team gemietet hatte. Wir sagten zu Kerry, es sei sein Leben. Wenn er vor Gericht gehen wolle, seien wir bereit. Wenn er sich auf den Deal einlasse, würden wir das verstehen. Er ging aus dem Zimmer und nahm sich eine Auszeit von ein paar Minuten. Wir warteten.

Dann kam er zurück und verkündete seine Entscheidung. Er würde das Angebot annehmen.

Er hatte in der Todeszelle so viel Furchtbares erlebt, dass er das Risiko, noch einmal dort auf seine Hinrichtung warten zu müssen, nicht eingehen konnte. Er wählte die garantierte und sofortige Freiheit, noch am selben Abend zu Hause bei Sandra sein zu können, statt das Risiko einer Verurteilung in einem extrem konservativen County durch einen feindseligen, rachsüchtigen Richter einzugehen. Am Abend feierten Kerry, Sandra und das gesamte Team in einem guten Restaurant in Austin. Viele von uns kämpften seit fast zehn Jahren für Kerry. Wir prosteten uns zu.

Und warteten ungeduldig darauf, was die DNA-Analyse der Spermaflecken auf Lindas Slip ergeben würde.

Am 16. April 1999 verkündete das kriminaltechnische Labor endlich das Ergebnis. Das Sperma stammte eindeutig von James Mayfield, nicht von Kerry Max Cook. Mayfield hatte in den Wiederaufnahmeverfahren von 1992 und 1994 ausgesagt, er habe nach dem Selbstmordversuch seiner früheren Geliebten drei Wochen zuvor keinen Sex mehr mit ihr gehabt. Während die Bezirksstaatsanwaltschaft diesen Schlag noch verdauen musste, kämpfte David Dobbs weiter verzweifelt darum, seine Ehre zu retten. Er behauptete, die DNA-Ergebnisse seien nicht notwendigerweise ein Beweis für Kerrys Unschuld. Das Sperma könne auch auf den Slip gelangt sein, als Mayfield zuletzt Sex mit Linda gehabt habe, also drei Wochen zuvor. Es müsse dort drei Wochen überstanden haben, in denen sie den Slip getragen und gewaschen hatte – eine absurde Hypothese. Bevor er den Slip zur DNA-Analyse eingeschickt hatte, hatte Dobbs behauptet, das Sperma müsse von Lindas Mörder stammen, eine berechtigte Annahme. Jetzt aber, nachdem sich Kerry auf die Verständigung eingelassen hatte und der Ruf der Staatsanwaltschaft auf dem Spiel stand, beharrte er darauf, Kerry sei schuldig, die Behörden von Tyler hätten den Richtigen erwischt und der neue DNA-Beweis sei »unerheblich«.

Kerry schöpfte aufgrund des DNA-Beweises neuen Mut. Sein Selbstvertrauen wurde dadurch so gestärkt, dass er beschloss, buchstäblich vor der ganzen Welt um seine Rehabilitierung zu kämpfen. Er sprach in London, Paris, Rom, Genf und ganz Amerika voller Überzeugung über Fehlurteile, die Übel der Todesstrafe und die Fehler des US-amerikanischen Justizsystems. Er wurde ein begehrter Motivationsredner, der seine Geschichte erzählte, um andere zu inspirieren, auch unter widrigsten Bedingungen nie aufzugeben. In Harvard, Princeton und an anderen Universitäten war er gern gesehen. Er sprach sich vor dem Parlament des Bundesstaates Texas für eine Aussetzung der Todesstrafe aus.

Seine Geschichte war eines der sechs Schicksale in der Theaterproduktion *The Exonerated* (»Die Rehabilitierten«), die erstmals im Oktober 2000 in New York aufgeführt und dann im ganzen Land gezeigt wurde. Später lieferte sein Schicksal die Grundlage für eine Verfilmung mit demselben Titel, in der er von Aidan Quinn verkörpert wurde. 2007 veröffentlichte William Morrow Kerrys Biografie *Chasing Justice*.

Das größte Glück war für Kerry in diesen Jahren jedoch die Geburt seines Sohnes Kerry Justice Cook. »KJ«, wie Kerry und Sandra ihn nennen, wird im Jahr 2024 vierundzwanzig.

Trotz aller Ehrungen und Auszeichnungen hatte es Kerry in seinem Leben nach dem Gefängnis nicht leicht. Er litt unter einer akuten posttraumatischen Belastungsstörung und Depression. Die Verurteilung wegen Mordes belastete ihn und seine Familie immer noch und erschwerte es ihm, Arbeit zu finden und zu behalten sowie Mietverträge und andere rechtlich bindende Dokumente zu unterzeichnen. Manchmal gingen Nachbarn ihm aus dem Weg, nachdem sie von seiner Vergangenheit erfahren hatten. Diese Probleme und seine langjährige, tief empfundene Sehnsucht nach Gerechtigkeit veranlassten Kerry letztendlich zu handeln. Rehabilitierung in den Augen eines Großteils der Öffentlichkeit war nicht genug. Er wollte, dass die texanische Strafjustiz seine Unschuld offiziell anerkannte.

2012 nahm sich das Innocence Project seiner Sache an und stellte ein Team zusammen, das von Gary Udashen in Texas und von Nina Morrison in New York geleitet wurde. Drei Jahre später, im September 2015, wurde in Smith County die Überprüfung der Rechtmäßigkeit von Kerrys Inhaftierung beantragt, um die Aufhebung der Verurteilung wegen Mordes und einen Freispruch zu erreichen. Dabei berief sich das Team auf die DNA-Ergebnisse von 1999 und das systematische Fehlverhalten von Polizei und Staatsanwaltschaft.

Bei seinen Ermittlungen stieß es auf eine verdächtige Entscheidung der Strafverfolgungsbehörden von Smith County, die ein blutiges Haar betraf, das auf Lindas Po gefunden worden war und weder zu Kerry noch zu Linda gehörte. Als die Behörden in Tyler das Haar 1999 dem kriminaltechnischen Labor zusammen mit Lindas Unterwäsche vorlegten, teilte ihnen das Labor mit, das Haar eigne sich ebenfalls für DNA-Tests. Doch kurz nachdem das Labor festgestellt hatte, dass das Sperma dem Profil von Mayfield entsprach, wies die Bezirksstaatsanwaltschaft die Polizei an, den Haarfollikel wieder an sich zu nehmen und nicht testen zu lassen.

Wenn dieses Haar auf DNA getestet worden wäre und sich herausgestellt hätte, dass es von Mayfield stammte, hätte das völlig neue Möglichkeiten eröffnet, weil es Mayfield und dem Bezirksstaatsanwalt schwergefallen wäre, diese Ergebnisse überzeugend zu erklären. Aber das mussten sie nicht. Die Behörden von Tyler vernichteten den Follikel im Jahr 2001, ein eklatanter Verstoß gegen ein acht Monate zuvor erlassenes texanisches Gesetz, das die Vernichtung von für DNA-Tests geeigneten Beweismitteln untersagte. Jack Skeen war zum damaligen Zeitpunkt noch Bezirksstaatsanwalt. Er gab dieses Amt erst 2003 auf, als er Richter in Smith County wurde.

Anfang April 2016 stimmte Skeens Nachfolger als Bezirksstaatsanwalt von Smith County, Matt Bingham, auf Antrag von Gary Udashen überraschend einer offiziellen Befragung von Jim Mayfield in dessen Haus in Houston zu. Bingham sicherte Mayfield Straffreiheit für alle etwaigen Aussagen zu, ließ ihn einen Eid ablegen und erlaubte ihm, seinen langjährigen Anwalt

Buck Files hinzuzuziehen. Die stets getreue Elfreide war ebenfalls dabei.

Vierzig Jahre waren seit dem Mord an Linda vergangen. Mayfield war mittlerweile ein dreiundachtzigjähriger Rentner, der ironischerweise viele Jahre lang in der Hausverwaltung des Gefängnisses von Harris County gearbeitet hatte. Die Befragung, für die keine Vorgaben gemacht worden waren, dauerte zwei Stunden. Udashen übernahm die Leitung, Bingham hakte gegebenenfalls nach. Mayfield gab mehrere wesentliche Sachverhalte zu. Erstmals erklärte er, mit Linda am 8. Juni mittags in Paulas Wohnung Sex gehabt zu haben, um seinen vierundvierzigsten Geburtstag zu feiern. Linda habe ihn mit Geschenken überschüttet, zu denen auch ein neues Tennis-Outfit gehörte.

Er zeigte sich überrascht, dass sein Sperma in der Unterwäsche gefunden worden war, die sie in der Nacht ihrer Ermordung getragen hatte, weil sie zuletzt am Tag davor Sex gehabt hätten. Er könne nicht verstehen, warum sie zwei Tage hintereinander dieselbe Unterwäsche hätte tragen sollen.

Er gab zu, Linda sexuell hörig gewesen zu sein. Wann immer er in ihrer Nähe gewesen sei, sei er schwach geworden und habe der Versuchung, Sex zu haben, nicht widerstehen können. Tatsächlich sei es praktisch jedes Mal, wenn sie zusammen waren, dazu gekommen. »Was Linda angeht, war ich nicht der Stärkste«, sagte er. Er habe gewusst, »dass ich mich von Linda fernhalten musste, so gut es eben ging«.

Zum Zeitpunkt ihres Todes sei für ihn das Wichtigste gewesen, seine Ehe zu retten. »Linda kam an zweiter Stelle.« Er habe versucht, sein Leben wieder in Ordnung zu bringen, »und mit dem Sex mit Linda aufzuhören«. Hätte er sich weiter mit ihr getroffen, dann hätte alles wieder von vorn angefangen. Seine Karriere als Bibliothekar sei am Ende gewesen. Er habe ihretwegen nicht nur seine Stelle, sondern auch sein Haus am See und beinahe seine Ehefrau verloren. Er sagte, er wollte »wegen Linda nicht meine Ehe kaputt machen«. Er habe Elfreide versprochen, dass mit ihm und Linda Schluss war. Wenn Elfreide je herausgefunden hätte, was an seinem Geburtstag in Paulas Wohnung geschehen war, hätte das für ihre Ehe das Ende bedeutet.

Aber Linda habe nicht lockergelassen. Sie habe die Beziehung fortführen wollen. Nach seinem Geburtstag habe sie immer noch mit ihm zusammen sein wollen. Sie war »nicht glücklich« darüber, dass er beschlossen hatte, zu Elfreide zurückzukehren. Als sie am Abend ihrer Ermordung bei ihm zu Hause auftauchte, sei ihm klar geworden, dass sie ihn nicht aufgeben wollte. Sie habe ihn an dem betreffenden Tag viermal besucht. Er habe sie nicht mehr treffen wollen. Er habe gewusst, dass er die Beziehung irgendwie beenden musste.

Er gestand ein, dass er, während er mit Ann White in ihrem Auto auf dem Embarcadero-Parkplatz darauf wartete, dass Lindas Leiche abtransportiert wurde, wütend geäußert habe, Linda habe ihn beruflich »ruiniert«. Das hatte er in Kerrys Verhandlungen bestritten. Er gab auch zu, Olene Harned möglicherweise gesagt zu haben, er fürchte, Linda wolle ihm nach Houston folgen. Das hatte er in Kerrys Verhandlungen ebenfalls bestritten.

Vielleicht war Mayfield nicht bewusst, dass er damit einen Grund dafür lieferte, warum er Linda getötet haben könnte. Um das zu schützen, was er auf keinen Fall verlieren wollte, nämlich seine Ehe mit Elfreide, musste er seine Beziehung mit Linda beenden. Das Leben, das er liebte, hatte sie bereits zerstört, und die Karriere, die er angestrebt hatte, ebenfalls. Er wusste, dass er nicht die Willenskraft besaß, sich aus seiner sexuellen Abhängigkeit von ihr zu lösen, und dass sie ihn erneut ruinieren würde, wenn sie ihm nach Houston folgte. Wie er Olene Harned mehrere Tage vor dem Mord sagte: »Wenn sie [nach Houston zieht], werde ich sie nie los.« Er musste etwas unternehmen, um der Beziehung ein Ende zu setzen. Wer ihn gut kannte, konnte sich vorstellen, dass sein aufbrausendes Temperament die Oberhand gewonnen hatte, sodass er in einem Anfall von Raserei die Beherrschung verlor und völlig außer sich die Organe von Linda zerfetzte, die sein Leben zerstört hatten.

Während der Befragung gab Mayfield auch erstmals zu, dass Professor Mears ihn wegen des Buches *The Sexual Criminal* mit den Abbildungen sexueller Verstümmelungen zur Rede gestellt hatte. In seinen protokollierten Zeugenaussagen vor Kerrys Verhandlung hatte Mayfield behauptet, er wisse nichts von der Existenz des Buches. Aufgrund dieser Behauptung untersagten Richter Tunnell und später Richter Jones Paul, das Buch den Geschworenen vorzulegen und Mayfield dazu zu befragen.

Mayfield erklärte, er habe Paula nach Lindas Tod weder gesehen noch mit ihr gesprochen und sich nie nach ihrem Wohlergehen erkundigt. Als Udashen ihn fragte, ob er wisse, dass Paula erzähle, er sei der Mann, den sie in der betreffenden Nacht gesehen habe, sagte er, das sei ihm bekannt. Merkwürdigerweise sagte er während der Befragung nie, Paula habe ihn fälschlicherweise identifiziert. Wie immer behauptete er, in der fraglichen Nacht zu Hause bei Elfreide und Louella gewesen zu sein. Er habe das Haus zu keinem Zeitpunkt verlassen. »Ich weiß, dass er in der Nacht bei mir zu Hause war, und das werde ich mit ins Grab nehmen«, warf Elfreide ein, um ihren Ehemann, mit dem sie seit zweiundsechzig Jahren verheiratet war, zu unterstützen.

Weil Jack Skeen jetzt amtierender Richter in Smith County war, wurde ein Richter aus einem anderen County ernannt, der über Kerrys Antrag auf Prüfung der Rechtmäßigkeit seiner Inhaftierung entscheiden sollte – Richter Jack Carter aus Texarkana.

Der Termin war für Montag, den 6. Juni angesetzt. Udashen und Bingham versuchten, hinter den Kulissen eine Einigung auszuhandeln. David Dobbs, der schon längst nicht mehr im Amt war, unterstützte Bingham bei diesen Gesprächen. Er und Richter Skeen wollten um jeden Preis eine öffentliche Verhandlung vermeiden, in der sie einem demütigenden Kreuzverhör unterzogen werden konnten. Kerry dagegen wollte eine richtige Verhandlung, eine Aufhebung seiner Verurteilung wegen Mordes und einen Freispruch wegen erwiesener Unschuld.

Am Tag der Verhandlung erreichten beide Seiten eine Verständigung. Da aus Jim Mayfields letzter Aussage hervorging, dass er in der zweiten und dritten Verhandlung mehrfach unter Eid falsch ausgesagt hatte, verpflichtete sich der Bezirksstaatsanwalt, Richter Carter die Aufhebung von Kerrys Verurteilung wegen Mordes zu empfehlen, nicht aber einen Freispruch wegen erwiesener Unschuld. Um diesen letzten Punkt auszuräumen, sollten die Parteien anstelle einer Verhandlung mit Zeugenaussagen vor Richter Carter einen Vortrag im Stil eines Schlussplädoyers halten. Die Verteidigung würde einen Freispruch wegen erwiesener Unschuld fordern, die Anklage würde sich dagegen aussprechen und darauf beharren, dass Kerry schuldig war. Richter Carter erklärte sich bereit, auf dieser Grundlage vorzugehen.

Der Einzige, der Einwände gegen die vorgeschlagene Verständigung hatte, war Kerry. Obwohl diese bahnbrechende Vereinbarung die Aufhebung seiner Verurteilung vorsah, sprach sich Kerry vehement dagegen aus. Er wollte nicht nur vor Gericht, um seine Unschuld zu beweisen, sondern auch um Dobbs und Skeen für das physische und psychische Leid zur Rechenschaft zu ziehen, das sie ihm zugefügt hatten, seit sie den Fall vor Jahrzehnten übernommen hatten. Der beste Weg dazu war seiner

Meinung nach die Beweisführung in einer öffentlichen Gerichtsverhandlung.

Dennoch gab Kerry nach einer langen, emotionalen Diskussion in der Nacht vor der Verhandlung letztlich nach und stimmte äußerst widerwillig der Vereinbarung zu. Ein oder zwei Tage nachdem alles geregelt war, sorgte Kerry, der immer noch empört war, weil die Vereinbarung keine öffentliche Verhandlung vorsah, für allgemeines Entsetzen, weil er plötzlich ohne Vorwarnung sein gesamtes Anwaltsteam feuerte. Glücklicherweise sprang Mark Bennett, ein renommierter Anwalt aus Houston, der bisher nichts mit dem Fall zu tun gehabt hatte, in die Bresche – unter einer Bedingung. Er könne unmöglich Zeit darauf verwenden, die Vereinbarung rückgängig zu machen. Schließlich blieben nur noch drei Wochen, um das Plädoyer für einen Freispruch wegen erwiesener Unschuld vorzubereiten.

Am 1. Juli trugen Staatsanwaltschaft und Verteidigung ihre Argumente für einen solchen Freispruch vor. Der Staatsanwalt wärmte die Beweisführung der Anklage in den vorherigen drei Verhandlungen wieder auf. Rechtsanwalt Bennett konzentrierte sich auf das konsequente Fehlverhalten der Staatsanwaltschaft, das zu den früheren Fehlurteilen gegen Kerry geführt hatte, und trug die Beweise vor, die für Mayfields Schuld sprachen. Am 25. Juli verkündete Richter Carter seine Stellungnahme in Form von Empfehlungen an den CCA. Er sprach sich dafür aus, Kerrys Verurteilung wegen Mordes aufzuheben wie vereinbart, aber den Antrag auf Freispruch wegen erwiesener Unschuld abzuweisen. Seine Überlegung war, dass der CCA »fraglos übermenschliche Ansprüche« an neue Beweise stellte, wenn es darum ging, die Unschuld bereits Verurteilter zu begründen.

Er war zwar der Ansicht, der DNA-Beweis sei für Kerrys Verteidigung hilfreich, meinte jedoch, »es bedarf einer Jury, um den

Schluss zu ziehen«, dass Mayfield diesen in der Nacht des Mordes auf Lindas Slip hinterlassen hatte. Daraus leitete er ab, dass die DNA nicht »unwiderlegbar« bewies, dass Kerry unschuldig und Mayfield schuldig war. Dagegen war Kerrys Verteidigung der Ansicht, dieser Schluss liege auf der Hand.

Um zu glauben, dass Mayfield mit Linda in der Nacht, in der sie ermordet wurde, keinen Geschlechtsverkehr gehabt hatte, sondern vielmehr sechsunddreißig Stunden zuvor, wie Mayfield behauptete, hätten die Geschworenen davon überzeugt sein müssen, dass Linda dieselbe schmutzige Unterwäsche sechsunddreißig Stunden am Stück trug – von Mittwoch, dem 8. Juni, mittags, wo sie Mayfields Aussage zufolge Sex in Paulas Wohnung gehabt hatten, bis kurz nach Mitternacht am 10. Juni, wo sie getötet wurde. Linda hatte am Mittwochabend einen mehrstündigen Kunstkurs besucht, war nach Hause gekommen und hatte in ihrem Zimmer geschlafen. Sie hatte sich am nächsten Morgen angekleidet, um Mayfield in seinem Büro zu besuchen und mit ihm zu Mittag zu essen. Im Anschluss daran hatte sie um 13.30 Uhr ein Vorstellungsgespräch bei der Bank wahrgenommen und dann mit Mayfield Tennis gespielt. Mehrere Stunden später war sie zu Mayfields Haus am Lake Palestine gefahren, wo sie ihn wegen ihrer Beziehung zur Rede gestellt hatte. Wäre nicht jede Jury in Anbetracht dieser Tatsachen zu dem Schluss gekommen, dass Linda irgendwann während dieser eineinhalb Tage frische Unterwäsche angezogen haben musste, entweder als sie sich nach dem Sex mit Mayfield am Mittwoch anzog oder als sie sich am nächsten Morgen für ihr Vorstellungsgespräch ankleidete oder aber nach der Dusche, die sie sicherlich genommen hatte, nachdem sie an einem heißen Sommernachmittag Tennis gespielt hatte und bevor sie am frühen Abend nach Lake Palestine fuhr, um Mayfield zu überraschen? Aus unerfindlichen Gründen sah Richter Carter dies nicht so.

Im August 2016 legte er seine Empfehlung dem Court of Criminal Appeals des Staates Texas vor, dem es freistand, dieser zu folgen. Acht Jahre später und nachdem er siebenundvierzig Jahre lang um Gerechtigkeit gekämpft hatte, wartete Kerry Max Cook immer noch auf die Entscheidung des Gerichts. Er wusste noch sehr gut, dass sich der CCA in den 1980er-Jahren acht Jahre lang Zeit gelassen hatte, bis er seine Revision abwies. Warum das Gericht so außerordentlich nachlässig mit seinem Fall umging, kann niemand sagen. Aber in seiner Verzweiflung wollte Kerry die Hoffnung nicht aufgeben, dass das Gericht eines Tages das Richtige tun würde. Dann geschah es, ohne Vorwarnung, wie ein Blitz, der niederfährt.

In der Bibel (Markus 11, 23) heißt es: *Wahrlich, ich sage euch: Wer zu diesem Berge spräche: Heb dich und wirf dich ins Meer!, und zweifelte nicht in seinem Herzen, sondern glaubte, dass geschehen würde, was er sagt, so wird's ihm geschehen.* Der lange, lange Arm der Gerechtigkeit fand am 19. Juni 2024 endlich sein Ziel, als Richter Bert Richardson vom CCA in einer scharfen, umfassenden Entscheidung auf einhundertsechs Seiten Kerrys Berg der Ungerechtigkeit ins Meer warf. »Durch das gesamte Verfahren ziehen sich Hinweise auf Fehlverhalten der Strafverfolgungsbehörden, die eine Aufhebung der Verurteilung des Antragstellers rechtfertigen. Und was solide Beweise für seine tatsächliche Unschuld angeht, so sind auch diese im Überfluss vorhanden: Unterdrückung entlastender Beweise, erwiesene Falschaussagen, eingestandener Meineid und neue wissenschaftliche Beweise.«

Damit gab der CCA Kerry, wonach er sich in diesen endlosen, verlorenen Jahren gesehnt hatte – eine vorbehaltlose Rehabilitierung. Sein Traum, von der obersten Instanz des Staates Texas für unschuldig erklärt zu werden, war wahr geworden. Die Welt weiß jetzt, was er immer schon gewusst hat, nämlich was in Wahrheit passiert ist – dass ihm das Verbrechen von den Strafverfolgungsbehörden und der Justiz von Smith County angehängt worden ist. Was für ein wunderbares Gefühl!

Anmerkung: Der Titel dieses Kapitels, »Oh, welch verworren Netz wir weben / Wenn wir nach Trug und Täuschung streben!«, ist ein Zitat von Sir Walter Scott aus seinem 1808 veröffentlichten Epos *Marmion: A Tale of Flodden Field*. Im Original lautet der Vers »Oh, what a tangled web we weave / When first we practice to deceive!« Ins Deutsche übersetzt wurde das Epos 1827 von C. Richard *(Marmion. Eine Erzählung vom Schlachtfelde von Flodden)* sowie 1857 von Alexander Neidhardt *(Marmion)*. Flodden ist ein Hügel im Nordosten Englands, an dem die Engländer den Schotten im Jahr 1513 eine vernichtende Niederlage zugefügt haben.

JOHN GRISHAM

DIE FLAMMEN LÜGEN NICHT

Im Jahr 1976 hob der Oberste Gerichtshof der Vereinigten Staaten ein vierjähriges Verbot von Hinrichtungen auf, und die fünfunddreißig Todesstrafe-Staaten gingen sofort an die Arbeit. Seit damals sind 1572 Männer und fünfzehn Frauen durch Gas, die Todesspritze oder den elektrischen Stuhl getötet worden, eine Person wurde durch Erhängen und eine weitere durch ein Erschießungskommando hingerichtet. Texas führt die Meute mit 586 Tötungen an und ist stolz darauf. Oklahoma liegt mit 123 an zweiter Stelle und damit knapp vor Virginia mit 113, eine Zahl, die sich kaum noch ändern wird, da der Bundesstaat Virginia die Todesstrafe abgeschafft hat.

Das Death Penalty Information Center, kurz DPIC, nennt derzeit zwanzig Hinrichtungen – davon die Hälfte in Texas – von Männern, die »wahrscheinlich« unschuldig waren. Diese Zahl kann nicht bestätigt werden, weil es keinen eindeutigen biologischen Beweis (DNA) für ihre Unschuld gibt und weil die Gerichte aus offensichtlichen Gründen dazu neigen, das Interesse zu verlieren, wenn der Verurteilte verstorben ist.

Journalisten und Aktivisten für die Aufklärung von Justizirrtümern sehen das anders. Im Bereich der Strafjustiz gibt es kaum einen quälenderen Gedanken als die Vorstellung, dass ein Unschuldiger hingerichtet wurde. Es ist viel über diese zwanzig

Hinrichtungen geschrieben worden, bei denen das DPIC von »starken Beweisen« für die Unschuld der Betreffenden spricht.

Besonders ein Fall hat großes Interesse geweckt. Wie kaum anders zu erwarten, ereignete er sich in Texas. Merkwürdigerweise war es der einzige Fall, in dem die Mordwaffe Brandstiftung war.

2004 wurde Cameron Todd Willingham für ein Verbrechen hingerichtet, das es nie gegeben hat.

Todd, wie er genannt wurde, war 1968 in Ardmore, Oklahoma, geboren worden. Er starb sechsunddreißig Jahre später im texanischen Huntsville, auf eine Trage geschnallt, in der am stärksten ausgelasteten Todeskammer der Welt. Er verbrachte die letzten zwölf Jahre seines Lebens im Todestrakt und beteuerte bis zum Schluss seine Unschuld.

Er hatte eine schwierige Kindheit. Seine Eltern trennten sich, als er noch ein Baby war, und als sein Vater wieder heiratete, wurde diese Frau zur einzigen Mutter, die Todd je gekannt hatte. Er brach die Schule in der zehnten Klasse ab und rutschte in die Kleinkriminalität ab – Drogen, Trunkenheit, Schlägereien und kleinere Diebstähle. Er mochte Heavy Metal, leichte Mädchen, Bier, Whiskey, Nachtclubs und zwielichtige Lokale. Außerdem liebte er schnelle Autos und war, obwohl er sich alles selbst beigebracht hatte, kein schlechter Mechaniker, verlor seine Arbeit aber immer wieder. Als er zwanzig war, lernte er in einer Bar in Corsicana, einer Stadt in Texas mit vierundzwanzigtausend Einwohnern, Stacy Kuykendall kennen. Ihre Kindheit war noch chaotischer als seine gewesen.

Stacy und Todd zogen zusammen und lebten in einem kleinen, gemieteten Haus in einem Arbeiterviertel von Corsicana, eine Stunde südöstlich von Dallas. Ihre Beziehung war turbulent und von Gewalt geprägt. Er trank zu viel, verbrachte zu viel Zeit in Kneipen und lief anderen Frauen nach. Sie stritten viel, und er schlug immer wieder zu. Sie zog aus, kam wieder zurück. Er zog aus, und sie vertrugen sich wieder. Ihr Leben verlief in geordneteren Bahnen, nachdem Amber geboren worden war. Todd und Stacy nahmen ihre Verantwortung als Eltern ernst und liebten das Baby heiß und innig. Es dauerte nicht lange, bis die Zwillinge Kameron und Karmen folgten. Mit drei kleinen Mädchen, die noch Windeln trugen und für die er verantwortlich war, beschloss Todd, erwachsen zu werden. 1991 heirateten er und Stacy in Ardmore.

Beiden fiel es schwer, eine Vollzeitbeschäftigung zu finden. Todd arbeitete gelegentlich auf dem Bau und als Mechaniker, während Stacy in der Bar ihres Bruders jobbte. Die Familie war arm und meistens pleite, sodass es kaum für das Nötigste reichte. Im Dezember 1991 waren sie mit ihrer Miete zwei Monate im Rückstand, und auch andere Rechnungen waren fällig. Todd hatte erneut seine Arbeit verloren. Weihnachten rückte näher, und sie hatten praktisch kein Geld mehr.

Am Sonntag, dem 22. Dezember, rief Todds Stiefmutter Eugenia an. Sie und Todds Vater wollten aus Oklahoma über Weihnachten zu Besuch kommen, um die Kinder zu sehen. Todd war bester Stimmung, freute sich auf die Feiertage und hatte Spaß an seinen kleinen Kindern. Er war sehr zufrieden, weil er und Stacy mit den Kindern beim Discounter Kmart Familienfotos hatten machen lassen, die er unbedingt den Großeltern zeigen wollte.

Am nächsten Morgen ging Stacy früh aus dem Haus, um bei der Heilsarmee Weihnachtsgeschenke zu besorgen. Todd passte auf die drei Mädchen auf. Er gab den Zwillingen ihre Flasche, und sie schliefen wie üblich auf dem Fußboden in ihrem Kinderzimmer ein. Amber hielt ebenfalls ein Nickerchen. Todd streckte sich auf seinem Bett aus und döste ein. Gegen zehn Uhr morgens wurde er wach, weil Amber »Daddy! Daddy!« schrie.

Er schoss hoch und war von dichtem Rauch umgeben. Das Haus brannte. Er sprang aus dem Bett und griff sich eine Hose. Dabei brüllte er: »O Gott, Amber, raus aus dem Haus! Raus aus dem Haus!« Er konnte sie nicht sehen, und sie antwortete auch nicht. Geduckt, um den Rauch zu vermeiden, lief er auf das Kinderzimmer zu, konnte aber nur schwarzen Qualm sehen. Er hörte, wie Steckdosen und Lichtschalter knallend zerplatzten. An der Tür zum Kinderzimmer wollte er sich aufrichten, aber sein Haar geriet in Brand. Hitze und Feuer waren so unerträglich, dass er zurückwich. Er löschte die Flammen in seinem Haar mit den Händen, ging auf alle viere und tastete sich durch die Dunkelheit. Als er merkte, dass er das Bewusstsein zu verlieren drohte, krabbelte er so schnell wie möglich durch den Gang zur Haustür, schaffte es nach draußen und schnappte nach Luft. Als er sich nach dem Haus umdrehte, sah er entsetzt, dass Rauch aus allen Öffnungen quoll.

Eine Nachbarin, Diane Barbee, sah den Rauch und kam herbeigerannt. Todd schrie, sie solle die Feuerwehr rufen, während er selbst sich einen Stock griff und ein Fenster zum Kinderzimmer einschlug. Flammen schossen durch die zerbrochene Scheibe. Er schlug eine weitere Scheibe ein, und noch mehr Flammen drangen heraus. Ein Nachbar erzählte der Polizei später, wie Todd geschrien habe: »Meine Babys! Meine Babys!« Als die Hitze immer intensiver wurde, explodierten alle fünf Fenster des Kinderzimmers, und Flammen »platzten heraus«, wie Diane Barbee es beschrieb. Der erste Löschzug der Feuerwehr traf ein, rollte in aller Eile Schläuche aus und richtete den Sprühstrahl auf das Haus. Weitere Nachbarn liefen zusammen und mussten entsetzt feststellen, dass die Kinder noch im Haus waren.

Todd wurde immer hysterischer. Ein Polizeigeistlicher, George Monaghan, nahm ihn mit hinter einen Feuerwehrwagen, um ihn zu beruhigen. Er weinte und sagte: »Mein kleines Mädchen wollte mich aufwecken und mich vor dem Feuer warnen! Ich konnte meine Babys nicht holen!«

Als ein Feuerwehrmann mit dem leblosen Körper von Amber in den Armen aus dem Haus kam, riss Todd sich los und rannte zu ihnen. Dann versuchte er, zum Kinderzimmer zu gelangen, aus dessen Fenstern immer noch Rauch quoll und Flammen schlugen. Ein weiterer Feuerwehrmann packte ihn und schaffte es, ihn – mit Monaghans Hilfe – aufzuhalten. Todd war 1,83 Meter groß, kräftig und ging keiner Schlägerei aus dem Weg, sodass mehrere Feuerwehrleute nötig waren, ihn unter Kontrolle zu bringen. In dem Handgemenge trug Monaghan ein blaues Auge davon. »Soweit ich sehen konnte, wäre es bei diesem Feuer Wahnsinn gewesen, wenn irgendwer versucht hätte, ins Haus zu kommen«, sagte ein Feuerwehrmann später.

Todd wurde ins Krankenhaus gebracht und wegen kleinerer Schnitt- und Brandwunden behandelt. Während er dort war, erfuhr er, dass Amber an Rauchvergiftung gestorben war. Die verkohlten Leichen von Kameron und Karmen wurden auf dem Boden des Kinderzimmers gefunden.

Die Nachricht von der Tragödie erschütterte Corsicana, und es gab eine Welle des Mitgefühls und der Unterstützung. Spontan wurden Gelder für eine anständige Bestattung gesammelt, und viele Menschen kamen zu der herzzerreißenden Trauerfeier. Todd und Stacy klammerten sich aneinander, um den Albtraum irgendwie zu überstehen.

Vier Tage nach dem Brand trafen die Ermittler ein, um die Schäden zu untersuchen und die Brandursache herauszufinden. Todd gab ihnen für ihre Arbeit freie Hand mit den Worten: »Ich weiß, dass wir vielleicht nicht alle Antworten bekommen, aber ich will nur wissen, warum man mir meine Babys weggenommen hat.« Das kleine

Haus mit dem weißen Holzskelett war völlig ausgebrannt, aber es stand noch. Die Hälfte der Außenwände war schwarz verkohlt.

Douglas Fogg war stellvertretender Leiter der Feuerwehr von Corsicana und wurde schon bald von Manuel Vasquez von der Brandschutzbehörde des Bundesstaates unterstützt. Vasquez genoss unter Brandermittlern einen geradezu legendären Ruf und behauptete, zwischen eintausendzweihundert und eintausendfünfhundert Feuer untersucht zu haben, ohne dass ihm je ein Fehler unterlaufen sei. Einmal wurde er unter Eid gefragt, ob er sich bei der Bestimmung einer Brandursache mal geirrt habe. Seine Antwort lautete: »Wenn, dann weiß ich nichts davon. Mir ist nichts dergleichen zu Ohren gekommen.« Er war eine schillernde Gestalt, trat großspurig auf und stellte gern Behauptungen auf wie: »Das Feuer zerstört keine Beweise – es schafft sie. Die Flammen lügen nicht.« Und: »Das Feuer erzählt die Geschichte, ich interpretiere sie nur.« Oder auch: »Ich sammle nur Informationen. Meine Entscheidung steht nicht fest. Ich bin nicht voreingenommen.«

Trotzdem hatten in seiner langen Laufbahn achtzig Prozent seiner Ermittlungen ergeben, dass es sich um Brandstiftung handelte – ein erstaunlich hoher Anteil. Der nationale Durchschnitt lag bei rund fünfzig Prozent.

Weder Fogg noch Vasquez hatten ein Studium abgeschlossen. Keiner der beiden wies einen wissenschaftlichen Hintergrund auf. In Texas und den meisten anderen Bundesstaaten konnte jeder Experte für Brandermittlungen werden, ein vierzigstündiger Kurs und ein bestandener Abschlusstest reichten, sich zertifizieren zu lassen.

Beide Männer hatten sich bei ihrer Arbeit altbewährte Ermittlungstechniken angeeignet, die allgemein akzeptiert waren und immer wieder weitergegeben wurden.

Sie begannen ihre Untersuchung mit der Inspektion des Hauses von außen, wobei sie sich Notizen machten und fotografierten. Dann nahmen sie sich das Innere vor, angefangen mit der Küche, die nur Rauch- und Hitzeschäden aufwies – was darauf hindeutete, dass das Feuer nicht von dort ausgegangen war. Auch das Elternschlafzimmer, in dem Ambers Leiche gefunden worden war, wies nur Spuren von Rauch- und Hitzeentwicklung auf. In dem engen Gang fiel ihnen auf, dass die Wände unten verkohlt waren. Flammen brennen nach oben, wenn die Hitze zunimmt, und dieses Feuer schien weit unten, in Fußbodennähe gebrannt zu haben.

Das war für sie das erste Verdachtsmoment.

Den zweiten Hinweis gab es im Kinderzimmer, wo ihnen Brandmuster auf dem Boden auffielen. Wenn Brandbeschleuniger wie Benzin oder Verdünner auf den Boden gegossen werden und sich entzünden, konzentriert sich das Feuer in sogenannten »Gießmustern« oder »Pfützenkonfigurationen«, wie die Ermittler es nennen. Für Fogg und Vasquez war dies der erste eindeutige Hinweis darauf, dass möglicherweise Brandbeschleuniger zum Einsatz gekommen waren. Dann bemerkten sie, dass sich die Metallfedern unter den verbrannten Matratzen weiß verfärbt hatten, ein Zeichen, dass starke Hitze vom Boden aufgestiegen war.

Bei den meisten Hausbränden wird zerborstenes Glas gefunden, entweder von Türen, Fenstern oder Trinkgläsern. Jahrzehntelang verließen sich Ermittler auf spinnwebartige Haarrissbildung im Glas, sogenanntes *Crazed Glass*. Das galt als wesentlicher Hinweis darauf, dass es bei einem Feuer zu besonders starker Hitzeentwicklung gekommen war. Außerdem wurde allgemein angenommen, dass durch Brandbeschleuniger verursachtes Feuer heißer war als Elektro- oder Holzbrand. Man glaubte, größere Hitzeentwicklung ließe Glas bersten.

Das Feuer hatte eine Brennspur hinterlassen, der Fogg und Vasquez vom Kinderzimmer durch den Gang bis vor die Haustür folgten. An der Tür fanden sie zu ihrer Überraschung verbranntes Holz unter der Aluminiumschwelle. Die vordere Veranda hatte einen Betonboden, auf dem sie braune Flecken entdeckten, die sie für durch Brandbeschleuniger verursacht hielten. Die Brandmuster deuteten nach Ansicht von Fogg und Vasquez darauf hin, dass das Feuer an drei verschiedenen Stellen ausgebrochen war: im Kinderzimmer, im Gang und an der Haustür.

Für die Brandermittler konnten mehrere Ausgangspunkte nur eines bedeuten: Das Feuer war absichtlich gelegt worden. Wieder einmal hatte Vasquez, der legendäre Brandstifterjäger, gefunden, wonach er suchte: Brandstiftung. Jemand hatte Brandbeschleuniger überall im Kinderzimmer und im Gang zur Haustür verteilt, um den Kindern mit einer Flammenwand den Fluchtweg zu versperren.

Fogg und Vasquez schickten Proben verbrannter Gegenstände und Materialien in ein Labor, um sie auf Brandbeschleuniger zu testen. In der an der Haustürschwelle entnommenen Probe fand ein Chemiker Substanzen, die oft in Feuerzeugbenzin vorkamen.

Das Verbrechen war aufgeklärt. Ein Dreifachmord. Und Todd war der einzige Verdächtige. Die Gesetzeshüter beschuldigten ihn umgehend des vielleicht widerwärtigsten Verbrechens, das man sich nur vorstellen kann – die eigenen Kinder bei lebendigem Leib verbrannt zu haben.

Die Polizei durchkämmte die Nachbarschaft auf der Suche nach Zeugen und ließ keinen Zweifel daran, dass Todd jetzt verdächtigt wurde, das Feuer gelegt zu haben. Das Verbrechen war so entsetzlich und schockierend, dass niemand die Behauptung hinterfragte. Das Mitgefühl, das die Stadt noch wenige Tage zuvor gezeigt hatte, schlug in Abscheu um.

Diejenigen, die das Feuer gesehen und Todds Kampf, die Mädchen zu retten, detailliert und geradezu dramatisch geschildert hatten, trauten plötzlich ihren eigenen Beobachtungen nicht mehr. Vielleicht hatte er sich nicht energisch genug bemüht. Vielleicht war alles nur Theater gewesen. Selbst Pfarrer Monaghan, der bei dem Versuch, Todd zurückzuhalten, ein blaues Auge davongetragen hatte, sagte: »Die Dinge waren nicht so, wie sie schienen. Ich hatte das Gefühl, dass sich Willingham völlig unter Kontrolle hatte.«

Zwei Wochen nach dem Feuer luden die Ermittler Todd zu einer Befragung ein, angeblich reine Routine. Er hatte keine Ahnung, dass sie ihn verdächtigten, und wurde nicht über seine Rechte belehrt. Daher war er sofort mit einer Befragung einverstanden und kam ohne Anwalt. Er schilderte die Entwicklung des Feuers und beschrieb genau, wie er sich verhalten hatte. Auf die Frage, ob er wisse, wo das Feuer ausgebrochen sein könne, sagte er, wahrscheinlich im Kinderzimmer, weil er da Flammen gesehen habe. Er und Stacy hätten drei Heizlüfter benutzt, um das Haus warm zu halten, und einer davon habe im Kinderzimmer gestanden. Es sei ein kühler Morgen gewesen, und die Heizlüfter seien gelaufen, da sei er sich sicher.

Vasquez fragte, ob Todd vor der Flucht aus dem Haus Schuhe angezogen habe.

Er verneinte das.

Das gab den Ausschlag. Vasquez war nun fest überzeugt, dass Todd seine Kinder getötet hatte. Wenn der Boden mit Brandbeschleuniger getränkt war, wie sie glaubten, hätte Todd nicht entkommen können, ohne sich die Füße zu verbrennen. Bei der ärztlichen Untersuchung am Tag des Brandes waren jedoch keine Brandwunden an seinen bloßen Füßen entdeckt worden.

Todd bestand darauf, das Feuer in Deckennähe und nicht am Boden gesehen zu haben, aber Vasquez glaubte ihm nicht. Später sollte er aussagen, er sei überzeugt, dass Todd den Brand gelegt habe, während er sich in Richtung Haustür zurückzog.

Ein sensationelles Verbrechen erforderte eine sensationelle Verhaftung. Ein Mann, der verdächtigt wurde, seine kleinen Töchter ermordet zu haben, konnte nicht einfach festgenommen werden, indem man ein paar Beamte mit einem Haftbefehl vorbeischickte. Drei Wochen nach dem Feuer waren Todd und Stacy nachts mit dem Auto unterwegs, als aus dem Nichts ein Einsatzkommando auftauchte und sie von der Straße drängte. Schwer bewaffnete Spezialkräfte der Polizei umringten das Auto und richteten – jederzeit bereit abzudrücken – ihre Schusswaffen auf die Insassen. Todd, der unbewaffnet war, ergab sich, ohne dass ein Schuss gefallen wäre. Stacy, ebenfalls nicht bewaffnet, war völlig verängstigt.

Und fassungslos. Später sagte sie zu den Ermittlern, ja, sie und Todd hätten sich immer wieder gestritten, und er habe sie geschlagen, aber den Mädchen habe er nie auch nur ein Haar gekrümmt. Durch die Kinder sei ihre Beziehung enger geworden. »Unsere Kinder wurden nach Strich und Faden verwöhnt.«

Todd wurde ins Gefängnis gebracht und des Mordes in drei Fällen angeklagt.

Auf die Frage nach dem Motiv hatten die Ermittler zunächst keine rechte Antwort. Für die Kinder waren Lebensversicherungen über eine Summe von insgesamt fünfzehntausend Dollar abgeschlossen worden, aber die Verträge hatte Stacys Großvater geschlossen, der auch der Begünstigte war. Es dauerte jedoch nicht lange, bis die Behörden alles in die Wege leiteten, um das

Narrativ unter Kontrolle zu bringen und jeden Anschein einer Unschuldsvermutung zu zerstreuen. John Jackson, der stellvertretende Bezirksstaatsanwalt, sprach mit einer Zeitung aus Dallas und beschrieb Todd als »eingefleischten Soziopathen«.

Da Todd mittellos war, wurden zwei Verteidiger ernannt, die beide von seiner Schuld überzeugt waren. Alle hielten ihn für schuldig, und die Verhandlung hätte an einen neutralen Ort weit weg von Corsicana verlegt werden müssen. Aber das geschah nicht, und acht Monate nach dem Brand wurde ein Termin für die Verhandlung am örtlichen Gericht bestimmt.

Stacy hielt fest zu Todd, weil sie überzeugt war, dass er seinen Mädchen nie im Leben etwas getan hätte.

Ihre Familie sah das zwar anders, wollte aber das Spektakel einer Verhandlung vermeiden. Sie trat an die Staatsanwaltschaft heran, die Todd einen unerwarteten Deal anbot: Wenn er sich schuldig bekannte, sollte er lebenslang bekommen.

Todds Anwälte waren begeistert von dem Angebot. Sie hielten ihn für schuldig und wussten, dass jede Jury, die mit Geschworenen aus Corsicana besetzt war, ihn sehr schnell für schuldig befinden und zum Tode verurteilen würde. Einer der Anwälte, David Martin, wurde mit den Worten zitiert: »Alle Beweise zeigten, dass er zu einhundert Prozent schuldig war. Er hat im ganzen Haus Brandbeschleuniger verteilt und unter dem Bett der Kinder Feuerzeugbenzin ausgekippt.«

Das war die allgemeine Einstellung gegenüber dem Angeklagten.

Seine Anwälte rieten ihm, das Angebot anzunehmen, aber Todd weigerte sich: »Ich habe nicht vor, mich schuldig zu bekennen für etwas, was ich nicht getan habe, und schon gar nicht dafür, meine Kinder umgebracht zu haben.« Sie wollten die Verhandlung unbedingt verlegen lassen, irgendwohin außerhalb von Navarro County. Im Termin zur Entscheidung über diesen Antrag verwiesen die Verteidiger auf hetzerische Aussagen der Staatsanwälte gegenüber der Presse. Sie zeigten eine Videoaufnahme eines Staatsanwalts, der im Gespräch mit Journalisten als mögliches Motiv für die Morde nannte, »die Kinder störten Todd beim Biertrinken und Dartspielen«.

Der Richter weigerte sich, den Verhandlungsort zu verlegen.

Für einen Mordprozess ging alles sehr schnell, selbst für texanische Verhältnisse. Zuerst rief die Staatsanwaltschaft einen Überraschungszeugen auf, einen gewissen Johnny Webb. Wenige Mordprozesse kommen ohne die Falschaussage von mindestens einem Gefängnisspitzel aus, und der von Todd war keine Ausnahme. Webb war wegen Autodiebstahls, Drogenhandels, Fälschung und Raubes vorbestraft. In Haft war er, weil er eine Frau mit einem Messer bedroht und beraubt haben sollte. Er gab zu, im Alter von neun Jahren mit den Drogen angefangen zu haben. Angeblich war er traumatisiert, weil er 1988 im Gefängnis vergewaltigt worden war. Als Berufsverbrecher hatte er Erfahrung als Spitzel und fürchtete sich vor einer weiteren langjährigen Inhaftierung.

Zufällig war Webb im Gefängnis, als Todd verhaftet wurde, und wechselte eines Tages ein paar Worte mit ihm. Ihre Begegnung wurde vom Sheriff beobachtet, der Webb ansprach und wissen wollte, worüber sie geredet hätten. Dann sagte er Webb, er solle Todd noch einmal nach dem Feuer fragen, in der Hoffnung, dass er sich selbst belastete. Außerdem informierte der Sheriff John Jackson, den für das Verfahren zuständigen Staatsanwalt. Jackson ließ Webb in sein Büro im Gerichtsgebäude bringen. Dort kamen sie auf den Brand zu sprechen, wobei Jackson seiner festen Überzeugung Ausdruck verlieh, dass Todd seine Töchter getötet hatte. Er zeigte Fotos der toten Mädchen, Bilder, die Webb nie vergessen würde. Der Besuch in Jacksons

Büro wiederholte sich mehrfach. Schließlich fragte Webb, was für einen »Deal« Jackson wolle. Jackson versprach, die Anklage wegen Raubes fallen zu lassen, wenn nicht sofort, dann später.

Also erzählte Webb der Jury seine Geschichte: Er sei kurz nach Todds Verhaftung an dessen Zelle vorbeigekommen, und erstaunlicherweise habe Todd über sein Verbrechen sprechen wollen, durch den schmalen Essensschlitz der Zellentür hindurch. Todd habe die Fassung verloren und dem ihm völlig unbekannten Webb gestanden, er habe das Feuer vorsätzlich gelegt, indem er Feuerzeugbenzin auf Wände und Fußboden versprüht habe. Das angebliche Geständnis wurde ganz in der Nähe einer Sprechanlage abgelegt, über die die Wärter die Gefangenen abhören konnten.

Webb würzte seine Geschichte mit ein paar erfundenen Details. Er behauptete, Todd habe ein Motiv zugegeben. Angeblich hatte Stacy die Kinder misshandelt, eines davon sogar verletzt, und Todd habe das Feuer gelegt, um die Misshandlungen durch seine Ehefrau zu vertuschen.

Die Leichen der Kinder wurden obduziert. Die Todesursache war in jedem Fall Rauchvergiftung. Hinweise auf blaue Flecken oder Gewalteinwirkung gab es keine.

Vor Webbs Aussage hatte kein Mensch davon gesprochen, dass Stacy oder Todd ihre Kinder misshandelt haben könnten.

Zur Abrundung versicherte Webb den Geschworenen, die Staatsanwaltschaft habe ihm keine Milde versprochen.

Jackson wurde später mit den Worten zitiert, er habe Webb nicht für einen zuverlässigen Zeugen gehalten. Im Ernst? Warum rief der Staatsanwalt Webb dann als ersten Zeugen in einem derartigen Sensationsprozess auf? Warum setzte er auf einen unzuverlässigen Zeugen, um einen Mann des furchtbarsten Verbrechens zu überführen, das sich ein Mensch nur vorstellen kann?

Dann rief die Staatsanwaltschaft mehrere Nachbarn als Zeugen auf. Zum Zeitpunkt des Feuers hatten sie Todd als verzweifelten Vater beschrieben, der um Hilfe schrie, während er Fenster einschlug und versuchte, wieder in das brennende Haus zu gelangen und seine Kinder zu retten. Das war, bevor die Ermittler anfingen, von »Brandstiftung« zu sprechen. Als sie acht Monate später für die Staatsanwaltschaft aussagten, beschrieben sie Todd als ruhig und gleichgültig, vielleicht habe er auch geschauspielert oder sich völlig unter Kontrolle gehabt.

Hauptzeuge für die Staatsanwaltschaft war Manuel Vasquez, der im Gerichtssaal zu Hause war. Er erklärte ausführlich die zwanzig Indikatoren für Brandstiftung und schilderte den Geschworenen seine umfassenden Ermittlungen und Analysen. Seiner Überzeugung nach habe Todd Willingham das Feuer vorsätzlich gelegt, um seine Kinder zu töten.

Als Pflichtverteidiger verfügten Todds Anwälte über ein begrenztes Budget. Der einzige Sachverständige, den sie auftreiben konnten, schloss sich der Meinung der Staatsanwaltschaft an. Todd bestand darauf, selbst eine Erklärung abzugeben, aber seine Anwälte befürchteten, er könnte sich als schlechter Zeuge erweisen. Also sagte er nicht aus, genauso wenig wie Stacy. Die Verteidigung, die von vornherein kapituliert zu haben schien, rief nur eine Zeugin auf, eine Babysitterin, die sagte, sie könne sich nicht vorstellen, dass Todd seine Kinder getötet habe.

Die Verhandlung dauerte nur zwei Tage. Die Geschworenen berieten eine Stunde lang, bevor sie Todd des Mordes für schuldig befanden. Am nächsten Tag begann die Festsetzung des Strafmaßes, und Stacy und mehrere Familienangehörige sagten aus, weil sie Todd das Leben retten wollten. Als Stacy im Zeugenstand war, fragte der Staatsanwalt sie nach der Bedeutung des großen Tattoos auf Todds linkem Bizeps, das unter anderem einen Totenschädel und eine Schlange zeigte.

»Das ist nur ein Tattoo«, erwiderte sie.

»Er mag also Totenschädel und Schlangen. Wollen Sie das damit sagen?«

»Nein. Er hat einfach nur ein Tattoo.«

Das war Teil der Strategie der Staatsanwaltschaft, Todd als Soziopathen darzustellen. Um das weiter zu untermauern, bot die Staatsanwaltschaft zwei medizinische Sachverständige auf. Der erste, Tim Gregory, besaß einen Master in Psychologie. Seine Praxis war auf Familienberatung spezialisiert. Die Staatsanwaltschaft legte mehrere Fotos vor, die den Brand überlebt hatten. Zwei davon waren Poster der Bands Iron Maiden und Led Zeppelin. Gregory wurde aufgefordert, die Bilder für die Geschworenen zu interpretieren. Seine sachverständige Meinung sei, dass sie von einer Fokussierung auf Tod und Sterben zeugten. Er behauptete: »Häufig interessieren sich Individuen, die viel von dieser Art Kunst besitzen, für satanistische Aktivitäten.«

Der zweite Sachverständige war ein forensischer Psychiater namens James Grigson, der berüchtigte »Dr. Tod«. Seine Aufgabe war es, die Geschworenen davon zu überzeugen, dass der Angeklagte auf jeden Fall ein eingefleischter Mörder war, der wieder morden würde, wenn sich die Gelegenheit bot. Deswegen sei es die Pflicht der Jury, ihm durch Verhängung der Todesstrafe das Handwerk zu legen. Er beschrieb Todd als »extrem schweren Fall eines Soziopathen«, der jenseits jeder Behandlung sei. Wie schon im Kapitel über Kerry Cook erwähnt, wurde Dr. Grigson drei Jahre nach Todds Verhandlung aus der American Psychiatric Association ausgeschlossen, weil er mehrfach eine »psychiatrische Diagnose« gestellt hatte, ohne den Betreffenden überhaupt untersucht zu haben, und bei seiner Aussage als Sachverständiger bei

Gericht behauptet hatte, er könne mit hundertprozentiger Sicherheit vorhersagen, dass die Person weitere Gewalttaten begehen werde.

Die Jury sprach sich einstimmig dafür aus, dass Todd hingerichtet wurde.

Todd wurde ins Gefängnis gebracht, und es begann der langwierige Weg durch sämtliche Instanzen. Er flehte seine Anwälte an, ihn zu retten, und schrieb: »Sie können sich nicht vorstellen, wie es hier ist, unter diesen Menschen, mit denen ich nichts gemeinsam habe.« Er sei kein Krimineller und habe es nicht verdient, mit einer Horde Mörder eingesperrt zu sein. Er legte sich mit seinen Zellengenossen an und wurde ins »Verlies« gesteckt, ein dunkles Loch, in das Unruhestifter verbannt wurden. Kinderschänder wurden im Gefängnis verachtet, und Todd wehrte sich, wenn er »Babymörder« genannt wurde.

Manche seiner Mitgefangenen mochte Todd. Andere hasste er. Mitte der 1990er-Jahre exekutierte Texas seine Häftlinge in so schneller Folge, dass er sich hütete, enge Freundschaften zu schließen. Trotzdem war es hart mitzuerleben, wie viele Männer, die er kannte, die Tage bis zu ihren letzten Stunden zählten und dann verschwanden. Jede Hinrichtung erinnerte die Zurückbleibenden daran, dass ihr Tag kommen würde.

Ein Insasse, den Todd besonders mochte, war Ernest Ray Willis, einer der wenigen anderen, die ihre Unschuld beteuerten. Anders als allgemein angenommen, behaupten die meisten zum Tode Verurteilten nicht, sie seien unschuldig. Manche sind stolz auf ihr Verbrechen und prahlen damit, vor allem im Gefängnis.

Willis' Fall war dem von Todd unglaublich ähnlich. Er war verurteilt worden, weil er ein Haus, in dem er übernachtete, in Brand gesteckt haben sollte. Zwei Frauen in einem anderen Zimmer kamen ums Leben. Ihm selbst gelang nur knapp die Flucht, als das Haus in Flammen aufging. Seine nackten Füße waren unverletzt. Nachbarn fanden sein Verhalten verdächtig. Brandinspektoren fanden Gießmuster und andere eindeutige Anzeichen von Brandstiftung. Ein Motiv gab es nicht. Willis war nicht wegen Gewaltverbrechen vorbestraft. Die Staatsanwälte beschlossen, er sei ein Soziopath, und klagten ihn des Mordes in zwei Fällen an. Die Geschworenen befanden ihn schnell für schuldig und verurteilten ihn zum Tode.

Todd war verblüfft, wie groß die Ähnlichkeiten waren. Willis hatte rein zufällig das Glück gehabt, dass eine mächtige New Yorker Kanzlei auf ihn aufmerksam wurde und seine Vertretung unentgeltlich übernahm. Die Anwälte waren von seiner Unschuld überzeugt und gaben ein Vermögen für Sachverständige und Ermittler aus.

Todd war weiterhin auf sein altes Team angewiesen. Oft beklagte er sich bei seinen Eltern darüber, wie belastend es sei, von Anwälten vertreten zu werden, die ihn für schuldig hielten.

Der Court of Criminal Appeals des Bundesstaates Texas hob nur selten eine Verurteilung auf, ganz gleich wie wenig objektive Beweise vorlagen oder was sich in der Verhandlung abgespielt hatte. Im März 1995 bestätigte das Gericht Todds Verurteilung einstimmig. Damit bestätigte es auch, dass an der Verhandlung nichts zu beanstanden war und dass das erstinstanzliche Gericht Todds Antrag auf Verlegung des Verhandlungsorts ordnungsgemäß abgelehnt hatte. Mit dieser Entscheidung rückte Todds Hinrichtung einen Schritt näher. Es gelang ihm, einen anderen Rechtsanwalt zu verpflichten, Walter Reaves aus Waco, und er war begeistert, dass Reaves seine Verurteilung für sehr fragwürdig hielt. Der Anwalt reichte Haftprüfungsklage bei einem texanischen Gericht ein, die abgewiesen wurde. 2001 und 2002 wandte er sich an die Bundesgerichte, ebenfalls erfolglos. Er reichte Beschwerde beim Obersten Gerichtshof der Vereinigten Staaten ein, die aber im Dezember 2003, zwölf Jahre nach dem Brand, abgewiesen wurde. Der Hinrichtungstermin wurde auf den 17. Februar 2004 festgesetzt.

Am 3. Februar 2004 beantragte Walter Reaves beim Begnadigungsausschuss und dem Büro des Gouverneurs einen vorläufigen Aufschub der Hinrichtung. Zehn Tage später legte er bei beiden Stellen eine beeidete Erklärung vor, die ein Gutachten beinhaltete, mit dem die wissenschaftliche Grundlage der Brandermittlung infrage gestellt wurde. Das Gutachten war von Dr. Gerald Hurst erstellt worden, einem bekannten Brandsachverständigen aus Austin, Texas.

Sowohl der Begnadigungsausschuss als auch das Büro des Gouverneurs lehnten einen Aufschub der Hinrichtung ab.

Dr. Gerald Hurst war ein brillanter Chemiker, der während der Weltwirtschaftskrise in bescheidenen Verhältnissen in Oklahoma aufgewachsen war. Als Kind baute er zum Spaß Radios aus Alteisen, Kabeln und anderem Metall vom Schrottplatz. Ein Lehrer erkannte sein Talent und sorgte dafür, dass er aufs College ging. Er promovierte schließlich in Cambridge und arbeitete als Chemiker für die Verteidigungsindustrie am Bau von Geheimwaffen. Er entwarf Bomben und andere Sprengstoffe und meldete mehrere lukrative Patente an. Irgendwann hatte er es satt, Waffen zu entwickeln, die Menschen töteten, und verlegte sich darauf, für Versicherungsgesellschaften Brände zu untersuchen. Mit seinem enormen Wissen über Feuer und Sprengstoffe wurde er zum führenden Experten in diesem Bereich.

Dann fing er an, sich für das Strafrecht zu interessieren, und befasste sich näher mit dem Thema Brandstiftung. Dabei stellte er entsetzt fest, mit welchen Methoden die Ermittler der Behörden auf einzelstaatlicher und lokaler Ebene arbeiteten. Die meisten hatten nur die Highschool besucht und sich ihr Wissen in der Praxis angeeignet. Sie lernten von erfahrenen Kollegen, die ihrerseits von älteren Kollegen gelernt hatten. Es gab keine verbindlichen nationalen Normen für Brandermittlungen. 1992 veröffentlichte die National Fire Protection Association ihre ersten Leitlinien, die aber systematisch ignoriert wurden. Die Brandermittler der Behörden auf einzelstaatlicher und lokaler Ebene waren fest davon überzeugt, dass Erfahrung und Intuition effektiver waren als die neuen wissenschaftlichen Standards.

Ende der 1990er-Jahre begann Dr. Hurst, Fälle von Brandstiftungen zu untersuchen, in denen Menschen zu Haftstrafen verurteilt worden waren. Da er durch Lizenzgebühren aus Patenten über ein beträchtliches Einkommen verfügte, konnte er es sich leisten, ohne Bezahlung zu arbeiten, und stellte seine Zeit großzügig zur Verfügung. Als er von Todds Fall hörte, hatte er bereits wesentlich zur Rehabilitierung von zehn unschuldig Verurteilten beigetragen.

Zwei Wochen vor der Hinrichtung, als die Zeit immer knapper wurde, schickte Walter Reaves ihm Todds Akte. Hurst breitete die Unterlagen im vollgestopften Keller seines Hauses in Austin aus und ging an die Arbeit. Während er sich durch das umfangreiche Material wühlte, stachen ihm mehrere Punkte ins Auge. Zum einen hatte Manuel Vasquez erklärt, er habe eintausendzweihundert bis eintausendfünfhundert Brände untersucht, wobei es sich in achtzig Prozent der Fälle um Brandstiftung gehandelt habe. Diese Zahl war unfassbar hoch, und Dr. Hurst glaubte nicht, dass es damit seine Richtigkeit hatte. Landesweit verzeichneten Brandschutzbeauftragte einen Anteil von fünfzig Prozent Brandstiftungen.

Dann hatte Vasquez behauptet, das Feuer habe »schnell und heiß« gebrannt, weil flüssiger Brandbeschleuniger zum Einsatz gekommen sei. Unter Brandermittlern war die Ansicht weitverbreitet, dass durch brennbare Flüssigkeiten verursachte Brände heißer waren als Feuer, die durch Kabel, Heizlüfter, Holz, Stoff oder andere Materialien ausgelöst wurden. Das war eine verhängnisvolle Annahme, weil sie dazu führte, dass jemand – ein vermeintlicher Brandstifter – verdächtigt wurde, Benzin auf den Boden gegossen oder gespritzt und mit einem Streichholz entzündet zu haben. Allerdings war diese Theorie falsch. Zahlreiche Versuche hatten ergeben, dass Holz- und Benzinfeuer im Wesentlichen mit derselben Temperatur brannten.

Hurst fing sehr schnell an, sämtliche Aussagen von Fogg und Vasquez in ihrem Bericht skeptisch zu sehen. So behaupteten sie, die braunen Flecken auf der Veranda seien ein Beweis für die Verwendung eines flüssigen Brandbeschleunigers, der keine Zeit gehabt habe, in den Beton einzuziehen. Sie stellten die These auf, Todd habe Flüssigkeit auf der Schwelle der Eingangstür versprüht, um seine kleinen Mädchen an der Flucht zu hindern. Dr. Hurst wusste es besser. Braune Flecken auf dem Fußboden kamen bei Bränden häufig vor und hatten selten etwas mit Brandbeschleuniger zu tun.

Ein weiteres Beispiel war die *Crazed-Glass*-Theorie, der zufolge sich im Glas Haarrisse bildeten, wenn ein Feuer besonders schnell und heiß brannte. Hurst wusste es besser, weil er mehrere Glasarten mit einem Schweißbrenner erhitzt und dann schlagartig mit Wasser abgekühlt hatte. Die spinnwebartigen Muster entstanden unabhängig von der Brandursache.

Der sogenannte »Flashover« ist ein Phänomen, bei dem die Hitzeentwicklung in einem Raum so stark ist, dass der Brand schlagartig in die Vollbrandphase übergeht. Fogg und Vasquez nahmen wie die meisten Brandermittler der alten Schule an, dass es viel schneller zum Flashover kam, wenn Brandbeschleuniger verwendet wurde. Auch das war falsch. Wenn es erst zum Flashover gekommen ist, hängt es von der Sauerstoffzufuhr ab, welchen Weg das Feuer nimmt. Als Todd durch die Eingangstür flüchtete, rasten die Flammen in die entsprechende Richtung. Als er die Fenster einschlug, schossen Flammen heraus. Fogg und Vasquez kamen zu dem Schluss, dass Todd unmöglich barfuß durch den Gang zur Eingangstür und nach draußen gelaufen sein konnte, ohne sich die Füße zu verbrennen. Aber bei einem Flashover-Effekt hatte der Gang noch gar nicht gebrannt. Der Rauch war undurchdringlich gewesen, das Feuer aber für den Augenblick auf das Kinderzimmer beschränkt. Nach einem Flashover sind für Brandbeschleuniger charakteristische Muster nicht mehr feststellbar.

Dr. Hurst führte für alle im Bericht von Fogg und Vasquez analysierten Beweismittel ein Experiment durch. Vasquez hatte ein Video des Hauses angefertigt, das sich Hurst genau ansah. Seine Experimente zeigten, dass die ursprünglichen Schlussfolgerungen ausnahmslos falsch waren. Er arbeitete systematisch die von Fogg und Vasquez erstellte Liste von zwanzig Hinweisen auf Brandstiftung ab und entkräftete einen Punkt nach dem anderen. Es gebe keinen Hinweis darauf, dass das Feuer an mehreren Stellen gleichzeitig ausgebrochen war. Da er den Brandort nicht inspiziert habe, könne er die Ursache nicht feststellen. Aber er habe keinen Zweifel daran, dass es sich nicht um Brandstiftung gehandelt habe: Der Brand sei ein Unfall gewesen, wahrscheinlich verursacht durch einen Heizlüfter oder defekte Stromleitungen. Das erkläre, warum nie ein Motiv für Brandstiftung habe ermittelt werden können. In aller Eile tippte er seinen Bericht. Er begann mit den Worten: »Einem heutigen Brandursachenermittler und Sachverständigen stellt sich die Frage, wie bei der

Interpretation der Beweise so viele entscheidende Fehler unterlaufen konnten.« Er schickte den Bericht an Walter Reaves, der ihn in der Hoffnung auf einen Aufschub in letzter Minute sofort dem Begnadigungsausschuss vorlegte. Der Ausschuss lehnte das Gesuch ab.

Walter Reaves arbeitete fieberhaft daran, dass einzel- und bundesstaatliche Gerichte den Hurst-Bericht zu sehen bekamen. Außerdem schickte er ihn an das Büro von Gouverneur Rick Perry, wo er vier Tage vor der Hinrichtung einging. Der Anwalt war zuversichtlich, dass Gouverneur Perry einen Aufschub gewähren würde, damit er den Hurst-Bericht prüfen konnte.

Perry war ein eiserner, manchmal lautstarker Befürworter der Todesstrafe und griff nur bei einer der 234 Hinrichtungen ein, die in seinen vierzehn Jahren als Gouverneur vollstreckt wurden. 2001 legte er sein Veto gegen eine Gesetzesvorlage ein, die ein Verbot der Hinrichtung Gefangener mit extrem niedrigem IQ vorsah.

Seine Mitarbeiter vergewisserten sich, dass der Hurst-Bericht Perry am 17. Februar, dem Tag der Hinrichtung, vorlag.

Reaves rief Todd an und sagte, der Begnadigungsausschuss habe sein Gesuch einstimmig abgelehnt.

In seinen letzten Tagen fragte Todd Stacy, ob er bei seinen Kindern begraben werden könne. Sie lehnte ab. Sie hatte sich von Todd scheiden lassen, während er in der Todeszelle saß, und wieder geheiratet.

Ihre Geschichte, die sich immer wieder änderte, lautete, sie habe ihm nach dem Brand lange Zeit geglaubt, dann aber Zweifel bekommen. Sie sagte, sie habe die ursprünglichen Verhandlungsprotokolle und Brandgutachten (aber nicht das von Dr. Hurst) gelesen und sei zu dem Schluss gekommen, er sei tatsächlich schuldig. »Er hat mir meine Kinder weggenommen«, sagte sie zu einem Reporter. Einige Wochen zuvor hatte sie ihre Familie zusammengerufen, um sie darüber zu informieren, dass Todd ihr gestanden habe, vorsätzlich Feuer gelegt zu haben, um die Kinder zu töten. Nach der Hinrichtung wollte sie nichts mehr von einem Geständnis wissen.

Am 17. Februar verabschiedete sich Todd im Besuchszimmer von seinen Eltern und anderen Verwandten. Selbst in seinen letzten Stunden durfte er sie nicht berühren. Er konnte seine Eltern nicht umarmen, weil sie durch eine Plexiglasscheibe getrennt waren. So war die Vorgehensweise bei allen Hinrichtungen in Texas.

Um sechzehn Uhr nahm er seine letzte Mahlzeit zu sich – gegrillte Spareribs, frittierte Okraschoten, Enchiladas mit schwarzen Bohnen und zwei Stück Lemon Pie. Ihm wurde mitgeteilt, dass Gouverneur Perry einen Aufschub abgelehnt habe. »In fünfundfünfzig Minuten bin ich ein freier Mann«, sagte er zu seinen Eltern. »Ich gehe nach Hause zu meinen Kindern.«

Als es Zeit war, wurde er von Wärtern in die Todeskammer getragen und mit Ledergurten festgeschnallt. Ein medizinisches Team legte Zugänge an beiden Armen. Obwohl kein Mangel an Freiwilligen für diese Aufgabe bestand, wollten die Mitglieder des Teams nicht die volle Verantwortung übernehmen. Jeder hatte eine andere Aufgabe, sodass niemand allein verantwortlich gemacht werden konnte.

Der Gefängnisdirektor fragte Todd, ob er ein paar letzte Worte sprechen wolle. Er sagte: »Ich will nur sagen, dass ich unschuldig bin und für ein Verbrechen verurteilt wurde, das ich nicht begangen habe. Seit zwölf Jahren werde ich für etwas verfolgt, was ich nicht getan habe. Aus dem Staub Gottes bin ich genommen, und zu Staub kehre ich zurück, damit die Erde mein Thron wird.« Dann entdeckte er im Zeugenzimmer Stacy, die er dort nicht erwartet hatte, und fing an, sie zu beschimpfen. Der Direktor zog das Mikrofon weg und betätigte eine Fernbedienung. Thiopental-Natrium, ein Barbiturat, wurde in Todds Arm gepumpt. Dann Pancuroniumbromid, um das Zwerchfell zu lähmen und die Atmung anzuhalten. Ein dritter Wirkstoff, Kaliumchlorid, führte zum Herzstillstand. Er starb um 18.20 Uhr.

Auf seinen Wunsch hin wurde er eingeäschert, und seine Eltern verstreuten seine Asche heimlich auf den Gräbern seiner Kinder.

Die Hinrichtung stand sofort in der Kritik. Verteidiger von Todeskandidaten und Aktivisten für die Aufklärung von Justizirrtümern beschwerten sich lautstark darüber, dass Texas und vor allem Gouverneur Perry die letzten wissenschaftlichen Erkenntnisse von Dr. Hurst ignoriert und die Hinrichtung vorangetrieben hatten. Warum die Eile? Todd hatte erst zehn Jahre in der Todeszelle gesessen, das war in der byzantinischen Welt der Rechtsmittelverfahren keine lange Zeit.

Befürworter der Todesstrafe, vor allem Politiker, beklagen immer wieder die endlosen Rechtsmittelverfahren und fordern, Delinquenten kurzfristiger hinzurichten. Dabei dauert es oft Jahre, wenn nicht Jahrzehnte, bis die Beweise gefunden werden, die Polizei und Staatsanwaltschaft unterschlagen haben. Tragischerweise gelingt dies oft nicht rechtzeitig.

Was geschah mit dem Hurst-Bericht in Gouverneur Perrys Büro? Die offizielle Version ist, dass der Bericht gelesen und berücksichtigt wurde. Jemand vom Büro des Pressesprechers sagte: »Wie bei jeder Hinrichtung wurde der Gouverneur vorab über den gesamten Sachverhalt unterrichtet. Er wurde über diesen [Hursts] Bericht informiert, sobald er am späten Nachmittag in unserem Büro eingegangen war. Nachdem das Dokument, das vier Seiten umfasste, angefordert, ausgehändigt und geprüft worden war, kam der Gouverneur zum selben Schluss wie die Gerichte auf einzel- und bundesstaatlicher Ebene, nämlich dass der Bericht nicht ausreiche,einen Aufschub der Hinrichtung zu rechtfertigen.«

Bald wurde auf den Titelseiten der Zeitungen über die Ermittlungen und ihre fragwürdige wissenschaftliche Grundlage berichtet. Zwei Journalisten von der *Chicago Tribune*, Steve Mills und Maurice Possley, kamen nach Corsicana, um mehr darüber herauszufinden. Sie konsultierten prominente Brandsachverständige und Brandursachenermittler, die sich alle darüber einig waren, dass die Arbeit von Fogg und Vasquez von Grund auf fehlerhaft war. Dr. Hurst, einer der Experten, sagte: »Für einen qualifizierten Brandursachenermittler gibt es keinerlei Hinweise auf Brandstiftung. Es war einfach nur ein Feuer.«

Selbst in Texas stieß er auf Zustimmung. Edward Cheever, ein Inspektor der Brandschutzbehörde des Bundesstaates, der Vasquez 1992 bei der ursprünglichen Ermittlung unterstützt hatte, gab zu: »Zur Zeit des Corsicana-Feuers sagten wir noch Dinge aus, die heute nicht richtig sind. Damals stimmten sie, aber jetzt nicht mehr. Hurst hatte schon recht. Wir wissen jetzt, dass wir diese Annahmen nicht treffen dürfen.«

Kendall Ryland war Feuerwehrkommandant und hatte früher an der Louisiana State University Brandursachenermittler ausgebildet. In seinen Workshops versuchte er, die von Fogg und Vasquez beschriebenen Bedingungen zu simulieren. Als seine Experimente ergebnislos blieben, sagte er zu einem Reporter: »Mir wird ganz übel bei dem Gedanken, dass der Mann wegen dieser Ermittlung hingerichtet worden ist. Sie haben diesen Mann hingerichtet, dabei haben sie überhaupt keine Ahnung – zumindest nicht wissenschaftlich begründet –, ob er den Brand gelegt hat und ob es überhaupt Brandstiftung war.«

Ein Jahr nach Todds Hinrichtung wurde in Anbetracht der wachsenden Kritik an der zweifelhaften Forensik, die an texanischen Gerichten herangezogen wurde, die Texas Forensic Science Commission gegründet. Zu den ersten Fällen, die überprüft wurden, zählten der von Todd und der von Ernest Ray Willis, der fast identisch mit dem von Todd war.

Nach siebzehn Jahren in der Todeszelle war Willis ein freier Mann. Das hatte er einem kompetenten Anwaltsteam und auch Dr. Hurst zu verdanken, der seinen Fall überprüft hatte und zu dem Schluss gekommen war, dass das Feuer nicht durch Brandstiftung entstanden war. Der Staatsanwalt ließ sich durch das Gutachten überzeugen und nahm die Anklage zurück.

In beiden Fällen kam Dr. Hurst zu dem Schluss, dass es sich nicht um Brandstiftung gehandelt hatte. Todd war tot. Willis war frei. Unterschiedliche Staatsanwälte, unterschiedliche Gerichtsbezirke, derselbe Bundesstaat.

Die Texas Forensic Science Commission verpflichtete für die Überprüfung Craig Beyler, einen renommierten Brandsachverständigen und Wissenschaftler. Seine Analyse folgte den Ausführungen von Dr. Hurst, er fand jedoch deutlich stärkere Worte. Er kam zu dem Schluss, dass Fogg und Vasquez keine wissenschaftliche Grundlage für die behauptete Brandstiftung gehabt hatten. Sie hätten Beweise ignoriert, sich auf nachweislich falsche Volksweisheiten verlassen, potenzielle andere Ursachen nicht berücksichtigt, kein Verständnis der grundlegenden Branddynamik besessen und »nicht nur gegen heutige, sondern selbst gegen die damaligen Standards« verstoßen. Er kritisierte die Schlussfolgerungen von Fogg und Vasquez als »eine bloße Anhäufung persönlicher Überzeugungen, die nichts mit einer wissenschaftsbasierten Brandermittlung zu tun haben«.

Als die Texas Forensic Science Commission Beylers Gutachten prüfen wollte, entließ Gouverneur Perry plötzlich drei der Mitglieder, einschließlich des Vorsitzenden. Perry, der nach wie vor von Todds Schuld überzeugt war und sich abfällig über die Experten äußerte, die anderer Meinung waren, ersetzte den Vorsitzenden durch einen texanischen Staatsanwalt. Aufgrund der Umbildung der Kommission verzögerten sich Beylers Aussage und andere Sachverständigengutachten bis nach den anstehenden Gouverneurswahlen.

Gouverneur Perry stellte sich 2010 zur Wiederwahl und wollte 2012 bei der Präsidentschaftswahl antreten.

2006 lud das Innocence Project fünf führende amerikanische Brandsachverständige ein, das Beweismaterial in der Sache zu prüfen. Dieses »Arson Review Committee« untersuchte jeden Aspekt des Brandes und nahm die Arbeit von Fogg und Vasquez auseinander. Der achtundvierzigseitige Bericht des Teams kam zu dem Schluss, das Feuer, bei dem die drei Willingham-Kinder ums Leben kamen, sei nicht vorsätzlich gelegt worden. Unter anderem hieß es: »Die untersuchten und von den Brandermittlern in dieser Sache herangezogenen Strukturen sind von der Art, wie sie üblicherweise bei Brandunfällen entstehen, bei denen es zu einem Flashover gekommen ist.«

Weiterhin hieß es: »Die sachverständigen Zeugen der Staatsanwaltschaft ... verließen sich auf ›Indikatoren‹, die nach dem, was sie gelernt hatten, ein Beweis für Brandstiftung waren. Wir bezweifeln nicht, dass diese Zeugen glaubten, was sie sagten, mittlerweile ist jedoch wissenschaftlich erwiesen, dass die herangezogenen Indikatoren allesamt nicht stichhaltig sind.«

Und: »Auch wenn die Flammen vielleicht nicht ›lügen‹, legte Mr. Vasquez zum Unglück von Mr. Willingham ihre Botschaft falsch aus. Die Bereitschaft, als ›sachverständiger‹ Zeuge auszusagen, ohne über das Wissen zu verfügen, das erforderlich wäre, den Geschworenen die richtigen Informationen zu liefern, mag als Entschuldigung für die vielen schweren Fehler von Mr. Vasquez gelten. Ein Justizsystem, das solche Zeugenaussagen zulässt, bedarf jedoch dringend einer Reform.«

Die Verurteilung beruhte auf zwei Beweisquellen: der Brandermittlung und der Aussage von Johnny Webb. Ein Motiv ist keine Voraussetzung für eine Verurteilung wegen Mordes. Die Staatsanwaltschaft wusste, dass sie kein Motiv nachweisen konnte, weil es keins gab.

Nachdem die Gutachten und Aussagen von Fogg und Vasquez ins Kreuzfeuer der Kritik geraten waren, tat die Staatsanwaltschaft alles, um Johnny Webb, ihren Gefängnisspitzel, bei der Stange zu halten. Er erwies sich als labil und manipulativ. Seine regelmäßigen Drohungen, die Aussage zu widerrufen und die Wahrheit zu sagen, trieb die Staatsanwälte fast in den Wahnsinn.

Jeder Spitzel will einen Deal. Diese Leute sind im Gefängnis und haben noch lange Strafen abzusitzen, und sie wissen, wie sie Polizei und Staatsanwaltschaft für ihre Zwecke nutzen. Wenn sie in der Verhandlung gegenüber den Geschworenen behaupten, es gebe keine Absprache mit der Staatsanwaltschaft, lügen sie grundsätzlich. Es gibt immer einen Deal. Der Staatsanwalt hat ihn eingefädelt und weiß, dass der Spitzel lügt. Anstiftung zum Meineid bedeutet, einen Zeugen zur Lüge zu verleiten, aber Staatsanwälte werden nie bestraft, wenn ihre Spitzel vor Gericht lügen.

Journalisten, Anwälte und Aktivisten für die Aufklärung von Justizirrtümern griffen zum einen die schlampige Forensik an und nahmen zum anderen John Jackson unter die Lupe. Falls es einen Deal mit Johnny Webb gegeben hatte, wollten sie es in Erfahrung bringen. Merkwürdigerweise war ihnen Jackson selbst dabei behilflich. Viele seiner Versuche, Webb zu schützen, waren durch die Briefe der beiden dokumentiert.

Zum Beispiel schrieb Jackson zwei Monate nach dem Willingham-Prozess an einen Gefängnisbeamten und bat darum, Webb in eine Krankenabteilung zu verlegen, einen deutlich angenehmeren Ort als die Abteilung für schutzbedürftige Gefangene, wo er bislang war. Er erklärte, Webb sei ein wichtiger Zeuge in einem Mordprozess und als Spitzel unter der allgemeinen Gefängnisbevölkerung gefährdet. Er schrieb, er werde Webb möglicherweise ein weiteres Mal vor Gericht benötigen, deshalb solle er in »einer Umgebung, die das geringstmögliche Risiko gewährleistet«, untergebracht werden.

Einen Monat später schrieb er erneut und beantragte Webbs Verlegung ins Gefängnis von Navarro County in Corsicana, eine noch sicherere Umgebung. Er behauptete, Webb habe Todesdrohungen erhalten und müsse geschützt werden. Webb ganz in der Nähe, ja in derselben Straße zu haben würde Jackson die Arbeit erleichtern. »Im Falle einer Aufhebung des Urteils möchte ich weiterhin auf Webbs Kooperation zählen können«, schrieb er. Sein Antrag blieb erfolglos.

Die Korrespondenz setzte sich in den nächsten drei Jahren fort, während Jackson emsig daran arbeitete, seinen Spitzel bei Laune zu halten. Er überredete einen Freund, einen wohlhabenden Rancher namens Charles Pearce, Geld auf Webbs Konto beim Gefängnis-Kiosk zu hinterlegen. 1995 schrieb Webb an Pearce und behauptete, ein Gefängniswärter dränge ihn, seine Aussage zu widerrufen, um die Stimmung unter den anderen Gefangenen zu beruhigen, die Gefängnisspitzel hassten. Pearce meldete diese beunruhigende Entwicklung Jackson, der an den

Gefängnisdirektor schrieb: »Ich belästige Sie nur ungern wieder mit Johnny Webbs Problemen. Webb ist nicht gerade ein vorbildlicher Bürger, aber ich wäre äußerst beunruhigt, wenn Gefängnispersonal ihn unter Druck setzen würde, damit er seine Geschichte ändert.«

1996 schrieb Webb an Jackson und verlangte die Verlegung in ein Bundesgefängnis oder ins Gefängnis von Navarro County. In seinem Brief bekannte sich Webb, möglicherweise unbeabsichtigt, endlich zur Wahrheit. »Die Staatsanwaltschaft hat mir bestimmte Vorteile für meine Aussage versprochen, wegen der ein Mann in der Todeszelle gelandet ist«, schrieb er. »Ich habe meinen Teil getan, jetzt muss die Staatsanwaltschaft ihren tun, bis ich wieder auf freiem Fuß bin.«

Hinter den Kulissen arbeitete Jackson an Webbs vorzeitiger Entlassung emsig weiter. Er bemühte sich, bei Richter Kenneth »Buck« Douglas – demselben Richter, der den Vorsitz in Todds Verhandlung geführt und auch Webb zu fünfzehn Jahren verurteilt hatte – eine Strafmilderung für Webb zu erreichen. Er schrieb in Webbs Sache an den Bewährungsausschuss, wobei er zu einer Verschleierungstaktik griff und dem Ausschuss versicherte, Webb sei für seine Aussage keine Strafminderung versprochen worden, und »er erwartet keine Milde«.

Jackson schrieb an Webb, um ihn zu beruhigen. Pearce schrieb an Webb, um ihn zu beruhigen. Sie versprachen, alles zu tun, um ihn freizubekommen. Trotz dieser bei einem Berufsverbrecher höchst ungewöhnlichen persönlichen Zuwendung drohte Webb ständig, mit der Wahrheit an die Öffentlichkeit zu gehen. Als sein Antrag auf vorzeitige Entlassung abgelehnt wurde, bat Jackson selbst den Gouverneur um Milde. Erfolglos. Jackson war fest entschlossen, Webb bei Laune zu halten, solange Todd Willinghams Anwälte Rechtsmittel einlegten.

1996 wurde Jackson zum Richter gewählt und trat die Nachfolge von Richter Douglas an. Als Richter am Circuit Court besaß er viel größere Macht als in seiner Funktion als einfacher Staatsanwalt. Eine seiner ersten Handlungen war eine Verfügung an die Gefängnisverwaltung, Webb zu einem Gerichtstermin zurück nach Navarro County zu überstellen. Es gibt keinen Hinweis darauf, dass ein solcher Termin stattfand.

Zwei Jahre später wurde Webb endlich auf Bewährung freigelassen. Er wandte sich sofort an Pearce, der ihm Geld gab, damit er sich einen Pick-up kaufen konnte. Pearce erklärte sich auch bereit, die Kosten für eine Schulung als Berufsfahrer für Webb zu übernehmen. Er meldete sich an, wurde mit Drogen erwischt und landete wieder im Gefängnis. Als einziges Einkommen gab er ein Gehalt in Höhe von eintausend Dollar monatlich an, das Pearce ihm zahlte. Er bekannte sich schuldig, bekam zwei Jahre, saß aber wegen des Verstoßes gegen seine Bewährungsauflagen bis 2007 im Gefängnis. Nachdem er wieder in Haft gekommen war, fing Pearce an, ihm erneut Geld zu schicken.

Im März 2000 betätigte Webb sich im Gefängnis als Knastanwalt und verfasste ein handschriftliches Dokument, das er »Antrag auf Widerrufung einer Zeugenaussage« nannte. Darin gab er zu, gegen Todd Willingham, der »in allen Anklagepunkten unschuldig ist«, falsch ausgesagt zu haben. Er schickte das Schriftstück an den Bezirksstaatsanwalt, der es an Richter John Jackson weiterleitete. Todds Anwälte bekamen es nie zu Gesicht, und es wurde auch nicht zu Webbs Akte genommen. Webb ließ die Angelegenheit schließlich auf sich beruhen.

Im August 2000 schrieb Richter Jackson an Webb und versicherte ihm, dass er und Pearce rund um die Uhr an seiner Freilassung arbeiteten.

2004, als Todds Hinrichtungstermin näher rückte, beantragte

sein Anwalt Walter Reaves einen Aufschub um neunzig Tage. Reaves hatte Gerüchte gehört, Webb solle für seine Aussage einen Pick-up bekommen haben, und wollte nachforschen.

Richter Jackson sprach sich gegen den Antrag aus. Er wurde abgelehnt.

2007 kam Webb auf Bewährung frei und widerrief erneut. In einer Reihe aufgezeichneter Interviews mit dem Marshall Project, einer gemeinnützigen Nachrichtenagentur, die über die Strafjustiz berichtet, sagte er, John Jackson habe ihm eine lange Haftstrafe wegen des Raubes angedroht, wenn er sich in der Sache Todd Willingham wahrheitsgemäß äußere. Außerdem habe Jackson ihm für seine Aussage eine verkürzte Gefängnisstrafe versprochen.

David Grann ist ein preisgekrönter Journalist, der unter anderem für *New Republic* und den *New Yorker* geschrieben hat. Seine Bücher sind enorme Verkaufserfolge. Im August 2009 veröffentlichte der *New Yorker* einen ausführlichen Investigativbericht mit dem Titel: »Feuerprobe. Hat Texas einen Unschuldigen hingerichtet?« Die Reportage war eine schockierende Darstellung von Willinghams Fall und sorgte dafür, dass er in der Debatte über die Todesstrafe in den Mittelpunkt des Interesses rückte. Einwandfrei recherchiert, hervorragend geschrieben und bemerkenswert ausgewogen befasste Grann sich eingehend mit der Wissenschaft von Brand- und Brandursachenermittlungen und kam zu dem Schluss, dass der von Fogg und Vasquez verfasste Bericht grundlegende Mängel aufwies. Er hatte alle interviewt, die bereit gewesen waren, mit ihm zu sprechen: Angehörige, Nachbarn, Feuerwehrleute, Anwälte, Polizeibeamte, Staatsanwälte, Zeugen, Johnny Webb, Wissenschaftler und sogar einige Geschworene.

Die wichtigsten Passagen befassen sich mit der Geschichte der Brandursachenermittlung und der Notwendigkeit von fundiertem Wissen und besserer Ausbildung.

2014 reichte das Innocence Project, das den Willingham-Fall ein Jahrzehnt lang untersucht hatte, bei der Juristenvereinigung des Bundesstaates Texas Beschwerde gegen Richter Jackson ein. Darin forderte das Project, wegen Fälschung amtlicher Urkunden, Unterdrückung von Beweisen, Anstiftung zum Meineid und Behinderung der Justiz gegen Jackson zu ermitteln, Sanktionen gegen ihn zu verhängen oder gar die Strafverfolgung aufzunehmen. In der Beschwerde hieß es, Jacksons Verhalten »verstieß gegen seine beruflichen, ethischen und verfassungsrechtlichen Pflichten«.

Die Juristenvereinigung nahm solche Beschwerden ernst. 2013 zwang sie einen Richter wegen des aufsehenerregenden Fehlurteils gegen Michael Morton zurückzutreten, seine Zulassung als Anwalt zurückzugeben und eine zehntägige Haftstrafe zu verbüßen. Der Richter hatte als Staatsanwalt Beweismittel verschwinden lassen. Morton war angeklagt, seine Frau getötet zu haben, und saß fünfundzwanzig Jahre im Gefängnis, bevor DNA-Tests seine Unschuld bewiesen. Der Richter saß fünf Tage seiner Haft ab und wurde wegen guter Führung entlassen. Es ist der einzige bekannte Fall in den Vereinigten Staaten, wo der für ein Fehlurteil verantwortliche Staatsanwalt selbst ins Gefängnis musste.

2014 sorgte die Juristenvereinigung dafür, dass Bezirksstaatsanwalt Charles Sebesta wegen seines Fehlverhaltens bei der Strafverfolgung von Anthony Graves seine Zulassung verlor.

Aufgrund ihrer Untersuchung warf die Juristenvereinigung John Jackson vor, er habe Todds Anwälte nicht darüber informiert, dass Webb für seine Aussage bevorzugte Behandlung versprochen worden war. Jackson stritt alles ab und verlangte eine Verhandlung vor einem Geschworenengericht. In Navarro County! Dafür wurden eigens ein Richter eingesetzt und zwölf Geschworene ausgewählt. Vertreter der Juristenvereinigung zeigten ihnen ein Video von Webbs Aussage, in der er zugab, in Todds Verhandlung gelogen zu haben, nachdem Jackson ihm eine Sonderbehandlung versprochen hatte. Als Webb in den Zeugenstand gerufen wurde, wollte er sich aber nicht äußern und keine Fragen beantworten. Er berief sich über fünfzig Mal auf sein Verfassungsrecht, die Aussage zu verweigern, wenn er sich dadurch selbst belastete. Sein Gedächtnis lasse ihn im Stich, und er könne sich nicht recht erinnern. Fast hundert Mal sagte er, er könne sich einfach an nichts erinnern.

Die Geschworenen entschieden mit einer Gegenstimme zugunsten von John Jackson. Es war eine schmerzliche Niederlage für die Juristenvereinigung des Bundesstaates und das Innocence Project, und Jackson konnte mit seinem Erfolg zufrieden sein.

Am 3. April 2014 stimmte der Bewährungs- und Begnadigungsausschuss des Bundesstaates Texas dagegen, postum eine volle Begnadigung von Todd Willingham zu empfehlen. Das Innocence Project hatte, unterstützt von Todds Verwandten und Michael Morton, Gouverneur Perry aufgefordert, vom Bewährungsausschuss prüfen zu lassen, ob der Staat Todd begnadigen solle. Der Bewährungsausschuss untersuchte die Frage, entschied sich aber gegen eine Begnadigung.

Ein letztes Wort von Johnny Webb. 2015 bedauerte er in einem Interview mit Maurice Possley für das Marshall Project, dass er sich in das Verfahren hatte verwickeln lassen. »Jetzt stecke ich für den Rest meines Lebens in der Willingham-Sache drin«, sagte er.

DANKSAGUNGEN

JOHN GRISHAM

Nachdem ich jedes einzelne Wort meiner ersten fünfzig Bücher selbst geschrieben habe, wird man mich bestimmt fragen, warum ich mich entschieden habe, mit einem Koautor zusammenzuarbeiten. Die sarkastische Antwort ist, dass ich müde und faul bin. Warum soll nicht jemand anders die Hälfte der Arbeit tun?

Die tatsächliche Antwort ist, dass Jim McCloskey ein amerikanischer Held ist. Seine Suche nach Gerechtigkeit begann er als Theologiestudent in Princeton. Er hat sein Leben der Befreiung von Menschen gewidmet, die unschuldig im Gefängnis sitzen. Centurion Ministries hat er zu einem mächtigen Vorkämpfer für die Aufklärung von Justizirrtümern gemacht. Vor allem aber ist er ein großartiger Erzähler. Für mich ist es eine Ehre, mit ihm auf der Titelseite zu stehen. Es kommt nicht oft vor, dass man mit einem seiner Helden zusammenarbeiten darf.

Obwohl ich viel zu viele Bücher geschrieben habe, war Doubleday immer gern bereit, sie zu veröffentlichen. Diese Begeisterung dauert auch heute noch an. Vor vielen Jahren wurde mir klar, wie glücklich ich mich schätzen kann, dass ich die Bücher nur schreiben und mir keine Gedanken über den langen Weg bis in die Buchhandlungen machen muss. Das liegt daran, dass ich ein fantastisches Team bei Doubleday habe, bei dem ich mich schon lange nicht mehr bedankt habe.

Suzanne Herz ist seit dreißig Jahren meine Verlegerin. Im Laufe dieser Jahre hat sie mehrfach den Titel gewechselt – in Verlagen wimmelt es nur so von Titeln –, und ich habe im letzten Jahrhundert den Versuch aufgegeben, mir den gerade aktuellen zu merken. Das heißt, dass Suzanne von mir das Manuskript bekommt, und etwa drei Monate später schickt sie mir frisch aus der Druckerei eine schöne Hardcover-Ausgabe, die ich stolz zu all den anderen in ein besonderes Regal stelle. Ich weiß nicht alles darüber, was in diesen drei Monaten passiert, aber ich weiß, dass sie die Chefin ist. Wir tauschen uns aus und ringen oft um die Gestaltung des Umschlags. Manchmal sind wir uns über den Titel nicht einig. Oft drängt sie mich, mal hier, mal da über die Bücher zu sprechen und für sie zu werben. Was die kreative Seite angeht, sagt sie es rundheraus, wenn ihr eine Geschichte gefällt, und fast genauso offen, wenn sie ihr nicht gefällt. Sie darf alles hinterfragen, bis hin zu einzelnen Wörtern im Manuskript, und ich höre ihr immer zu. Ich bin nicht immer ihrer Meinung, und oft genieße ich unsere Auseinandersetzungen. Sie kennt das Geschäft und versteht sich mit ihrer ruhigen, bedächtigen Art darauf, ein gutes Buch zu entdecken, es in den Handel zu bringen und dafür zu sorgen, dass es sich verkauft. Ihre Autoren sind ihr treu ergeben.

Mein Vertrauen ist eine Selbstverständlichkeit und beruht auf unserer langen Freundschaft. Danke, Suzanne.

Todd Doughty ist Suzannes enger Freund und Mitarbeiter. Wir waren schon zu dritt auf Mini-Lesereise und lachen immer noch über unsere Abenteuer. Todd kümmert sich um die Öffentlichkeitsarbeit – seinen offiziellen Titel weiß ich auch nicht mehr – und versteht mehr von der Veröffentlichung und dem Vertrieb von Büchern als irgendwer sonst in der Branche. Er kennt sämtliche Reporter, Journalisten, Produzenten, Redakteure und Nachrichtensprecher in diesem Geschäft. Er hat enge Verbindungen zum

Buchhandel und Hunderte von Geschäften überall in den USA besucht. Er liest alles und folgt Dutzenden von Autoren, nicht nur denen des Verlags, sondern aus der gesamten Branche. Er sieht sich jede Fernsehsendung und jeden Film an und räumt in sämtlichen Quizkategorien der Spielshow *Jeopardy!* ab. Danke, Todd.

Zum Team rund um Suzanne und Todd gehören auch Judy Jacoby in der Werbung, Lauren Weber im Marketing und Eddie Allen in der Verlagsherstellung. Meine Buchprojekte betreut Vimi Santokhi. Jaci Updike ist bei Penguin Random House für den gesamten Verkauf zuständig.

Unsere wunderbare Lektorin ist Kris Puopolo. Mühelos hat sie zehn verschiedene Erzählungen, die zu verschiedenen Zeitpunkten von zwei sehr unterschiedlichen Autoren eintrafen, unter einen Hut gebracht.

Danke auch Neil Rosini, meinem langjährigen Anwalt für alles, was mit Literatur zu tun hat. Neil ist spezialisiert auf Urheberrecht und Verleumdungsklagen, und er hat das Manuskript wie immer mit einem scharfen Blick für potenzielle Probleme gelesen. Die Autoren haben hoffentlich die von ihm entdeckten Punkte ausgeräumt.

Danke, Eric Brown, für die beständige Rechtsberatung in den vergangenen Jahren. Als früherer Anwalt bemühe ich mich, ein guter Mandant zu sein. Eric ist bei der Arbeit mit mir immer hochprofessionell.

Danke auch Claire Leonard, Ana Espinoza und David Litman.

Und wie immer gilt mein Dank David Gernert, meinem Agenten und guten Freund. 1990, als er noch Lektor bei Doubleday war, hatte David das richtige Gespür und kaufte meinen zweiten Roman, *Die Firma*. Eine gute Entscheidung für uns beide. Er brachte meine nächsten fünf Romane heraus, für ein immer größeres Publikum. 1995 verließ David Doubleday und wurde ein

Megastar-Agent. Ich war sein erster Autor. Seitdem ist es für uns fantastisch gelaufen, und auch jetzt, im vorgerückten Alter, haben wir nicht vor, es langsamer angehen zu lassen. Wir sprechen fast jeden Tag miteinander und nur selten über Bücher. Wir reden über unsere Familien, das letzte Basketballspiel und anstehende Operationen, wenn wir mal wieder ein neues Gelenk brauchen. Meistens gelingen mir auch ein oder zwei Seitenhiebe auf seine geliebten Mets, wenn sie verloren haben, was sie meistens tun.

JIM MCCLOSKEY

Die Idee zu *Unschuldig* stammt von John Grisham. Das Konzept und die Struktur der zehn erstaunlichen, wahren Geschichten unschuldig Verurteilter hat er sich ausgedacht. Johns Vision dieses Buches wurzelt in seinem Mitgefühl und seiner starken Empathie für die, die dieses Unrecht erleiden, und seiner Empörung darüber, dass dies so häufig vorkommt.

Ich fühlte mich geehrt und überwältigt, als er mich Anfang 2021 einlud, sein Koautor zu sein. Es kommt mir immer noch vor wie ein Traum. Die Aufgabe war anspruchsvoll, aber mit John zusammenzuarbeiten war ein Vergnügen. Er ist freundlich, großzügig und ein echter Teamplayer. Als unsere Arbeit an diesem Projekt zu Ende war, entwickelte ich sehr schnell Entzugssymptome. Meine Partnerschaft mit John als Autor von *Unschuldig* war ein Highlight meiner beruflichen Laufbahn.

Ich stehe tief in der Schuld des Lektoratsteams bei Doubleday, das diese Geschichten mit viel Takt und großer Kompetenz so lesbar gemacht hat, wie sie jetzt sind. Die Hauptlektorin, mit der ich eng zusammengearbeitet habe, war Kristine Puopolo, Vice-President bei Doubleday und Leiterin des Sachbuchlektorats.

Mit ihr war das Lektorat geradezu angenehm, weil sie meine Beiträge mit sicherer Hand deutlich verbessert hat. Ich werde dich vermissen, Kris. Sie wurde kompetent durch ihre Assistentin Ana Espinoza unterstützt, die für das Management der in meinen fünf Kapiteln verwendeten Fotos verantwortlich war.

Besonders dankbar bin ich meiner Literaturagentin Deborah Grosvenor, die mich in vielfacher Hinsicht unterstützt hat. Wir arbeiten seit 2014 zusammen, und sie ist mittlerweile eine gute Freundin geworden. Debbie hat den Verkauf meines Buches *When Truth Is All You Have* an Doubleday ausgehandelt. Und sie hat meine fünf Kapitel von *Unschuldig* lektoriert, bevor ich sie an Kristine Puopolo weitergeleitet habe, mit der Debbie wegen verschiedener Fragen in engem Kontakt stand. Außerdem hat sie mich zu den verschiedenen Verträgen beraten, die nötig waren, um die Zusammenarbeit mit John als Koautor und mit Doubleday/Penguin Random House formal zu regeln. Ich wüsste nicht, was ich ohne sie tun sollte. Danke, Debbie, dafür, dass du so effektiv, geduldig und mit viel Humor für mich im Einsatz bist.

Auf keinen Fall dürfen John und ich Corban Addison Klug unerwähnt lassen, diesen außerordentlichen Faktenchecker, selbst ein hervorragender Sachbuchautor. Mit akribischer Sorgfalt hat er alle zehn Kapitel auf Richtigkeit geprüft und bei wichtigen Aussagen Endnoten mit Quellenangaben erstellt. Auf meinen Wunsch hat er auch redaktionelle Änderungsvorschläge und Kommentare für meine fünf Geschichten eingebracht.

Tyler Spikes, interner Archivar bei Centurion, hat sich bei der Organisation und Vorauswahl der Fotos zu meinen Geschichten viele Male selbst übertroffen. So hat er Bilder für meine fünf Kapitel aufgespürt, ihre Inhaber ermittelt und die Nutzungsrechte gesichert, was angesichts des Alters und der breit gestreuten geografischen Herkunft der Bilder nicht einfach war.

Jetzt zu den Männern und der Frau, deren Schicksale ich geschildert habe und ohne die es kein Buch mit dem Titel *Unschuldig* geben würde. Danke dafür, dass wir eure Geschichten erzählen durften. Ich hoffe, dass ihr darin Trost findet und dass dieses Buch das unvorstellbare Leid lindert, das ihr vor vielen Jahren durchgemacht habt und das euer Leben heute noch prägt. Mit »ihr« meine ich den 2018 verstorbenen Clarence Brandley; Mark Jones, Kenneth Gardiner und Dominic Lucci; Ellen Reasonover; David Alexander und Harry Granger; sowie Kerry Max Cook.

Während ich eure Geschichten niederschrieb, habe ich mich noch einmal eingehend mit dem befasst, was euch zugestoßen ist. Meine Hochachtung und mein Respekt angesichts des Mutes und der positiven Einstellung, die euch in die Lage versetzt haben, wie durch ein Wunder das Unerträgliche zu ertragen, sind dadurch noch größer geworden. Ich fühle mich an die Worte von Paulus in seinem Brief an die Römer (5, 3–5) erinnert: »Nicht allein aber das, sondern wir rühmen uns auch der Bedrängnisse, weil wir wissen, dass Bedrängnis Geduld bringt, Geduld aber Bewährung, Bewährung aber Hoffnung, Hoffnung aber lässt nicht zuschanden werden.« Niemand verkörpert dies besser als ihr.

Weil es so viele sind, kann ich hier nicht alle Anwälte, Ermittler, Richter und Zeugen namentlich nennen, die entscheidend zur Rehabilitierung der unschuldigen Gefangenen in meinen Kapiteln beigetragen haben. Dafür werden sie in den entsprechenden Kapiteln zitiert und mit Namen genannt. Ein paar dieser wackeren Kämpfer möchte ich an dieser Stelle jedoch erwähnen:

1988 stieß Paul Henderson als interner Ermittler zu Centurion – nach einer Karriere als Investigativjournalist bei der *Seattle Times,* für die er mit dem Pulitzerpreis ausgezeichnet wurde. Paul hat mit mir an drei der hier vorgestellten Fälle gearbeitet: Reasonover in

St. Louis, Alexander und Granger in Louisiana und Jones, Gardiner und Lucci in Savannah. Er ist vor einigen Jahren mit achtundsiebzig Jahren verstorben. Niemand bei Centurion wird seine unerschöpfliche Energie und seine harte Arbeit für diese Menschen und viele andere »Mandanten« von Centurion je vergessen.

Peggy Woodward und Steve Woodring verdienen besondere Anerkennung für ihren Einsatz für Alexander und Granger in Iberia Parish. Woodward nahm es bei ihrem zehn Jahre dauernden Kampf um die Freiheit dieser Menschen heldenmütig mit einer feindseligen und uneinsichtigen Staatsanwaltschaft und der gesamten Justiz von Louisiana auf. Woodring setzte sich zum Missfallen seiner früheren Kollegen bei der Polizei offen für die beiden ein und erklärte jedem, der es hören wollte, er sei von ihrer Unschuld überzeugt, unter anderem in der CBS-Sendung *60 Minutes*.

Bill Srack sorgte dafür, dass das erste Verfahren gegen Clarence Brandley für fehlerhaft erklärt wurde, weil er als einziger Geschworener für »nicht schuldig« stimmte. Seine Mitgeschworenen verhöhnten ihn und beschimpften ihn als *»nigger lover«*. In den folgenden Monaten erhielten er und seine Frau rund um die Uhr anonyme Drohanrufe. Alles nur, weil er seinem Gewissen gefolgt war. Mary Johnson zahlte einen hohen Preis dafür, dass sie in der von Richter Perry Pickett geleiteten Verhandlung gegen ihren Chef, Richter Martin, aussagte. Er entließ sie als Gerichtsstenografin, und sie durfte das Gericht in Conroe nicht mehr betreten. Damit konnte sie nicht mehr in ihrem Beruf arbeiten.

Schließlich möchte ich meinem Bruder Richard und meiner Schwester Lois für ihren Zuspruch und ihre moralische Unterstützung in den vergangenen zwei Jahren während der Arbeit an diesem Buch danken. Ganz herzlichen Dank auch meiner Centurion-Familie, mit Executive Director Corey Waldron an der Spitze, die mir genauso uneingeschränkt zur Seite stand.

EIN WORT ZU UNSEREN QUELLEN

JOHN GRISHAM

Im Gegensatz zu meinem Koautor habe ich diese Geschichten nicht selbst erlebt. Ohne Jim wäre das alles nicht passiert. Er hat an vorderster Front – auf den Straßen, in Hinterhöfen, Bars, Gefängnissen und Gerichtssälen – darum gekämpft, dass die Wahrheit ans Licht kommt. Er war die Hauptperson, der Held, Dreh- und Angelpunkt eines Theaterstücks mit einem großen, schwer zu bändigenden Ensemble, das aus Zeugen, Informanten, Rechtsanwälten, Staatsanwälten, Richtern, den Familien und natürlich den unschuldigen Männern und Frauen selbst bestand. Und er ließ ihnen keine Ruhe, bis er die Wahrheit entdeckt hatte.

Ich habe davon nur gelesen. Ich weiß davon aus Berichten in Zeitungen und Zeitschriften, aus Büchern, Schriftsätzen, Urteilsbegründungen, auch aus Dokumentarfilmen. Meine Grundlage war die Arbeit anderer, und sie sollen hier erwähnt werden.

DIE VIER AUS NORFOLK

Im August 2007 erschien im *New York Times Magazine* ein Artikel mit dem Titel »What Happened in Norfolk?«. Ich lebe zwar in Virginia, aber Norfolk ist weit weg, und ich hatte von der Sache nie gehört. Der von Alan Berlow verfasste Artikel ist eine faszinierende Schilderung einer Mordermittlung, bei der sich die Polizei von Norfolk unfassbare Fehler erlaubte. Zu diesem Zeitpunkt hatten die vier Matrosen schon einige Jahre im Gefängnis gesessen, und eine ganze Reihe von Anwälten arbeitete daran, sie freizubekommen. Ich kannte mehrere davon und nahm Kontakt zu ihnen auf. Sie gewährten mir Einsicht in ihre Akten und schickten mir sogar eine Kopie des Gnadengesuchs, das der Gouverneur auf dem Tisch hatte.

Richard Leo lehrt Jura an der University of San Francisco und ist Experte für polizeiliche Vernehmungstaktiken und falsche Geständnisse. Tom Wells hat sich in seinen Veröffentlichungen eingehend mit Fehlurteilen befasst. 2009 veröffentlichten die beiden mit *The Wrong Guys: Murder, False Confessions, and the Norfolk Four* ein bemerkenswertes Buch. Es deckt das Fehlverhalten der Polizei von Norfolk auf und lässt keinen Zweifel daran, dass die Geständnisse erzwungen und mit fragwürdigen Methoden erpresst worden sind. Im Regal hinter meinem Schreibtisch steht ein Exemplar des Buches. Auf dem Einband sind die Gesichter der vier jungen Matrosen in Uniform abgebildet, vor fast dreißig Jahren. Ich habe sie jeden Tag vor Augen.

Eine kleine Armee von Juristen hat über ein Jahrzehnt lang daran gearbeitet, sie freizubekommen. Ich werde einige nennen, die mir geholfen haben. Dabei ist es unvermeidlich, dass andere ungenannt bleiben. Ich entschuldige mich im Voraus dafür. George Kendall, damals bei Holland & Knight, Des Hogan von Hogan & Hartson und Don Salzman von Skadden Arps öffneten ihre Akten für mich. Don hat mich besonders unterstützt, er hat das Manuskript gelesen und mich auf Fehler hingewiesen.

EIN EINGESPIELTES TEAM

2007 spielte ich eine kleine Rolle bei der Gründung des Innocence Project an der juristischen Fakultät der Ole Miss. Tucker Carrington wurde als Geschäftsführer eingestellt, und seitdem sind wir Freunde. Mein Sohn Ty hat ebenfalls an der Ole Miss Jura studiert und arbeitete in Tuckers Organisation mit.

2014 veröffentlichten Tucker und Radley Balko, ein unerschrockener Investigativjournalist, ein Buch mit dem Titel *The Cadaver King and the Country Dentist* über die Schreckensherrschaft von Dr. Steven Hayne und Dr. Michael West. Es war mir eine Ehre, das Vorwort zu schreiben. Tucker und ich sprachen vor Jahren davon, ein Buch über die Fehlurteile gegen Kennedy Brewer und Levon Brooks zu schreiben, fanden aber nie die Zeit dafür. Sein gemeinsames Buch mit Radley ist die hervorragende Schilderung einer Geschichte, die mir immer noch unglaublich vorkommt.

UNBEKANNTE MÄNNLICHE PERSON NR. 1

Paul Casteleiro leitet die Abteilung für Prozessführung bei Centurion Ministries und streitet sich seit Jahrzehnten mit Staatsanwälten aller Ebenen herum. In einem seiner Berichte an den Verwaltungsrat schilderte er den absurden Fall, der sich in Chester, Pennsylvania, ereignet hatte. Er und Centurion vertreten Sam Grasty, und er hat mich gebeten, mir die Sache näher anzusehen.

Vanessa Potkin ist die leitende Prozessanwältin des Innocence Project in New York und kann auf viele Erfolge zurückblicken, wahrscheinlich mehr Rehabilitierungen als irgendjemand sonst – außer Jim McCloskey. Sie vertritt Morton Johnson und war mir eine große Hilfe.

In Chester hat mir Anwalt Guy Smith genügend Lokalkolorit

für mehrere Bücher vermittelt. Er hat Morton 2001 in der Verhandlung vertreten und kämpft seit über fünfzig Jahren in Delaware County und in Philadelphia für seine Mandanten.

DAS FEHLENDE MOTIV

Pamela Colloff ist preisgekrönte Journalistin von ProPublica und angestellte Mitarbeiterin des *New York Times Magazine*. 2018 veröffentlichte sie einen detaillierten zweiteiligen Bericht unter dem Titel »Blood Will Tell«. Dabei geht es um die miserable Forensik, die zu Joe Bryans Verurteilung führte und ihn für vierunddreißig Jahre ins Gefängnis brachte.

Eine seiner Anwältinnen, Jessica Freud, beantwortete alle Fragen, die mir in den Sinn kamen. Sie traf sich mit mir im Gefängnis, als ich Joe besuchte.

Walter Reaves aus Waco vertrat sowohl Joe Bryan als auch Cameron Todd Willingham (dessen Geschichte in »Die Flammen lügen nicht« erzählt wird) und war immer bereit, meine Fragen zu beantworten.

DIE FLAMMEN LÜGEN NICHT

2009 veröffentliche David Grann, Autor des *New Yorker*, die erstaunliche Geschichte der Willingham-Hinrichtung und der Rolle, die mangelhafte Forensik dabei spielte. Das war meine erste Bekanntschaft mit dieser Angelegenheit.

Ich kenne keinen anderen Fall, über den so viel berichtet wurde, wie über den von Willingham. Es gibt buchstäblich Hunderte von Artikeln in Zeitungen und Zeitschriften. Der Abschlussbericht der Texas Forensic Science Commission ist neunhundert Seiten lang. Meine Schilderung basiert auf der detaillierten

Berichterstattung von David Grann, des Marshall Project, der *Texas Tribune,* der *Chicago Tribune* und des *Houston Chronicle* sowie den Online-Reportagen der American Civil Liberties Union, des Innocence Project und von Time.com.

Die Geschichte war Inspiration für mindestens zwei Spielfilme und einen Dokumentarfilm. Die Informationsplattform *Frontline* hat eine Reihe von Videos zu der Sache veröffentlicht. Und die Geschichte ist noch lange nicht zu Ende.

JIM McCLOSKEY

Wie im Vorwort erwähnt, war ich bei den fünf von mir geschilderten Fällen im gesamten Zeitraum, in dem Centurion damit befasst war, selbst Fallmanager und Hauptermittler. Bei Centurion besorgen wir uns grundsätzlich die Unterlagen und setzen uns eingehend damit auseinander, bevor wir einen Fall übernehmen. Im Laufe der Ermittlungen werden unsere Akten immer dicker, das lässt sich nicht vermeiden. Außerdem korrespondieren wir viel mit unseren potenziellen Mandanten. Für meine Schilderungen stand mir dieses umfangreiche Archivmaterial von Centurion zur Verfügung, das unter anderem Verhandlungsprotokolle, Protokolle von vor- und nachgerichtlichen Terminen zur Beweisaufnahme (an Bundesgerichten und den Gerichten der einzelnen Staaten), Schriftsätze, Polizeiberichte, Urteilsbegründungen, Gerichtsakten und Auszüge aus dem Vorstrafenregister sowie Ermittlungs- und Gesprächsnotizen von Centurion beinhaltete. In jedem der Fälle umfassten diese Aufzeichnungen Tausende, manchmal sogar Zehntausende von Seiten. Dieses Quellenmaterial und meine ständigen Kontakte mit den Personen, um die es bei meinen Geschichten geht, haben es mir ermöglicht, dem Leser eine möglichst genaue Schilderung der Ereignisse zu präsentieren.

IM ZWEIFEL GEGEN DEN ANGEKLAGTEN

Bei der Schilderung von Clarence Brandleys Geschichte war mir das Buch *White Lies* von Nick Davies, 1991 bei Pantheon Books erschienen, eine große Hilfe. Wie der Autor im Vorwort erklärt, verbrachte Davies, ein erfahrener britischer Investigativjournalist, ab dem Herbst 1987 zweieinhalb Jahre in den Vereinigten Staaten, um zu recherchieren und an dem Buch zu arbeiten, wobei er mit wichtigen Akteuren beider Seiten sprach. Davies schildert Clarence Brandleys Fall und beschreibt, wie sich dessen Verurteilung zunehmend als haltlos erwies, bis er 1990 rehabilitiert wurde. Das Buch beschreibt anschaulich die Atmosphäre in Conroe und den Rassismus, von dem die Stadt geprägt war.

Im September 1987 veröffentlichte das renommierte Magazin *Texas Monthly* eine umfangreiche Reportage des verstorbenen Tom Curtis über Clarence Brandleys Fall, »Guilty Until Proven Innocent«. In der Originalversion von *Unschuldig* habe ich das Brandley-Kapitel so genannt, weil dieser Titel die Denkweise der örtlichen Strafverfolger treffend wiedergibt, die Clarence in die Todeszelle brachte. Curtis' Artikel erwies sich als wertvolle Informationsquelle.

1987 schloss ich mich dem Team der Verteidigung an und verbrachte einen Großteil des Jahres damit, nach neuen Beweisen zu suchen und den Beweisaufnahmetermin im Herbst vorzubereiten. Meine persönliche Beteiligung an diesem Fall und die eingehende Auseinandersetzung mit den gesamten schriftlichen Unterlagen dazu waren wichtige Voraussetzungen dafür, dass ich diese Geschichte schreiben konnte.

1987 brachte *60 Minutes* mit dem Moderator Harry Reasoner die Geschichte von Clarence Brandley. Vom Produzententeam zusammengestellte Informationen lieferten mir ebenfalls Material für dieses Kapitel.

DER LETZTE ABEND IN FREIHEIT

Jock McFarlane, ein ehrenamtlicher Mitarbeiter von Centurion, arbeitete fast sechs Jahre lang, von 2003 bis 2009, an der Akte zu dem 1991 in Savannah begangenen Verbrechen und dem Urteil, wobei ihm die Angehörigen der drei Soldaten Mark Jones, Dominic Lucci und Kenneth Gardiner und die ehemaligen Prozessanwälte mit Material für das Verfahren zur Seite standen. Unterstützt wurde er von Deborah McGill, der Mutter von Mark Jones, die Unmengen von Unterlagen sammelte und Jock zur Verfügung stellte.

Die in Savannah ansässigen Prozessanwälte der Soldaten waren von der Unschuld ihrer Mandanten überzeugt und für die Ermittlungen von Centurion unglaublich hilfreich, weil sie ihre Akten und ihr Wissen über die Akteure und die gesamten Ereignisse vor und während der Verhandlung im Jahr 1992 weitergaben.

Schreiben konnte ich diese Geschichte aufgrund meiner mehrjährigen persönlichen Beteiligung und anhand des Archivmaterials von Centurion, das die Niederschriften der Verhandlung von 1992 und der Beweisaufnahme von 2013, sechshundert Seiten Polizeiberichte, Ermittlungs- und Gesprächsnotizen von Centurion, richterliche Entscheidungen, umfangreiche Berichterstattung in den Zeitungen von Savannah und Schriftsätze beider Seiten seit Beginn des Verfahrens beinhaltet.

GEHEIME AUFZEICHNUNGEN

Die Centurion-Mitarbeiterin Kate Germond verbrachte mehrere Jahre damit, sich die Verhandlungsprotokolle, die Verfahrensakten und viele andere Unterlagen im Zusammenhang mit dem Ellen-Reasonover-Fall zu besorgen und sie gründlich zu prüfen. Ihre Arbeit diente mir als Grundlage für dieses Kapitel. Dazu gehörte eine ausgedehnte Korrespondenz mit Ellen, in der sie ihre Seite der Ereignisse und ihre eigene Lebensgeschichte detailliert schilderte. Eine Reportage der *Washington Post* von 1984, die auf Ermittlungen der Zeitung beruhte, erwies sich ebenfalls als sehr informativ.

Neben vielen Ermittlungsnotizen und Gesprächsprotokollen von Centurion standen mir die Protokolle der Verhandlung und des von Richterin Hamilton geleiteten Termins am Bundesgericht, Schriftsätze von Staatsanwaltschaft und Verteidigung, richterliche Verfügungen (insbesondere die fünfundsiebzigseitige Entscheidung von Richterin Hamilton, mit der Ellens Verurteilung aufgehoben wurde) und zahlreiche Ermittlungsberichte der Polizei zur Verfügung, einschließlich Transkripten von Aufzeichnungen polizeilicher Befragungen einer Vielzahl von Zeugen.

IM WUNDERLAND

Zwanzig Jahre nach den Verurteilungen von David Alexander und Harry Granger waren alle eingelegten Rechtsmittel von den Gerichten des Staates Louisiana und den Bundesgerichten im Schnellverfahren ohne mündliche Verhandlung abgewiesen worden. Als Centurion die Angelegenheit 1996 übernahm und begann, sich für David und Harry einzusetzen, war kein Strafverteidiger in Louisiana bereit, sich mit der Sache zu befassen, weil alle überzeugt waren, dass der Instanzenweg mehr als ausgeschöpft war. Niemand bis auf eine Frau – Margaret »Peggy« Woodward, Anwältin in New Orleans.

Bei der Zusammenfassung dieser komplexen Geschichte, die sich über dreißig Jahre hinzog, in einem kurzen Kapitel waren mir Peggys akribische und ausführliche schriftliche Ausführungen eine große Hilfe. 1999 reichte sie zur Stützung eines Wiederaufnahmeantrags eine 178 Seiten lange Schilderung des Verfahrens ein, mit der sie die Absurdität der Anklage und die Beweise für die Unschuld aller sechs Angeklagten ausführlich untermauerte. Beigefügt waren 146 Anlagen mit zahlreichen Gerichtsurkunden, Ermittlungsberichten und Zeugenaussagen, die Peggy und, nachdem wir unsere Kräfte gebündelt hatten, Centurion zusammengetragen hatten. Leider wurde auch dieser Antrag von den Gerichten des Staates Louisiana und den Bundesgerichten ohne Prüfung abgewiesen.

Peggys unveröffentlichtes, 436 Seiten umfassendes Buch über den Fall mit dem Titel *... And Counting ...*, das sie mir ohne Einschränkungen zur Verfügung gestellt hat, war für dieses Kapitel enorm hilfreich.

60 Minutes brachte mit Ed Bradley als Moderator eine spannende Folge über den Alexander-/Granger-Fall mit dem Titel »Who Killed Louis Gladu?«. Auch diese Sendung enthielt Informationen über den Fall, die mir geholfen haben, das Kapitel zu schreiben.

OH, WELCH VERWORREN NETZ WIR WEBEN / WENN WIR NACH TRUG UND TÄUSCHUNG STREBEN!

Kerry Cooks Kapitel ist etwa doppelt so lang wie die anderen neun. Ich entschuldige mich dafür, aber es ging nicht anders. Seine Geschichte ist eine siebenundvierzig Jahre dauernde Achterbahnfahrt. Ich bin John Grisham und Kristine Puopolo, Vice-

President bei Doubleday und Leiterin des Sachbuchlektorats, zutiefst dankbar dafür, dass sie mir den Raum gegeben haben, sie zu erzählen. Es gibt so viel zu sagen.

Centurion ist seit 1991 in Kerrys Fall involviert und hat ihn gemeinsam mit dem Houstoner Anwalt Paul Nugent durch zwei Wiederaufnahmeverfahren 1992 und 1994 und die Vorbereitung des Wiederaufnahmeantrags von 1999 begleitet. Für dieses Kapitel stand mir nahezu unbegrenzt Quellenmaterial zur Verfügung. Dazu zählten Protokolle der drei Verhandlungen, wichtige Protokolle der Anklagejury, detaillierte polizeiliche Ermittlungsberichte und Vernehmungsprotokolle, forensische Gutachten, Schriftsätze und Urteilsbegründungen aus vierzig Jahren, ausführliche Reportagen in Zeitungen und Zeitschriften sowie Ermittlungsmemos, Berichte und Gesprächsnotizen von Centurion, die in den 1990er-Jahren erstellt wurden.

Die Begründung, mit der der Court of Criminal Appeals 1996 das Urteil gegen Kerry von 1994 aufhob, war bei der Vorbereitung dieses Kapitels sehr hilfreich. Eine weitere wichtige Quelle, die ich immer wieder herangezogen habe, war Kerrys Biografie *Chasing Justice*, 2007 von William Morrow herausgebracht. Wenn Sie wissen wollen, wie es ist, zwanzig Jahre lang unschuldig in der Todeszelle zu sitzen, kann ich Ihnen dieses gut geschriebene, wahre Buch nur empfehlen. Mehrere im *Texas Monthly* erschienene Reportagen des Investigativjournalisten Michael Hall lieferten mir ebenfalls wichtige Erkenntnisse, vor allem sein langer Artikel vom April 2017 mit dem Titel »The Trouble with Innocence«. Und David Hanners verfasste neben seinen zahlreichen, unglaublich wertvollen Artikeln, die er im Laufe von Kerrys Geschichte mit ihren immer neuen Wendungen in der *Dallas Morning News* veröffentlichte, im März 2015 einen wichtigen Sonderbeitrag für das *Texas Monthly*.

Nach seiner Haftentlassung beantragte Kerry 2015 die Überprüfung der Rechtmäßigkeit seiner Inhaftierung, um die Aufhebung seiner Verurteilung wegen Mordes und einen Freispruch wegen erwiesener Unschuld aufgrund der DNA-Ergebnisse zu erreichen. Nach einer nichtöffentlichen Verhandlung im Jahr 2016 sprach sich der Richter dafür aus, Kerrys Verurteilung wegen Mordes aufzuheben – aber den Antrag auf Freispruch wegen erwiesener Unschuld abzuweisen. Acht Jahre später, und nachdem er siebenundvierzig Jahre lang um Gerechtigkeit gekämpft hatte, wartete Kerry Max Cook immer noch auf die Entscheidung des Gerichts. Am 19. Juni 2024 bekam er dann, wonach er sich in diesen endlosen, verlorenen Jahren gesehnt hatte – eine vorbehaltlose Rehabilitierung, als ihn Richter Bert Richardson vom Court of Criminal Appeals mit einer Entscheidung, die das Fehlverhalten der Strafverfolgungsbehörden scharf kritisierte, für unschuldig erklärte.

Es ist ungeheuer wichtig, dass die Leser und Leserinnen voll darauf vertrauen, dass die Schilderungen dieser Fälle der Wahrheit entsprechen. Ich habe mein Bestes getan, sie so zu erzählen, dass ich dieses Vertrauen nicht enttäusche.

DIE AUTOREN

John Grisham hat zahlreiche Bestseller geschrieben, die in fast fünfzig Sprachen übersetzt wurden. Zu seinen letzten Romanen zählen *Feinde*, *Der Verdächtige*, *Das Talent* und sein drittes Jake-Brigance-Buch *Der Polizist*, das von HBO als Kurzserie verfilmt wird.

Grisham hat zweimal den Harper-Lee-Preis für Legal Fiction gewonnen und wurde mit dem Creative Achievement Award for Fiction der Library of Congress ausgezeichnet.

Wenn er nicht gerade Bücher schreibt, arbeitet er im Vorstand des Innocence Project und von Centurion Ministries mit, zwei amerikanischen Organisationen, die um die Rehabilitierung zu Unrecht Verurteilter kämpfen. Viele seiner Romane befassen sich mit grundlegenden Problemen der US-amerikanischen Strafjustiz.

Grisham lebt auf einer Farm in Virginia.

Jim McCloskey ist Gründer von Centurion Ministries, damals die erste Organisation weltweit, die sich dafür einsetzte, zu Unrecht Verurteilte aus dem Gefängnis zu holen. Bis heute hat Centurion dafür gesorgt, dass siebzig Menschen, die zu lebenslanger Haft oder zum Tod verurteilt waren, auf freien Fuß gekommen sind.

Bevor er Centurion 1983 gründete, war McCloskey zwölf Jahre lang als Berater für japanische und amerikanische Unternehmen in New York und Tokio tätig. Er hat am Princeton Theological Seminary einen Master in Theologie erworben.

Sein Lebensbericht *When Truth Is All You Have* ist 2020 bei Doubleday erschienen.